中国（上海）
新金融发展报告

（2017—2018）

顾晓敏 主编

中国社会科学出版社

图书在版编目(CIP)数据

中国(上海)新金融发展报告:2017—2018/顾晓敏主编. —北京:中国社会科学出版社,2019.12
ISBN 978 - 7 - 5203 - 5876 - 7

Ⅰ.①中… Ⅱ.①顾… Ⅲ.①地方金融事业—经济发展—研究报告—上海—2017 - 2018 Ⅳ.①F832.751

中国版本图书馆 CIP 数据核字(2019)第 294983 号

出 版 人	赵剑英
责任编辑	王　曦
责任校对	孙洪波
责任印制	戴　宽

出　　版	中国社会科学出版社
社　　址	北京鼓楼西大街甲 158 号
邮　　编	100720
网　　址	http://www.csspw.cn
发 行 部	010 - 84083685
门 市 部	010 - 84029450
经　　销	新华书店及其他书店

印刷装订	北京君升印刷有限公司
版　　次	2019 年 12 月第 1 版
印　　次	2019 年 12 月第 1 次印刷

开　　本	710×1000　1/16
印　　张	27.25
插　　页	2
字　　数	475 千字
定　　价	168.00 元

凡购买中国社会科学出版社图书,如有质量问题请与本社营销中心联系调换
电话:010 - 84083683
版权所有　侵权必究

编委会

学术顾问

主　编　顾晓敏

编　委（按姓氏拼音排序）

　　　　　陈　志　　陈志成　　储　峥　　杜　鹃
　　　　　李露茜　　李瑞海　　李秀珍　　林嘉永
　　　　　刘慧媛　　刘　伟　　刘玉平　　刘　芸
　　　　　鹿长余　　桑瑞聪　　施继元　　吴　慧
　　　　　吴开尧　　徐爱荣　　鄢德春　　杨廷干
　　　　　叶晓佳　　殷林森　　余运江　　张　云

目 录

前言 ··· (1)

第一篇 创新协调篇

第一章 中国新金融发展现状及风险管控研究 ················· (3)
    引 言 ··· (3)
    第一节 新金融的内涵及发展现状 ··························· (4)
    第二节 中国新金融风险表现形式 ··························· (24)
    第三节 中国新金融风险管控中存在的问题 ··············· (32)
    第四节 中国新金融风险评估、预警及管控改进建议 ····· (46)

第二章 上海科技金融创新发展研究 ·························· (67)
    引 言 ··· (67)
    第一节 上海科技金融创新发展现状(2017—2018年) ··· (67)
    第二节 上海科技金融市场融资现状(2017—2018年) ··· (71)
    第三节 上海科技企业贷款发展现状(2017—2018年) ··· (84)
    第四节 上海科技保险发展现状 ······························ (97)
    第五节 上海科技金融基础设施建设 ······················ (110)
    第六节 上海科技金融创新发展中存在的主要问题与
             对策建议 ·· (113)

第三章 金融科技助推下的金融风险新趋势研究 ··········· (119)
    引 言 ·· (119)
    第一节 金融科技起源与发展历程 ························· (119)
    第二节 金融科技在金融行业的主要应用发展现状与趋势 ····· (124)

第三节　金融科技助推下金融风险新特征 ………………………（131）
　　第四节　金融科技风险管控的国际经验总结 ……………………（137）
　　第五节　上海金融科技行业监管实践 ……………………………（145）

第四章　人工智能与金融融合下的智能金融发展研究 ……………（153）
　　引　言 ………………………………………………………………（153）
　　第一节　人工智能在银行业应用的发展现状与趋势 ……………（153）
　　第二节　人工智能在证券行业应用的发展现状及趋势 …………（166）
　　第三节　人工智能在保险行业应用的发展现状与趋势 …………（184）
　　第四节　人工智能在金融行业应用中带来的风险 ………………（199）
　　第五节　未来展望与对策建议 ……………………………………（202）

第二篇　绿色开放篇

第五章　中国绿色金融发展研究 ……………………………………（209）
　　引　言 ………………………………………………………………（209）
　　第一节　中国绿色金融发展动态 …………………………………（209）
　　第二节　绿色金融改革创新试验区年度发展分析 ………………（219）
　　第三节　国际碳基金经验借鉴及我国政策性碳基金发展 ………（251）

第六章　上海绿色金融市场与产品发展研究 ………………………（265）
　　引　言 ………………………………………………………………（265）
　　第一节　上海绿色信贷市场发展分析 ……………………………（266）
　　第二节　上海绿色债券市场发展分析 ……………………………（279）
　　第三节　上海绿色基金市场发展分析 ……………………………（289）
　　第四节　上海绿色保险市场的发展分析 …………………………（293）

第七章　上海数字经济发展研究 ……………………………………（300）
　　引　言 ………………………………………………………………（300）
　　第一节　全球数字经济发展特征与趋势 …………………………（300）
　　第二节　中国数字经济发展现状 …………………………………（305）
　　第三节　上海数字经济发展现状 …………………………………（313）
　　第四节　上海数字经济发展面临的问题与挑战 …………………（323）
　　第五节　上海数字经济发展思路与对策 …………………………（326）

第三篇 普惠共享篇

第八章 数字普惠金融发展现状、趋势及风险研究 …………………（335）
 引　言 ………………………………………………………………（335）
 第一节　数字普惠金融的发展现状 ………………………………（335）
 第二节　数字普惠金融的国内外发展趋势 ………………………（346）
 第三节　数字普惠金融的风险分析 ………………………………（362）
 第四节　数字普惠金融风险管控的对策建议 ……………………（368）

第九章 共享经济与共享金融发展研究 ……………………………（372）
 引　言 ………………………………………………………………（372）
 第一节　共享经济与共享金融的产生 ……………………………（372）
 第二节　共享金融发展现状 ………………………………………（389）
 第三节　共享金融发展中存在的问题 ……………………………（400）
 第四节　促进共享金融发展的对策建议 …………………………（403）

参考文献 ………………………………………………………………（406）

前　言

近年来，在互联网和信息技术革命推动下，金融业架构中的"底层物质"正在发生深刻变化，特别是移动化、云计算、大数据等大趋势，引发了全球金融业的"基因突变"。这种变化使得传统金融业版图日益模糊，促使传统金融业务与互联网技术融合，并通过优化资源配置与技术创新产生新的金融生态、金融服务模式与金融产品。

基于新中产势力的崛起、互联网和数据技术的快速发展、监管环境的相对宽松和传统金融体系不健全留下的缝隙，在中央和各级政府的强有力的政策扶持与引导下，中国新金融业态获得了历史上难得的发展机遇，实现了弯道超车，并迅速成为全球新金融的领跑者之一。在众多互联网科技企业的共同参与下，以云计算、大数据、人工智能为代表的新技术在金融领域已经全面运用，为传统金融业带来了巨大的生机与活力。P2P、众筹、比特币、移动支付、智能投顾等新模式、新产品、新服务不断涌现，扩展了金融服务的边界。同时，也给金融监管提出了一系列新的问题和挑战。

上海已成为全球金融市场体系最为完备的城市之一和金融发展环境最佳地区之一，在新金融业态的发展上已处于全球金融市场领先地位。2019年3月，英国智库Z/Yen集团与中国（深圳）综合开发研究院联合发布第25期全球金融中心指数，上海国际金融中心继续位居全球第五位，仅次于纽约、伦敦、中国香港和新加坡。继2017年赶超东京，位居第五之后，上海同第四位的新加坡的差距进一步缩小。

上海立信会计金融学院是一所具有鲜明金融特色的上海地方高等学校，学校致力于建设以社会需求为导向的科研发展和社会服务体系，围绕国家战略特别是上海地方经济社会发展重大需求，形成了以"解决重大实际问题"为特色的应用决策咨询研究优势。面对机遇与挑战并存的中国新金融业态，学校充分发挥金融学科特色和优势。2018年由顾晓敏教授领衔组织了一支由学校与行业近30名专家共同组成的协同创新研究团队，以"全球视野、中国特色、上海方案"为基本线索，对中国特别是上海新金融业态的发展现状、趋势以及新金融风险管控进行系统、持续的研究，形成《中国（上海）新金融发展报告（2017—2018）》，致力于为中国新金融业态的发展，为上海国际金融中心建设提供智力支持。

《中国（上海）新金融发展报告（2017—2018）》秉承公正、客观、中立的原则，全面回顾总结2017—2018年中国特别是上海新金融行业发展现状，分析和阐述新金融行业发展取得的成绩、面临的风险、相关监管政策的思路与取向等，并试图从行业引导视角，对相关问题提出我们的思考和建议，以促进新金融行业健康可持续发展。

《中国（上海）新金融发展报告（2017—2018）》既保证专业读物的科学性、严谨性，又强调大众读物的易读性、普及性。科学性、严谨性体现在：以大量翔实可靠的统计数据为依据，分析和阐述新金融行业发展取得的成绩和面临的问题；始终保持客观、公正的立场，基于金融的普惠性原则和金融消费合法权益保护与行业长远发展的价值主张，总结和评估政策及监管成效；此外，力争学术观点、重要概念引证注明出处，方便读者深入考证。易读性、普及性体现在：不论是理论概念解释，还是文件政策解读，本书尽量采用朴素和通俗易懂的语言风格，深入浅出，将一些相对晦涩的金融专业学术概念转化为通俗易懂的语言文字，方便非金融专业人员、金融爱好者阅读。

《中国（上海）新金融发展报告（2017—2018）》分为创新协调篇、绿色开放篇、普惠共享篇三个部分，共九章。

创新协调篇包括第一章至第四章的内容。金融行业每一次深刻的变革都与信息技术高度相关，新金融是在信息技术创新与金融领域的深度融合下产生的。第一章对新金融内涵概念、我国新金融业态、主要风险表现、风险管控及未来监管的方向进行系统分析，重点分析融资类（网络借贷、众筹）、投资类（互联网资产管理）、支付及货币类、互联网银行、互联网保险、征信服务等业态的发展情况，并就我国新金融风险评估、预警及管控改进等方面提出了对策建议。全球科创中心建设与全球金融中心建设相互联动，已经成为纽约、伦敦、上海等全球城市共同选择。第二章是对上海科技金融2017—2018年的发展情况进行回顾，主要从金融市场、银行科技企业贷款和科技保险三个方面梳理上海科技金融发展状况，重点介绍上海特色的科技金融工作机制与产品设计。在分析上海科技金融创新发展中存在的问题的基础上，提出了提升科技创新企业融资的解决思路，助力上海国际金融中心、全球科创中心建设。第三章重点分析金融科技发展的趋势，总结科技助推下的新金融风险本质与表现，比较了新金融与传统金融风险的差异性、风险发展的新趋势，对比美国、英国、瑞士、以色列、新加坡等国的科技金融创新及风险管控经验，并对上海如何创新金融科技监管创新提出对策建议。随着计算机技术以及数据处理技术的快速发展，人工智能在金融中的应用得到迅速的发展。第四章重点梳理人工智能与金融行业在金融产品、服务和科技等多方面深度融合背景下，其在银行、证券、保险等金融行业的发展动态，全面分析人工智能在金融行业的应用状况；指出人工智能在金融行业快速发展面临的主要风险；提出了关于人工智能在金融行业应用发展的政策建议。

绿色开放篇包含第五章至第七章，涉及绿色金融与数字经济两方面内容。推动绿色金融向纵深发展，为经济社会的绿色转型提供持久的动能，"加快构建标准体系，确保绿色金融高质量发展"、"强化信息披露，提升绿色金融市场的透明度"、"深化国际合作，进一步凝聚绿色金融的全球共识"三个方面构成了我国新阶段绿色金融工作的重点内容。第五章系统梳理了中国绿色金融发展动态，总结对比了国外先进的发展经验，并在此基础上提出促进我国绿色金融发展的对策建议，以期加快构建绿色金融体系的步伐。上海凭借优越的金融资源条件，为地方绿色金融体系的建设与完善提供了可供借鉴的经验与教训。第六章对上海绿色信贷市场、绿色债券市场、绿色基金市场和绿色保险市场四个细分市场发展历程、现状、存在的问题进行全面分析，并针对上海绿色金融发展现状与不足，提出了促进上海绿色金融发展的对策建议。数字化的知识和信息已经成为新的生产要素，数字经济是投融资变革和新金融创新的重要驱动力。上海作为中国改革开放的排头兵，已走在中国区域数据经济发展的前列，形成了一系列有益经验。第七章综合分析国内外数字经济的发展趋势以及上海数字经济发展现状、存在的问题和面临的挑战，有助于培养金融业高质量发展新动能，为中国经济转型提供上海经验。

普惠共享篇包括第八章和第九章。数字化和普惠金融二者有机融合，拓宽了金融服务范围，消除了传统金融机构地域上和时间上的限制，有效地解决了普惠金融服务"最后一公里"的问题，使得一些金融欠发达地区或者收入不高的人群能够平等地享受到金融服务，从而为普惠金融的可持续发展提供了新的思路，其重要性和可行性在国内外已形成基本共识。然而，数字普惠金融服务为社会经济带来福利的同时，整个数字普惠金融行业也出现了一些乱象：客户资金管理混乱、风险提示不充分、信息披露不完善、平台安全性不足等。特别是在中国金融监管的模式下，对数字普惠金融的发展监管存在严重的滞后性。监管的空缺带来了巨大的风险，严重损害金融消费者利益，给投资者造成了巨大的损失，严重影响社会稳定。第八章主要对以上数字普惠金融的发展过程面临的问题、监管等进行分析。第九章对共享经济与共享金融的发展现状、问题展开研究，提出了进一步推动共享金融创新发展的对策建议。共享经济是一种新颖独特的经济形态，强调对资源使用效率的提高，具有协作、民主、共享、开放的特征。共享金融则是充分利用大数据技术所进行的产品的创新与服务的提供，进一步实现资源、要素、利益等多方面共享的新型发展模式，使得各种资源得到更为充分的利用，配置也更加公平，在基本实现均衡发展与尊重消费者的同时促进经济稳步发展，社会协调发展。共享经济催生共享金融，共享金融源于共享经济。

第一篇

创新协调篇

第一章 中国新金融发展现状及风险管控研究

引 言

党的十九大提出了"中国特色社会主义进入新时代"的重大判断，明确了"贯彻新发展理念，建设现代化经济体系"的任务。作为社会经济生活主动脉的金融业，面对新时代提出的新任务、新使命，应有新气象、新作为[1]。金融行业每一次深刻的变革都与信息技术高度相关，新金融便是在信息技术创新成果与金融领域的深度融合下产生的。中国人民银行副行长潘功胜指出："新金融业态拉近了金融供给双方的距离，缓解了金融压抑，促进金融组织体系更加多元化，大大丰富了金融服务小微企业、社会创新创业、满足了不同人群的个性化差异金融需求，提升了社会资金融通效率。同时，它还深刻地推动了传统业务模式、经营理念变革，加快了金融改革创新步伐，使金融行业焕发出前所未有的活力。"[2] 在新金融创新加速、发展迅猛的同时，加快金融改革，创新监管体制机制，加强经济新常态下新金融的风险防范，建立负面清单，守住风险红线，尽快实现机构审慎监管和消费者保护的双峰监管[3]。本章旨在分析并理顺我国新金融业态的发展状况、风险管控情况及未来监管的方向，为我国新金融行业的健康发展提供借鉴。

---

[1] 霍学文：《新金融　新生态》，中信出版社2015年版，第35—48页。
[2] 转引自吕凯波、王晓荣《颠覆或补充：互联网金融发展对中国金融业的影响》，《经济体制改革》2017年第4期。
[3] 同上。

第一节 新金融的内涵及发展现状

一 新金融的内涵

对"新金融"的定义，各界目前还未达成共识。上海新金融研究院曾在《新金融的挑战与对策》报告中提出：新金融是相对传统金融而言，是对传统金融的演进、延伸和补充，是金融创新的结果[①]。从狭义上看，新金融以直接融资为主，使用新的组织结构，具有新金融业态，以新金融产品和金融工具引领新金融趋势和金融现象。从广义上看，新金融是将传统金融囊括在内的整个金融体系的变革。新金融由两类业态组成，一类是存在已久但游离于正规金融边缘的，比如从民间借贷演化而来的小额贷款公司，也可以是被监管认可但是发展受到限制的融资租赁公司和保理公司等；另一类是为了适应新时代的特征而出现的新业态或是传统金融创新手段，比如互联网资产管理、数字货币等[②]。本研究报告将主要讨论第二类新金融业态的风险管控情况。

与传统金融相比较而言，新金融呈现如下特征：①与实体经济的结合更为紧密。马云曾说："传统的金融解决的是二八问题，这一问题在中国特别明显，金融机构只要服务好20%的大企业、国有企业、外资企业就行了，80%的小企业，他不需要去管理，做也不一定做得好。而新金融要解决的是八二问题，解决80%的消费者和中小企业，如何能够解决我们经常讨论的小企业拿不到钱的问题。"[③] 最典型的事例是被传统商业银行抛弃的高成长性的科技小企业可以通过小额贷款公司平台获得贷款，也可以通过互联网金融平台或采用众筹的方式获得支持。②对新兴产业发展方向更为敏锐。互联网众筹、天使投资以及私募基金等新金融业态不但可为企业提供融资助力，还可以为企业提供咨询服务，帮助其整合资源，明确产业发展方向。比如天使投资人徐小平的真格基金就成功投资了小红书、蜜芽等项目；李开复的创新工场就成就了知乎、暴走漫画等创业项目。③与科技的结合更为紧密。新金融的"新"重点在于金融与科技的深度融合。随着互联网、大数据和云计算的迅猛发展，传统金融行业架构中的

[①] 杨丹：《我国新金融发展现状、趋势研究》，《天津经济》2013年第8期。
[②] 同上。
[③] 马云：《未来30年是服务别人能力的竞争》，http：//blog.sina.com。

"底层物质"发生了深刻变化，依托网络技术的新金融生态、金融产品和金融服务模式不断涌现。蚂蚁金服、京东金融、余额宝、微众银行等新金融创新模式已经有了广泛的影响力。中信银行依托百度公司打造的"3D金融服务大厅"以及中信产业基金投资的"腾牛网"P2P平台构建了新的金融生态系统。新金融的背后处处都有信息科技进步的作用。

二 我国新金融发展现状

（一）新金融发展的宏观环境

近年来，我国互联网和信息技术不断提升，新金融模式不断涌现，新的金融生态圈逐步形成。由于发展过快，政策缺失和监管缺位使得该行业野蛮增长。新金融行业规范发展引起了党中央、国务院的高度重视。

李克强总理在2015年3月的《政府工作报告》中首次提出要实施"互联网+"行动。此后，多项文件相继出台，包括《关于促进云计算创新发展　培育信息产业新业态的意见》《关于积极推进"互联网+"行动的指导意见》《促进大数据发展行动纲要》《关于促进互联网金融健康发展的指导意见》。2016年，全面监管时代开始。

2016年李克强总理在《政府工作报告》中曾经三次提及互联网金融，并多次要求必须规范新金融业态的发展。同年，《互联网金融风险专项整治工作实施方案》《关于促进银行卡清算市场健康发展的意见》。2017年至今，国家相继出台了《关于进一步做好互联网金融风险专项整治清理整顿工作的通知》（将原定于2017年8月24日完成的互联网金融专项整治，也将延期至2018年6月）、《关于落实对代币发行融资开展清理整顿工作　加强支付结算管理的通知》、《关于进一步加强无证经营支付业务整治工作的通知》、《关于立即暂停批设网络小额贷款公司的通知》、《关于规范支付创新业务的通知》、《关于调整支付机构客户备付金集中交存比例的通知》。2017年3月，中国人民银行协同中国银行业监督管理委员会、中国证券监督管理委员会、中国保险监督管理委员会及其他21家单位联合编制了《中国金融业信息技术"十三五"发展规划》。该规划根据《中华人民共和国国民经济和社会发展第十三个五年规划纲要》《国家信息化发展战略纲要》《"十三五"国家信息化规划》对金融体制改革、现代金融体系建设和金融信息技术提出的总体要求。此外，为了更好地为新金融的政策研究和风险监管提供智力支持，中国人民银行研究局和金融研究所下属的互联网金融研究中心、中国人民银行下属的数字货币研究所和由上海市金融服务办公室主管的上海金融研究院等智库机构相继成立。

监管政策的逐步完善推动了新金融行业发展的宏观环境净化，随着社会大众对新金融认识的加深，尤其是对互联网金融的态度回归理性，行业进入规范发展阶段。新金融行业乱象也在监管的引导下谋求出路，纷纷采取措施适应强监管的宏观环境，如进行集团化运作、与金融交易所和传统商业银行深入合作、深耕技术等。

（二）新金融主要业态的发展情况

技术创新催生的新金融业态，创造了新的金融业务模式、场景应用、服务流程和金融产品。新金融领域的创新既可以是前端产品，也可以是后台技术。以金融的业务领域作为分类标准，新金融业态主要分为以下四个方面[①]：（1）融资类，涵盖网络借贷、众筹等直接或者间接的融资方式。(2) 投资类，互联网资产管理等。（3）支付及货币类，包括互联网支付和数字货币等。(4) 其他金融服务类，如互联网银行、互联网保险、征信服务等。

1. 融资类（资金端）

新金融的资金端融资类业务主要包括网络借贷（P2P）和众筹。在经历了近5年的野蛮生长后，市场自净效应出现，集聚效应明显。大型平台由于掌握了技术优势，市场份额不断扩大，中小平台则被逐步吞并或淘汰。

（1）网络借贷

截至2017年年末，我国正常运行的网络借贷平台数量为1931家，较2016年减少535家。2017年新增平台93家，较2016年减少657家。从各省情况来看，2017年年末，广东、北京和上海正常运营的平台数分别为410家、376家、261家，占全国正常网络贷款运营平台数的54%，较上年增加了2.6%，网贷平台的集聚度较上年有所提升。随着监管日趋严格，2017年累计转型及停业的网贷平台数为2042家，较2016年新增425家，网贷平台关闭数增长了26%。数据显示，2017年网络借贷平台延续2016年的态势，从野蛮生长走向合规发展。

虽然网贷平台数量下降，但是网络借贷的规模却依旧维持了高速增长态势。截至2017年年末，我国网贷平台贷款余额为12245.87亿元，较2016年增长了50%。2017年网贷平台成交量为28048.49亿元，较2016年增长26%。从区域上来看，北京、上海、广东和浙江网贷成交量占全国总量的88%，虽较上年下降1%，但占比依旧很大。我国网络平台集聚

---

① 温信祥：《新金融趋势》，中国金融出版社2018年版，第21—35页。

情况明显。根据网贷之家的预测，由于政策性因素明显，未来两年网络借贷的增速将下降至20%左右。

从网络贷款平台业务结构来看，短期流动性借款依旧是网络贷款的主要业务。数据显示，2017年我国网络借贷平均借款周期为9个月，较上年增加了1.27个月。上海市平均借款周期为17.39个月，远高于其他省份。浙江的平均借款周期不足4个月。从借款分布区间来看，6个月以内的短期借款为网贷平台的主力，但是占借款交易量的比重较低。平均借款期限超过6个月的资金量较大。我国网贷平台从短期贷款开始，业务也在逐步向中长期贷款开拓。

网贷之家的数据显示，我国网贷业务主要集中于金额在10万元以内的小微贷款。从借款方来看，金额在20万元以下的借款需求占比高达95%，超过100万元以上的贷款需求占比仅为0.71%。可以看出，我国网贷平台在满足短期融资上成效显著。

2017年，网络贷款平台较以往有了新的发展，大数据、云计算和智能投顾在网络贷款平台的应用效果初显。网络贷款平台借用高新技术，实现了金融生产力和金融产品的创新，经营成本下降。比如，利用垂直搜索引擎技术获得竞争优势的投之家，通过大数据检测系统完成了垂直搜索引擎的收录工作，并且成为国内首家推出网贷安全评级的平台，"T盾计划"在加强平台营运能力的同时也保障了资金的安全。

（2）众筹

截至2017年12月末，我国正常运行的众筹平台数为209家，与2016年年底的427家的数量相比，跌幅高达51%（见图1-1）。对于众筹行业来说，2017年是深度洗牌的一年[①]。在金融监管趋严的大背景下，众筹行业将会进入加速整合期，马太效应越发显著，整个行业也将更加规范。从众筹融资的金额上看，在众多众筹平台关停的情况下，2017年全国众筹行业累计成功融资220.25亿元，较2016年的224.78亿元下降了4.53亿元，下降幅度较小。自2013年起，我国众筹行业的融资金额从3.35亿元到2017年年末的220.25亿元，呈现成倍的增长态势。众筹的概念也在广大百姓中得到普及。

从众筹的种类来看，奖励众筹平台的数量最多，为95家，非公开股权融资平台、混合众筹平台、公益众筹平台的数量分别为71家、34家和9家。根据盈灿咨询的数据显示，在奖励众筹方面，中小平台由于缺乏创

---

① 盈灿咨询：《2017年众筹行业报告》，2018年。

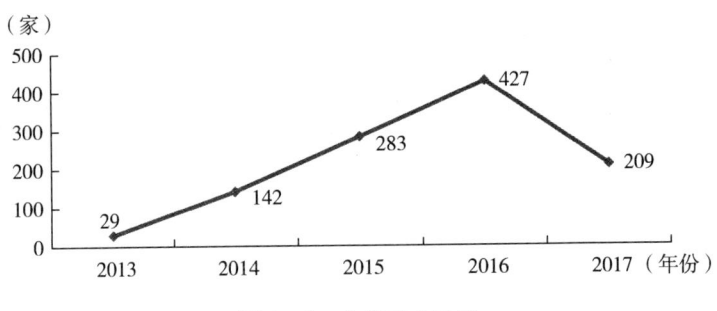

图 1-1 众筹平台数量

资料来源：盈灿咨询。

新力，盈利愈发困难，加之汽车类等众筹平台乱象迭出，投资人敏感度上升，市场洗牌加剧；在非公开股权融资方面，行业监管尚未明晰，互联网巨头旗下的非公开股权融资平台均暂停业务，但党的十九大以来政策利好不断，未来可期[①]。

从众筹行业的总体来看，2017 年全年，我国众筹行业新增项目数为 54487 个，其中奖励众筹项目较多，为 36641 个，占项目总数的 67.25%；其次是公益众筹，占比为 31.89%，项目数 17374 个。

从众筹项目的领域来看，我国众筹平台可分为综合类众筹平台（100家），如淘宝众筹等，和专注于细分领域的垂直众筹平台，如农业（5家）、汽车（35 家）、公益（8 家）、影视文化（21 家）、房地产（6 家）、民宿（2 家）、医疗（3 家）和新能源（1 家）等。

从区域来看，我国的众筹平台多分布在 18 个经济较发达的省份。北京的众筹平台数量位居首位，广东和上海紧随其后，分别是 57 家、43 家和 21 家。北京、广东、上海、浙江、江苏和山东六地的正常运营众筹平台数量的总和占全国众筹平台总数的 83%。

随着众筹行业的监管越来越严格，众筹平台的日常运营将更加精细化。360、淘宝和京东等行业巨头已涉足众筹行业，细分领域也将会进一步深入开发。此外，众筹行业平台需建立披露更多信息的平台，便于筹资者阐明筹资用途以及项目的落实情况。在未来，有更多信息获得、信息披露手段的众筹平台将更有优势[②]。

---

① 盈灿咨询：《2017 年众筹行业报告》，2018 年。
② 李扬：《中国金融科技发展报告》，社会科学文献出版社 2017 年版，第 131—252 页。

2. 投资类（资产端）

随着我国互联网技术的广泛应用以及云计算和大数据等技术的进一步发展，互联网资产管理已成为我国居民重要的投资渠道。在大资管时代和互联网金融浪潮中，互联网和资产管理的有机结合充分利用了双方优势，为客户提供更好的体验。传统资产管理行业有大量且稳定的客户群体和丰富的数据资管和管理经验。互联网企业的发展降低了交易主体信息的不对称。2013年天弘基金"余额宝"的上线使互联网资产管理为人民群众知晓并成为与我国居民个人财富和投资关联性最强的新金融模式。这种新模式也给金融机构打开了新思路，现如今大部分的银行也纷纷借用互联网作为新产品的主要销售渠道，并可借用银行拥有的海量大数据来探索市场需求。

从互联网资产管理的规模上看，腾讯研究院和中国社会科学院金融研究中心联合出版的《国人工资报告》中的数据显示，我国互联网资产管理规模从2013年的3853亿元快速增长到2016年的2.6万亿元。2017年和2018年我国相继出台多项关于互联网理财的政策文件。中国人民银行数据显示，2017年年末，网络资产管理的规模达3.5万亿元，增幅为35%。智研咨询发布的《2018年中国互联网发展趋势分析》显示，截至2017年12月末，我国购买互联网理财产品的人数达到了1.29亿人，较2016年的9890万人增长了3010万人，增幅为30%，其中货币及基金理财规模继续保持高速增长的态势（见图1-2）。

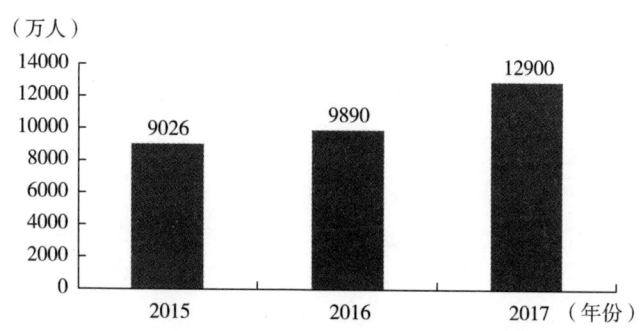

图1-2　互联网理财用户规模

资料来源：智研咨询。

互联网资产管理行业的主要客户群体集中在"80后"和"90后"，其中月收入在3000—5000元的人群成为购买主力，占比分别为14.31%和23.56%。随着"90后"逐步成长为社会的中坚力量，其利用互联网络平台进行资产管理的习惯将使互联网资管行业迎来新的发展机遇。

互联网资产管理行业的主要类型见表1-1：

表1-1　　　　　　　　互联网资产管理行业的主要类型

类型		代表企业
第一类	企业类集团	腾讯金融、蚂蚁金服、百度金融、京东金融
第二类	传统金融机构向互联网转型	天弘基金、国金证券、招商银行、中信银行
第三类	P2P平台在资产管理领域的创新	积木盒子、陆金所、点融网
第四类	新型科技企业创立的资产管理公司	摩羯投顾、蛋卷基金

互联网行业巨头如阿里巴巴、腾讯等先后涉足互联网资产管理行业。2014年阿里巴巴集团成立蚂蚁金服，开展资产管理业务，如余额宝、余利宝、基金代销等，金融服务还包括蚂蚁小贷、芝麻信用、支付宝等。2015年7月，蚂蚁金服完成了130亿元人民币的A轮融资并于次年完成了45亿美元的B轮融资，估值约为600亿美元。作为阿里巴巴"现象级"产品余额宝，其2017年年末的资产管理总规模高达1.58万亿元，较2016年年底翻倍，用户数高达4.74亿人，个人投资者占比达99.94%，平均每人持有3300元左右，实现盈利524亿元，日均盈利1.44亿元。百度与华夏基金和嘉实基金合作，推出了华夏基金增利和嘉实活期宝两款产品，主打互联网资管产品和嘉实沪深300ETF等指数基金。此外，百度还先后与光大永明人寿和生命人寿合作，推出百赚系列保险理财产品。腾讯也先后与银华基金、汇添富基金、广发基金合作，推出与余额宝类似的货币基金。

随着互联网巨头纷纷布局资产管理行业，传统的金融机构如银行、券商和基金公司纷纷加快战略布局，积极探索互联网资管的道路。传统商业银行积极开发手机银行、网上银行等网络直销渠道，如中信银行的金融超市以及被评为最佳手机银行服务的中国建设银行手机银行。在我国金融深化改革的大背景下，国泰君安等6家券商在2014年率先获得了互联网证券业的试点资格，开启了我国互联网证券业的新纪元。目前，券商多与互联网金融企业进行跨界合作，搭建线上综合金融服务平台，如中银证券、国泰君安证券等。

科技的深度发展使得计算机的通信能力、计算能力不断提升，人工智能在金融领域的应用也引起了人们的重视，作为人工智能在金融领域中落地较快的应用场景之一①，智能投顾运用云计算、大数据、机器学习等技术将金融领域的资产组合等投资理论通过构建模型，融入投资者偏好、财务规划等信息，为客户提供智能化、个性化的服务。目前国内的智能投顾模式可以分为经典模式（如蓝海智投等）、创新模式（蛋卷基金）、资产配置模式（投米 RA、理财魔方、摩羯智投、灵犀智投）和股票分析（微量投顾、百度股市通、宽策略）。目前国内的智能投顾主要以资产配置模式为主（见图 1-3）。

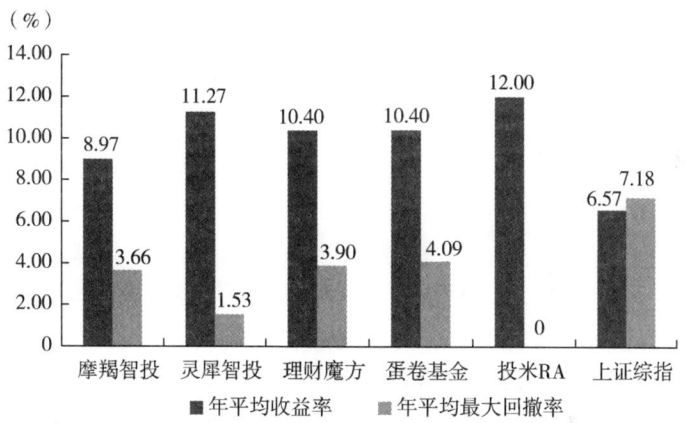

图 1-3　2017 年智能投顾产品业绩表现

资料来源：相关公司业绩报表、Wind 数据库。

3. 支付及货币类

（1）互联网支付

2016 年 3 月，《非银行支付机构网络支付业务管理办法》出台，规范了互联网支付业务，为互联网支付业务的风险防范工作提供了规范指导意见。同年，监管层频繁出台对互联网支付、第三方支付的监管政策。2017 年 12 月中国人民银行出台《关于规范支付创新业务的通知》，进一步规范互联网支付市场。监管政策、监管行动和互联网支付行业自律体系的建立为今后互联网支付创建了良好的环境。

伴随着行业的发展，我国互联网支付的场景不断丰富，创新活动活跃，电子支付、非银行支付机构等第三方支付机构的互联网支付业务增长

---

① 陆强华：《我国支付行业监管新周期》，《银行家》2018 年第 6 期。

较快。中国人民银行公布的数据显示，2017 年我国非银行支付机构发生互联网支付业务 2867.47 亿笔，同比增长 74.95%，支付金额共计 143.26 万亿元，同比增长 44.32%（见图 1-4）①。

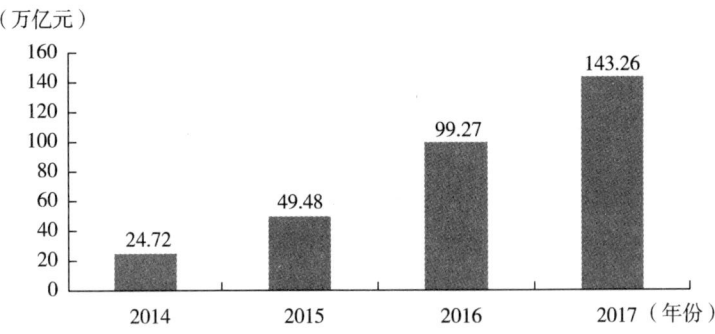

图 1-4　非银行支付机构互联网支付金额

资料来源：《中国互联网发展报告　2018》。

从市场格局角度看，互联网支付机构的竞争激烈。2017 年我国互联网支付核心企业的市场份额相对稳定。在 2018 年第一季度的中国第三方支付机构的互联网支付市场份额中，支付宝以 53.76% 的占比位居第一，腾讯金融位居第二，市场份额为 38.95%，两者占整个互联网支付市场份额的 92.71%（见图 1-5）。2018 年第一季度，传统电商加大了活动力度，虽然在强监管的态势之下，消费和理财等传统互联网支付的支撑类业务量有所回落，但整体交易规模依旧增长，再加上互联网巨头们纷纷开发新的支付应用场景，以及社交类支付兴起和自主支付、自助支付的业务场景开拓，支付宝和腾讯金融的市场份额有望进一步加大。

2013 年以来，我国移动支付发展迅猛、创新迭出。由于移动智能终端的全面普及，移动支付产业链日趋完善。中国人民银行 2017 年支付体系运行总体情况的数据显示，2017 年，我国移动支付业务量继续保持了较快的增长速度。移动支付业务共发放 375.52 亿笔，金额共计 202.93 万亿元，同比分别增长 46.06% 和 28.80%。易观发布的数据显示，2018 年第一季度，我国移动支付市场交易规模达 40.36 万亿元人民币，环比增长 6.99%（见图 1-6）。

伴随着移动支付技术的发展，线上市场已逐步成熟，线下支付将成为

---

① 陆强华：《我国支付行业监管新周期》，《银行家》2018 年第 6 期。

第一章 中国新金融发展现状及风险管控研究　13

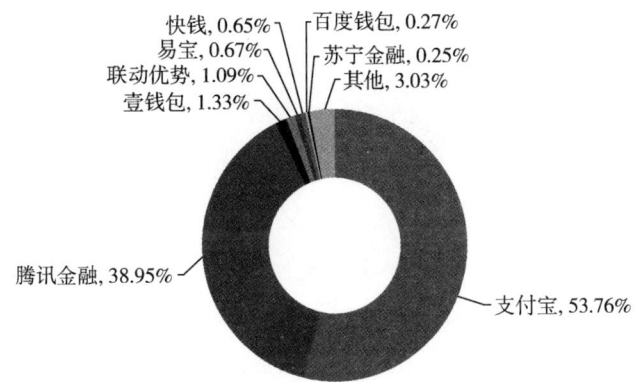

图1-5　2018Q1中国第三方支付机构的互联网支付市场份额

资料来源：易观数据。

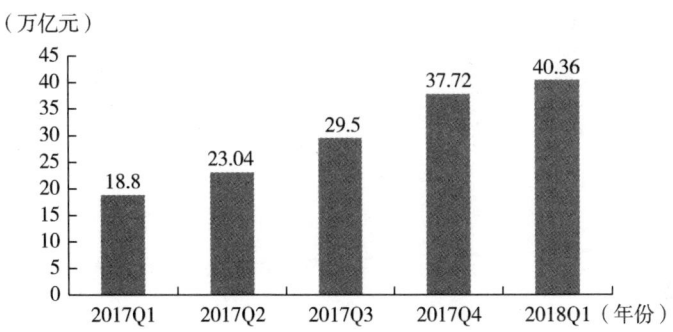

图1-6　2018Q1移动支付市场交易规模

资料来源：易观数据。

互联网巨头、传统支付清算运营商和商业银行争夺的主要战场。根据艾媒咨询发布的《2017—2018中国第三方移动支付市场研究报告》中的数据显示，支付宝和财付通已经成为我国移动支付的双寡头，两者的交易份额占总的移动支付交易市场规模的92%（见图1-7）。但随着银联、商业银行纷纷推出闪付业务，预计会对双寡头格局造成一定冲击。

从移动支付场景来看，移动支付的线下场景普及范围更广。购物和生活缴费的占比较大，分别为54.1%和51.4%（见图1-8）。此外，线上消费更多使用支付宝，占比为59.2%；线下消费主要使用的是微信，占比为59.5%。阿里巴巴线上优势明显，线上受到消费群体的青睐，但在线下的应用场景中，微信优势更大。

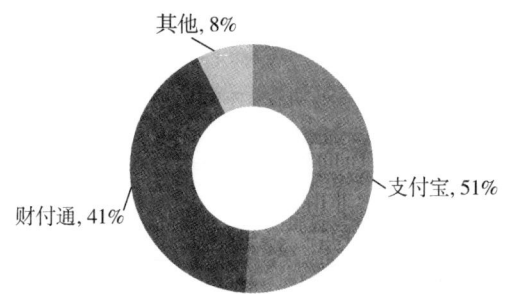

图 1-7 2018Q1 移动支付市场交易份额占比

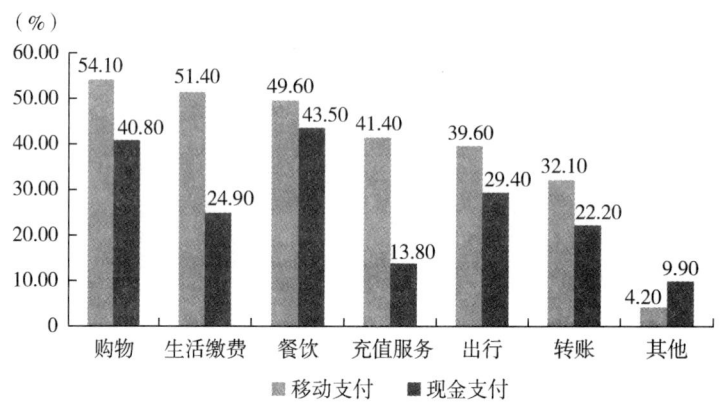

图 1-8 2018Q1 移动支付市场和现金支付偏好

资料来源：艾媒咨询。

(2) 数字货币

A. 我国的数字货币交易平台

数字货币的代表比特币在 2013 年达到了 8000 点的峰值，数字货币市场羊群效应明显，非理智投机行为充斥市场。中国人民银行联合五部委发布了《关于防范比特币风险的通知》，从政策层面规范市场，呼吁人民回归理性。自 2013 年以来，随着数字货币和区块链的概念普及，国人对数字货币的认识进一步提高。数据显示，截至 2018 年 7 月，全球数字货币交易所达 287 家，其中 168 家为有效交易所，中国有效交易所 19 家，占比约为 11%。2017 年，中国比特币持有量和交易量较高，在交易量排名前十的交易平台中，中国的交易平台占 2 家，单日交易额超过 50 亿元至 100 亿元的有 3 家，分别为火币网、Upbit 和 Bitfinex。

我国数字货币交易平台多且杂，大多成立时间较短。2017 年 9 月国家相关政策出台之前，我国国内的数字交易平台以火币网、OKcoin 和比特币中国为主，其中比特币中国运行时间最长。此外还有云币网、元宝网、贝币网、聚币网等交易平台。由于《关于防范各类以 ICO 名义吸收投资相关风险的提示》《关于对代币发行融资开展清理整顿工作的通知》和《关于防范代币发行融资风险的公告》等文件的出台，火币网和比特币中国停止境内相关业务，并将主营业务全部移至海外。截至 2018 年 7 月，BITFINEX 交易平台成为全球交易量前十的数字货币交易平台（见表 1-2）。

表 1-2　　　　2018 年全球交易量前十的数字货币交易平台　　　单位：万元

	名称	成交额	所属国	交易类型
1	BITMEX	1022659	塞舌尔	期货交易
2	OKEX	665353	美国	期货交易、现货交易、场外交易
3	币安网	648434	无记录	现货交易
4	火币全球站	379690	塞舌尔	期货交易、现货交易、场外交易
5	ZB 网	252996	萨摩亚	现货交易、场外交易
6	BITHUMB	223409	韩国	现货交易
7	BITFINEX	207762	中国	现货交易、期货交易
8	HITBTC	154232	英国	现货交易
9	UPBIT	99625	韩国	现货交易
10	BIBOX	82699	爱沙尼亚	现货交易、场外交易

资料来源：https://www.feixiaohao.com/exchange/。

目前，数字货币和现金的自由兑换大部分由数字货币交易实现。我国的数字货币交易有以下几个特点。

①政策违规现象频现

由于我国数字货币交易平台发展时间较短，监管细则尚未量化，平台管理还不成熟。数字货币的交易平台具有逐利性，多数都存在超范围经营的情况，违规开展了融资融券业务等。2017 年中国人民银行对火币网和比特币中国进行现场调查后发现，比特币中国存在违规配资的情况且投资者资金并未按照要求进行第三方存管；火币网未按规定建立反洗钱内控制度，且违规进行融资融券业务。我国比特币交易平台均涉及杠杆交易，行业内杠杆倍数在 3—5 倍。[①]

---

① 衣丰：《中国数字货币发展研究——以比特币为例》，硕士学位论文，对外经济贸易大学，2017 年。

②交易平台体系脆弱

数字货币依托于网络和信息技术而存在。由于网络技术的不断深化发展，任何安全技术都有可能被破解，使得数字货币交易平台的网络安全问题频发。《中国互联网站发展状况及其安全报告（2018）》称，2017 年下半年随着比特币、以太币、门罗币等数字货币的价值暴涨，引发了更多利用勒索软件向用户勒索数字货币的网络攻击事件和用于"挖矿"的恶意程序。根据《数字货币行业网络攻击态势报告》[①]，数字货币交易平台已经成为黑客攻击的重灾区，2017 年上半年数据显示，48% 的数字货币网站存在数据泄露风险。

表 1-3　　　　　　数字货币交易平台安全事件　　　　　　单位：万美元

年份	平台	地区	安全事件	币种	损失金额	结果
2013	VIRCUREX	中国	黑客攻击	比特币	未公布	关闭
2013	TRADEFORTRESS	中国	黑客攻击	比特币	120	关闭
2013	GBL	中国	跑路	比特币	410	失踪
2013	BTER	中国	恶意自动交易、提现提币延迟	比特币	未公布	—
2014	MTGOX	日本	黑客攻击	比特币	470000	破产
2014	FLEXCOIN	加拿大	黑客攻击	比特币	61	关闭
2015	BTER	中国	黑客攻击	比特币	175	—
2016	BITFINEX	中国	黑客攻击	比特币	6500	暂停
2016	ETHERERUM	美国	黑客攻击	以太币	5000	—
2017	ALPHABAY	美国	跑路	比特币	未知	未知
2017	PARITY WALLET	美国	多重签名漏洞	以太币	1551	已解决
2017	BTC-E/MTGOX	东欧/日本	黑客攻击	比特币	85	—
2017	BINANCE	中国	黑客攻击	比特币	未知	—

资料来源：根据网络公开数据整理。

③投机占交易市场的主导地位

数字货币交易价格的波动性较大，这也是数字货币交易平台投机性的主要体现。以目前市值最高、诞生时间最早的比特币为例，其日内的涨跌

[①] 转引自温信祥《新金融趋势》，中国金融出版社 2018 年版，第 21—35 页。

幅最高达 35%，市场投机气氛较浓。由于同一个时间各个平台的交易价格存在不一致，货币交易市场的跨平台套利现象较多，投机性明显。从投资者的偏好上来看，《2014—2016 全球比特币发展研究报告》中的数据显示，80.77% 火币网的比特币投资用户交易比特币是为了短期盈利，通过差价赚取利润，仅有 13.81% 的用户将比特币视为避险资产并长期持有（见图 1-9）。

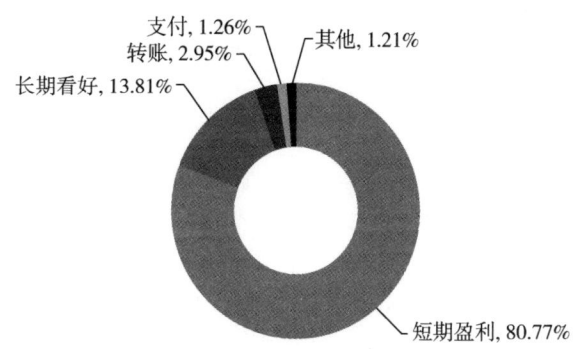

图 1-9 用户交易目的

资料来源：《2014—2016 年全球比特币研究报告》。

B. 数字货币的流通与监管

截至 2017 年 2 月，除约旦、黎巴嫩、孟加拉国等少数国家禁止数字货币活动外，大部分的国家对数字货币态度中立①。在数字货币交易量最大的几个国家，如加拿大、美国和日本等国，监管当局均颁布了监管政策来打击犯罪、洗钱等非法活动（见表 1-4）。

表 1-4　　　　　　　部门国家和地区对比特币的接受程度

国家（地区）	目前态度	国家（地区）	目前态度	国家（地区）	目前态度
阿根廷	承认是货币	冰岛	限制数字货币	尼瓜拉瓜	不干预比特币
澳大利亚	提倡比特币	印度	不干预比特币	巴基斯坦	不干预比特币
孟加拉国	禁止数字货币	印度尼西亚	不干预比特币	新加坡	不干预比特币
比利时	不干预比特币	爱尔兰	不干预比特币	南非	不干预比特币
玻利维亚	禁止比特币	以色列	不干预比特币	韩国	不干预比特币

---

① 衣丰：《中国数字货币发展研究——以比特币为例》，硕士学位论文，对外经济贸易大学，2017 年。

续表

国家（地区）	目前态度	国家（地区）	目前态度	国家（地区）	目前态度
波斯尼亚	比特币不违法	意大利	不干预比特币	西班牙	进行监管
巴西	比特币不违法	中国香港	进行监管	瑞典	征数字货币税
保加利亚	提倡比特币	日本	承认是货币	瑞士	进行监管
加拿大	进行监管	约旦	禁止数字货币	中国台湾	提倡比特币
智利	不干预比特币	黎巴嫩	禁止数字货币	泰国	禁止比特币
中国	进行监管	新西兰	不干预比特币	土耳其	不干预比特币
哥伦比亚	不干预比特币	荷兰	不干预比特币	英国	不干预比特币
克罗地亚	比特币不违法	挪威	征数字货币税	美国	进行监管
芬兰	征数字货币税	菲律宾	进行监管	越南	不干预比特币
法国	征数字货币税	波兰	不干预比特币	阿联酋	准备监管
德国	提倡比特币	葡萄牙	不干预比特币		
希腊	不干预比特币	俄罗斯	不干预比特币		

2017年开始，央行对比特币市场监管趋严。1月初，央行进驻中国最大的三家比特币交易平台——比特币、火币网、币行进行实地的现场调查。在一个月内，央行约谈了共计9家注册地为北京的平台，并提出了明确的"四不准"：不可以违背国家有关反洗钱、外汇管理等法律条例，不可以违反法律从事筹资等活动，不可以违背国家税收等法律要求，不可以参加洗钱。一旦交易平台违反了上述要求，对情节严重的平台给予撤销和取缔等处罚。央行的此次约谈对比特币交易平台有较大影响，以火币网为首的我国主要比特币交易平台举办了行业会议，探讨行业自律问题。此后，我国比特币交易平台均公开表示将控制比特币交易的投机行为，共享各平台风险管理办法，严防利用比特币进行洗钱和非法传销的活动。此外，各交易平台还纷纷表示会加强顾客身份识别和对资金来源及提现的监督。对于可疑的不法活动和可疑资本，限制其提现并将采取应对措施。在监管趋严的态势之下，2017年比特币价格波动较大，比特币的人民币价格在7天内从8895元降到4902元。自央行进驻各比特币交易平台后，日均交易大幅萎缩，我国在全球范围内的比特币交易量占比也从最高峰的90%跌落至21.86%。

早在2014年，央行就已成立法定数字货币研究小组，开始涉足数字货币的论证领域；2016年1月，央行召开数字货币研讨会，进一步明确了发行数字货币的战略目标；2017年1月，中国人民银行数字货币研究所悄然挂牌成立；2017年9月，央行推出了属于自己的数字货币①。2018年3月，周小川表示，中国应该谨慎对待数字货币在中国的发展，研发数字货币要经过充分测试后再进行推广。2018年4月16日，《人民日报》在第一版刊登了题为《数字货币的理想与现实》一文，指出了数字货币的价值。央行行长周小川指出，像比特币这类数字货币如果迅速扩大或蔓延，有可能给消费者带来很大的负面影响，也许还会向金融稳定、货币政策传导，产生一些不可预测的作用②。另外，国家也积极采取了一些措施，将数字货币与常规银行系统分离开来，避免带来不必要的风险。周小川说，中国人民银行正在研究用于电子支付的数字货币，他认为理想的数字货币必须确保货币和金融稳定。

4. 其他金融服务类

（1）互联网银行

截至2017年12月末，我国互联网银行的数量已至9家，分别是浙江网商银行、深圳前海微众银行、四川新网银行、武汉众邦银行、福建华通银行、吉林亿联银行、北京中关村银行、江苏苏宁银行和中信百信银行（见表1-5）。我国互联网银行开始于2014年，设立最早的两家互联网银行浙江网商银行和深圳前海微众银行发展势头良好。

A. 浙江网商银行

浙江网商银行于2014年9月获银监会批准筹建并于2015年6月正式营业，注册资本40亿元，浙江蚂蚁小微金融服务集团有限公司（又称"蚂蚁金服"）认购该行总股本30%股份的发起人资格；上海复星工业技术发展有限公司认购该行总股本25%股份的发起人资格；万向三农集团有限公司认购该行总股本18%股份的发起人资格；宁波市金润资产经营有限公司认购该行总股本16%股份的发起人资格③。

根据浙江网商银行2017年年报，其营业收入为42.75亿元，同比增长62.12%；净利润为4.04亿元，同比增长27.85%。资产总额为781.7亿元，负债总额为735亿元，所有者权益为46.7亿元，年末资本充足率为13.51%。2017年，浙江网商银行累计向小微企业和小微经营者发放贷

---

① 王漪：《数字货币的冰与火》，http：//www.bjinvest.com.cn/index.php? s=/home/article/detail/id/965.html。

② 仅一、孙芙蓉：《强调金融服务实体经济是金融监管的目的》，《国际融资》2018年第4期。

③ 中国人民银行金融研究所互联网金融研究中心：《新金融时代》，中信出版社2015年版，第121—156页。

表1-5 我国互网银行相关情况

单位：亿元

	浙江网商银行	深圳前海微众银行	四川新网银行	福建华通银行	武汉众邦银行	吉林亿联银行	北京中关村银行	中信百信银行	江苏苏宁银行
设立时间	2015年6月	2016年12月	2014年12月	2016年11月	2016年12月	2016年12月	2016年12月	2017年8月	2016年12月
注册资本	40	30	30	24	20	20	40	20	40
主要股东	蚂蚁金服、上海复星工业技术发展有限公司、万向三农集团有限公司、宁波市金润资产经营有限公司	深圳市腾讯网域计算机网络有限公司、深圳市百业源投资有限公司、深圳市立业集团有限公司	新希望集团有限公司、小米集团、红旗连锁	永辉超市、阳光控股有限公司	卓尔控股有限公司、武汉当代科技产业集团股份有限公司、奥山投资有限公司和武汉法斯克能源科技有限公司、壹网通科技（武汉）有限公司、钰龙集团有限公司	中发金控投资管理有限公司、吉林三快科技有限公司	用友网络、碧水源、光线传媒、东方园林等11家中关村知名上市公司	中信银行、百度公司	苏宁云商集团股份有限公司、日出东方太阳能股份有限公司、江苏省交通科学研究院股份有限公司
面向客户	小微企业、小微经营者等	个人、小微企业和"三农"	科技金融服务	企业供应链、个人及小微企业	个人、公司	创业者	个人、企业	个人、企业	企业供应链、个人及小微企业
主要优势	支付宝平台用户及数据优势	微信和QQ的数据资源	小米产业优势	消费数据资源丰富	企业供应链数据资源丰富	—	创业投资经验丰富	直销银行业务、有国资注入、有成熟的风控体系	—
主要产品	旺衣贷借钱	微粒贷	好人贷网贷资金存管	无	邦你贷	—	—	暂无	—

资料来源：银监会各银行官网。

款 4468 亿元，其中发放给农村客户群体的贷款为 264.5 亿元，累计服务小微企业和小微经营者客户 571 万户。

B. 深圳前海微众银行

深圳前海微众银行于 2014 年 12 月成立，注册资本 30 亿元。深圳市腾讯网域计算机网络有限公司认购该行总股本 30% 股份的发起人资格；深圳市百业源投资有限公司认购该行总股本 20% 股份的发起人资格；深圳市立业集团有限公司认购该行总股本 20% 股份的发起人资格[①]。

深圳前海微众银行是我国首家互联网银行，该行倡导普惠金融思想，主攻个人和小微企业的小微贷款。其推出的"微粒贷"已是腾讯新金融生态圈的拳头产品，借用微信和 QQ 的社交平台，"微粒贷"已累计发放 3000 万笔贷款，主动授信客户超过 9000 万人。

（2）互联网保险

2015 年，中国保监会发布了《互联网保险业务监管暂行办法》，对我国互联网保险行业的保险机构经营资质及发展模式进行了规范。互联网、云计算和大数据等技术的发展为互联网保险行业提供了较大的发展空间。目前，我国互联网保险的运营模式有传统保险公司的官方网站直销模式、第三方平台销售模式、专业中介代理模式、网络兼代理模式和移动互联网销售模式（见表 1-6）。

表 1-6　　　　　　　　我国互联网保险的主要运作模式

模式	简介	代表企业
官方网站直销模式	保险企业自建网站进行保险产品销售并提供服务	泰康人寿、新华保险、中国人寿等
第三方平台销售模式	保险公司借助独立的第三方电子商务网站进行销售并提供服务	支付宝、微信、京东等
专业中介代理模式	保险代理或经纪公司建立网络销售平台销售产品并提供服务	中民保险网、慧择保险网等
网络兼代理模式	银行、旅游和航空等非保险企业在官网代销保险产品并提供服务	各相关公司
移动互联网销售模式	保险企业在智能手机等移动终端上销售保险产品并提供服务	国华人寿等

---

① 中国人民银行金融研究所互联网金融研究中心：《新金融时代》，中信出版社 2015 年版，第 121—156 页。

从互联网保险的保费收入上来看,从 2011 年的增长缓慢到 2013 年的快速增长再到 2017 年的增速放缓,我国互联网保险渐入佳境。随着强监管时代的到来,互联网保险的保费收入下降,经营压力增加。相关数据显示,我国 2017 年互联网保险的保费总收入为 1835 亿元,较 2016 年同比下降 21.83%,下降幅度较大。保费下降的原因是车险和投资型险种的下降幅度较大(见图 1-10)。

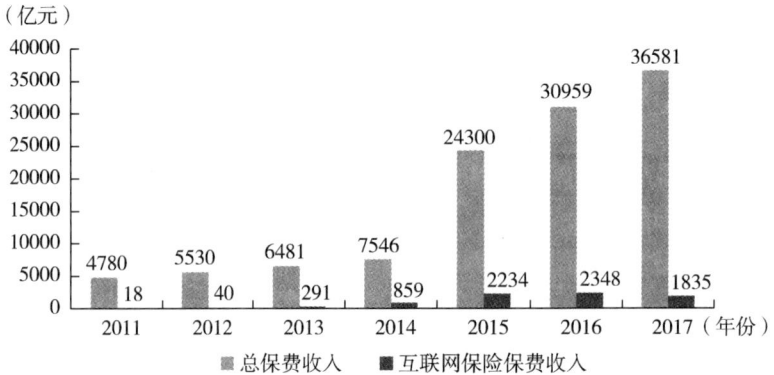

图 1-10 我国互联网保险保费收入占比情况

资料来源:笔者根据公开数据整理。

我国互联网保险的机构数量逐年递增(见图 1-11)。截至 2017 年,我国开展互联网保险业务的公司共计 129 家,越来越多的传统保险公司申请开立互联网保险业务,或通过与第三方平台合作的方式开展互联网保险销售和咨询业务。

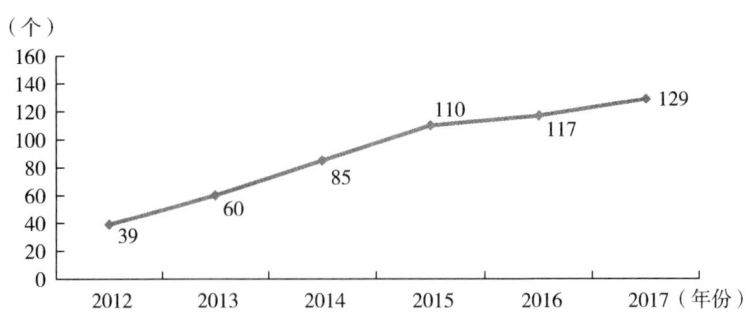

图 1-11 我国经营互联网保险业务机构数量

资料来源:http://free.chinabaogao.com/it/201805/05113363212018.html。

目前，我国互联网保险产品的主要形式有平台保险和场景保险。平台保险是在互联网平台进行销售的保险，比如车险、健康险、人寿险、意外险、医疗险等；场景保险是贯穿于消费生活的保险，将消费场景中出现的风险融入保险产品，比如退货运费险、支付宝账户安全险等。2016年7月，阳光保险率先推出了"区块链＋航空意外险卡单"，实现了区块链技术在航空意外保险业务中的应用，这也是我国首次将主流的金融资产在区块链上进行流通。依托区块链技术的多方数据共享的特征，构建起保险公司和投保人之间全流程的有效信息共享，降低了骗保等问题发生的可能性。同年12月，慧择保险网推出了"可追溯的星服务"，对服务进行全流程监控，减少销售的误导和欺诈行为，促进互联网保险行业的服务水平提升。

（3）征信服务

我国社会征信由个人征信、企业征信组成。中国人民银行是我国征信行业最重要的组成部分。随着大数据等技术的应用，我国征信服务结合新金融业态，利用大数据等信息技术，扩大了信息的采集范围，完善了我国征信体系。

A. 个人征信

《中国社会信用体系发展报告2017》的数据显示，截至2016年，共有2927家机构接入中国人民银行个人征信系统（金融信用信息基础数据库），其中个人征信系统接入小微金融机构超过1200家。在我国消费升级的大背景下，征信行业未来前景可期。

从征信数据来源上看，中国人民银行征信系统的信息数据采集范围已扩大到非银行类金融机构、税务、法院、环保和公积金管理中心等公共服务部门，信息采集范围的扩大提升征信信息的可借鉴性。目前，我国共有8家个人征信试点机构，分别是鹏元征信、中诚信征信、中智诚征信、芝麻征信、腾讯征信、前海征信、考拉征信和华道征信，其中芝麻征信和腾讯征信利用大数据和机器学习等技术反映用户的信用水平。从征信的产品和服务上来看，中国人民银行提供个人征信报告、个人征信信息提示和个人征信信息概要三种基础产品，还提供包括个人业务重要信息提示和个人信用报告数字解读两种增值产品。

B. 企业征信

在中国人民银行企业征信系统发展完善的同时，我国社会化企业征信机构也在不断涌现。随着互联网行业的蓬勃发展，互联网巨头也纷纷加入征信行业。2016年，芝麻征信正式宣布推出小微企业洞察服务——"灵芝"系统；同年，京东金融与 Zestfinance 携手打入征信行业，成立 ZRobot 公司；2017 年，阿里巴巴推出了企业诚信查询平台 cheng.xin，推出当月，同盾科技宣布入股外滩征信。

根据我国《征信业管理条例》，征信行业的准入采用备案制。目前，我国征信备案机构共 133 家，其中北京 38 家，上海 34 家，广东 8 家，其余征信机构在其他省份，北京和上海的征信机构占全国征信机构的 69%。

（4）信用信息加工

征信行业的核心产品是信息主体的信用信息，当前信用信息的主要构成是信用主体的偿债信息，也就是发生信贷关系时能否履约。征信行业的整个产业链按照信用信息的传递过程可以分为信息采集和信息应用两个环节。

当前，我国征信行业的盈利模式单一，主要就是面向企业提供信用报告、信用评分等产品，以帮助借贷机构及相关企业做出信息决策。随着大数据、云计算、区块链等技术的进一步发展，征信机构开始向需求方提供反欺诈、风控模型搭建等相关服务。京东和百度是我国较早进入这一业态的公司，它们使用机器学习和大数据的方法分析了现金贷人群的风险。2014 年，百融金服利用大数据和人工智能技术为各大金融机构提供了定制版的针对个人与小微企业的客户引流、客户分析、风险管理的全流程产品和服务。该公司的"风险罗盘"平台，为我国主要金融机构提供了反欺诈和信用风险评估两大类产品，制定了信贷全生命周期的管理方案。2016 年 7 月，天翼征信有限公司与区块链技术服务商布比网络有限公司合作就打造我国首个区块链征信数据平台达成合作协议。上海保险交易所在 2017 年 3 月联合国内 9 家保险机构成功通过区块链交易技术验证，从安全、性能、功能和运行维护四个方面验证了区块链技术在保险业征信上的可行性。

第二节　中国新金融风险表现形式

金融的本质是进行资源跨时空优化配置以及对冲配置过程中产生的风险。传统的金融行业在发展演变过程中已经建立了健全的风险管理系统，对风险实施有效的度量、检测和管控。随着信息技术和科技的革新，新金融呈现出主体多元、产品复杂、业务综合的特点，金融风险具有跨市场交叉、跨行业交叉、关联度高的特征。虽然新金融业态呈现了天然的信息技术＋互联网＋金融的属性，但是金融依旧是其核心和基础，只不过数据信息获取方式和业务的实现方式由新的科技手段所代替。因此，传统金融行业所面对的流动性风险、市场风险、信用风险、操作风险、声誉风险、法律风险、战略风险和政策风险，在新金融业态下依旧存在。此外，由于高新科技的不断发展，新金融还面对技术风险和政策风险，这两种风险应当给予重点关注。

一 流动性风险

流动性风险是指流动性需求无法被满足，或者要满足流动性需要付出较大代价甚至发生损失。新金融业态多表现为"虚虚结合"。金融实现了由货币到信用再到票据凭证的抽象化，脱离了实物的表现形式，而高新科技则将传统金融业务再次虚拟，实现了数据的数字化。但是，当金融业务抽象为代码或者符号，市场的透明度和信息的准确性就出现了问题，致使真实有效信息被淹没，信息不对称加剧。此外，由于新金融企业满足了平民和中小企业的投融资需求，加上参与门槛低、参与随机性强等特点，新金融企业往往无法及时对资金与债券的期限错配情况进行调整，流动性风险容易聚集。新金融的主要优点是操作快捷、使用便利，这在非常态情况下容易产生大规模"挤兑"行为。因此，相较于传统金融，新金融企业如果发生流动性问题，其传播速度和影响范围将更大。

从风险传导机制上来看，新金融业态的流动性风险传导源主要有以下几点：

（一）创新过度

新金融业态产品的同质化速度和技术手段更新速度很快，为了尽可能地跑在市场需求之前，获得短暂的垄断性收益，以互联网金融企业为首的新金融企业需要不断创新，而充足的资金是创新的基础。新金融企业往往对资金的把控能力不足，过度的金融产品创新使得资金流动检测更加困难，资金头寸的变化具有更强的虚拟性和不确定性，导致流动性失衡。

（二）市场风险易发生聚合

市场风险的"羊群效应"突出，风险传播速度加快，金融市场脆弱性增加。信息网络的效应使得新金融业态风险的传染性加剧。新金融领域普惠性的特征帮助更多个人和企业的金融需求得到满足，但是这类群体的金融知识相对匮乏，无法对所获得的信息和潜在风险进行理性判断，从众投资等非理性行为频繁发生。与传统金融类似，新金融主要的投资标的依旧是债券、股权和基金等，剥去产品复杂的设计结构，其本质依旧还是目前金融市场上的标准化和非标准化产品。因此，新金融受传统金融产品的收益率影响极大，一旦市场价格出现波动，无法达到预期收益率，集中赎回的交易行为将产生聚合效应，流动性风险生成速度会加快。个体非理性行为的聚集会变成群体性的非理性行为，容易加剧市场动荡。

（三）普惠性使得长尾风险加剧

由于传统金融已经建立了较为完善的风险管理体系，风险匹配机制合理，流程合规，对高风险的产品设置较高准入门槛，仅将风险承受能力较高的客户作为服务对象，减少了潜在风险。此外，我国商业银行须遵循存款保险制度，在发生极端情况的时候，对风险有一定的缓释作用。普惠性是新金融与传统金融最大的区别，它降低了金融服务的门槛，金融服务生产可能性边界被拓宽，使得长尾客户存在，长尾风险聚集，但尚未建立风险缓释机制。当新金融领域的风险集中爆发的时候，长尾风险容易集中爆发，而这部分受影响的客户多为低收入阶层，容易使金融风险和社会不稳定性因素交织。

（四）信息不对称

新金融业态借用互联网平台作为提供服务的渠道，发挥金融交易的中介功能。由于互联网的"虚拟性"特质和科技手段的运用，金融交易的双方在信息数据的搜集上难度加大，因此会承担更多的风险。由于单方面形成的信息数据壁垒，作为信息数据获取和公布难度较低的新金融企业容易出现道德风险，它们会隐藏对自身不利的信息，将虚构的信息可能导致的风险直接转嫁给了交易对手（消费者或者投资者），利用自身的信息优势让风险由交易对手承担。市场将出现"劣币驱逐良币"的现象，资质和自律能力较差的新金融企业会因发布虚假信息数据无法承担相应风险，出现企业倒闭和负责人跑路的情况，而资质和自律能力较好的新金融企业会因市场秩序混乱而退出市场。

二　市场风险

（一）传统金融市场风险依旧存在且检测难度更大

现阶段的新金融业态虽然改变了传统金融的实现方式，拓宽了金融业务的边界，但并未对金融市场和金融基础产品带来本质性的颠覆。金融市场的汇率风险、利率风险、价格风险等依旧存在于新金融领域。在新金融发展的初期，其发展仰仗于传统金融产品，因此，传统金融风险和新金融风险之间具有较高的相关性，其风险延展速度具有同步性。即使新金融领域已经爆发式发展了近 5 个年头，传统金融市场中的各种标的价格和产品的收益率的波动都会对新金融领域产生较大影响。股市、债市、汇率和大宗商品市场的风险均会传导至新金融市场，进而形成了新金融领域的市场风险。目前，我国尚未产生适合于测度新金融市场风险的计量方法，传统的 VaR、久期分析和压力测试的方法适用性尚待考证，因此新金融行业的市场风险更应引起重视。现阶段，部分新金融企业有了可以进行自主定价的产品和交易平台，但机制尚不健全，定价极有可能与其真实价值背离，市场风险更加不透明。

（二）资金体量大、交易主体多元、监管制度存在隐患

信息科技的发展使得原本未能流入金融市场的资金通过新的渠道流入了金融市场，市场的资金体量较以往增加，市场的交易主体更加多元。由于多元的交易主体有着多元的利益诉求，利益诉求的多样化将会加剧新业态下的金融市场不稳定。中国人民银行对传统金融机构有着规范的管理制度，对商业银行有存款准备金的要求，此类要求对于新金融业态的影响远远小于传统商业银行，因此，作为金融市场监管主要部门的中国人民银行对金融市场的调节能力会大幅度降低。此外，由于目前尚未对我国新金融企业的存款备付金做出规定，这在一定程度上放大了货币乘数，且放大程度不详，增加了中国人民银行测算我国货币总供给量难度[①]。

三　信用风险

信用风险是指交易对象没有能力继续履约而给其他交易对手带来的风险，获得信用的一方没有能力或者主观不愿意继续履行合同所规定的义务即造成违约风险。新金融行业具有高负债的特征，与传统金融行业一样也具备信用创造的能力，但这种信用创造过程不透明且程度难以计量。由于我国征信机制不够完善，各方面数据的获取和整合能力不高，再加上信息壁垒和地域的限制，新金融领域信用风险的把控能力较弱。此外，由于其准入门槛低，参与交易的客户的资质参差不齐，新金融业态下的资金融入方往往处于高杠杆比率之下，经常是在无抵押无担保的情况下放款。根据新金融行业信用风险发生的情况，信用风险的来源主要有以下两点。

---

① 贾楠：《中国互联网金融风险度量、监管博弈与监管效率研究》，博士学位论文，吉林大学，2017 年。

（一）资金融入方违约

新金融行业的资金融入有"小、频、快"的特点，且多为无抵押无担保融入，仅仅依靠融入方的日常交易和社交平台数据对融入方还款能力进行评估。此外，由于资金融入多为线上放款，没有了传统民间借贷的"人情约束"，资金融入方违约成本较低。事前预谋骗取资金融入、事中违约的现象屡屡发生。由于新金融行业竞争激烈，为了抢夺市场份额，降低准入门槛，又无配套的风险缓释制度，新金融行业的信用风险较大。

（二）资金融出方违约

新金融行业往往具有线上的资金归集和委托投资的服务。借用互联网平台，可以吸收大量的社会闲散资金。但是，新金融行业的项目信息披露极为不透明且缺乏监管，为了吸引更多的客户，新金融企业编造高收益的投资项目和虚假债权骗取资金的案件屡屡发生，此类项目提供的高额收益率超出了目前市场货币基金所能达到的年均收益率，根本无法兑现。此外，新金融公司还存在挪用资金的情况，由于资金流向的信息披露存在漏洞，新金融公司会选择与约定投资标的不同的项目进行投资，一旦投资失败，就无法兑现对投资者的承诺，"卷款跑路"的事件时有发生。

四 操作风险

新金融行业多为线上运营的轻资产行业，开放式的网络操作与传统行业的操作风险有所不同，其操作流程容易受到外部攻击，使得各个环节如资金安全、客户信息的存储和资金管理都有操作风险。操作风险是指由于用户、控制体系本身缺陷而导致的不可控事件的发生及其带来损失的可能性。

新金融行业秩序目前较为混乱，行业内企业质量参差不齐。传统的金融机构所搭建的信息平台，其网上平台和手机平台因具有专业的人才和技术保障，操作性风险较低。但是，新金融企业缺乏内控合规意识，风险隐患较大。新金融企业业务覆盖了线上和线下，与用户的对接多使用线上交易，但项目落地多为线下进行，线上线下的全流程无风险对接如何落实及从业人员的职业素质和业务水平事关操作风险的大小。此外，用户端的身份识别也存在问题，用户是否了解产品，是否有金融知识，是否为本人真实操作，都是风险点。

根据新金融操作端的特点，可以将操作风险的来源分为两个部分。

（一）用户端操作风险

在新的金融业态下，用户端的操作日益便捷，操作流程的漏洞容易被不法分子利用，导致用户身份信息被窃取，遭受欺诈。此外，用户很多是在网络宣传标语的鼓动下进行的冲动操作，客户本身风险识别机制尚不健全，客户端需求和产品服务对象可能存在错配的情况。

（二）服务端操作风险

新金融企业的内控制度多不健全：员工违规操作、监守自盗的行为屡屡发生，内部运营不稳定。此外，由于有先发展、后配套建设的特点，企业的硬件设施和信息技术建设往往不能涵盖其业务经营、内部营运和创新的需求。尤其是当客户端的交互动作不合操作规范时，容易造成客户的损失。

五　声誉风险

声誉风险是指由于企业的口碑、形象等因素受损导致声誉下降而产生的风险。在新金融业态下，网络对于负面新闻的传播速度快，杀伤力极大，影响企业声誉的信息更容易在线上发酵，推动风险的产生。新金融业态下，声誉风险主要来自监管披露、公众投诉、市场传言和金融犯罪。声誉风险绝非由单一因素造成，其触发的成因多样且复杂。[①]

（一）声誉危机管理不到位

在以纸媒和电视为主的舆论传播时代，舆情危机的处理方式基本都是在事后，事前防范欠缺。但是，这种方式已经不适合信息快速传播的互联网时代。事前防范的缺位会使得有损声誉的负面新闻成为事实，事后补救往往效果不佳。由于声誉风险对新金融企业的影响更大，处于舆论弱势地位，舆情监管能力不足、声誉危机处理不当要付出更大代价。

（二）声誉风险多由其他风险转化而来

其他风险和不利因素的转化往往是产生声誉风险的来源。比如法律风险、技术风险和操作风险等会经过网络媒体放大，使新金融企业形象受损。此外，自媒体等新媒体形式使得传播速度更快，再加上社交软件和手机终端的普及，使风险较以往更容易发生且连锁反应明显。

---

① 贾楠：《中国互联网金融风险度量、监管博弈与监管效率研究》，博士学位论文，吉林大学，2017年。

六 法律风险

法律风险泛指因违反法律和监管制度而遭受损失的风险。由于新金融行业尚处于发展初期，很多产品在合法和非法之间游走，极容易触碰红线，造成不良影响。一旦发生法律风险，承担的主体是新金融企业和其客户。法律风险的来源主要有以下三种。

（一）法律关系不明晰

新金融业务多为创新业务，交叉领域较多，设计相对复杂。复杂的产品设计和层级意味着复杂的风险链条。新金融业务的底层资产往往不清晰且各底层资产之间的关联度很模糊，因此在一笔新金融产品业务的办理过程中，往往会出现多种法律关系，比如"抽屉协议"。层层法律关系的嵌套使得法律关系识别困难，相关方利益的不确定性提升，易产生冲突。

（二）法律依据缺失

法律条文和监管条例往往是在产品和市场创新之后出台。在正式法律出台前，存在监管和市场创新的空白期。空白期的存在会导致相关的法律风险无相应的法律条文对应，无法妥善解决。具有投机性的新金融企业还将利用这段监管空白期，进行监管套利。

（三）契约文件缺失、合同条款存在隐患

线上代客投资和理财是新金融业态的常规性业务。当资金由投资者转移至新金融企业时，法律契约的关系便形成了。由于是线上操作，其文书往往是电子合同，双方签字也多是电子名章，或者根本不出具正式有效的法律文书。在这种情况下，就有可能发生由于契约文件缺失给客户带来的风险。此外，新金融企业具有信息优势，可以根据自己的需求和偏好制定合同条款。由于大部分客户风险意识不足，客户出于便捷性的考虑，会选择最便捷的操作完成交易而忽略条款细节。

七 战略风险

战略风险多指企业的战略规划与其发展的长远目标发生冲突时产生损失的可能性。战略兼容性损失、战略失误所产生的损失和机会成本等都是战略风险的具体表现形式。企业战略定位模糊将导致风险的不确定性增强。此外，各方面政策的监管方向尚未明晰，未来行业发展融合的大趋势明确，对于单个新金融企业来说，任何战略失误都会导致失败，试错和犯

错的成本较高。战略失误、企业转型和产品创新的失败可能性上升。战略与行业趋势和企业长期发展目标偏离的企业将会被淘汰。

八 政策风险

政策风险往往是新业态出现时面临的最突出的风险。它对政策更为敏感，受政策的影响更大。政策风险作为外生风险，其主要源自以下几点。

（一）政策缺位

创新走在监管和市场之前。新金融企业的创新特质明显，监管政策的出台往往跟不上新金融企业创新的速度。在政策缺位的情况下，新金融企业在业务发展初期会利用政策空白期"野蛮生长"，这给风险的爆发埋下了隐患。此外，随着政策逐渐明朗，新金融行业还将面对依照政策调整战略的风险。

（二）时滞效应和错位匹配

时滞效应由内在时滞和外在时滞组成。内在时滞是指监管机构在发现风险点后，制定政策措施，有针对性地作出反应所需要的时间。外在时滞是指政策的出台到产生预期效果所需要的时间。政策制定出台的时间及政策落地的时间存在最佳时间窗口，如果政策制定过早或过迟，政策预期效果的释放过前或过后，都会稀释政策预期效果。此外，由于政策与实际存在不匹配的情况，无法获得预期效果，应有作用无法得到充分发挥，政策与实际脱节，不能合理匹配。

（三）政策不落地

政策的效果取决于政策的落地。如果好的政策不能有效落地，其作用和效果会大打折扣。政策的落地从制定到执行经过多个环节，环节越多对政策的落地越不利，执行方对政策用意的解读越容易存在偏差，落地效果不佳。只有减少环节，统一政策方向，梳理执行程序，保证政策落地，其效果才能显现。

九 技术风险

计算机网络技术的发展及其安全运行是保证新金融行业稳健发展的最重要的抓手。作为新金融业务发展的基础和重要媒介，对技术风险的把控非常重要。技术风险主要包括支持风险、安全风险和选择风险。[1]

---

[1] 李树雯：《互联网金融风险管理研究》，博士学位论文，东北财经大学，2016年。

(一) 支持风险

支持风险是指由于企业自身无法配备专业的技术服务部门而将企业的技术支持外包给第三方公司，但是，由于第三方技术支持对企业的实际情况不甚了解，导致服务中断。此外，由于技术的核心部门和研发部门外包，技术的更新与业务的发展不匹配，存在滞后效应，风控的有效性和及时性大大降低。

(二) 安全风险

安全风险是指由于系统缺陷或者漏洞而发生风险所带来的损失。身份认证端、操作端和软件后台运行技术端都会发生安全风险。黑客和病毒会攻破防火墙，窃取数据信息，对企业和用户的信息财产安全构成威胁。此外，技术欺骗的方式也屡见不鲜，通过伪造客户虚假身份，越过身份认证的程序，进行诈骗活动，带来技术风险。

(三) 选择风险

选择风险类似于经济学中机会成本的概念。在进行技术解决方案选择时，选择失误将导致技术系统和客户端的兼容不稳定，数据传输缓慢或中断，进而导致业务拓展受技术制约，市场份额下降。

此外，大数据等技术在新金融业态下得到了广泛应用，但其本身也有局限性。大数据可以大大提升信息搜集的效率，但是它只能较为科学地对现有数据进行分析，无法准确预测未来，且只能遵循已有的客观规律，无法根据外部环境的变化进行调整。在信息不对称的情况下，大数据引用的信息往往不准确，容易做出错误的分析和预测。市场上交易双方的实际风险容易被放大，在一定程度上加剧了系统性风险的产生。另外，信息技术也更容易被技术优势方利用，藏匿真实数据信息，逃避监管。

第三节　中国新金融风险管控中存在的问题

不论是新金融业态还是传统金融行业，其风险都是客观存在的。风险无法消除，但可以预防。好的风险预防机制依赖于有效的管控措施，管控措施的到位有利于金融环境的稳定，助力金融业务的顺利开展。我国新金融业态丰富，其风险有共性也有特性，风险管控的措施不尽相同，但主要可以分为微观层面中国新金融风险管控措施和宏观层面中国新金融风险管控措施。

一 微观层面中国新金融风险管控措施

（一）融资类

1. 网络借贷

网络借贷以信息技术为支撑，实现了资金的有效流动，拓宽了融资渠道，为无法从传统商业银行获得融资的资金需求者提供了新的渠道。作为新的金融业态，有效的风控措施可以将风险控制在可以容忍的范围内，需要良好的企业内控措施和严格清晰的监管手段。

（1）基于大数据建设全流程风控体系

网络借贷企业的风险管理主要依靠其"信贷政策"的实现，大多采用了依靠数据的"政策+策略+自动化+反欺诈+评分卡"的风控体系，对客户群体进行了精确的区分，将业务下沉到了以往小微信贷不能触及的客源，在一定程度上提升了风险识别的精准率和有效性。

大部分网络借贷公司建立了多维度、全流程的现代网络信贷风险管理体系。具体来看，使用数据挖掘技术，覆盖了信贷流程的前、中、后三大风控模块。对不同客户进行智能分级，模型评分，对欺诈等行为进行拦截。从贷前贷中来看，在审批的准入方面，通过评分引擎、额度引擎、产品优选引擎和反欺诈引擎四个模块，对客户进行甄别筛选，描绘风险画像进而确定可贷金额。在还款能力预测方面，使用了还款能力预测模型，对客户的还款意愿进行判断。在反欺诈方面，使用了反欺诈系统，包括大数据实时计算、反欺诈系统、网络图谱、策略配置引擎四部分。在征信方面，与征信机构进行合作，建立了大数据风控模型，利用信用模型对客户进行风险定价，并结合客户资质确定贷款额度。此外，不同风险层级的客户，其在贷款审批上采取了不同的方式，对于优质客户实行免调查免核实政策，对于信用记录不佳的客户采取上门调查的方式核实贷款人信息真实性，确定其是否有债务隐匿的情况。从贷后预警和催收上来看，贷后预警主要是按期对资产质量进行监控，通过历史违约模型、账龄图、迁徙率和行为评分卡模型的变化路径，预测资产质量变坏的可能性，预估时间节点。通过引入决策树和催收评分卡，进一步完善催收风控体系，对客户逾期的不同情况进行分类催收，如电话催收、上门催收和委外催收等。

目前，网络贷款企业的风险内控制度主要是基于可获得的数据资源，与数据提供方或数据相关方一道开发数据模型，直接对接脱敏数据，设计适合自己的风控模型，进而获得更多的数据资源。

(2) 实行审贷分离制度

审贷分离制度是指在网络借贷办理过程中,贷前的调查和贷中的审查均由不同的部门执行,在充分发挥专业人员优势的基础上,实现互相制约。

在我国,审贷分离目前有三种形式:岗位分离、部门分离和地区分离。岗位分离多是由于公司人员限制无法设立单独部门,由信贷岗位代为完成审查职能。部门分离是指由授信审批部和信贷部分别履行贷后和贷前的审核职能。地区分离是指各地区的审批权限上收至总部,通过异地操作的方式确保审批的独立性。

审贷相关人员要遵守业务的专业性原则、独立性原则和审慎性原则。独立性要求审查人员独立判断业务风险;审慎性要求业务人员对所有相关材料进行交叉验证;专业性要求信贷分析能力提升,减少判断失误。

(3) 建立指标评价体系

大多数网络贷款企业的指标体系围绕七个风险维度进行建设(见表1-7)。

表1-7　　　　　　　　　　风险预警的七个维度

指标	定义
借款指数	90天借款总额/90天借款总人数
流动指数	(未来90天待收金额/注册资本金)×100
待收金额	平台未收回的欠款总额
风险准备金	风险准备金/待收金额与历史还款逾期率比较
地域指数	(季度某地问题平台数/季度总问题平台数)×100
活跃人数和待收金额	用信息熵的方法提升数据准确性
问题平台地域	地域指数=(所在地问题平台数/问题平台总数)×100

2. 众筹

总的来说,众筹的一般业务运作流程由以下几项构成:融资方信息录入、提交项目资料、平台进行项目审核、审核通过后进行线上认投,投资成功项目管理和项目投后管理(见图1-12)。

(1) 业务流程内控措施

A. 资料审核

众筹项目始于在项目平台注册后完成了身份认证的融资方,向众筹企业提交项目资料。众筹平台对项目的内容、回报和风险进行审核。产品众

```
┌─────────────────┐
│   融资方信息录入   │
└────────┬────────┘
         ↓
┌─────────────────┐
│   提交项目资料    │
└────────┬────────┘
         ↓
┌─────────────────┐      ┌──────────────────┐
│  平台进行项目审核  │─────→│ 审核未通过项目，弃用 │
└────────┬────────┘      └──────────────────┘
         ↓
┌───────────────────┐
│ 审核通过后进行线上认投 │
└────┬──────────┬───┘
     ↓          ↓
┌──────────┐  ┌──────────┐
│投资成功项目管理│ │项目投后管理│
└──────────┘  └──────────┘
```

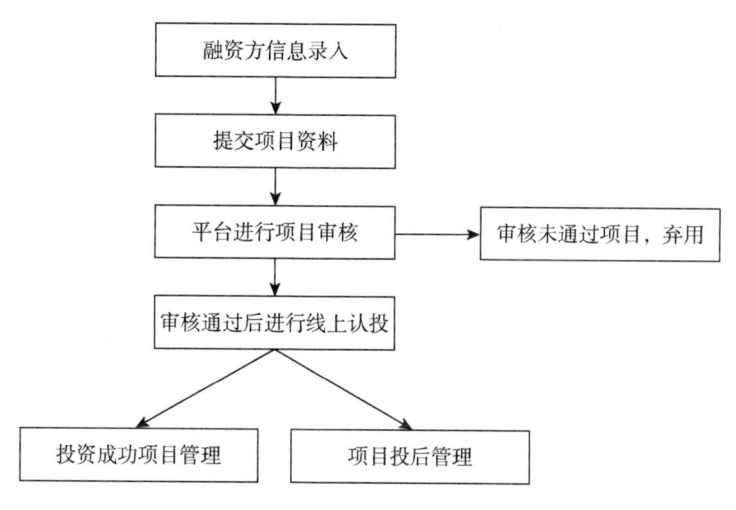

图 1-12　众筹业务运作流程

筹要求融资方必须提交详细的产品说明，说明须包括项目的主要内容、时间进度安排、预期的回报率测算以及必要的风险提示。如将项目具体可行性作为考量要点，众筹平台还会要求提供相关技能证书或出具行业经验证明。股权众筹除上述资料外，还须提交完整商业计划书，计划书内容需包括企业经营情况、盈利情况等。为了确保商业计划书的真实性，融资方还须提交企业经营许可证和经过审计的财务报表。

B. 项目审核

平台进行的项目审核主要从以下两个维度进行：项目信息审核和项目成员情况审核（见表 1-8）。

表 1-8　项目审核两维度

项目信息审核	融资期限、融资方式、融资额度、资金用途、项目情况、行业成长数据分析、客户群体定位、市场需求分析、未来发展规划、敏感性分析、盈利模式分析等
项目成员情况审核	团队成员的个人基本信息、行业经验、融资项目的团队分工、团队所有成员征信信息

C. 资金安全保障

在认投阶段，资金融出方根据对线上项目的了解和自身的风险偏好进行认投，交付定金。项目认投成功后，资金融出方将资金打入第三方托管账户，以保证资金安全。

D. 投后管理

项目成功后，众筹企业需进行项目投后管理，包括但不限于：定期披露投后信息，在资金融入方项目年报披露后 15 天内召开投资人会议；对项目方案进行两年一次的审计，并公示项目审计报告。

(2) 建立风险补偿机制

我国众筹平台的风险补偿机制多为设立风险拨备基金，拨备金额为融资总额的 0.5%。在项目筹资成功后，如果确认该项目涉嫌欺诈，风险拨备基金可对由此产生的亏损进行补偿，且一般情况下，风险补偿的金额不超过拨备金总金额且为投资本金的 40% 以下。

(3) 建设风险评估团队

目前，我国较大的众筹平台均设立了专门的风险评估团队。中小型的平台不定期寻求第三方企业进行风险评估。评估内容包括对风险发生概率的描述以及相应的风险控制措施建议。

(二) 投资类

互联网资产管理行业是我国资产管理系统中的新兴业态。该类资管平台利用信息技术工具，向更多的投资者开放，是我国普惠金融的先行者。我国互联网管理平台的内部风险控制主要是以"用户资产与资金投放精准配对"为目标而进行的。

1. 建立资产风险识别体系

大部分互联网资产管理平台建立了产品风险识别体系，以产品的底层资产和交易对手为出发点，制定不同的准入标准，以保证业务在风险可控的范围内进行。

2. 设置风险指标考核

不同于传统金融机构将风险控制的主要任务设置于后台，互联网资产管理平台将风险指标的考核放在了前台，对销售人员的考核不再只是业绩指标，风险指标的考核占比提升，利用考核激励机制提升前台人员风控意识。

3. 全流程信息披露机制

我国主要的互联网资产管理平台均设立了全流程信息披露制度，披露内容涵盖产品的风险等级、底层资产情况以及保障措施，覆盖投前、投中和投后三个阶段。投后的预警检测属于投后信息管理的一部分，利用数据模型，建立了投后动态检测系统，以财务指标作为主要依据，检测产品的履约能力，平台会将检测情况适时披露并适时调整产品评级。

4. 建立产品适配体系

从投资端来说，平台利用金融模型对资产风险进行分类后与客户的风险承受能力进行匹配，尽可能地保证投资人投资合适的产品。对投资者的评估主要包括对其自身信用情况、风险偏好、资产情况、投资经理、资产配置目标等需求的了解。目前，我国互联网资产管理公司利用科技手段如机器学习等方式评测投资人的资产实力。基于对客户画像的描绘和产品的风险识别，建立适配体系，通过确定客户可投资的产品范围，推荐不同的产品，超过客户承受度的产品，适配体系会自动阻止投资行为的发生。

（三）支付及货币类

不论是网络支付还是数字货币，其整个系统包括客户端、通信端和应用服务端。支付类企业面临的主要风险是技术风险，因此主营支付及货币类的风险防控措施主要集中于安全技术领域。

1. 对客户端加固

客户端面临的安全风险有：破解、篡改、修改本地文件和动态调试。目前，我国绝大部分支付及货币类企业采取了安全加固技术，也就是"加壳"，通过对应用程序本身加密，降低攻击行为的成功率，进而降低风险。

2. 应用监测和入侵行为监测

面对 DDoS 的攻击，借助防火墙进行访问控制，如过滤机器人网络请求、过滤黑名单地址、过滤接口调用错误。此外，建立攻击监测机制，对同一用户名的频繁登录或者同一笔交易的重复操作进行限制。

3. 防范外联风险

外联风险是此类业务最容易产生的风险，因此，我国支付企业均建立了严格的外部应用接入规范。支付宝会自动切断外部链接，当支付涉及外部链接时，需要重新进行支付验证。此外，支付及货币类企业多建立了应急机制，一旦出现安全漏洞，会采用技术手段屏蔽。

4. 与第三方安全公司合作

我国支付及货币类企业，尤其是中小型支付及货币类企业多通过与第三方安全公司合作的方式，加强运营风险管理。如从技术层面上解决钓鱼网站、自动化登录等问题。

5. 与保险公司合作

由于新技术手段的不断深化发展，支付及货币类行业对安全运营的要求越来越高，对技术类风险的容忍度越来越低。但是，技术永远不可能完美，技术类风险无法消除。因此，支付及货币类企业开启了与保险公司的合作，以减少其因为技术风险而导致的损失，如支付宝和部分数字货币交易平台推出的账户保险业务等。

（四）其他服务类

1. 互联网银行

（1）建立远程身份审核系统

由于互联网银行提供跨地域金融服务，账户的实名认证能否有效落实是保证互联网银行合规经营的重点。实名认证的主要目的是防范隐匿交易带来的金融风险，是反洗钱和反恐怖融资的第一道屏障。传统商业银行多使用人工识别来进行实名认证。随着技术的发展，我国的互联网银行开始使用人脸识别技术进行远程身份审核。网商银行与Face++平台合作建设创新型的人脸识别技术，将识别失败率降至十万分之一。

（2）建立信用风险评估模型

网商银行和微众银行是分别基于阿里和腾讯的两大互联网银行。其征信信息获取渠道不局限于中国人民银行的征信系统，而是通过用户的行为特征建立信用风险评估模型。比如阿里巴巴就开发了信用风险评分模型。

与传统的商业银行不同，阿里巴巴的信用风险评分模型利用其旗下平台的海量数据，而且开发方法与传统的统计学开发方法不同，引入了越来越多的机器学习方法（见图1-13）。

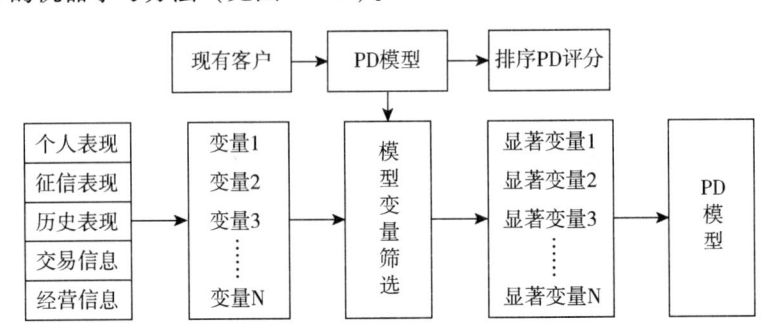

图1-13 阿里巴巴的信用风险评分模型

在这个信用风险评分模型中，原始数据扮演的角色不再是业务支持，更多的是利用数据探寻业务本质，为业务发展提供指引。阿里巴巴利用客户的网络行为数据来预测客户的违约风险概率，得到PD评分后，判定客户质量。这个模型被应用到了阿里巴巴自动申请贷款审批、贷中风险监控等场景中，细化了客户授信。

阿里巴巴数据库的商户网络行为数据的构成见表1-9。

表1-9　　阿里巴巴数据库的商户网络行为数据构成

淘宝交易数据	淘宝网络交易数据量十分庞大，有交易数据、买家会员信息、会员浏览数据等
支付宝数据	由支付宝资金交易数据可以了解客户真正成功交易的数据，以及其资金周转的能力。阿里巴巴中小企业客户有相应的支付宝账户信息，背景资料确实的企业的数据可以在支付宝平台数据中获得补充
其他子公司数据	包含了用户的地址和日常社交数据

在授信过程中，阿里巴巴还基于互联网和大数据技术建成了水文模型。水文模型借鉴了城市的水文管理方法，根据周边和历史的数据判断当期水文的高低。阿里巴巴结合水文模型，在对客户进行授信时，会参考店铺经营情况的变化以及类似店铺数据的变化来判断客户未来店铺经营情况的变化，进而判断店铺的资金需求。阿里巴巴的水文模型按照小微企业类型、级别等分别统计某个阿里巴巴系商户的相关水文数据库，然后用该数据库信息得到销售额及其PD的评分，进而确定对该店铺的授信额度和价格（见图1-14）。

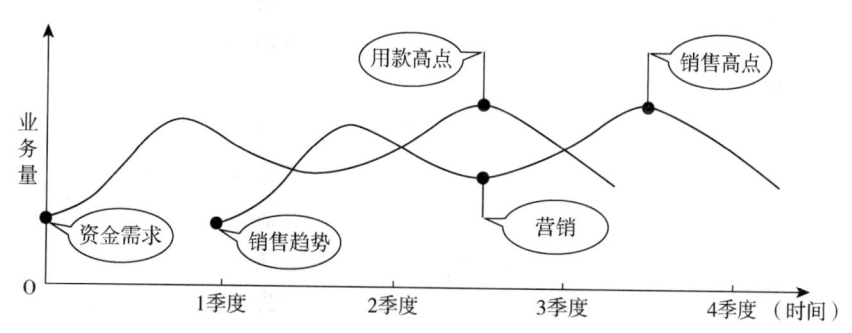

图1-14　水文模型的应用场景

资料来源：蚂蚁小贷。

（3）建立事前、事中和事后的防御机制

向传统商业银行借鉴经验，建立全流程防御机制。在事前，互联网银行巩固安全措施，重点加强对钓鱼网站的早期发现和实时监控，减少客户端隐患。在事中，通过身份认证，主动防御，终止身份冒用、虚假交易等风险的发生。在事后，进行审计，对完整的交易记录进行审计和比对，追查关联交易和套现行为。

(4) 强化内控管理

由于互联网银行内部操作人员对其内部运行流程和操作更为熟悉，为了减少监守自盗的风险，我国互联网银行建立了信息保密制度、数据备份制度、风险预警制度和重要数据信息双人加密制度，尽可能确保重要信息不被内部人员违规使用。此外，按照"按需设权"和"最小放权"的原则规定所属权限，重要岗位实行权限分离，杜绝岗位不兼容的情况。对于重要信息的修改遵守"三审"原则，即审核、审批和审计，对于敏感信息的使用规定使用权限，设置加密签名，进行数据清洗或变形，保证信息使用安全。

2. 互联网保险

(1) 利用大数据建立风险管理体系

保险的本质是风险的转移，保险企业与互联网结合以后，开拓了销售的新渠道，丰富了产品的层次，但是与此同时也催生了新的风险管理需求。目前，我国主流互联网保险企业如慧择保险等，已建立了与网络销售渠道相适配的风险管理体系，如网络销售产品定价体系、电子保单数据全流程管理系统及区域销售区域产品动态调整机制等。这些机制和体系的实现都是通过海量数据资源，来实现保费的科学厘定和风险的动态识别。

(2) 建设反欺诈业务系统

随着传统保险与互联网行业融合的深入，我国互联网保险行业产品创新进入井喷期。新保险产品由于对市场认知不充分，容易被投保人利用进行欺诈和套利。比如，在淘宝和华泰财产保险联合推出的运费险后，客户在网上进行虚假购物后进行退货以骗取运费险赔款。在浙江省发生的国内第一起互联网保险骗保案就是利用运费险的机制缺陷骗取保费金额达20多万元人民币。目前，我国互联网保险的主流企业均开发并设立反欺诈业务系统，根据投保人在特定时间段的投保行为和历史投保记录，提升互联网保险企业的反欺诈能力。

(3) 加大数据开发力度

保险行业的稳健发展依赖于良好的精算水平，精算的内在逻辑在于通过历史数据的搜集来预测未来发生风险的可能性。随着互联网行业产品创新力度加大，有噱头的产品层出不穷，多维数据的挖掘和积累有助于互联网保险企业提升精算水平、加快产品创新、挖掘市场需求的能力，与此同时控制新产品风险。互联网保险企业均加大了对数据分析人才的招募和培养，泰康人寿、中国人寿等公司先后成立数据中心，为新产品开发提供有力支持。

二 宏观层面中国新金融风险管控措施

（一）国家层面

2015年，中国人民银行联合十部委共同发布了《关于促进互联网金融健康发展的指导意见》，明确了在新的经济形势下，我国新金融发展的总体要求为"鼓励创新、防范风险、趋利避害、健康发展"，我国新金融行业的监管原则为"依法监管、适度监管、分类监管、协调监管、创新监管"。同时，还明确了各监管机构的分工（见表1-10）。

表1-10　　　　　　　各监管机构分工

新金融业务	监管部门
网络借贷	中国银监会（现为中国银保监会）
众筹	中国证监会
网络支付	中国人民银行
数字货币	工业和信息化部、中国人民银行
互联网资产管理	中国证监会
互联网银行	中国银监会（现为中国银保监会）
互联网保险	中国保监会（现为中国银保监会）
金融信息服务	国家互联网信息办公室

2016年，中国人民银行会同银监会、证监会和保监会等有关部委在上海组建了全国第一个新金融行业自律组织——中国互联网金融协会，以期通过行业自律管理和会员服务，规范行业市场行为，推动新金融业态更好地服务社会经济发展，引导新金融行业规范健康运行。该协会鼓励尽快落地信息披露平台建设，减少信息不对称导致的风险。

同年，国务院组织14个相关部委，启动了为期一年的专项整治工作，拉开了新一轮互联网金融风险整治工作大幕。随着整治工作具体实施方案的出台，明确了各新金融业态整治工作的负责部门、整治内容和开展方式。其本质目标是在当前的监管政策下，借助穿透式监管手段透视业务，厘清业务细节并进一步合理规划监管部门，提升监管能力。

在信息共享方面，相关部门之间充分利用全国信息共享平台，实现跨部门、跨区域的信用信息归集、共享和应用，提升跨部门、跨区域信用协同监管和服务水平。此外，在国家监管强度加大的情况下，各地区也纷纷出台相关细则，规范新金融业态的合规发展。

（二）地方层面

1. 北京

作为新金融业态的主要聚集地，北京出台了新金融业态的相关政策。2016年1月，出台《北京市进一步做好防范和处置非法集资工作的管理办法》；同年3月，北京市金融工作局积极探索网络借贷的监管模式，推出了"1+3+N"的模式，即采用1个行业自律管理体系，3大管理措施（产品登记、信息披露和资金托管），N家网络借贷机构的模式。2017年北京市金融工作局出台了网络借贷的整改意见，覆盖整个行业的资金端、资产端、风险提示、银行存款和上报机制。2017年7月，《北京市网络借贷信息中介机构备案登记管理办法》出台。

2. 上海

相较于北京，上海市的新金融业态发展较早，且总体发展水平较高。2016年上半年，上海市召开了互联网金融风险专项整治内部会议，并于同年6月开始专项整治行动，在两个月内实现全市各区县的互联网平台全覆盖监管。2016年6月，上海证监局印发了《关于做好互联网金融风险专项整治工作的通知》，要求辖区内证券期货经营机构就五大重点整治内容展开自查，包括利用互联网开展非法活动、利用互联网开展业务不规范、与未取得互联网运营资质的互联网企业合作、与互联网企业合作开展不规范的资管业务或跨界从事金融业务。2017年上半年，上海市互联网金融行业协会发布《互联网金融从业机构区块链技术应用自律规则》，促进区块链更好地服务实体经济。2017年6月，上海市金融服务办公室发布了《上海市网络借贷信息中介机构业务管理实施办法（征求意见稿）》。同月，上海市互联网金融行业协会发布的《上海市网络借贷电子合同存证业务指引》，是全国首个针对网络借贷电子合同存证业务的指引性文件。

3. 深圳

2016年，深圳市决定不再新增网络借贷平台数量，待国家监管要求全部整改落地后，再酌情控制节奏。与此同时，深圳建立了"社会监督员"，学习并借鉴我国金融行业的"神秘人"制度，挑选及培训一批个人资质状况良好且熟悉网络借贷流程的人员对辖区内网络借贷平台进行明察暗访，就网络借贷平台是否存在期限错配、涉嫌欺诈、开展自融业务等问题进行监督。此外，还设置了黑名单制度，一旦进入黑名单，其法人及主要股东将不得再次进入金融行业。2017年12月，深圳市金融办开发的深圳市金融风险监测预警平台上线，建立了全市新金融业态的监管机制。此外，深圳市金融办还与腾讯合作，建立了灵鲲金融安全大数据平台，并同时筹建了金融安全监管科技实验室。这标志着深圳市在金融监管科技领域迈出了扎实的一步。

4. 江苏

江苏省于 2016 年 5 月正式开展互联网金融专项整治工作，在专项整治期间，对网络借贷业务、第三方支付业务、众筹等新金融业务进行了重点检查。江苏省互联网金融协会制定并出台了《关于对网络借贷平台高管人员的管理指引办法（暂行）》，该办法规定为推动高层管理人员的日常管理，保证网络借贷平台从业人员的职业素养，各成员单位的高层管理人员须进行信息报备并接受监督和管理，并将任职后因严重违纪导致离职的高管人员列为重点跟踪对象。

三 新金融风险管控存在的问题

（一）微观层面新金融风险管控存在的问题

1. 信息披露机制不完善

大部分新金融企业都设有信息披露机制，但是信息披露机制并不完善。企业信息披露的及时性和真实性缺乏监管，无从考量。以众筹平台为例，我国大部分众筹平台虽有项目信息披露的要求，但项目信息披露的内容并不完整，且真实性无法从第三方进行考证。此外，由于我国对新金融企业的信息披露规则也尚未发布标准，因此，目前我国大部分众筹平台仅仅披露了其项目成功数目和总融资金额，所披露信息的参考意义不大。

2. 资金托管未全流程覆盖

虽然大部分的新金融企业尤其是融资类企业设置了资金托管账户，但是其保证金依旧是汇至新金融企业的对公账户，未能全流程落实隔离平台方和资金的要求。此外，部分存在托管账户外的资金容易触碰监管红线，有非法设立资金池的嫌疑。

3. 权责不清

由于新金融企业起步晚，但是起步较快，企业内部的规章制度比较松散。中小型新金融企业大多存在权责不清的情况，责任划分较模糊，弱化了制衡的作用。此外，我国大部分新金融企业没有行为规范指南，未形成书面岗位职责，企业职责划分仅仅依靠口头管理。

4. 风险管理维度较单一

虽然已有部分企业开始进行多维度风险评估管理，但是大部分企业的评估方法和评估维度比较单一。在大数据时代，风险的管理不应该只是单维度，用户的日常行为规范及某一段时间内的行为监测，都应当成为风险考量的依据。目前在多维风险管理上，互联网保险走在了前列。

5. 风险管理未能从事后转向事前

由于新金融行业的风险传播速度较快，一旦发生风险，负面新闻更容易扩散。大部分新金融行业的风险管理还是采用事后管理的方式，对事前的防范和事中的监控不给予重视。事后的风险处理成本往往要比事前和事中大得多，在很大程度上也降低了企业内控的管理效率。

6. 财务管理较为混乱

大部分新金融企业主要将内部风险控制的手段集中在了业务流程、准入风险和技术风险上，对企业的财务管理尤其是会计账务管理较为混乱。由于新金融企业大部分业务的会计处理不连贯也不完整，在监管进行现场检查时，账实不符的现象较为严重。

7. 内部审计缺位

由于企业内部审计机构职责履行不到位，大部分新金融企业的内部审计部门的职能被严重削弱，无法正确评估企业的财务信息。而且，由于新金融企业多唯绩效论，内审机构的审计结果也多与业务绩效相关，其审计的深度多由领导的主观意愿决定。

此外，由于新金融行业对数据信息的依赖性较强，数据与业务的关联程度颇高，传统审计方法难以对数据信息进行有效审计。这要求新金融企业根据行业特点，建立数据信息审计模型，利用技术手段还原初始信息，确保数据信息未经过篡改，确保审核数据的真实性。

8. 风险意识淡薄

虽然新金融企业大都承认提升风险意识是保持企业稳健经营的前提，但是不论在企业自身经营过程中还是在客户的业务风险教育中，新金融企业给予风险的重视程度还远远不够。从企业的经费分配上来看，新金融企业的大部分经费都投入到业务开发，对风险的宣教力度明显不足。此外，在一个唯业务表现论的工作环境中，从业人员往往会为了业绩而降低风险管控的底线，直接导致产品错配或者不合格的项目获批等风险隐患。

9. 风险准备金制度尚未有效覆盖

由于新金融企业多为轻资产企业，且对资金流动性要求较高，风险准备金拨备比例较低。除互联网银行按照商业银行管理办法进行了风险准备金的拨备外，其他业务形态的风险准备金拨备尚未形成制度性规定，风险准备金的拨备率较低。

10. 风控标准不统一

在监管红线的大框架下，大部分新金融企业内部没有做到风控标准的统一。总部和各分部设置的风控标准会因项目和产品的不同有所差异。以资产管理为例，其经办多由市场部牵头，但是审核由审批部负责。由于资金来源不同，各部门的风控指标会出现不一致的情况，影响风控体系的全面性和系统性。

（二）宏观层面新金融风险管控存在的问题

1. 监管体系不统一

我国新金融业态发展时间较短，但是其产品创新和机构数却呈现井喷式发展，监管相对滞后。2015 年出台的《关于促进互联网金融健康发展的指导意见》是目前最权威的新金融业态的监管指导性文件。2016 年国务院启动的专项整治行动虽然落实了对于不同业态的监管责任主体，但却缺乏符合新金融业态跨市场、跨产业的特征。拆分的监管措施不利于新金融业态监管体系的形成，其监管效果也会受到影响。

2. 监管的法律依据缺失

虽然我国已出台了针对新金融业态监管的指导性文件，但在新金融监管的法律建设方面依旧空白。传统金融业均有专门法律，比如《中华人民共和国证券法》《中华人民共和国商业银行法》等，从而使监管部门执行监管时有法可依。新金融行业无论是其业务种类还是风险机制，与传统的金融行业都有较大区别，相关监管法律的缺位使得新金融行业的监管缺失有力的抓手。

3. 监管手段较为原始

深圳市率先开启了监管科技的探索，这符合新金融业态的行业特征，但总体而言我国的监管依旧以传统监管形式为主。新金融对互联网和信息技术的依赖程度较高，再加上信息的传播速度较快，风险短时集聚的可能性较以往更高。在这种情况下，如果监管机构还是采用现有的检查手段，不仅效率低下，而且无法抓住风险的关键点；在新金融业态下，难以获取全面的信息。

4. 金融监管和金融创新的关系难以平衡

对于新金融业态，我国监管的态度是"适度监管"。如果监管程度没有把握好，会抑制新金融业态的发展进化，抑制产品创新；如果创新的度没有把握好，监管真空出现，风险易于集聚，加剧系统性风险。由于新金融行业屡屡"爆雷",强监管态势下,新金融行业处于规范发展的阶段,创新速度有所下降。

5. 行业准入标准过低,无章可依

随着新金融业态的进化发展,我国的监管机构也逐步颁布了相关法律法规,但对行业的准入标准核定较低。以数字货币交易平台的准入为例,目前仅采用备案制,市场的平台资质参差不齐。我国目前除第三方支付领域有准入细则以外,其他新金融业态均未有明确的准入标准。

6. 退出机制有待完善

新金融行业尚未建立完善的退出机制,当经营面临重大损失或出现违法行为时,将无法保护利益相关方的合法权益。

第四节 中国新金融风险评估、预警及管控改进建议

一 中国新金融风险评估和预警

(一) 新金融风险评估和预警测度

新金融风险评估和预警要以合理的、科学的指标体系设立为前提。新金融风险评估和预警工作涉及多目标决策,因此,明确各指标的权重和等级,是新金融系统性风险评估和预警工作最重要的一步。云佳祺按照全面性、科学性、重要性、灵敏性的原则建立了以我国互联网金融为代表的新金融系统性风险评估和预警体系[①]。

该体系将新金融系统性风险指标划分为一级指标和二级指标,利用分层分析法,经过矩阵计算后得出各一级指标权重如表1-11所示:

表1-11　　　　　　　　新金融系统性风险一级指标

一级指标	权重
法律法规风险	0.1802
信用风险	0.0828
市场风险	0.1144
营运风险	0.0233

---

① 云佳祺:《互联网金融风险管理研究》,博士学位论文,中国社会科学院研究生院,2017年。

续表

一级指标	权重
流动性风险	0.0405
技术风险	0.2228
信息安全风险	0.3359

如表1-11显示,信息安全风险是对新金融系统性风险影响最大的风险指标,其后分别是技术风险、法律法规风险和市场风险。与传统金融风险不同,信用风险、流动性风险和营运风险的影响程度较低。

在二级指标同样运用分层分析法后,可以得到各二级指标的权重。再与一级指标相结合,计算出新金融风险评估体系的组合权重,最终结果如表1-12所示:

表1-12　　　　新金融系统性风险组合权重

一级指标	权重	二级指标	权重	组合权重	排序
法律法规风险	0.1802	合规风险	0.3333	0.0601	6
		监管风险	0.6667	0.1201	3
信用风险	0.0828	国家信用风险	0.2974	0.0246	11
		行业信用风险	0.1263	0.0105	14
		企业信用风险	0.0424	0.0035	19
		个人信用风险	0.2974	0.0246	12
市场风险	0.1144	利率风险	0.5621	0.0643	5
		汇率风险	0.2812	0.0322	10
		商品价格风险	0.0596	0.0068	17
		股票价格风险	0.0971	0.0111	13
营运风险	0.0233	技术风险	0.3802	0.0089	15
		客户关系风险	0.2948	0.0069	16
		资本资产风险	0.1467	0.0034	20
		外部欺诈风险	0.1031	0.0024	21
		员工风险	0.0753	0.0018	22
流动性风险	0.0405	挤兑风险	0.875	0.0354	9
		表外贷款承诺风险	0.125	0.0051	18
技术风险	0.2228	技术安全风险	0.8333	0.1857	2
		技术支持风险	0.1667	0.0371	8

续表

一级指标	权重	二级指标	权重	组合权重	排序
信息安全风险	0.3359	内部控制风险	0.5584	0.1876	1
		外部管理风险	0.3196	0.1074	4
		应急管理风险	0.122	0.0410	7

从组合权重的结果我们可以看出，信息安全风险、技术风险和法律法规风险是我国新金融业态最主要的风险，三者在整个指标体系中的占比最大，与依赖互联网和信息技术的新金融行业实际情况相符。

随后，利用模糊综合评价方法，确定风险评价集合 =（高风险、较高风险、中等风险、较低风险、低风险），搜集大量的专家投票后，得出风险隶属矢量 =（0.2104，0.5621，0.1182，0.0632，0.0264）。根据最大隶属原则，我国目前对应的风险隶属度是 0.5621，对应的风险等级是较高风险。如果相应的监管措施未到位，有可能转向第二风险隶属度所属的高风险序列。

最后，基于 KLR 信号灯法则和通过模糊综合评价法分析的评价结果，得到了我国新金融系统性风险预警区域，并采用信号灯作为风险警示状态的表示，反映出风险情况，为企业和监管部门提供参考。表 1-13 给出了新金融系统性风险预警指标及评价等级。

表 1-13　　　　新金融系统性风险预警指标及评级

一级指标	二级指标	信号灯	评级	预警区域
法律法规风险	合规风险	橙灯	C	危险
	监管风险	橙灯	C	危险
信用风险	国家信用风险	橙灯	C	危险
	行业信用风险	橙灯	C	危险
	企业信用风险	黄灯	B	预警
	个人信用风险	黄灯	B	预警
市场风险	利率风险	橙灯	C	危险
	汇率风险	橙灯	C	危险
	商品价格风险	黄灯	B	预警
	股票价格风险	橙灯	C	危险

续表

一级指标	二级指标	信号灯	评级	预警区域
营运风险	技术风险	黄灯	B	预警
	客户关系风险	橙灯	C	危险
	资本资产风险	蓝灯	A	比较安全
	外部欺诈风险	黄灯	B	预警
	员工风险	蓝灯	A	比较安全
流动性风险	挤兑风险	橙灯	C	危险
	表外贷款承诺风险	黄灯	B	预警
技术风险	技术安全风险	橙灯	C	危险
	技术支持风险	橙灯	C	危险
信息安全风险	内部控制风险	橙灯	C	危险
	外部管理风险	橙灯	C	危险
	应急管理风险	橙灯	C	危险

预警状态显示，我国新金融行业处于危险区域的风险因素包括合规风险、监管风险、国家信用风险、行业信用风险、利率风险、汇率风险、股票价格风险、客户关系风险、挤兑风险、技术安全风险、技术支持风险、内部控制风险、外部管理风险、应急管理风险。处于危险区域的风险已占到总风险的63%，整体处于危机状态，应尽快针对各项细分风险进行管控。

（二）新金融风险评估和预警体系存在的不足

我国对新金融风险管控的呼声日益强烈，而对新金融风险进行有效管控有赖于有效的系统性的风险评估和预警体系建设。我国目前对新金融系统性风险评估和预警体系建设的研究尚处初级阶段，有如下不足：

1. 传统方法较为单一，不适用于新金融系统性风险评估

传统的风险评估方法主要是针对单一金融风险进行评估，VAR 和压力测试都是最常使用的方法。龚朴等[1]曾对主流信用风险模型进行分析，并使用蒙特卡洛模拟法对损失分布进行模拟，之后用 VAR 方法进行信用风险度量。但是，系统性金融风险的构成并不是单纯的线性风险，必须要考虑风险之间的相关性。为了提升系统性风险的评估效度，国外学者进行风险系统性评估的探索，运用 Student t-Copula 函数将风险融合后测算 VAR，

---

[1] 龚朴、何旭彪：《信用风险评估模型与方法最新研究进展》，《管理评论》2005 年第 5 期。

但对系统性风险指标之间关联度的探索依旧不足。

2. 大多数研究依赖于客观数据进行测算

现有研究方法对金融风险的测算均是基于客观数据而进行的定量分析。但是，新金融风险较传统金融风险更为复杂，且数据获取难度大，难以实现量化。学者们提出将层次分析法和模糊综合评价法引入复杂且难以量化的风险评估中。黄鹏等[①]以小微企业的综合信用为研究目标，利用层次分析法，使用客观数据，构建了信用评估模型，为信用评价提供了依据。对于未使用客观数据的风险评估研究，使用的调查问卷法和专家打分法的研究结果又存在主观性过强的情况，指标选取的随机性较大。

3. 现有研究局限于具体业态

对于新金融风险的系统性评估，国内外的研究并不多，且多数是针对某一具体业态进行。Acemoglu 等[②]曾运用模糊逻辑法，对网上银行进行了安全智能评级模块的设计，以期降低风险发生的概率。我国也有基于层次分析法和模糊综合评价法进行的新金融风险的研究。周怡君[③]将余额宝作为研究对象，利用层次分析法，进行了余额宝的风险量化评估，并对各风险因子进行了权重的分析。何冰雁[④]将层次分析法和模糊综合评价法应用到金融风险项目评估上，提供了针对金融风险项目的风险控制方案。孙晨辉等[⑤]将民间借贷风险因素进行分层，利用问卷调查，为各项风险因素赋予权重，进而建立了民间借贷的风控模型。其他学者针对新金融风险的研究大多集中于某一具体业态，而非系统性研究。

首先，在多位学者的共同努力下，我国新金融系统性风险的评估和预警体系已见雏形，但是，新金融的风险表现形式繁多，在暂时没有官方的指标体系作为依据的前提下，研究者对风险的识别、划分以及风险数据来源的选取标准不同，研究结果的可推广性欠佳，参考价值有限。其次，由于传统的金融风险评估方法对复杂的新金融风险不适用，不适合多维度多

---

① 黄鹏、刘艳：《基于模糊综合评判法的小微企业综合信用评价模型——面向互联网金融服务平台》，《西部金融》2013 年第 10 期。

② Acemoglu D., Ozdaglar A., Tahbaz-Salehi A., Systemic Risk and Stability in Financial Networks, *NBER Working Paper*, 2013.

③ 周怡君：《基于层次分析法的余额宝风险评价》，《全国商情（理论研究）》2014 年第 8 期。

④ 何冰雁：《模糊综合评价法下银行物流金融项目风险评估》，《项目管理技术》2014 年第 10 期。

⑤ 孙晨辉、李富有：《基于 AHP 和模糊综合评价的民间金融风险判定与评估》，《经济管理》2014 年第 2 期。

目标风险评测。最后，我国针对新金融风险的现有研究大部分依旧局限于某一具体形式，对系统性风险研究较少，且均未对细分风险指标之间的关联度进行研究。因此，如何系统、全面地识别新金融风险，勾勒风险之间关联程度，对我国新金融风险管控工作至关重要，这也将是未来新金融风险研究的主要方向。

二 新金融风险管控改进建议

（一）构建新金融风险管控体系

根据上述我国新金融风险的评估结果，我国新金融行业风险水平总体较高，且该行业特有风险（技术风险、法律法规风险、信息安全风险）对新金融行业的风险水平有较大影响。鉴于此，我国对新金融风险的管控应当立足于行业风险特征，从法律法规建设、明确监管主体责任和监管基础设施配套建设三个方面进行。

1. 法律法规建设

新金融法律法规建设是做好新金融风险管控顶层设计的首要任务。刘晛[1]认为：法律法规明确了个体的权利和义务，以新金融业态为主题的法律法规的设定不仅在法律上明确新金融的内涵和外延，能够为新金融的监管提供法律基础和保障，还能够有效地打击新型犯罪，在社会各界能够享受新金融的创新成果之外，还能保护切身利益，进而再次促进金融创新。新金融行业法律法规建设相较于传统行业，具有更大的挑战性，新金融大多依靠虚拟化的信息技术进行操作，这种业务渠道使得打击网络犯罪难度加大、旧式监管手段失效，风险传播更快，影响更大。

从总体上看，新金融法律法规的建设的总体原则是打击金融犯罪来规范新金融行业的业务经营行为以及保护消费者的合理合法权益。我国目前采取的方案是理顺现有的法律法规与新金融发展不兼容的条款，在现有法律法规的基础上，逐步修改和完善。

新金融电子化和网络化的特点需要监管当局进一步从法律层面上明确禁止性行为和非法经营的边界。虽然 2017 年我国对新金融的主要业态互联网金融行业颁布了监管措施，但总体而言，我国法律法规建设还不能给予新金融管控以法律支撑。

---

[1] 刘晛：《中国互联网金融的发展问题研究》，博士学位论文，吉林大学，2016 年。

2. 明确监管主体责任

在法律法规逐步建立的过程方面，刘晛[1]指出：新金融监管需确定监管主体，监管主体在监管过程中充当着统领全局的角色，实施政策措施来维护新金融行业的系统性安全，包括新金融机构的许可设立（准入制度）、业务运作、资金存管以及日常运营风险控制等方面，对危害新金融行业健康发展的行为进行管制和惩罚。冯利英[2]和张健华[3]认为，新金融监管主体的构建可以从业务平台自控、行业自律机构、政府监管三个维度进行。

（1）业务平台自控

新金融企业风险防控和监控的基石是业务平台的自控。一个好的业务平台自控体系能够满足新金融行业发展的要求，提供激励，还能为后续的制度建设打好基础。冯利英[4]指出：业务平台应由事前防御、事中跟踪和事后补偿三个部分组成。三者有机有序的结合能够有效地控制和防范风险。事前防范主要是指征信体系的建设，对客户的个人信息（信贷状况、资产状况）进行尽职调查和预判以减少信息不对称带来的风险，降低逆向选择和道德风险发生的概率。建立综合预防机制、风险补偿机制和风险保障机制进行风险缓释，削弱风险事件的影响。事中跟踪主要是指业务中期检查，警惕客户的个人情况发生较大变化。事中跟踪还可引入熟悉新金融业务特点和风险点的独立第三方进行全过程监督，例如引入第三方律师事务所定期发布法律意见，独立第三方机构对于基于调查未及时发现而发生的风险事件承担全部责任。事后补偿主要是指在出现风险事件时，新金融企业有足够的资本金用于风险缓释，有足够的准备和后续措施应对风险，是业务平台自控的最后一道防线。风险金是资本金重要的组成部分。关于风险金的比例，刘晛指出：风险金的比例主要根据业务平台自身对于风险程度的量化认识，进而确定风险资金比例，以期让资金运用达到安全和有效的均衡状态。但是，风险金严格依赖于评级体系的量化水平，在新金融行业的实际操作中困难较大。[5]

---

[1] 刘晛：《中国互联网金融的发展问题研究》，博士学位论文，吉林大学，2016年。
[2] 冯利英：《大数据背景下互联网金融风险测度与监管》，经济管理出版社2018年版，第113—215页。
[3] 张健华：《互联网金融监管研究》，科学出版社2016年版，第35—108页。
[4] 冯利英：《大数据背景下互联网金融风险测度与监管》，经济管理出版社2018年版，第113—215页。
[5] 刘晛：《中国互联网金融的发展问题研究》，博士学位论文，吉林大学，2016年。

(2) 行业自律机构

行业自律是行业内交易规则的自我制定过程，属于市场治理的范畴[①]。在了解该行业新金融企业发展的基础上，有效的行业措施可帮助政府减轻负担、降低合规治理的成本。具有较强专业性和针对性的规范的行业标准可有效降低信息不对称的发生概率。因此，行业自律是中国未来监管的主力。但是，目前我国新金融行业的行业自律还亟待加强。目前，我国仅有《互联网金融行业自律公约》，该公约仅对加强信息披露、完善信息共享等做出了要求，系统性行业监管制度尚未形成。

A. 行业自律组织对不同类型的新金融业务设立准入门槛和退出机制

考察业务平台资质、明确平台资质的基线标准。对自身风险防控能力欠佳和越界经营的新金融企业采取一票否决制。由于新金融企业的业务平台关联性极强，危机一旦发生，容易形成多米诺骨牌效应，进而形成系统性风险。因此，要建立适时退出机制，对新金融企业的重大风险进行预警和提示，尽可能地减少风险连锁反应发生的概率。

B. 设立健全的信息披露制度

有效的信息披露是建设风险防控机制最重要和最有效的信息源。有效的信息披露能更好地帮助新金融企业进行有效的客户风险识别、督促业务平台强化自我约束并为整个新金融行业的监管培育良好的土壤。有效的信息披露制度除了对借款和投资人双方的信息进行实时准确的公开，更应对平台的核心业务数据如财务运营信息和企业的股权结构信息进行完整和准确的披露。在健全信息披露制度的过程当中，应当注意信息的规范处理，以便进行相关信息的整合，从而识别和控制潜在风险的发生。

C. 实现信息共享

新金融行业打破了信息垄断，使信息能够快速地传播和使用，尤其是大数据技术的使用，使数据量明显增加，但我国现阶段在数据整合上能力欠佳。基于商业价值和业务发展的考虑，各从业机构没有任何动力将收集到的数据与其他机构实现对接和整合，"信息孤岛"现象普遍存在，因此，行业自律协会有必要打破隔阂，尽快实现数据整合。

(3) 政府监管

政府监管又称政府规制，是克服"市场失灵"的有效手段，是大部分国家市场治理的最主要手段。温信祥认为，传统金融行业实行的是

[①] 冯利英：《大数据背景下互联网金融风险测度与监管》，经济管理出版社2018年版，第113—215页。

"分业经营、分业监管",监管主体为"一行三会"。新金融行业具有普惠性、开放性和金融一体化服务的特征,跨行业、跨领域甚至跨产品的混业经营趋势日益明显,新金融最终击破我国分业经营的壁垒,最终走向混业经营和综合化经营。① 目前,我国对新金融行业的风险认识还不够全面,对其研究也尚处于起步阶段,所以,我国对新金融企业的风险监管要按照现行机制以"一行三会"为核心进行构建。

我国于 2017 年出台了《关于促进互联网金融健康发展的指导意见》,明确了大部分新金融业务的监管机构。但是,对于一些起源于民间,根植于地方的业务,监管权限可脱离传统的集中统一监管模式,赋予地方政府对地方中小金融机构的监管权限和风险处置责任,使中央和地方政府充分结合。

此外,在大数据时代,政府也应当创新金融监管,与互联网企业合作,共建大数据监管模型以及风险预警机制,如市场准入指标、业务运营指标和风险动态检测指标等。目前,深圳市已走在了创新金融监管的前列,深圳市金融办与腾讯共同搭建了灵鲲金融安全大数据平台,该平台现已正式上线运营,对深圳市内新金融企业的信用风险、经营风险、操作风险、管理风险等进行准确监测和评估,实现对新兴金融业态的穿透式非现场监管。依托该平台建立的协同处置机制,将以往部门联动主要集中在事后处置环节,扩展为协同开展事前预警、事中防控,筑牢早期干预和处置退出防线②。

3. 监管基础设施配套建设

金融的基础设施是金融运行的硬件设施,是正常运转的重要保障。③得益于信息技术的高速发展,金融基础设施逐渐有了良好的技术支撑,各国也加快了金融系统数据化建设。随着大数据技术的不断成熟,信息数据资源得到有效整合。高质量的数据及其有效整合能够为金融宏观决策提供强大的数据分析支撑。因此,新金融监管基础设施配套建设应将信息技术作为抓手,建设大数据技术监控体系。

大数据技术监控符合我国金融监管战略要求,也符合我国新金融发展趋势。2015 年国务院发布的《促进大数据发展行动纲要》指出,互联网

---

① 温信祥:《新金融趋势》,中国金融出版社 2018 年版,第 21—35 页。
② 中国人民银行金融研究所互联网金融研究中心:《新金融时代》,中信出版社 2015 年版,第 121—156 页。
③ 冯利英:《大数据背景下互联网金融风险测度与监管》,经济管理出版社 2018 年版,第 113—215 页。

技术在中国有巨大的应用市场，用户规模居于全球首位，数据资源丰富，市场优势明显，深化大数据的部署和应用，为推动信用信息共享和信息系统建设提供了基础，推动了经济的稳增长、惠民生。在大数据的背景下，新金融企业应当建立第三方信用信息共享平台，政府应当逐步开放征信市场，形成以政府为主导的多元化征信机构，构建企业信用信息公示系统，初步建立社会信用体系，从而为经济高效运行提供基础信用信息服务，社会则应综合各方面资源，使公共信用数据与互联网、移动互联网、电子商务等数据汇聚整合，形成社会监督体系。鉴于此，利用大数据进行监控既可以降低信息不对称的程度，又有助于推动金融发展，促进金融稳定。大数据监控将是我国未来监管战略转型的必然选择。

（1）风险预警机制

建立风险指标体系和风险预警机制是我国新型金融系统风险监管的基础工程。随着新一代信息网络技术如云计算和大数据的高速发展，利用标准化监管数据库，通过连接新金融业务平台后端，收集相关数据，进而形成一个动态监管系统平台。根据监管标准，建立可对新金融风险预警以及检测风险变动趋势的指标体系，在发现风险时便采取防范措施。

新金融是互联网、金融业务和信息科技的有机深度融合，与传统金融业务相比，新金融业务的风险特征具有很强的传染性、突然性和虚化性[①]。作为金融创新的产物的新金融行业对整个社会经济体系的平稳运行有着极大影响。因此，设计和建设一个符合新金融行业风险特质的预警机制至关重要。目前，非现场监管将更加频繁，力度也将更大，云计算和大数据技术的快速发展能够逐步改善信息数据运行不畅、信息搜集不准确的问题，而在此基础上建立的监管信息共享平台将为风险监管预警机制的建设打下扎实的基础。

作为风险预警的核心，风险评测模型的建立须以完整、系统和科学的风险预警指标体系为前提。目前，风险预警指标体系尚无统一标准，大多源自行业专家的经验判断。因而，监管部门急需梳理新金融风险行业系统性风险的主要核心指标，从而为整个风险预警指标的搭建指出方向。

（2）征信体系建设

征信是风险控制的第一道防线，能有效减少交易双方的信息不对称程度，选择信用程度较高的交易对手，可以有效地降低违约风险。征信行业的核心竞争力是数据库和信用评估模型的实现。信息技术的发展和大数据

---

① 霍学文：《新金融　新生态》，中信出版社2015年版，第35—48页。

技术的应用,使得新金融征信企业在征信模型的建立和信息的搜集中具有先天优势①:首先,大数据技术扩大了数据的类型和来源,且不限于传统的贷款信用数据,它还覆盖了生活方方面面的信息数据如水电费、通信费、社交网络信息等诸多方面,数据更加全面真实且时效性强。此外,云计算可充分利用中央网络的存储能力及其安全性,为征信体系提供安全和效率的双保险。

小微企业和普通大众是新金融行业最主要的目标客户群体。这类目标群体往往是被传统金融机构所忽视的群体,他们较少在传统金融机构进行信用活动,因而缺少信用记录,不能被央行的征信系统覆盖。新金融行业因具有普惠特质,其天然属性促使它从多个维度发掘更多人的信用水平。新金融企业利用大数据技术将海量数据提取并整合为有效信息,对小微企业和普通大众进行风险综合评测以防范风险的产生。基于此,有必要建立一个以普通大众和小微企业为主的大数据征信系统。

(二) 将新金融监管纳入金融宏观调控体系

新金融业务的发展对货币政策和宏观调控框架产生了影响。不仅使得货币供给结构和流动性发生了变化,而且增加了货币供应计量的不确定因素,同时强化了货币供给的内生性,使得货币传导机制和有效性发生重大变化,给目前以货币供应量为货币政策中介目标的政策制定带来了挑战。因此,应将新金融监管纳入金融宏观调控体系,具体表现在以下几个方面。

1. 建立多元信贷传导渠道,强化传导机制的有效性

新金融的发展严重影响到了原有货币政策的传导机制,为了提高货币政策传导的有效性,可以从信贷渠道与货币渠道两个方面进行改善。从信贷渠道方面,建立多元化信贷传导渠道。在支持新金融机构发展的同时,研究新金融业态下的信用扩张机制,通过对新金融企业的审慎监管和市场交易细则安排,提高新金融信用创造过程的可控度。从货币渠道方面看,利率中介目标的有效性取决于利率传导的有效性,因此有必要加快利率市场化进程,建立有效传导的多层次的、层次合理的利率走廊,强化利率在新金融信用行为中的传导机制。

2. 调整货币供应的统计口径,重新确定货币政策中介目标

随着我国新金融行业的快速发展,一系列新的金融工具进入金融市

---

① 零壹财经、零壹智库:《金融科技发展报告 (2017)》,电子工业出版社 2018 年版,第 28—67 页。

场，导致货币供应量划分和测算难度加大，货币供应量达不到作为货币政策总目标的标准，从短期来看，有必要尽早调整货币供应的层次。为了保持货币供应量作为货币政策中介目标的作用，应当根据市场情况调整货币供应量的统计口径：以流动性为标准对货币供应量进行重新划分，当某种金融工具流动性越强，其货币属性越明显，就应当将其纳入货币层面的统计中；对于新加入到货币层面的金融工具，严格考量其可控性、可测性和相关性，确保货币统计的完整性和准确性。

新金融发展促进了直接融资和银行体系外的信用创造，导致货币供应量与信用创造乃至实体经济的相关性减弱。另外，虚拟货币的发展增加了体系外货币供应，使得货币供给量中介目标的有效性和相关性减弱。随着未来利率市场化大潮的推进，市场利率可以作为反映资金供求状况的"指示器"，合理的利率结构有助于协调货币市场和资本市场的关系，货币政策的中介目标将由货币供应量转变为利率。

附录1　新金融政策法规

2015 年

2015 年 1 月 8 日，国务院办公厅发布《关于加快电子商务发展的若干意见》国办发〔2005〕2 号。

2015 年 7 月 1 日，国务院发布《关于积极推进"互联网+"行动的指导意见》国发〔2015〕40 号。

2015 年 7 月 18 日，中国人民银行发布《关于促进互联网金融健康发展的指导意见》。

2015 年 9 月 1 日，最高人民法院发布《关于审理民间借贷案件适用法律若干问题的规定》（法释〔2015〕18 号）。

2016 年

2016 年 1 月 15 日，江西省人民政府发布《关于促进全省互联网金融业发展的若干意见》。

2016 年 2 月 4 日，国务院发布《关于进一步做好防范和处置非法集资工作的意见》。

2016 年 4 月 28 日，教育部办公厅、中国银监会办公厅联合印发《关于加强校园不良网络借贷风险防范和教育引导工作的通知》。

2016 年 6 月 17 日，山西省人民政府发布《山西省互联网保险风险专项整治工作实施方案》。

2016 年 6 月 9 日，广东省多个政府部门联合发布《广东省 P2P 网络借贷风险专项整治工作实施方案》。

2016 年 6 月 18 日，北京市互联网金融风险专项整治工作领导小组发布《关于加强北京市网贷行业自律管理的通知》。

2016 年 6 月 23 日，上海市金融服务办公室发布《上海市小额贷款公司监管办法》。

2016 年 6 月 30 日，广东省金融办等 16 个单位联合发布《广东省互联网保险风险专项整治工作实施方案》。

2016 年 7 月 5 日，广东省金融办《广东省股权众筹风险专项整治工作实施方案》。

2016 年 8 月 24 日，中国银监会发布《网络借贷信息中介机构业务活动管理暂行办法》。

2016 年 10 月 13 日，国务院网站正式发布《互联网金融风险专项整治实施方案》。

2016 年 10 月 28 日，中国互联网金融协会发布《互联网金融信息披露个体网络借贷》。

2016 年 10 月 28 日，中国银监会等三部委发布《网络借贷信息中介机构备案登记管理指引》。

2016 年 11 月 4 日，中国银监会等六部门联合印发《关于进一步加强校园网贷整治工作的通知》。

2017 年

2017 年 2 月 4 日，厦门市金融办印发《网络借贷信息中介机构备案登记管理暂行办法》。

2017 年 2 月 13 日，广东省金融办发布《〈广东省网络借贷信息中介机构业务活动管理暂行办法〉实施细则（征求意见稿）》。

2017 年 2 月 14 日，广东省金融办发布《广东省网络借贷信息中介机构备案登记管理实施细则（征求意见稿）》。

2017 年 2 月 22 日，中国银监会印发《网络借贷资金存管业务指引》。

2017 年 3 月 29 日，厦门市金融办发布《厦门市网络借贷信息中介机构备案登记法律意见书指引》。

2017 年 3 月 29 日，厦门市金融办发布《厦门市网络借贷信息中介机构专项审计报告指引》。

2017 年 5 月 4 日，深圳市互联网金融协会发布《深圳市网络借贷信息中介机构催收行为规范（征求意见稿）》。

2017年5月12日，湖南省金融办发布《湖南省小额贷款公司网络贷款业务监管指引（试行）》（湘政金发〔2017〕30号）。

2017年6月1日，上海市金融办发布《上海市网络借贷信息中介机构业务管理实施办法（征求意见稿）》。

2017年6月10日，上海市互联网金融行业协会发布《上海市网络借贷电子合同存证业务指引》。

2017年6月28日，中国人民银行等十七部门联合印发《关于进一步做好互联网金融风险专项整治清理整顿工作的通知》。

2017年6月30日，互金整治工作领导小组办公室下发《关于对互联网平台与各类交易场所合作从事违法违规业务开展清理整顿的通知》。

2017年7月3日，深圳市金融办发布《深圳市网络借贷信息中介机构备案登记管理办法（征求意见稿）》。

2017年7月7日，北京市金融工作局发布《北京市网络借贷信息中介机构备案登记管理办法（试行）（征求意见稿）》。

2017年7月12日，深圳市金融办发布《关于互联网平台与各类交易场所合作金融业务相关情况的通知》。

2017年8月4日，广东省互联网金融协会下发《关于规范我会广东省（不含深圳）网络借贷信息中介机构会员单位出借人之间债权转让业务的通知（征求意见稿）》。

2017年8月15日，大连市互联网金融整治工作领导小组办公室下发《关于贯彻落实互联网金融风险专项整治工作领导小组清理整顿工作座谈会议精神的通知》。

2017年8月23日，中国银监会发布《网络借贷信息中介机构业务活动信息披露指引》。

2017年9月4日，浙江省金融办下发《浙江省金融办关于进一步加强金融资产交易中心监管工作的通知》。

2017年9月29日，深圳市互联网金融协会发布《深圳市网络借贷信息中介机构业务退出指引（征求意见稿）》。

2017年10月10日，深圳市金融办发布《网络借贷信息中介机构事实认定及整改要求》。

2017年11月16日，厦门市金融工作办公室发布《关于网贷机构备案公示的通知》。

2017年11月16日，江苏省金融办印发《关于促进小贷公司持续健康发展的意见》。

2017年11月22日，厦门市金融办发布《关于进一步规范网贷机构管理工作的公告》。

2017年11月24日，济南省市互联网金融协会发布《济南市网络借贷信息中介机构业务退出指引（试行）》。

2017年12月18日，浙江省金融办印发《浙江省网络借贷信息中介机构备案登记管理实施细则（试行）》。

2017年12月26日，上海市金融办发布《上海市网络借贷信息中介机构合规审核与整改验收工作指引表》。

2017年12月29日，江苏省金融办发布《江苏省网络借贷信息中介机构网络备案登记管理暂行办法》。

2018年

2018年1月8日，广州市金融工作局发布《网络借贷中介机构现场检查细则（征求意见稿）》。

2018年1月12日，重庆市互联网金融风险专项整治工作领导小组办公室发布《关于进一步落实网络借贷信息中介机构整改要求的通知》。

2018年1月19日，深圳金融办发布《关于进一步做好全市网络借贷信息中介机构整改有关事项的通知》《深圳市网络借贷信息中介机构整改验收指引表》。

2018年1月26日，江西省金融办发布《江西省网络借贷信息中介机构备案登记管理实施细则（二次征求意见稿）》。

2018年1月30日，江西省金融办发布《江西省网络借贷信息中介机构整改验收工作指引表》。

2018年2月28日，广东省金融办发布《关于贯彻落实网络借贷信息中介机构业务活动管理暂行办法的通知》。

2018年3月1日，江西省金融办发布《江西省网络借贷信息中介机构业务经营情况专项审计报告编写指引》。

2018年3月1日，山东省金融办发布《山东省网络借贷信息中介机构整改验收工作操作指引表》。

2018年3月2日，山东省金融办发布《山东省网络借贷信息中介机构备案登记管理暂行办法（征求意见稿）》。

2018年3月7日，郑州市互联网金融风险专项整治工作领导小组办公室发布《河南省网络借贷信息中介机构备案登记管理办法（征求意见稿）》《河南省网络借贷信息中介机构整改验收问题自查指引表（征求意见稿)》《河南省网络借贷信息中介机构整改验收自评报告编写说明（征求意见稿)》《河南省网络借贷信息中介机构专项审计报告编写指引（征求意见稿)》《河南省网络借贷信息中介机构整改合规情况法律意见书编写指引（征求意见稿)》。

2018年3月15日，山西省互联网金融风险专项整治领导小组下发《关于开展山西省网络借贷信息中介机构整改验收及备案工作的通知》。

2018年3月20日，大连市金融发展局发布《大连市网络借贷信息中介机构备案登记管理实施细则》。

2018年3月21日，广州市金融工作局发布《广州市网络借贷信息中介机构整改验收工作方案》。

2018年4月4日，重庆市金融办下发《P2P网络借贷风险专项整治整改验收工作实施方案》。

附录2 新金融大事件

2015年

2015年1月20日，银监会进行了成立近12年来的首次组织架构改革，首次明确了P2P行业监管工作将由普惠金融部来执行。

2015年1月28日，官方股权众筹平台"中证众筹平台"正式启动。

2015年1月28日，市场化运作的征信机构（芝麻信用）开始在部分用户中进行公测，首推芝麻信用分。

2015年3月6日，李克强总理提出"互联网+"行动计划。

2015年3月23日，中国工商银行在北京通过视频会议系统向全国正式发布了互联网金融品牌"e-ICBC"等产品，成为国内第一家发布互联网金融品牌的商业银行。

2015年3月31日，京东股权众筹上线。

2015年4月9日，蚂蚁金服宣布推出代号"维他命"的金融信息服务平台，向金融机构全面开放数据和渠道。

2015年4月14日，绿地集团宣布联手互联网金融服务专家——蚂蚁金服和平安陆金所，发布国内首款互联网房地产金融产品。

2015年4月16日，P2P平台陆金所完成4.85亿美元的一轮融资。

2015年4月28日，最高法院等11部委联手整治非法集资。

2015年5月11日，阿里巴巴集团关联企业浙江蚂蚁小微金服集团与中国东方资产管理有限公司签订了战略合作协议，双方将在投融资综合金融服务、增信服务、信用评级和投资平台业务等渠道、技术和数据领域进行全面合作。

2015年5月17日，微众银行悄然推出"微粒贷"业务，贷款额度20万元以内，具有"无抵押、无担保、随借随还、按日计息"的特点。

2015年5月27日，浙江网商银行股份有限公司获银监会开业批复，核准注册资本40亿元。网商银行不设物理网点，不做现金业务，不涉足传统银行的线下业务。

2015年6月18日，全国社保基金理事会投资蚂蚁金服，占股5%。

2015年6月24日，国务院常务会议召开，部署推进"互联网+"行动，会议通过《"互联网+"行动指导意见》，明确了推进"互联网+"，促进创业创新、协同制造、现代农业、智慧能源、普惠金融、公共服务、高效物流、电子商务、人工智能等11大若干能形成新产业模式的重点领域发展目标任务，并确定了相关支持措施。

2015年7月18日，中国人民银行等10部委联合印发《关于促进互联网金融健康发展的指导意见》（银发［2015］221号）。

2015年12月3日，E租宝涉嫌非法集资，是当年互联网金融行业波及面最广的互联网平台经营危机。

2016年

2016年1月1日，深圳叫停P2P新平台注册。

2016年1月4日，上海叫停P2P新平台注册。

2016年1月7日，中国人民银行开启互联网金融专项整治活动。

2016年1月14日，李克强总理表示要严惩金融领域各类违法违规行为。

2016年1月23日，孟建柱在中央执法会议上点名"互联网金融"，称其缺乏标准和监管。

2016年2月初，农业银行、招商银行等多家银行暂停或者关闭所有P2P交易接口。

2016年2月13日，公安部正式启用非法集资案件投资人信息登记平台。

2016年2月29日，陆金所推出线上保障型保险产品。

2016年3月15日，国内首个互联网金融信息安全公共服务平台在上海正式开通。

2016年3月25日，中国互联网金融协会第一次会员代表大会在上海召开。会议表决了《中国互联网金融协会章程》《中国互联网金融协会会员自律公约》等 5 项基础制度。

2016 年 4 月 12 日，中国人民银行牵头出台、国务院办公厅印发《互联网金融风险专项整治工作实施方案》，要求全国各省份暂停登记注册在名称、经营范围中含有金融相关字样的企业。

2016 年 4 月 18 日，百度上线"百度百众"私募股权众筹平台。

2016 年 5 月 9 日，中国人民银行在成都召开征信工作会议，强调要大力推进社会征信体系建设，进一步改善信用环境。

2016 年 5 月 11 日，中国证监会叫停上市公司跨界定增，涉及互联网金融、影视和 VR 等行业。

2016 年 6 月 15 日，互联网金融协会成立区块链工作组。工作组重点围绕区块链在金融领域应用的技术难点、风险管理、行业标准等方面开展研究。

2016 年 7 月 19 日，芝麻信用宣布已经通过企业征信业务经营备案，研发了小微企业信用洞察"灵芝"系统。

2016 年 8 月 26 日，江苏全省首家互联网金融资产交易中心成立。

2016 年 9 月 9 日，中国互联网金融协会组织建设的"互联网金融行业信用信息共享平台"正式开通。

2016 年 10 月 13 日，中国人民银行等 17 个部门联合发布《通过互联网开展资产管理及跨界从事金融业务风险专项整治工作实施方案》，集中对业务开展不规范的互联网企业、跨界开展金融活动的互联网企业和综合经营特征明显的互联网企业开展专项整治。

2016 年 10 月 13 日，银监会会同 14 个部委联合印发了《P2P 网络借贷风险专项整治工作实施方案》，在全国范围内开展网贷风险专项整治工作。

2016 年 10 月 13 日，证监会等 15 部门联合公布了《股权众筹风险专项整治工作实施方案》。

2016 年 12 月 6 日，招商银行发布旗下零售银行的两款产品：招商银行 APP5.0 和摩羯智投，应对银行互联网和智能化转型趋势。

2016 年 12 月 15 日，国务院印发《"十三五"国家信息化规划》，提出到 2020 年，建设"数字中国"取得初步成效；区块链技术也首次被列入规划。

2017 年

2017 年 2 月 23 日，银监会发布《网络借贷资金存管业务指引》，直接否定了第三方支付公司存管以及第三方支付与银行联合存管的模式，明确了存管机构必须是一家商业银行，不能多家银行同时存管。

2017年3月5日，李克强总理在政府工作报告中再次提及"互联网金融"，对其表述已从"促进""规范"变成"高度警惕风险"。

2017年3月28日，中国建设银行与阿里巴巴集团、蚂蚁金服集团签署三方战略合作协议。按照协议，蚂蚁金服将协助中国建设银行推进信用卡线上开卡业务；双方将推进线下线上渠道业务合作、电子支付业务合作、打通信用体系。

2017年3月31日，兴业数金联手IBM在北京发布全新的金融行业云服务品牌"数金云"。兴业数金宣布将融合兴业银行集团金融业务、监管合规特性与十年运营积累三大优势，实施包括专属云服务、容灾云服务、备份云服务等服务内容，使服务能力全面升级。

2017年4月14日，P2P网络借贷风险专项整治工作领导小组办公室下发《关于开展"现金贷"业务活动清理整顿工作的通知》和《关于开展"现金贷"业务活动清理整顿工作的补充说明》两份函件，提出将"现金贷"纳入风险专项整治工作。

2017年4月18日，北京银监局、金融局下发"现金贷"排查方案，确定70余家北京地区从事现金贷业务的机构，其中APP端50多家、PC端10多家。上海市互联网金融行业协会于同日下发《现金贷产品统计表》，以对旗下会员单位涉及现金贷业务的情况进行摸底排查。广州互联网金融协会也下发通知，要求已开展"现金贷"业务的单位需将自查自纠进展情况及时报送协会，协会将密切关注并督促已有"现金贷"业务的会员单位自查整改，并配合市互金整治办开展清理整顿工作。

2017年6月5日，中国互联网金融协会正式上线了互联网金融登记披露服务平台，首批10家互联网金融企业作为试点单位正式接入信息披露系统。

2017年6月16日，中国工商银行与京东集团签署金融业务合作框架协议，正式启动全面业务合作。双方在金融科技、零售银行、消费金融、企业信贷、校园生态、资产管理、个人联名账户等领域展开全面深入的合作。

2017年6月20日，中国农业银行与百度达成战略合作，双方将共同建立一个金融科技联合实验室，未来将在智能金融服务领域展开深度研究。按照双方战略合作协议，此次合作主要围绕金融科技领域开展，包括共建金融大脑以及客户画像、精准营销、客户信用评价等方面的具体应用，并将围绕金融产品和渠道用户等领域展开全面合作。

2017年6月22日,"中国银行—腾讯金融科技联合实验室"挂牌成立。中国银行与腾讯集团将重点基于云计算、大数据、区块链和人工智能等方面开展深度合作,共建普惠金融、云上金融、智能金融和科技金融。9月25日,中国银行宣布与腾讯签署全面战略合作协议,双方互相通报了各自在金融创新领域的合作亮点和未来方向,探讨了云计算、大数据、人工智能这些新技术与金融结合带来的服务更新、产品迭代以及利用微信平台加速传播的业务机遇。

2017年6月30日,网联平台宣布正式启动业务切量,即开始转接清算一般用户实际交易场景的网络支付业务。在网联平台正式上线的同时,官方也给出了第三方支付机构直连银行的模式将被立刻叫停的时间表:到2018年下半年,网联将完成与所有第三方机构和银行的对接。截至2017年3季度末,已有中国银行、交通银行在内的15家全国性商业银行和包括支付宝、财付通在内的9家支付机构完成接入。

2017年7月27日,红岭创投创始人、董事长周世平发帖称将在未来三年内清盘网贷业务,正式转型投行。

2017年8月22日,交通银行与苏宁签署战略合作协议。双方将以金融科技为支撑,在智慧金融、全融资业务、现金管理及账户服务、国际化和综合化合作等多个领域全面开展深入合作,共建普惠金融和科技金融,并在跨境电商和农村电商方面发力,丰富金融产品体系,助力消费升级和品质生活。

2017年8月23日,银监会正式印发实施了《网络借贷信息中介机构业务活动信息披露指引》《信息披露内容说明》,这标志着网贷行业"1+3"制度框架基本搭建完成,初步形成了较为完善的制度政策体系。上述《信息披露指引》明确了信息披露的基本概念和原则,明确了在网贷业务活动中应当披露的信息内容,强调了相关披露主体责任及管理要求,明确了整改的过渡期限,配套的《信息披露内容说明》还重点对披露的口径、披露标准予以规范。

2017年9月4日下午,央行联合中央网信办、工业和信息化部、工商总局、银监会、证监会、保监会六部门联合发布《关于防范代币发行融资风险的公告》。《公告》指出,代币发行融资本质上是一种未经批准的非法公开融资的行为,涉嫌非法发售代币票券、非法发行证券以及非法集资、金融诈骗、传销等违法犯罪活动。

2017年9月14—15日,上海及北京下达关停比特币交易平台的通知。国内首家比特币交易所比特币中国发布公告,于9月30日停止所有交易业务。火币网和 OKCoin 币行也在公告中称将停止所有虚拟货币交易业务。受此影响，比特币价格急速下跌。

2017 年 11 月 2 日，招商银行发布招商银行 APP6.0，将人脸识别、指纹识别、声纹识别、智能投顾、智能风控等智能技术融入该款产品。

2017 年 12 月 1 日，互联网金融风险专项整治、P2P 网贷风险专项整治工作领导小组办公室正式下发《关于规范整顿"现金贷"业务的通知》，开展对网络小额贷款清理整顿工作。《通知》要求小额贷款公司监管部门暂停新批设网络（互联网）小额贷款公司；已经批准筹建的，暂停批准开业。《通知》并称，暂停发放无特定场景依托、无指定用途的网络小额贷款，逐步压缩存量业务，限期完成整改。未依法取得经营放贷业务资质，任何组织和个人不得经营放贷业务。

第二章 上海科技金融创新发展研究

引 言

上海市建设全球科创中心的任务需要大力发展科技金融。上海市委市政府出台了一系列的政策以推进科技金融创新发展。2017年以来上海科创中心建设取得了明显进展。据上海市科学学研究所编制的《2018上海科技创新中心指数报告》，2017年上海科创中心指数综合分值达到255.12分，比上年增长30.2分，增长率为13.4%。科创中心建设和科技发展离不开金融支持，上海科创中心建设成就的取得与科技金融创新发展密不可分。本章首先对上海科技金融在2017—2018年的发展情况做概要性的回顾，主要从股权市场融资、银行科技贷款和科技保险三个方面梳理上海科技金融发展状况，并有针对性地对部分具有鲜明上海特色、高效的科技金融工作机制与产品设计等做详细介绍，重点分析了上海科技贷款的创新经验。其次，分析上海科技金融创新发展中存在的问题易受资本市场不景气冲击、科技保险发展水平不高等问题。最后，提出了进一步发挥市场力量、重视商业信用及以商业信用为基础的金融创新等提升科技创新企业融资的解决思路。

第一节 上海科技金融创新发展现状（2017—2018年）

一 上海市科技金融创新发展背景

（一）上海市建设科技创新中心规划对金融支持提出具体要求

2015年5月，中共上海市委、上海市人民政府发布《关于加快建设具有全球影响力的科技创新中心的意见》，提出上海科创中心建设"两步走"规划：2020年前形成科创中心基本框架体系，到2030年形成科创中心城市的核心功能。指导意见重视金融对科技进步的促进作用，强调要"推动科技与金融紧密结合"，从股权融资、保险支持、商业银行、完善市场体系建设等方面提出了具体的推进政策与措施。

2018年上海科创中心建设进入"攻坚突破阶段"，不断提升上海科创中心建设的集中度和显示度成为主要任务。到2035年，计划把上海基本建成与我国综合国力和国际地位相匹配的卓越全球城市，令人向往的创新之城、人文之城、生态之城，具有世界影响力的社会主义现代化国际大都市。任务的完成离不开金融的大力支持，科技金融成为实现上海城市发展目标的重要支撑。

（二）银行业提出2017—2020年的行动方案

2017年9月，上海银监局与上海市科委联合发布《上海银行业支持上海科创中心建设的行动方案（2017—2020年）》，提出上海银行业支持科创中心建设的发展策略、重点任务和规划目标。方案要求至2020年年末实现以下目标：上海辖区内科技型企业贷款余额达到2700亿元左右，科技型贷款企业数达到8000家左右，投贷联动贷款余额达到200亿元左右，累计服务客户数超过1000家。方案对17家重点机构提出了较高目标，规划到2020年年末，科技型企业贷款余额达到1800亿元，客户数达到4600家左右，均比2016年年末翻一番。从银行的经营模式、经营理念、主要任务和保障措施四方面着手，建立起上海特色的"4465"科技金融框架，即经营模式的"四个转变"、经营理念的"四可原则""六大主要任务"和"五项保障措施"。

经营模式的"四个转变"是指：一是从"房变钱"转为"纸变钱"，提高知识产权的融资能力，盘活科研成果，促进知识与资本的融合；二是从"向后看"转为"向前看"，建设面向未来的科技金融机制；三是从"常规军"转为"特战队"，提高专业化经营能力，围绕自身业务发展规划，确定重点行业，精耕细作，服务科技创新；四是从"单干户"转为"合作社"，安排好全链条、多主体的职能对接，与多种类型的经济组织合作，共同参与风险分担和利益分享。

经营理念的"四可原则"是指：商业可持续、政策可托底、风险可控制、激励可相容。

"六大主要任务"是指：优化科技金融生态系统；加大对科研基础设施和科技创新布局的金融支持力度；推进科技金融专营机构建设，创新专业化经营模式；主动前移金融服务，促进科技成果转移转化；继续推进投贷联动业务创新；在风险可控前提下，开展科技金融产品和业务创新。

"五项保障措施"是指：发挥银行监管与政府扶持的协同效应；发挥监管规则的正向激励作用；将创新科技扶持政策延伸到金融机构；完善科技金融数据共享机制；加强业务指引与培训。

二　2017—2018 年上海科技金融创新发展概况

（一）经济下行背景下的去杠杆政策给企业融资带来严峻挑战

2017 年以来，经济增长减速，企业经营困难加大，银行惜贷情绪加剧；资本市场低迷和去杠杆政策更是加剧了企业融资困难。2018 年下半年，面对经济增长速度的较快下滑，去杠杆政策进行了适度微调，但是实体经济融资困难的局面未有效扭转。融资取决于金融机构和企业自身对发展前景的预期，在预期普遍不乐观的情况下，包括科技型企业在内的企业融资难问题依然严峻。

主板、中小板、创业板近三年融资状况的变动是国内企业资本市场融资难易程度的体现。表 2-1 是 2016—2018 年[①]国内沪深主板、中小板和创业板资金募集情况。可以看到，总募集家数从 2016 年的 1134 家小幅下降到 2017 年的 1102 家，剧降至 2018 年前 11 个月的 456 家，募集资金总额从 2016 年的 21134.81 亿元下降到 2017 年的 17223.86 亿元，2018 年前 11 个月更是降至 10975.21 亿元。特别是增发募集资金存在明显的加速下降现象。增发企业 2016—2018 年分别为 814、540 和 243 家，募集资金则从 16918.07 亿元降至 2017 年的 12705.31 亿元，再到 2018 年的 6808.81 亿元，IPO 在 2017 年较 2016 年较明显反弹的基础上在 2018 年大幅下滑，全年将低于 2016 年的融资水平，可交换债的情况与 IPO 相似。由于股票估值低有利于可换债和优先股投资者，2018 年两者的融资家数和融资金额较上年有较大幅度上升，尤其是可转债在 2017 年较 2016 年增长 166% 的基础上又有了 42% 以上的增长，前 11 个月达到 856.92 亿元。

---

① 由于写作时间关系，2018 年的数据截至 11 月 17 日。

表 2-1　2016—2018 年国内沪深主板、中小板、创业板资金募集情况

单位：亿元，家

项目 时间	募集情况总计		IPO 统计		增发统计		配股统计	
	募集家数	募集资金	首发家数	首发募集资金	增发家数	增发募集资金	配股家数	配股募集资金
2018 年 1—11 月	456	10975.21	96	1330.4	243	6808.81	15	228.32
2017 年合计	1102	17223.86	438	2301.09	540	12705.31	13	290.3
2016 年合计	1134	21134.81	227	1496.08	814	16918.07	11	298.51

项目 时间	优先股统计		可转债统计		可交换债统计			
	优先股家数	优先股募集资金	可转债家数	可转债募集资金	可交换债家数	可交换债募集资金		
2018 年 1—11 月	5	1199.76	61	856.92	36	551.01		
2017 年合计	1	200	13	602.72	93	1251.78		
2016 年合计	12	1623	12	226.52	58	572.63		

资料来源：根据 WIND 数据库整理。

（二）2017—2018 年上海企业融资增长趋缓

1. 2017—2018 年上海社会融资概况

社会融资规模指标反映实体经济融资状况。上海市社会融资规模同比增长率由 2016 年的 33.1% 下降至 2017 年的 12%，2018 年前三季度上海市社会融资规模仅为 9591.51 亿元，同比下降了 55.6%（见表 2-2）。沙泥俱下，社会融资规模的急剧下降势必带来科技型企业的融资困难，科技金融无法摆脱宏观经济金融环境的约束而独善其身。

表 2-2　　　　2015—2018 年上海市社会融资规模　　　　单位：亿元

时间	社融规模	时间	社融规模	时间	社融规模	时间	社融规模
2015 年 3 月	2555	2016 年 3 月	4789	2017 年 3 月	5089	2018 年 3 月	2362.14
2015 年 6 月	4688	2016 年 6 月	5674	2017 年 6 月	7452	2018 年 6 月	3113.02
2015 年 9 月	6607	2016 年 9 月	7823	2017 年 9 月	9038	2018 年 9 月	4116.34
2015 年 12 月	8507	2016 年 12 月	11466	2017 年 12 月	11748		
2015 年合计	22357	2016 年合计	29751	2017 年合计	33327	2018 年 1—3 季度合计	9591.51

资料来源：根据 WIND 数据库整理。

2. 2017—2018 年上海银行业贷款概况

截至 2017 年年末，上海银行业资产总额 14.75 万亿元，同比增长 2.3%；各项贷款 6.72 万亿元，同比增长 12.9%；各项存款 9.37 万亿元，同比增长 5.0%。不良贷款余额 380.3 亿元，较 2016 年年末减少 23.79 亿元；不良贷款率 0.57%，较 2016 年年末下降 0.11 个百分点，不良贷款实现"双降"。2018 年 6 月末，上海银行业总资产 15.1 万亿元，同比增长 5.5%；各项贷款余额 7.2 万亿元，同比增长 10.8%；各项存款余额 9.6 万亿元，同比增长 4.2%；不良贷款率 0.57%，与年初持平。

2017 年年末，上海银行业金融机构小微企业贷款余额 13270.79 亿元，同比增长 15.76%；辖区内有贷款余额的小微企业约 34.20 万户，占小微企业总数的 39.77%，贷款覆盖率同比提升 10.66 个百分点，户均贷款余额 388.08 万元。2018 年 6 月末，上海银行业 500 万元以下（含）小微企业贷款余额 17600.31 亿元，同比增长 45.84%；科技型企业贷款存量户数 5768 户，同比增长 15.1%；贷款余额 2417.09 亿元，同比增长 21.1%；不良贷款率 0.36%，低于整体不良贷款率 0.21 个百分点。

3. 2017—2018 年上海证券业帮助企业融资概况

2017 年，上海证券业金融机构共保荐了 41 家企业 IPO 上市，主承销 58 家，金额 282 亿元；承销（分销）债券 4091 只，规模 14747 亿元，包括为 2 家科创企业发行双创债券 13 亿元和承销（分销）24 只绿色债券金额 444 亿元；帮助 250 余家中小微企业新三板融资超 100 亿元。[1] 就上海企业而言，2017 年股权融资情况较 2016 年有较明显的好转，但在 2018 年受市场低迷的影响，股权市场融资出现了大幅度萎缩。

第二节 上海科技金融市场融资现状
（2017—2018 年）

一 全国科技金融市场融资概况

2017 年中国多层次资本市场呈现金字塔形愈加明显，2017 年年底，中小板与创业板上市公司 1613 家，新三板上市公司 11630 家，区域股权市场挂牌 202905 家。资本市场体系进一步合理。2017 年，全国创业板、中小板和新三板企业股票融资额 6000 亿元，发行债券融资达到 3400 亿

---

[1] 上海银监局、上海保监局：《2017 年上海市普惠金融发展报告》，2018 年。

元，新三板质押 314 亿股。

债券市场以积极创新支持创新创业，推出了中小创新创业行业的指数指标、非公开发行创新创业可转债、双创债等新制度和产品。

2017 年全国创业投资进一步发展。全国设立政府创业投资引导基金 483 只，累计出资 620.9 亿元，引导带动创业风险投资机构管理资金规模 2913.2 亿元。从投资对象行业板块看，2017 年全国创投业体现了明显的"新经济"的特点，从投资项目占比和投资额占比来看，物联网与大数据、绿色经济、人工智能、金融科技等产业位居前四位（见图 2-1）。

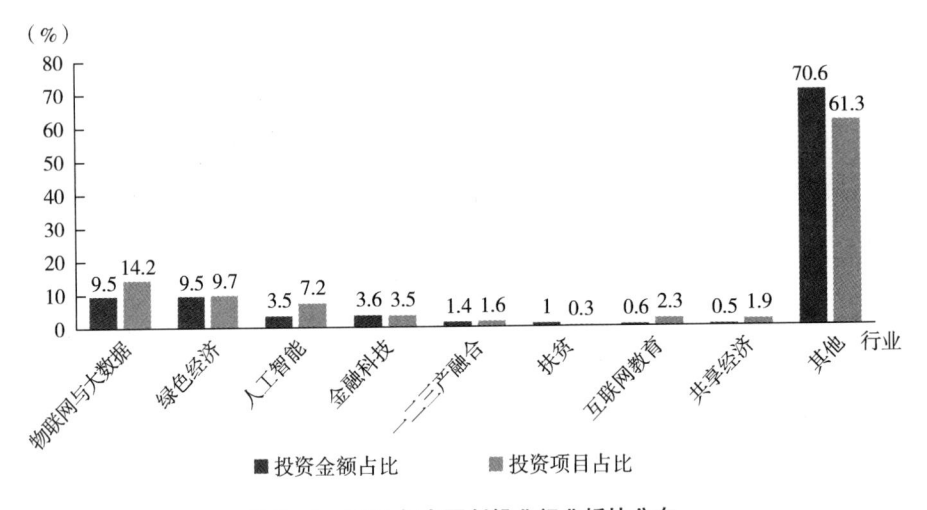

图 2-1 2017 年全国创投业行业板块分布

注：由于对数据四舍五入，故加总不一定等于 100%。下同。

资料来源：《中国科技金融生态年度观察 2018》，转引自 http://3g.163.com/dy/article/DVDIQU4K0511D98B.html。

二 上海科技金融市场融资情况

（一）上海具有丰富的直接融资资源

作为全国金融中心、经济中心城市，上海拥有丰富的直接融资资源，证券公司等金融市场参与者众多（见表 2-3）。这为科技型企业直接融资提供了很大的便利。

表2-3　　　　　上海市直接融资资源（2018年9月末）　　　单位：家，%

	企业数	全国占比
证券公司	25	19
证券投资咨询机构	17	20
基金公司	53	45
基金公司子公司	39	47
独立基金销售机构	29	—
基金第三方支付机构	7	18
已登记备案的私募基金管理人	4778	20
期货公司	33	22
期货公司资产管理子公司	3	—
证券基金期货分支机构	1078	—
外资代表处	45	—

注：证券基金期货分支机构包括证券公司分公司、证券公司营业部、基金公司分支机构、期货公司分支机构。

（二）上海分层科技金融市场融资情况

1. 上海天使投资与创业投资情况

截至2017年年底，上海市各类创业引导基金共有20只，其中市级引导基金2只，区级18只，参股各类天使投资和创业投资基金212只，参股子基金已投资项目多达2445个。上海市创业投资引导基金所投700个项目聚焦于早中期和战略性新兴产业领域，孵化了找钢网、沪江网、挂号网、平安好医生等独角兽企业；上海市天使投资引导基金所投的500多个项目中，培育孵化了威马汽车、壁虎科技、花加、钛度智能等一批细分领域的明日之星[1]。2017年上海市新设立2家规模较大的母基金：6月成立了上海双创文化产业投资母基金，总规模为50亿元，一期规模为20亿元；9月设立上海科创基金，目标管理资金规模为300亿元，首期募集资金规模为65.2亿元[2]。

据鸵鸟创投媒体和IT桔子基于互联网和移动互联网披露的上海创投事件及部分工商变更数据的不完全统计，2017年前三季度，按融资企业的行业分，金融业融资排名第一，其中众安在线在港交所融资109.48亿

---

[1] 中国科学技术发展战略研究院、中国科技金融促进会、上海市科学学研究所：《中国科技金融生态年度观察2018》，2018年。

[2] 上海银监局、上海保监局：《2017年上海市普惠金融发展报告》，2018年。

元,汽车交通业融资 146.95 亿元,居第二位,第三位为医疗健康业,融资 120.04 亿元(见图 2-2)。

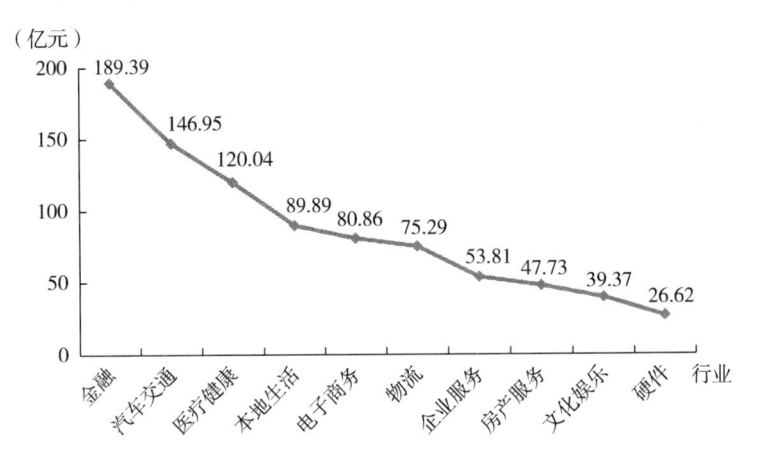

图 2-2 2017 年前三季度上海市融资总额前十行业

资料来源:鸵鸟创投媒体和 IT 桔子:《2017 年前三季度上海互联网及移动互联网创业投资数据研究报告》,转引自 https://chuansongme.com/n/2053617045928。

按融资轮次划分,2017 年前三季度种子轮及天使轮占融资的 28%,说明早期优秀项目仍然能得到机构投资者的较大关注度。PreA 至 A+轮占 42%,B 轮及以上(不含战略投资)占 27%,说明上海创业投资较为成熟,投资行为较理性,投资生态日渐完善。

2017 年前三季度上海投资活跃度前十名的机构为真格基金、IDG 资本、红杉资本中国基金、阿里巴巴、经纬中国等投资机构,见图 2-3。值得一提的是,前十名机构中,没有一家的总部注册地在上海。

上海市于 2016 年出台《上海市天使投资风险补偿管理暂行办法》以及《上海市天使投资风险补偿管理实施细则(试行)》[①]后,有 7 家投资机构向科技金融平台备案入库了 22 个天使投资项目。由于没有发生投资损失,目前仍无机构申请投资损失风险补偿。

---

① 文件规定:对投资种子期科技企业而发生的投资损失,给予投资机构 60% 的投资风险补偿。其中:持股在 24 个月以上的,因企业清算而发生的投资损失,给予 60% 的风险补偿;因转让股权而发生的投资损失,则给予投资 40% 的风险补偿。对投资初创期科技企业发生的投资损失,给予投资机构 30% 的投资风险补偿。其中:持股在 24 个月以上的,因企业清算而发生的投资损失,给予 30% 的风险补偿;因转让股权而发生的投资损失,则给予投资 20% 的风险补偿。每个投资项目风险补偿金额不超过 300 万元。

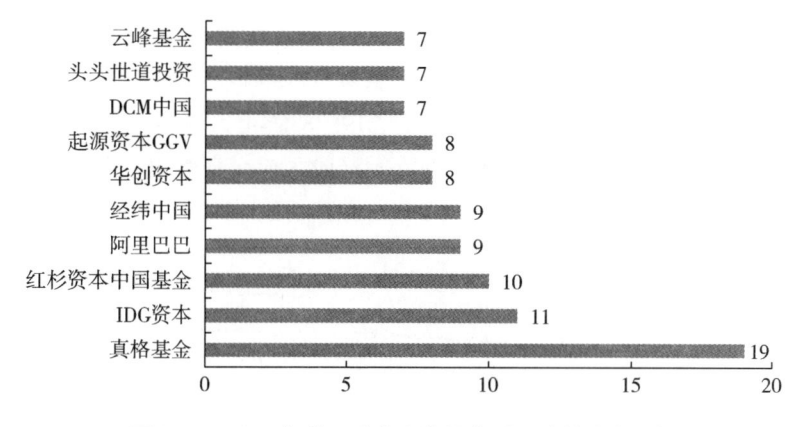

图 2-3 2017 年前三季度上海投资活跃度前十名机构

资料来源：鸵鸟创投媒体和 IT 桔子：《2017 年前三季度上海互联网及移动互联网创业投资数据研究报告》，转引自 https://chuansongme.com/n/2053617045928。

2. 上海股权托管交易中心融资情况

截至 2017 年年底，在上海股权托管交易中心挂牌的企业总数为 9911 家，其中 N 板（科技创新板）挂牌企业为 172 家，E 板股份转让系统挂牌为 687 家，Q 板股权报价系统挂牌为 9052 家。2017 年新挂牌数分别为 70、23 和 152 家（见图 2-4）。

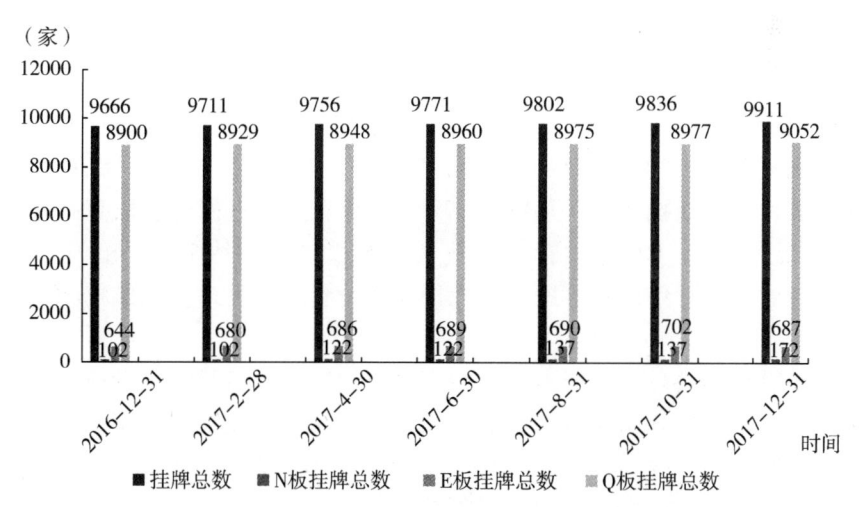

图 2-4 2017 年上海股权托管中心企业挂牌情况

资料来源：上海股权托管交易中心：《上海股权交易中心双月刊》2018 年 1 月号（总第二十七期），2018 年 2 月。

截至 2017 年年底，上海股权托管交易中心投资者开户数 40456 户，会员总数 1267 家，2017 年全年融资总额 47.85 亿元（累计 273.72 亿元），其中股权融资 33.87 亿元（累计 219.78 亿元），债权融资 13.98 亿元（累计 53.94 亿元），成交股数 54.28 亿股，成交金额 96.71 股。

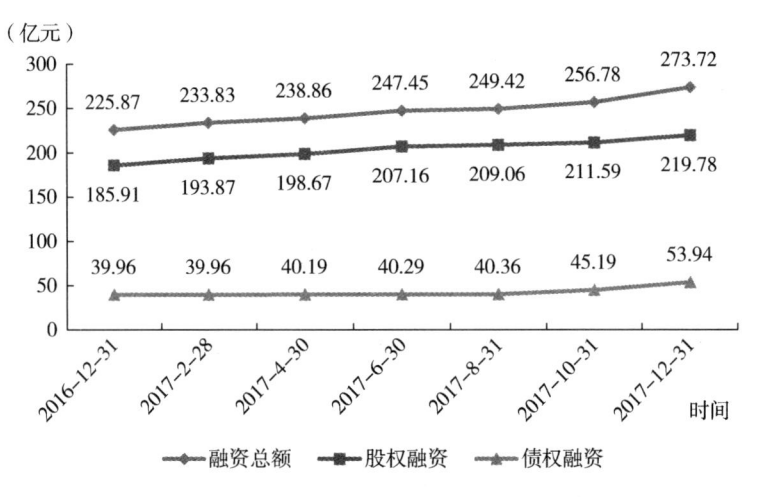

图 2-5　2017 年上海股权托管中心融资情况

资料来源：上海股权托管交易中心：《上海股权交易中心双月刊》2018 年 1 月号（总第二十七期），2018 年 2 月。

为更好地服务科技型、创新型中小企业，上海股权托管交易中心于 2015 年设立了科技创新板。在 2017 年 12 月 28 日上海股权托管交易中心"科技创新板"开盘两周年之际，"科技创新板"指数发布，"并购路演中心"及浦东新区知识产权局"上海股交中心工作站"揭牌。截至 2017 年年底，科创板挂牌企业总数达 172 家，分布于先进制造、信息技术等 20 个新兴行业，101 家次挂牌企业实现股权融资额约 10 亿元，139 家次企业通过银行信用贷、股权质押贷及科技履约贷模式实现债权融资约 9 亿元。

2018 年经济环境和资本市场的不景气加剧了上海股权托管交易中心发展的困难。截至 2018 年 8 月底，创新板挂牌企业总数 9724 家，与 2017 年年末相比减少 187 家，其中 N 板上升 8 家至 180 家，E 板下降至 437 家，减少 250 家，Q 板增长 55 家（见图 2-6）[①]。

[①] 上海股权托管交易中心：《上海股权交易中心双月刊》2018 年 9 月号（总第三十一期），2018 年 9 月。

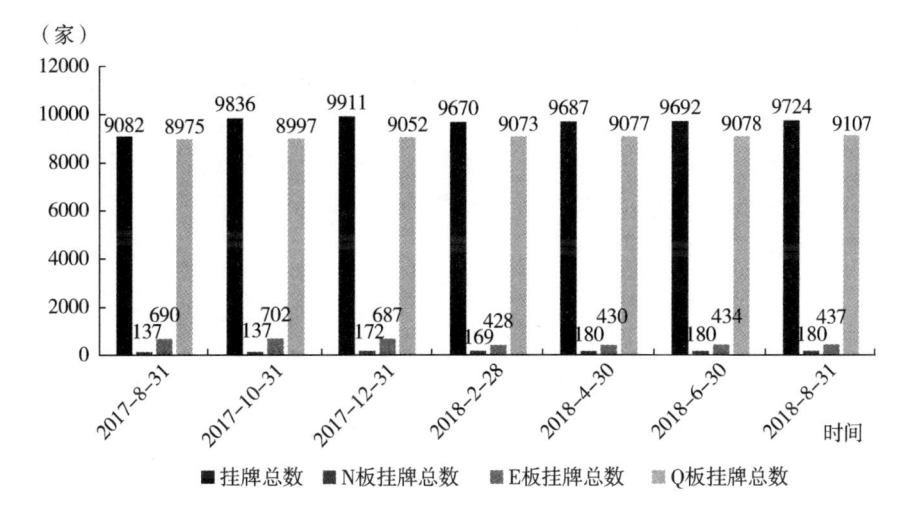

第二章　上海科技金融创新发展研究　77

图2-6　2018年1—8月上海股权托管交易中心挂牌企业数量

资料来源：上海股权托管交易中心：《上海股权交易中心双月刊》2018年1月号（总第二十七期），2018年2月。

2018年1—8月上海股权托管交易中心共实现融资17.05亿元，其中股权融资15.29亿元，债权融资1.76亿元，融资效率进一步降低（见图2-7）。

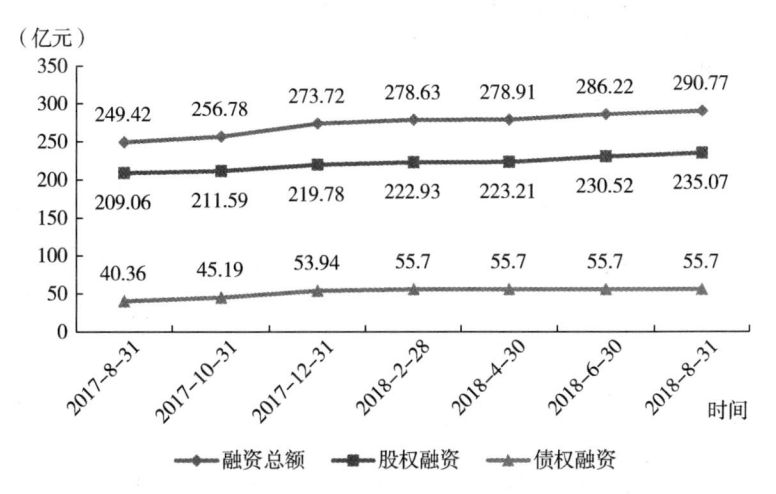

图2-7　2018年1—8月上海股权托管交易中心融资情况

资料来源：上海股权托管交易中心：《上海股权交易中心双月刊》2018年1月号（总第二十七期），2018年2月。

融资是资本市场的最主要功能,与新三板市场相似,2017年上海股权托管交易中心的新增挂牌数、交易活跃度都不甚理想,一级市场发行和二级市场交易都呈现萎缩趋势,在其中增设科创板也未能根本改变这种状况。在全国各地场外市场层出、市场定位雷同、严格监管的背景下,如何做好市场定位、增强市场竞争力、充分发挥市场功能,是上海股权托管交易中心必须解决的根本问题。

3. 上海企业全国股转系统(新三板)融资情况

从2017年年末全国股转系统(新三板)挂牌公司行业分布看(见表2-4),制造业比重最高,为49.91%,较2016年年末下降了0.79个百分点;排在第二位的信息传输、软件和信息技术服务业占比19.64%,较上年年末轻微下降0.07个百分点;科学研究和技术服务业排在第五位,占比4.38%,较上年下降0.14个百分点;排在第三、第四位的租赁和商务服务业、批发和零售业则分别上升了0.23和0.28个百分点。从2017年新三板新增挂牌企业的行业分布来看,制造业、租赁和商务服务业、批发和零售业等行业仍然占比较高,并未显示出对科技创新型企业的优先。新三板基础层、创新层的分层设计并未显著提高科技型企业的股权融资便利。

表2-4　　全国股转系统(新三板)挂牌公司行业分布情况　　单位:家,%

行业分类	2017年年末 公司数	占比	2016年年末 公司数	占比
制造业	5804	49.91	5153	50.70
信息传输、软件和信息技术服务业	2284	19.64	2003	19.71
租赁和商务服务业	607	5.22	507	4.99
批发和零售业	531	4.57	436	4.29
科学研究和技术服务业	509	4.38	459	4.52
建筑业	379	3.26	330	3.25
文化、体育和娱乐业	261	2.24	228	2.24
农、林、牧、渔业	223	1.92	173	1.70
水利、环境和公共设施管理业	198	1.70	199	1.96
交通运输、仓储和邮政业	197	1.69	163	1.60
金融业	144	1.24	126	1.24
电力、热力、燃气及水生产和供应业	130	1.12	101	0.99

续表

行业分类	2017年年末 公司数	占比	2016年年末 公司数	占比
房地产业	97	0.83	67	0.66
教育	88	0.76	72	0.71
卫生和社会工作	55	0.47	47	0.46
居民服务、修理和其他服务业	44	0.38	40	0.39
采矿业	42	0.36	30	0.30
住宿和餐饮业	37	0.32	29	0.29
合计	11630	100	10163	100

资料来源：全国中小企业股份转让系统官网。

从新三板挂牌、流通、交易的情况看，2017年、2018年成交的活跃度较低。以2018年6月30日为例，按转让方式看成交较活跃的做市商做市企业股票仅有38.8%的股票成交。创新层当日成交的股票比例也仅为35.3%。当日全天的成交金额仅为12.15亿元左右（见表2-5）。

表2-5　　全国股转系统流通交易情况统计（2018年6月30日）

项目	按转让方式分 做市	协议转让	按市场分层分 基础层	创新层	合计
挂牌公司家数（家）	1536	9778	9922	1392	11314
当日新增家数（家）	-3	1	-2	0	-2
总股本（亿股）	1533.6	5117.41	5262.69	1388.32	6651.01
流通股本（亿股）	923.18	2111.9	2265.43	769.66	3035.08
成交股票只数（只）	596	448	552	492	1044
成交金额（万元）	36725.78	84731.14	56797.12	64659.8	121456.9
成交数量（万股）	6379.19	12367.2	11925.58	6820.82	18746.4

资料来源：全国中小企业股份转让系统官网。

股票市场整体下滑以及新三板自身的低流动性，使其融资功能和定价功能受到影响，降低了市场效率。从表2-6可以看到，2017年全国股转系统市场的主要统计指标较2016年出现了较明显的放缓及下滑。从换手率看，2017年换手率从2016年的20.74%大幅下降到13.47%，远远低于2015年53.88%的换手率。股票发行次数从2016年的2940次下降到2725次，发行股数从294.61亿股下降到239.26亿股，融资金额从1390.89亿元小幅下降至1336.29亿元。在2017年机构投资者和个人投资者账户分别增加32.99%和20.87%的背景下，这些数据的下降充分说明了市场流动性下降带来的负面影响。

表2-6　　　　2017年全国股转系统市场主要统计指标

年份	2017	2016	2015	2014
挂牌规模				
挂牌公司家数（家）	11630	10163	5129	1572
总股本（亿股）	6756.73	5851.55	2959.51	658.35
总市值（亿元）	49404.56	40558.11	24584.42	4591.42
股票发行				
发行次数（次）	2725	2940	2565	330
发行股数（亿股）	239.26	294.61	230.79	26.60
融资金额（亿元）	1336.29	1390.89	1216.17	134.08
优先股发行				
发行次数（次）	8	3	—	—
融资金额（亿元）	1.49	20.20	—	—
股票转让				
成交金额（亿元）	2271.80	1912.29	1910.62	130.36
成交数量（亿股）	433.22	363.63	278.91	22.82
换手率（%）	13.47	20.74	53.88	19.67
市盈率（倍）	30.18	28.71	47.23	35.27
投资者账户数				
机构投资者（万户）	5.12	3.85	2.27	0.47
个人投资者（万户）	35.74	29.57	19.86	4.39

资料来源：全国中小企业股份转让系统官网。

2017年，全国股转系统共发行2725次，上海企业发行次数为240次，占8.81%，发行金额全国的总量为1336.29亿元，上海企业发行金额97.91亿元，占比7.33%（见表2-7）。2018年9月末上海全国股转系统挂牌公司936家，占全国的8.5%。

表2-7　　2017年全国股转系统上海企业发行统计　　单位：次，万元，%

月份	发行次数 上海	发行次数 全国	发行金额 上海	发行金额 全国
1	27	229	70165.53	807140.87
2	21	242	45574.36	838268.54
3	24	300	171505.37	1242420.33
4	24	272	52872.23	1240786.69
5	25	238	116792.34	887134.99
6	21	204	100206.5	1251810.96
7	19	235	35412.78	1251314.79
8	19	217	76156.12	982501.18
9	15	220	81423.76	1363445.89
10	10	150	30192.24	807240.57
11	12	177	30260.18	698864.42
12	23	241	168569.04	1991958.23
全年合计	240	2725	979130.45	13362887.46
上海占比	8.81	—	7.33	—

资料来源：根据全国中小企业股份转让系统官网资料整理。

与全国新三板上市企业高新特征不明显相比较，上海新三板挂牌企业中计算机软件、互联网等科技型企业比例较高。根据挖贝新三板研究院统计，2017年11月底计算机软件、互联网企业在上海总挂牌企业中位列第一、第三位，约占总量的近一半。

2018年9月末上海新三板上市公司市值前一百位的行业分布也可以反映出上海新三板企业中互联网和相关服务业、软件和信息技术服务业等行业较多的特点（见图2-8）。

4. 上海市企业在创业板、中小板及主板融资情况

截至2017年年末，上海的上市公司总数为279家，约占全国的8%，位居各省市第5位；资产总额25.72万亿元[1]，约占全国总额的12%；归属上市公司股东的权益为3.63万亿元，约占全国总额的11%。[2] 2018年6月30日，上市公司总数上升至284家，总市值50396亿元，在全国占比9.15%，流通市值38849亿元，在全国占比9.67%（见表2-8）。2018

---

[1] 上海上市公司中有1家公司未披露2017年年报，相关数据不包含该公司。
[2] 上海证监局：《上海上市公司监管通讯》2018年第4期，2018年5月。

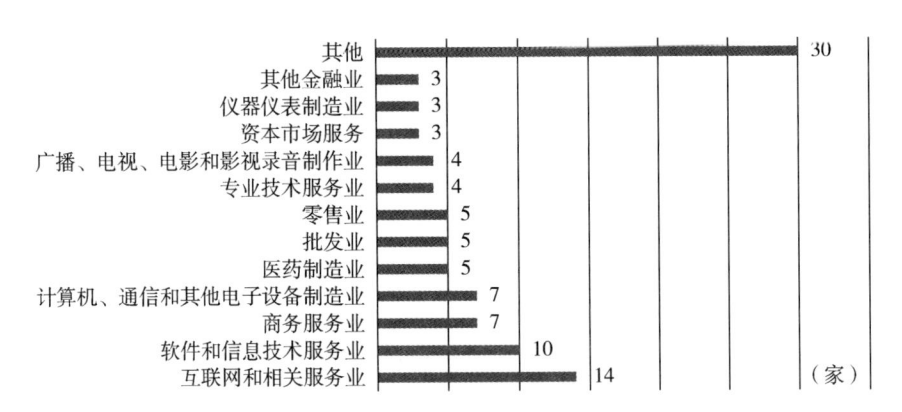

图 2-8 2018 年 9 月末新三板上海企业市值前 100 位行业分布

行业	家数
其他	30
其他金融业	3
仪器仪表制造业	3
资本市场服务	3
广播、电视、电影和影视录音制作业	4
专业技术服务业	4
零售业	5
批发业	5
医药制造业	5
计算机、通信和其他电子设备制造业	7
商务服务业	7
软件和信息技术服务业	10
互联网和相关服务业	14

资料来源：2018 年 9 月上海新三板企业市值 TOP100, 2018.10, 转引自 http://www.sohu.com/a/258509441_733114。

年 9 月末上升至 288 家，占比约 8%。

表 2-8　　　　　上海上市公司数据（2018 年 6 月 30 日）

	上市公司数（家）		总市值（亿元）		流通市值（亿元）	
	上海	在全国占比(%)	上海	在全国占比(%)	上海	在全国占比(%)
总计	284	8.01	50396	9.15	38849	9.67
其中：沪市主板	206	14.39	44462	12.91	34209	13.42
深市主板	2	0.42	77	0.11	56	0.10
中小板	30	3.29	2570	2.87	2220	3.54
创业板	46	6.31	3287	6.72	2364	8.14

资料来源：上海证监局：《2018 年 5—6 月上海辖区上市公司监管通报》，《上海上市公司监管通讯》2018 年第 6 期。

（1）上海市企业在创业板融资情况

2017 年上海企业在创业板上市的有 6 家，较 2016 年增加 2 家，首次发行融资总额 24.87 亿元，较 2016 年的 14.4 亿元增长 72.7%。上市企业的行业分布为除 1 家为生物医药行业，其余 5 家为计算机、信息科技、通讯和集成电路芯片领域。2018 年上海没有企业在创业板上市。

截至 2018 年 9 月 30 日，上海辖区共有创业板上市公司 46 家，占辖区 287 家上市公司的 16.03%，占全国创业板 732 家上市公司的 6.28%。辖区创业板上市公司总股本 272.96 亿股，总市值 2909 亿元，占全国创业板上市公司总市值的 6.75%[①]。上海市创业板上市公司中制造业比例最高，25 家，占比 54.35%，信息传输、软件和信息技术服务业 17 家，占比 36.96%，科学研究和技术服务业 1 家，占 2.17%（见表 2-9）。

表 2-9　上海市创业板上市公司行业分布（2018 年 9 月 30 日）

单位：家，%

行业	公司数	比例
科学研究和技术服务业	1	2.17
农、林、牧、渔业	1	2.17
水利、环境和公共设施管理业	1	2.17
文化、体育和娱乐业	1	2.17
信息传输、软件和信息技术服务业	17	36.96
制造业	25	54.35
合计	46	100

资料来源：上海证监局：《上海辖区创业板上市公司简报（2018 年第三季度）》，2018 年 10 月。

（2）上海企业在中小板的融资情况

2017 年，上海企业在中小板上市融资 1 家，融资额约 1.69 亿元，属于体育产业。2018 年上海没有企业在中小板上市。

截至 2017 年 12 月 31 日，上海市共有中小板上市公司 30 家，占上海 279 家上市公司的 10.75%，占全国 903 家中小板上市公司的 3.32%。辖区中小板公司总股本 281.12 亿股，总市值 3057.35 亿元。截至 2018 年 9 月 30 日，中小板上市公司仍为 30 家，占辖区 287 家上市公司（比上年年末增加 8 家）的 10.45%，占全国中小板 917 家上市公司的 3.27%。30 家中小板上市公司总股本 297.31 亿股，总市值 2445.79 亿元，占全国中小板上市公司总市值的 3.05%。

上海中小板公司以制造业为主，截至 2017 年年底，共有 24 家制造类公司。其余 6 家公司分别涉及软件、信息设计零售、文化、体育等行业[②]。相关行业分布情况见表 2-10。

[①] 上海证监局：《上海辖区创业板上市公司简报（2018 年第三季度）》，2018 年 10 月。
[②] 上海证监局：《上海辖区中小板上市公司简报（2017 年第四季度）》，2018 年 1 月。

表 2-10　　　　2017 年年底上海中小板上市公司行业分布　　　单位：家，%

证监会行业名称	公司数	比例
批发和零售业	1	3.33
文化、体育和娱乐业	1	3.33
科学研究和技术服务业	2	6.67
信息传输、软件和信息技术服务业	2	6.67
制造业	24	80
合计	30	100

资料来源：上海证监局：《上海辖区中小板上市公司简报（2017 年第四季度）》，2018 年 1 月。

（3）上海企业在主板融资情况

2017 年，上海企业在主板上市的有 30 家，较 2016 年的 13 家增加 17 家，融资金额约 147.52 亿元，较 2016 年的 182.33 亿元下降 34.81 亿元，下降 19%，其中属计算机信息、集成电路、软件、通讯领域的公司 6 家。

受市场行情低迷的影响，2018 年上海企业在主板上市 9 家，首发融资金额 83.18 亿元。9 家上市企业中，有 3 家化工或化工科技企业、2 家物流企业、1 家家居大卖场、1 家服装服饰企业、1 家电子商务企业。从上市企业的行业分布看，缺乏所谓的"硬科技企业"。证券市场在促进"硬科技企业"发展上导向作用不明显。

第三节　上海科技企业贷款发展现状（2017—2018 年）

资本市场低迷使得科技型企业融资更需要依赖于以银行贷款为主的间接融资。近年来，上海市各级政府、金融监管部门、金融机构通力合作，积极创新，初步形成了适合创新型都市、以科技企业贷款为重点的科技金融发展模式。

一　2017—2018 年上海科技型企业科技贷款概况

2017 年年末，上海科技型企业科技金融贷款余额突破 2000 亿元，达 2071.27 亿元，较上年年末增长 570.91 亿元，增幅为 38.05%，大幅高于同期上海银行业各项贷款增速。科技型企业科技金融贷款存量客户为

5235家，较2016年年末增长932家，增幅为21.66%，其中科技型中小企业贷款存量客户为4680家，比2016年年末增加737家，增长18.69%，占全部比重的89.4%（见图2-9），贷款余额1120.83亿元，占比为54.11%，较2016年年末增长285.82亿元，增长34.23%；不良贷款余额6.86亿元，不良率0.61%，较上一年年末下降0.47个百分点，科技型中小企业不良贷款占整体科技型企业不良贷款的89.78%。

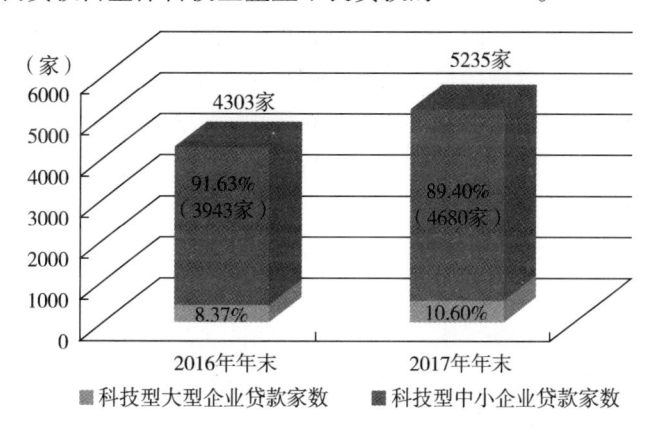

图2-9 2016年、2017年上海科技型企业贷款结构

资料来源：上海银监局、上海市科委：《2017年上海科技金融发展报告》，2018年。

上海银行业初步建立起科技金融专业化机制。截至2017年年末，辖区内科技特色支行89家，较2016年年末增加12家，增速为15.58%；科技金融从业人员1483人，较2016年年末增加129人，增速为9.53%。挂牌科技支行7家，较2016年年末增加1家；7家科技支行科技型企业客户1203家，其中科技型企业贷款客户240家，约占全市科技型企业贷款客户数的4.58%，科技型企业信贷覆盖率为19.95%，科技型企业贷款余额为97.34亿元，约占全市科技型企业贷款余额的4.7%；有不良贷款者3家，不良贷款余额为1240.03万元，整体不良率为0.13%，远低于全市商业银行不良贷款率；贷款客户拥有8706项专利，拥有有效专利的客户占比为90%，户均专利数为41.26项。[①]

---

① 张末东：《上海银监局：推动银行业开展科技金融服务 支持上海科创中心建设》，《金融时报》2018年1月26日。

二　上海市科委的科技贷款实践①

为服务科创中心的建设，上海市科委为科技型中小企业获得优质金融服务不断探索创新。在市科委的精心组织和推进下，尊重中小企业科技贷款的特有规律，依托科技金融服务站的网络化建设，与银监会、市发改委共同推进商业银行、保险公司、信用担保机构解放思想、开拓创新，信贷投放增长迅速，贷款风险控制出色，借款企业迅速成长，成效显著，成为上海科技金融的亮点。上海市科委调查、评审、推荐的科技型中小企业贷款（以下简称科委科技贷款）具有较强的示范性，已经成为上海科技企业贷款的著名品牌。

（一）科委科技贷款的种类

不同类型、不同发展阶段的科技型企业，对信贷资金的需求特征不同。商业银行在政府指导下，协同保险公司、信用担保公司等机构，按照企业经营状况和风险特征，设计"3＋X"科技信贷产品，并设计了不同的风险补偿比例和运行模式。

"3"是指三类市科委审核推荐并给予一定风险补偿或补贴的贷款项目，包括科技微贷通、科技履约贷和小巨人信用贷。

所谓"X"指经市科委认定的具有行业或企业特点的贷款产品。2016年上海市科委联合市发改委推出了投贷联动产品"创投贷"，最高贷款额1000万元，期限二年。上海市创业投资引导基金及其子基金投资的科技型企业均可申请此项贷款。②

（二）科委科技贷款的运行模式

上海市科委科技贷款业务实行"网上申请、联合调查、专家评审、并联审批、网上跟踪"线上线下相结合的运行模式。从企业提出贷款申请到获得贷款一般需要一个月左右的时间。贷款的具体业务流程如图2－10所示。

科委科创中心通常每周组织专家对经过服务站初审、服务站组织金融机构调查的贷款申请进行评审。评审专家包括商业银行信贷审批人员、保险公司和信用担保公司专家。评审专家可对存在疑问之处提问，服务站负责对该贷款申请的调查人员进行解释。评审专家就是否通过、暂缓或退回

---

① 除特别注明，本节第二部分数据来自上海科委科创中心内部报告。
② 由于出了风险项目，该贷款品种现被暂停。

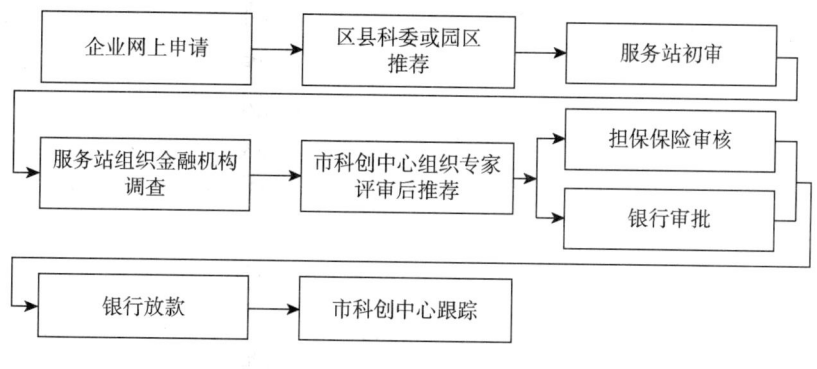

```
企业网上申请 → 区县科委或园区推荐 → 服务站初审
服务站组织金融机构调查 → 市科创中心组织专家评审后推荐 → 担保保险审核 / 银行审批
银行放款 → 市科创中心跟踪
```

图 2-10　科委科技贷款流程

资料来源：上海市科创中心资料。

修改该申请投票表决，专家评审通过后报科创中心主任审批，主任决定通过或暂缓通过。主任审批通过后，正式推荐给合作商业银行和保险公司或担保公司，银行进行贷款审批，保险或担保公司就是否提供贷款保险或贷款担保进行审核。在银行放款后，市科创中心仍然依靠服务站工作人员进行贷后跟踪检查。表 2-11 反映的是 2017 年科技履约贷专家评审情况，四个季度评审 47 次，专家评审会通过率近九成，主任审批通过率超过 96%。

表 2-11　　　　2017 年科技履约贷专家评审统计　　　　单位：次，家

类型	季度	第一季度	第二季度	第三季度	第四季度	合计
	评审次数	11	12	12	12	47
	评审家数	120	180	205	165	670
专家评审	通过	112	166	179	137	594
	暂缓	6	13	19	28	66
	退回修改	2	1	7	0	10
中心审核	主任审批通过	111	157	175	147	590
	主任审批暂缓	5	7	4	5	21

（三）2017—2018 年科委科技贷款的实施情况

1. 科委科技贷款的总体表现

2017 年共发放科委科技贷款 37.48 亿元，比上年增长 28%。其中科技履约贷 22.02 亿元，516 家，贷款额同比增长 34%；小巨人信用贷

14.32亿元,69家,贷款额同比增长37%;科技微贷通4800万,34家,贷款额同比下降24%,创投贷6530万元,11家,贷款金额大幅下降了61%。2011—2017年累计投放科委科技贷款140.63亿元,累计贷款企业2959家。

2017年科委科技贷款在保持快速增长的同时,贷款不良率依旧维持在低位水平。自2011年以来,科技履约贷、科技微贷通共发生贷款逾期事件20笔,逾期贷款额6112.47万元,累计贷款不良率0.76%。

2018年科委科技贷款的主力军科技履约贷和小巨人信用贷继续保持增长势头,特别是小巨人信用贷发展迅速,同比增长约六成,1—10月科技贷款合计已投放37.92亿元,超过2017年全年投放总量,同比增长26%(见表2-12)。

表2-12　　上海市科委科技贷款统计(2018年1—10月)　　单位:万元,家

科技信贷产品	2018年1—10月累计 信贷额	2018年1—10月累计 贷款家数	2017年1—10月累计 信贷额	2017年1—10月累计 贷款家数
科技履约贷	195077	469	177100	421
小巨人信用贷	181237	75	119717	64
科技微贷通	2915	19	4100	29
合计(含其他)	379229	563	300917	514

2. 2017年上海市科技履约贷发展状况

2017年上海市发放科技履约贷继续较快增长,申请企业889家,科创中心推荐590家,推荐申请金额262092万元,银行授信516家,授信金额220240万元。2017年三个区贷款申请企业家数突破100家:浦东新区(142家)、闵行区(106家)、金山区(102家)。嘉定区也有97家申请企业,杨浦区67家。科创中心评审通过家数前五的分别是浦东新区、闵行区、金山区、嘉定区、杨浦区,分别为85、79、69、60、58家。银行授信通过家数前五的分别为浦东新区、闵行区、金山区、嘉定区、杨浦区,分别为81、67、55、54和51家,银行授信金额前五的为浦东新区、闵行区、嘉定区、金山区、杨浦区,从两亿多元到近四亿元不等(见表2-13)。

表 2-13　　2017 年上海市各区科技履约贷审核进度统计　　单位：家，万元

区县	企业申请	科创中心推荐 通过 家数	科创中心推荐 通过 金额	暂缓	银行授信 通过 家数	银行授信 通过 金额
浦东新区	142	85	41450	6	81	39050
闵行区	106	79	32070	4	67	26550
嘉定区	97	60	27900	3	54	22780
松江区	65	37	17850	0	34	16340
金山区	102	69	29900	4	55	21070
杨浦区	67	58	25050	0	51	21030
青浦区	60	42	18300	0	38	14820
奉贤区	50	26	11550	1	20	8250
宝山区	36	22	9700	1	20	8600
静安区	39	27	11500	1	22	9150
徐汇区	39	30	14350	0	26	12350
崇明区	24	14	6050	0	12	5200
普陀区	20	16	6750	0	14	5900
长宁区	17	10	4172	1	9	3850
虹口区	17	11	4000	0	10	4000
黄浦区	8	4	1500	0	3	1300
总计	889	590	262092	21	516	220240

资料来源：上海市科委科创中心内部报告。

2017 年共有 19 家商业银行和 1 家村镇银行参与合作，发放科技履约贷款 516 笔。中国银行排名第一，达 116 笔 4.765 亿元，宁波银行、交通银行、兴业银行和上海银行排名 2 至 4 位。其中宁波银行同比增长 89%，交通银行同比增长 72%（见表 2-14）。

表 2-14　　2017 年科技履约贷银行授信统计　　单位：笔，万元，%

银行	2017 年银行授信金额 笔数	2017 年银行授信金额 金额	2016 年银行授信金额 笔数	2016 年银行授信金额 金额	授信同比增减
中国银行	116	47650	129	46680	2
宁波银行	71	29850	43	15800	89
交通银行	57	27150	38	15800	72

续表

银行	2017年银行授信金额 笔数	2017年银行授信金额 金额	2016年银行授信金额 笔数	2016年银行授信金额 金额	授信同比增减
上海银行	45	22500	61	25450	-12
兴业银行	46	20400	40	15019	36
中国建设银行	34	13220	24	8250	60
农商银行	33	12900	31	12250	5
浦发银行	26	12370	33	14390	-14
邮储银行	29	10600	0	0	—
南京银行	16	7100	13	3980	78
招商银行	11	3400	0	0	—
杭州银行	5	3300	3	1350	144
江苏银行	4	2300	4	1800	28
中国工商银行	8	2300	0	0	—
广发银行	4	2250	2	1000	125
富邦华一银行	3	1150	0	0	—
中国光大银行	3	900	3	815	10
华夏银行	2	600	0	0	—
上银村镇银行	2	200	0	0	—
中国农业银行	1	100	1	300	-67
平安银行	0	0	1	300	-100
总计	516	220240	426	163184	35

资料来源：上海市科委科创中心内部报告。

由于科技履约贷款的业务流程较好地发挥了对企业近距离接触的基层经办人员的作用，体现了"关系式"贷款的要求；科委在推荐前，需要在中小企业贷款管理方面有丰富经验的专业人员对项目进行严格把关，疑问项目通常在科委评审环节就被拦下；合作商业银行通常会对申请项目进行再审。这些因素使得上海科技履约贷的违约率较低。同时，贷款违约后，保险、财政和银行分别承担40%、30%和30%的损失金额，银行面对的风险相对可控，科技履约贷利率水平较低，根据对2017年483家借款企业的调查来看，平均利率水平为5.67%，平均利率中最高为6.53%，最低为4.93%，明显低于一般中小微企业贷款利率水平（见表2-15）。

表 2–15　　　　2017 年合作银行科技履约贷贷款利率　　　　单位：家，%

合作银行	调查企业数	平均利率	最高利率	最低利率
中国工商银行	8	4.93	5.44	4.39
中国农业银行	1	5.00	5.00	5.00
农商银行	29	5.28	6.66	4.35
中国建设银行	36	5.29	6.67	4.79
中国光大银行	3	5.51	5.66	5.22
上海银行	45	5.55	6.53	4.35
招商银行	8	5.58	6.09	5.00
浦发银行	21	5.61	6.90	4.35
邮储银行	29	5.64	5.70	5.22
交通银行	47	5.64	6.67	4.97
南京银行	16	5.70	6.53	5.22
中国银行	114	5.70	6.52	4.57
杭州银行	5	5.75	6.09	5.66
兴业银行	41	5.75	6.90	5.44
宁波银行	68	5.92	6.60	4.96
江苏银行	4	6.00	6.60	5.20
华夏银行	2	6.20	6.30	6.09
广发银行	4	6.24	6.53	5.66
上银村镇银行	2	6.53	6.53	6.53
总计	483	5.67	6.90	4.35

资料来源：上海市科委科创中心内部报告。

科技履约贷中，保险公司或担保公司是重要的参与者。它们收取保费或担保费，承担贷款损失的规定比例。2017 年，太平财产保险公司、大地财产保险公司、太平洋财产保险公司 3 家财产保险公司和上海创业接力担保公司、上海浦东科技担保公司、上海浦东融资担保公司 3 家担保公司参与了科技履约贷款的保险或担保，在科创中心推荐的总计 590 笔贷款中，担保审批通过的 446 笔，待审 106 笔，退回的仅 3 笔（见表 2–16）。

表2-16　　　2017年科技履约贷担保/保险审核进度统计表　　　单位：万元

担保/保险	科创中心推荐 2017年 笔数	科创中心推荐 2017年 金额	担保保险已审批 通过 笔数	担保保险已审批 通过 金额	担保保险已审批 退回 笔数	担保保险已审批 待审 笔数
太平财产保险公司	192	86950	149	63264	0	33
大地财产保险公司	127	55000	83	34110	0	33
太平洋财产保险公司	81	34370	64	24114	0	12
上海创业接力担保公司	158	71950	121	50300	2	27
上海浦东科技担保公司	30	13500	28	12800	1	1
上海浦东融资担保公司	2	322	1	100	0	0
总计	590	262092	446	184688	3	106

资料来源：上海市科委科创中心内部报告。

（四）科技履约贷健康发展离不开有效的组织保障

科技履约贷的快速健康发展与上海市科委的精心组织分不开。近年来上海市科委科创中心科技金融部为科技金融特别是科技贷款的快速发展做出了积极贡献。

第一，抓好科技金融服务网络建设。以科技金融信息服务平台为载体，线上线下相结合，建设"科技金融专员＋科技金融服务站＋科技信贷员"三位一体的服务网络，促进科技与金融信息互交，缓解科技企业融资过程中信息不对称的问题。

科技金融部重视科技金融服务站建设，重新修订《上海市科技金融服务站管理办法（试行）》，规范了科技金融服务站职责与服务内容，制定了考核办法，坚持每季度召开服务站工作会议，加强对服务站工作人员培训。目前，科技金融服务站已经全面覆盖各区县和主要产业园区，成为科技金融企业贷款融资的重要推手。

第二，科技金融服务站成为线下科技金融宣传推广的重要力量。科技金融服务站、区县科委和合作银行三方联动，2017年共举行科技金融政策宣传、产品宣讲会、投融资培训及银企对接活动130场。其中浦东科技金融服务站共举行15场，形成了以"创融汇"为品牌的投融资系列活动。静安科技金融服务站举行14场"分享时刻"孵化项目路演活动，成功地为4家科技贷款企业引进股权投资9400万元。通过对贷款企业的延伸股权融资服务，共为6家企业成功引入股权投资1.6亿元。积极联合各方资源形成的投贷联动服务在科技型企业的初创及成长发展的关键时期发挥了重要的推动作用。闵行区科委召开了两次辖区内银行支行座谈会和工作研讨会，金山科技金融服务站与辖区内 8 家银行支行签订了服务战略协议。举办以股权融资培训和项目发布为主题活动 43 场次，发布项目262 项，举办科技企业改制上市培训班二期，参加企业 227 家，培训学员534 人。①

第三，合理的流程和细致扎实的调查评审工作。服务站工作人员发挥贴近企业、对企业信息比较了解的优势，作为贷款贷前调查的主要环节，帮助企业准备贷款申请材料。2017 年服务站共赴 665 家企业现场进行贷前尽职调查，同比增加 26%。服务站从收到企业申报材料到企业调查、推荐上会评审的平均时间仅为 7.4 天。服务站的扎实工作取得了丰硕的成果。2017 年，申请贷款企业有 889 家，同比增长 27%；首次申请贷款的企业有 459 家，占比 51.6%。首次申请科技履约贷的企业有 222 家，占25%。

科创中心组织专家定期召开评审会（接近每周一次），根据评审结果决定是否推荐给商业银行。评审会专家通常包含银行、保险、担保公司委派专家各 1 名。2017 年累计召开 47 次评审会，共评审项目 670 家，推荐590 家，推荐贷款近 26.21 亿元。科委的优势还在于拥有庞大的科技专家库。科技专家对科技企业贷款项目技术先进性、合理性的评估对于项目选择意义重大。上海市银监局与市科委签署科技专家库使用机制合作备忘录，为全市的科技信贷发展提供配套保障措施。

第四，科技金融部强化推荐后及银行贷款发放后的跟踪服务，在银企纠纷、推进进度、贷后追踪等方面加强沟通服务。在借款企业与原推荐的商业银行合作不畅时，帮助企业更换合作银行，2017 年帮助 56 家企业更换了合作银行。通过持续的跟踪服务，研究 3000 多家累计贷款企业成长发展轨迹，发现在科委科技贷款持续支持下，一批科技型中小微企业迅速成长。

三　上海科技信贷运作模式创新的探索

为促进科技型中小企业发展，上海市科委、上海银监局等政府和监管部门非常重视科技型企业的信贷服务工作，会同商业银行针对科技型企业特别是初创期企业的特点和风险特征，不断优化科技信贷管理模式、风险

---

① 参见上海市科委科创中心内部报告。

补偿方式和风险分担机制，鼓励商业银行在内部资金成本核算、不良贷款容忍度等方面实行差异化政策，努力探索大都市科技贷款运行模式。政府和金融监管部门的重视促进了商业银行的科技信贷投入与创新。2017年上海银行业金融机构自评自报的599项金融创新成果，其中支持科创中心建设71个，占比为11.9%[①]。商业银行也在积极探索先进的科技金融服务技术，如浦发银行自建的科技金融服务平台已经纳入了2万多家科技企业项目，包含5大评价维度和38个筛选指标。

（一）科技贷款的"六专机制"和"新三查标准"

2015年8月，上海银监局出台了《关于上海银行业提高专业化经营和风险管理水平 进一步支持科技创新的指导意见》，提出建立"六专机制"和"新三查标准"两大体系。"六专机制"，即专营的组织架构体系、专业的经营管理团队、专门的风险管理制度和技术手段、专门的管理信息系统、专项激励考核机制和专属客户的信贷标准。"新三查标准"则是鼓励商业银行借鉴创投机构做法、执行具有"创投基因"的信贷标准与流程。

（二）有效推进投贷联动

张江国家自主创新示范区是首批投贷联动的试点地区，承担着"先行先试"的任务，上海银行、上海华瑞银行、浦发硅谷银行均为首批试点银行。商业银行积极行动，多种方式推进投贷联动。如中国建设银行上海分行为支持上海科创中心建设，与上海市创业投资引导基金合作，运用投贷联动思路创新推出"创投贷"，利用银行的资金杠杆最大化利用政府资金，惠及更多科技型中小企业。

截至2017年年末，上海市银行业累计为391家科创企业提供投贷联动服务，累计贷款139.22亿元。投贷联动项下贷款存量客户315家，较2016年年末增长72.13%；贷款余额60.90亿元，较2016年年末增加34.77亿元，增长133.06%。[②]

投贷联动起到了积极作用。2017年，上海银监局抽取了82家开展选择权投贷联动业务的科创企业进行分析。结果显示，开展投贷联动业务后，企业各项经营指标与财务指标均有较大幅度的改善。截至2016年年末，企业平均经营收入增长124.24%，原来没有产生盈利的企业中，59.46%

[①] 周轩千：《上海银监局发布沪银行业创新报告 近六百项金融创新呈现五大特点》，《金融时报》2018年6月14日。

[②] 顾志娟：《金融支持科创企业发展》，《中国证券报》2018年1月28日。

的企业经营收入增加,且部分企业扭亏为盈。在股权融资的支持下,企业整体资产负债率由原来的53.22%降至52.07%,下降1.15个百分点,资产负债结构得到一定的优化。①

(三) 强化科技信贷风险缓释与补偿

1. 成立中小微企业政策性融资担保基金,转移贷款银行风险

2016年6月,上海市中小微企业政策性融资担保基金管理中心成立,旨在为中小微企业,特别是科技型中小微企业的信贷提供担保。担保基金资金来源于市区两级财政和部分商业银行,基金首期筹集资金50亿元,主要为处于成长期的科技型、创新型、创业型、吸纳就业型、节能环保型和战略性新兴产业、现代服务业、"四新"和"三农"等领域的中小微企业提供融资性担保、再担保等服务,重点支持获得国家创新基金、上海市创新基金、上海市科委认定的创新型企业和小巨人企业。

2017年担保基金新增担保贷款总额84亿元,顺利完成担保贷款总额70亿元的年度目标,累计担保贷款总额突破100亿元。2018年计划实现新增担保贷款规模120亿元,担保贷款余额较上年增长50%。

截至2017年年末,与担保基金合作的银行已达38家,年内通过该基金完成担保贷款金额56.41亿元,为2016年的3.86倍。②

政策性融资担保基金将科技企业作为重点支持对象。担保基金将科技企业作为重点支持对象,其重点支持类企业包括:获得国家创新基金项目、上海市创新基金项目、上海市科委认定的上海市创新型企业,上海市科技小巨人企业和小巨人培育企业、上海市高新技术企业及上海市高新技术成果转化项目认定企业等;上海市经济和信息化委员会认定的"专新特精"中小企业;全国中小企业股份转让系统("新三板")挂牌和拟挂牌企业,上海股权托管交易中心科技创新板挂牌和E板挂牌企业等;国家重点扶持的节能环保、新兴信息产业、生物产业、新能源、新能源汽车、高端装备制造业、新材料七大战略新兴行业及关系国计民生的教育、医疗健康等行业的企业。

实行较低的担保费率。为突出政策性功能,担保基金管理中心实行低于市场平均水平的担保费率,年担保费率一般为担保额的0.5%—

---

① 孙璐璐:《上海银监局:投贷联动对改善企业经营指标和财务指标效果明显》,《证券时报》2018年1月25日。

② 上海市中小微企业政策性融资担保基金管理中心:《上海中小微企业政策性融资担保基金第一届理事会第四次会议近日召开》,上海财政网,http://www.czj.sh.gov.cn/zys_8908/xwzx_8909/czyw/201801/t20180117_176884.shtml。

1.5%（见表2-17）。

表2-17　　　　　　　　担保基金管理中心担保费率

企业类型	担保费率
重点支持类	不超过担保额的1.5%
非重点支持类	不超过担保额的1.5%
批量担保	担保额的0.5%

资料来源：上海市中小微企业政策性融资担保基金管理中心简介，上海奉贤区企业信息服务平台，http：//www.67156715.gov.cn/index.php? m = content&c = index&a = show&catid = 64&id = 17653。

创新业务流程与模式。根据中小企业贷款规律的要求，担保基金在业务流程上进行了创新。基金以"信用保证"业务为主，取消反担保要求，不再要求企业提供反担保；取消原担保平台的区县审核环节，实行"批量担保"，对单户授信额度在300万元以下、单笔不超过200万元的企业，由合作银行推荐，经基金管理中心做形式审核后，即可办理担保手续；对于"重点支持"类中小微企业，单户贷款限度从原担保平台的1000万元提高至2000万元。

在科技履约贷等产品上引进保险公司转嫁风险，运用保险公司的履约保证保险产品作为银行贷款的增信工具，则是为了克服担保公司承保能力弱的弊端。

2. 各级风险补偿和贷款奖励助力科技贷款企业

2016年12月29日，上海市财政局、上海市金融服务办公室、中国银行业监督管理委员会上海监管局联合发布《关于调整完善本市信贷风险补偿政策和信贷奖励政策有关问题的通知》，该通知包含《上海市2016—2018年科技型中小企业和小型微型企业信贷风险补偿办法》《上海市2016—2018年小型微型企业信贷奖励考核办法》两个文件，引导银行业逐步提高科技信贷不良贷款率容忍度，对有关商业银行为符合条件的科技型中小企业和小型微型企业发放贷款所发生的，超过一定比例的不良贷款净损失，由信贷风险补偿财政专项资金给予相应的风险损失补偿。

为此，政府拿出3亿元财政专项资金设立科技型中小企业贷款风险补偿准备金，与银行、保险、担保等机构分担贷款风险。若企业发生贷款逾期，按照先补偿后追偿分配的原则，政府按25%、银行按30%、保险公司按45%的比例分担贷款损失。截至2017年年末已与38家银行签署合作协议，累计完成担保项目7133笔，担保贷款额109.79亿元。辖区内36

家商业银行获得信贷风险补偿试点资格，认定信贷风险补偿试点贷款产品共154种，试点银行累计获得8598万元科技中小企业和小型微型企业信贷风险补偿，对86家次小微企业信贷绩效突出的银行实施了信贷奖励，奖励资金达3.04亿元。

除了政府财政风险补偿外，一些具有较强经济实力的产业园区也建立了科技贷款风险补偿基金。如漕河泾开发区中小企业融资平台建立了科技贷款风险补偿资金池，规模为6000万元。

四　科技贷款模式的延伸：科技创新融资租赁

科技创新融资租赁是上海科技信贷运作模式创新成功经验的延伸。2017年，根据上海市《关于加快本市融资租赁业发展的实施意见》，市科委联合市商务委及市融资租赁行业协会，借鉴科技履约贷的运作模式在保险机构参与、政府进行风险补偿等方面的成功做法，通过政策引导，将履约保证保险产品模式引入到科技型中小企业融资租赁服务中，加大了对科技型、创新型和创业型中小企业融资租赁的支持力度。同时企业在使用科技履约贷时建立起来的良好信用记录和科委科创中心科技金融部对企业信息的掌握也有利于控制风险。

科技创新融资租赁针对科技型中小企业在科研成果实施转化产业化和产能升级中购置先进生产设备和研发测试仪器的中长期资金需要，帮助通过科技履约贷成长起来的科技企业解决融资渠道单一、过度依赖银行贷款以"短借长用"方式解决发展中固定资产投资资金问题，在科技型中小企业中广泛推广科技创新融资租赁业务。科技创新融资租赁对于增加融资渠道，实现企业债权融资结构错配，提高企业抗风险能力等具有积极作用，具有良好的市场前景。

第四节　上海科技保险发展现状

科技保险，通常认为是指运用保险作为分散风险的手段，对科技企业或研发机构在研发、生产、销售、售后以及其他经营管理活动中，因各类现实因素面临的风险而导致科技企业或研发机构的财产损失、利润损失或科研经费损失等，以及对股东、雇员或第三者的财产或人身造成现实伤害而应承担的各种民事赔偿责任，由保险公司给予保险赔偿或给付保险金的保险保障方式。

科技保险是科技金融的一个重要分支，在支持我国科技创新和科创企业发展中发挥了积极作用。科技创新活动的高风险性和不确定性阻碍了企业从事科技创新的积极性，因此，发挥保险保障功能，促进科创与保险的融合发展，防范和化解科技企业的创新风险成为我国科创进步的重要推动力。国家确定自主创新战略的同时，对科技保险的发展也给予了关注，大力推动相关的科技保险政策出台和实施。

一　我国科技保险发展历程及政策

（一）我国科技保险政策的发展历程

2006年6月，我国政府颁布《国务院关于保险业改革发展的若干意见》，第一次指出发展航空航天、生物医药等高科技保险，为科技创新提供风险保障的指导性意见。2006年12月，国家科技部与中国保监会联合推出《关于加强和改善对高新技术企业保险服务有关问题的通知》，提出大力推动科技保险创新发展，逐步建立高新技术企业创新产品研发、科技成果转让的保险保障机制。该通知也明确了科技保险的险种由保监会和科技部共同分批组织开发并确定。

2007年以后，科技保险试点工作拉开序幕，当年保监会会同科技部下发了《关于开展科技保险创新试点工作的通知》，确立北京、天津、重庆、深圳、武汉和苏州高新区为首批科技保险创新试点城市（区）。其后2008年，上海、成都、沈阳、无锡及西安高新区、合肥高新区，被批准为第二批试点城市（区）。此后，贵州、四川、南京、嘉兴、青岛等地，都相继加入推进阵营。此后各地政府依据中央政策意见，陆续制定并实施了推动当地科技保险发展的激励政策和实施办法。2010年3月，在经过多地试点积累一定经验后，保监会与科技部联合下发《关于进一步做好科技保险有关工作的通知》，全面推广科技保险业务，鼓励科技保险创新，完善出口信用保险功能。2011年，科技部会同保监会等部门联合下发了《关于促进科技和金融结合、加快实施自主创新战略的若干意见》，提出加快培育和完善科技保险市场，对科技型中小企业的自主创业、并购以及发展战略性新兴产业等提供保险支持，进一步拓宽科技保险服务领域。

2016年8月，国务院颁布《"十三五"国家科技创新规划》，确定了未来5年国家科技创新的指导思想、总体要求、战略任务和改革举措。该规划在"健全支持科技创新创业的金融体系"一章中提出，加快发展科技保险，鼓励保险机构发起或参与设立创业投资基金，探索保险资金支持重大科技项目和科技企业发展。同时，鼓励有条件的地区建立科技保险奖补机制和再保险制度，并开展专利保险试点，完善专利保险服务机制。该规划进一步扩大了科技保险的内涵，重点鼓励专利保险产品发展，并将科技保险从传统的风险保障功能拓展到积极设立科技保险投资基金，从资本市场上助力高科技企业发展。

（二）我国科技保险政策具体规定

从上述政策可以看出，我国目前科技保险发展政策除鼓励建立科技保险投资基金外，主要包含对高科技企业提供保险保障支持，一方面体现为积极鼓励保险企业针对高科技企业的特殊风险状况开发特种科技保险产品，另一方面体现为对高科技企业投保提供税收优惠及保费补贴等鼓励性措施，以保障高科技企业的运营发展。而从目前各地执行情况看，两个方面都取得了长足进步。

1. 科技保险险种认定范围

从科技保险产品认定和开发角度看，科技部和保监会认定的科技保险险种是指为高新技术企业提供风险保障的险种，而高新技术企业的具体范围和认定方法由科技部统一规定。

科技保险推出之后，先后分批次认定了科技保险险种：第一批为2006年认定，共6种产品，除政策性出口信用保险由中国出口信用保险公司承保外，其他产品由华泰保险试点承保，期限为1年。2007年，平安人寿保险股份有限公司的高新技术企业特殊人员团体意外险和高新技术人员团体重疾险被认定为科技保险。2008年，第二批中国人民财产保险股份有限公司9种产品被认定为科技保险（见表2-18）。在这些产品中既包括针对高新技术企业风险特点对各类传统财产保险险种进行更新改造的保险产品，也包括针对高新科技企业新型关键风险"痛点"的各种创新型产品设计，各类产品从高新技术企业的技术研发、财产保障、责任风险和人身保障各个角度为高新技术企业的发展保驾护航。

表2-18　　　　　　　　我国科技保险基本险种范围

项目	第一批认定险种	第二批认定险种
财产损失保险	—	高新技术企业财产保险、高新技术企业专利保险、项目投资损失保险
责任保险	高新技术企业产品研发责任保险、关键研发设备保险、研发营业中断保险	高新技术企业产品责任保险、环境污染责任保险、董事会监事会高级管理人员职业责任保险、雇主责任保险

续表

项目	第一批认定险种	第二批认定险种
信用保证保险	出口信用保险	高新技术企业产品质量保证保险、小额贷款保证保险
人身保险	高管人员及关键研发人员团体健康保险、团体意外保险	—

资料来源：根据科技部官网 www.most.gov.cn 相关资料整理。

随着科技保险的不断发展，除上述 15 种科技保险产品外，针对科技企业的首台（套）重大技术装备、专利权保护、新材料、生物医药等高新技术企业面对的特殊风险，保险行业不断创新，又陆续推出了一系列创新型科技保险产品。我国科技保险产品不断丰富，设计能力不断提升。在我国科技保险发展的过程中，出现了一批典型事例。例如，2014 年 12 月，中国商飞公司在国内首款按照国际适航标准生产的喷气支线客机 ARJ21 飞机制造商航空保险安排中，通过公开评选确定中国人保财险为第一承保人，中国太保产险为第二承保人，中国平安产险等 10 家保险公司为共保人，联合签发了国内首张制造商航空责任险保单，为其提供航空一揽子保险，包括机身一切险、制造商综合责任险、安装工程一切险和机组人员意外伤害保险，保险行业大力支持了国家战略型科技企业发展。[①] 又如，2015 年 12 月 28 日上海股交中心"科技创新板"开盘时，中国太保上海分公司作为上海股权托管交易中心的唯一指定保险公司，为在"科技创新板"上市的中小企业提供高管董事责任保险，为"科技创新板"的发展提供保障。[②]

2. 科技保险税收优惠政策及保费补贴政策

为推动高新技术企业发展，在推行科技保险的过程中，政府一直给予税收优惠政策和保费补贴政策的支持。根据我国科技保险有关政策，上述认定范围内的科技保险投保享受税收优惠政策。高新技术企业投保上述产品的保费支出纳入企业技术开发费用，享受国家规定的税收优惠政策（企业技术开发费用在实行 100% 税前扣除的基础上，允许再按当年实际发生额的 50% 在企业所得税税前加计扣除）。

---

① 中国商飞公司新闻中心：《国内首张制造商航空责任险保单诞生》，http：www.comac.cc，2015 年 1 月 8 日。

② 中国保监会：《上海保险业助力"科技创新板"开盘 服务上海国际金融中心建设》，http：www.circ.gov.cn，2016 年 1 月 14 日。

在开展科技保险的过程中,各地政府依据当地情况分别对高新技术企业的科技保险提供以保费补贴政策为主的财政支持。从实践情况总结看,各试点城市的保费补贴政策主要概括为分类定率、逐批递减和总额控制手段,以提高保费补贴政策的实施效率和促进效果。分类定率是指针对科技保险险种的不同,执行不同的保费补贴标准,特别鼓励对创新型科技保险的投保。例如,高新技术企业的产品研发责任保险、关键研发设备保险、营业中断保险等科技保险产品保费的补贴标准较高,而传统型的出口信用保险、高管人员和关键研发人员团体健康保险和意外保险的补贴标准则略低,以鼓励企业加大科技研发投入。逐批递减是指为鼓励高新技术企业积极投保,政府给予的保费补贴比率按申请先后不同批次逐渐递减,各保险产品的首次投保原则上给予最高比率的保费补贴。总额控制是指根据投保年份上一年的高新技术产业产值规模控制政府保费补贴资金最高限额(见表2-19)。

表2-19　　　　　　我国科技保险保费补贴政策实施机制

措施	依据	目的	优点
分类定率	险种的激励权重	必要性高的险种重点激励	促进企业优先选择购买必要性高的险种
逐批递减	企业购买科技保险的积极程度(以企业购买的先后次序体现)	提高激励效果,促使企业迅速参与	加快科技保险推广的进程,节省推广时间,使科技保险快速发挥作用
总额控制	高科技企业的产值规模	降低不必要的补贴,控制企业盲目购买,增大补助面	提高补贴资金使用的合理性及使用效率

资料来源:刘骅、谢科范:《科技保险运行模式及机制创新研究》,《武汉理工大学管理学院·科学与科学技术管理》2009年第11期。

上述科技保险推行中的三种政策手段,在提升各项举措自身效能的同时,也能充分发挥不同手段间的协同作用,强化科技保险推广动力。比较各地政府的具体实施政策,目前对高新技术企业投保认定范围内的科技保险产品,根据投保险种的具体类型和投保先后顺序,大多提供20%—80%保费补贴,每家投保企业根据企业规模不同,年度保费补贴总额一般控制在10万—50万元不等。以上海地方政策为例,如规定张江国家自主创新示范区内,达到一定信用等级的园区企业购买信用保险所支付的资信调查费和保费按实际发生金额的 50% 进行补贴，单个企业最高补贴 40 万元；同时针对企业购买履约保证保险外的科技保险的保费也按 50% 补贴，单个企业最高补贴 50 万元，两类补贴均为事后一次性补贴。示范区对经营科技保险的保险机构还提供特别补贴，对上一年度超出保费总额的保险理赔额按 50% 补贴；对单个保险公司给予最高事后一次性补贴 500 万元。①

二 上海科技保险发展及特色

（一）上海市科技保险创新"投贷保联动"政策导向的建立

经科技部和中国保监会批准，上海市于 2008 年 9 月就正式入选科技保险创新试点第二批城市。但是在推动科技保险发展方面，除积极执行国家科技保险政策外，上海市科技保险走了一条不同于其他城市的创新道路，科技保险服务的重点除了为科技型企业提供风险保障外，主要为科技型企业提供融资服务，为科技型企业融资纾困。

2009 年 11 月，上海市政府颁布《关于本市加大对科技型中小企业金融服务和支持实施意见》，指出为缓解科技型中小企业融资困难，加强科技资源和金融资源的结合，积极开展科技信用贷款保险试点，加快发展信用保险保单融资。

2011 年 12 月，上海市政府发布《关于推动科技金融服务创新促进科技企业发展的实施意见》，指出要进一步发挥金融促进科技产业化和支持科技企业特别是科技型中小企业发展的作用。金融机构应配合上海科创中心建设，积极开展科技投融资服务模式创新，鼓励商业银行、担保公司等开展"投贷联动""投贷保联动""保贷联动"等服务创新。鼓励银行业金融机构积极开展科技金融服务产品创新，扩大以知识产权质押、股权质押、订单质押、应收账款质押、保证保险贷款、票据贴现等为代表的融资业务总量。保险企业也需加大对科技创新企业的服务力度，应积极发展创业人员人身险、创业企业财产险、创业职业保险、产品责任险等科技保险产品，为科技企业及创业人员提供保险保障服务。

2016 年 8 月，上海市政府发布《上海市科技创新"十三五"规划》，提出要增强保险服务科技创新的功能，运用上海中小微企业政策性融资担保基金，优化有利于中小微企业创新创业的融资担保服务体系，鼓励担保产品、模式创新，为中小微企业提供增信服务。

---

① 上海市科委会、上海银监局编制：《上海科技金融政策汇编指引》，2017 年，第 282 页。

从上海市发展科技保险的政策来看，上海的科技保险发展的重点和着力点，是鼓励保险企业为科技创业企业提供"投贷保联动"机制下的融资担保和投资风险保障服务，是以推动科创投资为核心的保险制度设计，以促进上海科创中心建立，因而由于政策导向的不同，上海科技保险的发展体现出浓厚的本地特色，出现了一系列领先全国的首发创新科技保险产品。据统计，2017 年上海市辖区内保险业为科技重大项目创新和科技企业融资提供风险保额 197.67 亿元。①

（二）上海科技保险特色产品——科技型中小企业贷款履约保证保险

2008 年 9 月第二批获得科技保险创新试点城市后，与其他试点地区大力发展在传统产品基础上针对高新技术企业的特点升级设计的高新技术企业财产险、高管及核心研发人员团体健康保险和意外伤害保险等科技保险产品不同，上海并未大力推行该类主流产品。上海市政府相关部门经过深入调研，认为科技创新的最大障碍是发展资金不足，当务之急是解决科技型中小企业融资难的问题。因此，上海科技保险的发展起点和重点放在了创新保险产品、协力帮助科创企业融资方面。上海市政府、银行与保险公司通力合作，在国内率先推出了创新科技保险业务品种——科技型中小企业履约保证保险（简称"履约贷"），在国内开创了"银行＋保险公司"联合参与贷款产品的先河，而且增强了科技保险产品的吸引力。②

2010 年 10 月，上海市科委和上海金融服务办公室联合发布《关于试点开展科技型中小企业短期贷款履约保证保险工作的通知》，该通知为进一步促进科技与金融的结合，降低科技型中小企业的融资成本，分担科技型中小企业的贷款风险，对注册在上海科技企业孵化器园区和上海张江高新区内的科技型中小企业，在市级财政科技投入中安排专项资金，与保险公司和银行按照一定比例共同为科技型中小企业的贷款分担风险。针对该类企业的单笔贷款原则上控制在 50 万—300 万元，最高不得超过 500 万元，贷款利率由银行根据信贷业务的风险确定，贷款期限为 12 个月以内。同时，利用保险机制为科技型中小企业信用增级；企业在获得银行贷款的同时需购买短期贷款履约保证保险，目前保险费定为企业贷款本金及利息的 2%，但贷款企业按时还本付息后，可享受保费 50% 的财政专项补贴。该业务受理机构为上海市科技创业中心，具体贷款审批流程为：企业申请

---

① 上海银监局、上海市科委：《2017 上海科技金融发展报告》，2018 年 4 月，第 12 页。
② 王蕾、顾孟迪：《科技创新的保险支持模式——基于上海市的调研分析》，《科技进步与对策》2014 年第 1 期。

贷款，后由各科技园区（孵化器）出具推荐意见，其后市科技创业中心进行初审，最后由银行审批，保险公司核保，审核过程完成后，各方签订相关合同，手续完成后银行放款。

在该机制实施之初，由上海市科委牵头，中国银行、上海银行和浦发银行三家银行合作，每家拿出5000万元，向中小型科技企业发放50万—500万元的短期贷款，由太平洋保险公司负责提供贷款风险保障。上海市科委分别为每家参与科技保险计划的银行匹配100万元的风险补偿准备金。若企业发生损失、无法还款，则由市科委、银行和保险公司分别按25%、30%和45%的比例共同承担风险。有了履约贷机制后，银行的贷款风险得到了分散，解决了科技型中小企业的融资难题；同时保险公司也通过该合作方式进一步了解科技型中小企业的需求，为开发适销对路的科技保险产品提供帮助。①

经过8年的发展，目前上海推出"银行+保险公司"联合参与贷款的产品发展为两类产品：一类为上述科技履约贷，该业务成为上海科技金融的重要产品，科技履约贷政策也在不断优化；另一类"银行+保险公司"联合参与开发、推广贷款的产品为科技微贷通。两类产品具体情况见表2-20。

表2-20　　上海科技保险创新产品科技履约贷与科技微贷通对比

	科技履约贷	科技微贷通
支持对象	符合上海市科委《上海市科技企业界定参考标准》范畴的本市中小企业（含内资或外资企业），优先支持主要产品或服务具有自主知识产权及核心竞争力的科技型中小企业	符合上海市科委《上海市科技企业界定参考标准》范畴的本市小微企业（含内资或外资企业），优先支持主要产品或服务具有自主知识产权及核心竞争力的科技型小微企业
贷款额度、利率、期限及保费	1. 单笔贷款金额一般为100万—500万元，最高不超过1000万元； 2. 利率在人民银行公布的同期贷款基准利率的基础上，根据各借款企业的风险，适当浮动； 3. 贷款期限为12个月以内（含）； 4. 保险费（担保费）为贷款本息合计的2%，企业按时还本付息后，可享受保费（担保费）50%的财政专项补贴	1. 单笔贷款金额一般为50万—200万元； 2. 贷款利率由银行根据信贷业务的风险确定，原则上不超过市场平均水平； 3. 贷款期限为6个月或12个月； 4. 担保/保险费为贷款本息和的2.5%； 5. 企业按时还本付息后可享受保费50%的财政专项补贴

---

① 《科技型中小企业履约保证保险简介》，《科技金融》2013年第5期。

续表

	科技履约贷	科技微贷通
贷款基本准入条件	1. 企业经工商登记，各项证照均在有效期内； 2. 企业在政府部门（如工商、税务、消防、环保、质检、公检法、海关等）及银行均无不良记录； 3. 企业有一定的实际经营年限，上年销售1000万至1.5亿元，最近1年盈利，并能提供税单、对账单、水电费单等证明材料； 4. 借款额度与企业年销售额、净资产等经营情况相匹配，贷款直接用于企业生产经营活动； 5. 企业无对外担保； 6. 企业主要上下游客户群较稳固	1. 企业经营正常，企业及主要经营者无不良信用记录，企业实际正常运营一年以上，经营者至少具有三年以上的相关行业经验； 2. 原则上上年度纳税申报应税销售总额1000万元以下且有符合要求的订单； 3. 贷款用途明确、符合人民银行及银监会相关管理规定； 4. 贷款额度与企业年销售额、净资产等经营情况相匹配； 5. 企业贷前资产负债率原则上不超过70%； 6. 借款企业的法定代表人或实际控制人或控股股东及配偶提供个人无限连带责任保证担保

资料来源：根据上海科技金融信息服务平台 www.shkjjr.cn 相关资料整理。

从上海科技金融信息服务平台数据可得，目前由太平洋产险、中国大地保险和太平财险参与的上海市科技保险重要产品科技履约贷和科技微贷通发展获得了重大进展。一方面，科技贷款履约保证保险的覆盖面得到拓宽，投保对象从最初面向科技企业孵化器园区推广至全市；另一方面，业务规模不断扩大，承保企业数目增加。2017年上海市科委发布的第七期科技履约贷统计分析报告数据显示，在科技履约贷和科技微贷通业务中保险机构相比较担保机构取得了发展优势，在业务中占据了近70%，是提供履约保证保险的主要力量。有了保险企业的增信，提供履约保证的科技贷款在科委科技贷款中占据了极高比重。上海科技金融信息服务平台2018年12月18日的统计数据显示，科技履约贷和科技微贷通共服务565家科技企业，提供总计为23.3392亿元贷款，占总科技贷款比重为70.58%。而从开展科技保险试点以来的数据来看，历年科技履约贷和科技微贷通共服务2849家科技企业，占全体科技企业总数的83.67%，贷款总额为101.7453亿元，占科技贷款总额的66.26%。科技保险创新产品明显起到了为科技企业和科技贷款保驾护航、促进科技企业发展的重要作用。目前已有4家科技企业在主板或创业板上市，在新三板挂牌的有214家企业，有17家企业已申报了IPO材料。上海市科技创新中心公布的数据显示，实施科技履约贷8年来累计逾期贷款只有24笔，逾期金额8061万元，贷款逾期率只有0.79%，金融保险机构也获得了较好的经营效果。①

随着科技履约贷和科技微贷通的顺利开展，为更好地解决科技型中小企业融资难的问题，科技履约贷产品模式又被推广到企业融资租赁领域，2017年，上海保险行业试点推出了科技型中小企业融资租赁履约保证保险产品，在财政资金进行风险补偿、提供保费补贴的基础上，为融资租赁提供履约保证，加大对科技型、创新型和创业型中小微企业的融资租赁支持力度。

（三）上海科技保险发展中的创新风险保障产品

1. 科创E保

"科创E保"是太平洋产险为张江高科"895营"项目研发的国内首款科技企业创业保障保险，也是国内科技保险中独树一帜的创新型产品。

张江高科"895营"源自张江高科的股票代码（600895）。张江高科设立"895营"设立的初衷，在于为辖区内现有的非上市企业，以及初创期项目和成长期项目，搭建对接资本平台。"895营"项目分为"895创业营""895成长营"和"895上市直通车"，以囊括各阶段的企业需求。"895创业营"主要针对种子期项目及初创期项目，邀请天使投资机构、风投机构合作，为种子期项目提供创业思维和初期定位方面的教育培训，提供对接资本的平台。"895创业营"首期于2015年5月开营。

在2015年11月5日张江高科"895营"第二季创业营正式开营当日，太平洋产险与张江高科携手推出了"科创E保"。科创E保是根据科技企业及创始人在企业孵化阶段的实际需求设计产品，对科技企业创始人在创业过程中的费用提供风险保障。该产品的正式推出是太平洋产险积极参与科技金融服务创新，助力上海科技创新中心建设的重要实践。

科创E保保费低廉，由于营内科创企业积聚，优化了风险测算模型，降低了保险费率，同时张江高科为入营企业全额投保，相关企业无须承担保费。该产品于当年入选上海自贸试验区首批科技金融创新案例。②

作为张江高科创新生态圈的重要组成部分，"895创业营"自2015年启动以来，也在不断实现着自身的价值提升。数据统计显示截至2018年9月，"895创业营"总计入围项目1700个，入营项目230个，项目总估值超过150亿元。创业营培育了包括达观、傅利叶、钛米、智驾、鲲云等

---

① 《科技履约贷累计贷款额突破100亿元》，《上海市金融科技》2018年12月18日。
② 中国保监会：《上海科创E保创业保险接力保险业供给侧改革》，2016年3月17日。

在内的"独角兽"企业。[①] 而科创 E 保也为营内的创业企业保驾护航，发挥了重要作用。

2. 知识产权科技保险创新产品

在上海科技金融发展的过程中，上海保险行业除了配合银行贷款提供履约保证保险的服务，促进了科技贷款的快速发展，同时也配合科技企业的其他风险保障需求，积极进行了险种创新，特别是科技企业重点需求的知识产权科技保险取得了显著进步，支持科技创新和融资保障的新型保险产品不断涌现。

科技企业所拥有的资产中，相当一部分为知识产权资产。为了保障知识产权资产的安全以及盘活知识产权资产，上海保险行业作出了重大产品创新。截至 2017 年 9 月，上海地区内专利保险已为 1400 余件专利提供超过 3500 万元的风险保障，有力地支持了上海实体经济向中高端水平稳步迈进。[②] 2017 年涌现的主要创新产品和案例有以下几个：

当前，专利权作为一项无形资产的重要性与日俱增，尤其对科技企业而言更为重要。科技企业既存在过失侵犯国际专利的风险，也面临自主专利被侵犯的可能。专利保险产品创新不仅在一定程度上降低了科技企业的经营风险，而且可以保护科技企业专利权资产，促进企业的良性发展。上海保险行业依托科创企业的需要，针对专利风险设计了一系列保险产品。例如，太平洋产险在上海试点推出了专利综合保险，专利综合保险是指投保人以授权专利为标的向保险公司投保，在保险期间，为投保企业因投保专利发生侵权而产生的法律调查、诉讼和其他相关费用提供保险保障。该产品可用于承保为维护自有专利权或针对被诉可能侵犯他人专利权进行抗辩时所产生的法律调查、诉讼等费用。专利综合保险在推行中获得了政府 50% 的保费补贴。同时，上海保险行业也在专利保险中积极进行服务创新，联合律师事务所、专利评估机构和专利代理机构等成立专利保险联盟，为客户提供综合性专利保险服务。[③]

中国人保财险作为国家知识产权局唯一战略合作伙伴，为配合国家知识产权局服务国家创新驱动发展战略和知识产权强国战略，开发设计了世界领先的专利保险产品体系，引领了国内专利保险发展，风险保障覆盖全

[①] 张江高科：《张江高科"895 创业营"第七季开营》，http://sh.people.com.cn/n2/2018/0910/c134768-32036214.html，2018 年 9 月 10 日。

[②] 李茜：《保险创新"护航"中小企业》，《上海金融报》2018 年 6 月 26 日第 2 版。

[③] 上海保监局：《上海保险业积极探索知识产权金融创新，支持科技创新中心建设》，http://shanghai.circ.gov.cn/tabid/3604/InfoID/4066829/Default.aspx?type=Apply，2017 年 4 月 28 日。

球,并提供综合金融服务,助力企业实现专利质押融资。中国人保财险同时设专门开发设立"E-IP"电子商务平台,为科技型企业提供专利保险专属性产品介绍和预约投保服务。

安信农业保险股份有限公司与上海农商银行合作,开发了农业品牌质押履约保证保险贷款,该产品主要面向获得"上海市著名商标"或"上海市名牌产品"称号的农业产业化龙头企业等新型农业经营主体,采取由借款人将商标、品牌作为质押物出质给安信农业保险股份有限公司,由其对企业在上海农商银行的贷款进行履约保证保险担保。该保险产品的开发设计,盘活了科技型企业的商标权资产,为科技型企业的发展助了一臂之力。①

3. 新设备、新材料和新医药等领域的保险创新产品

科技企业的发展使各行各业的新产品、新技术不断涌现,但随着新产品和新技术的引入和出现,在首次应用的实践中,科技企业又面临了重大的不确定性风险。保险行业充分发挥自身组织风险汇聚和分散、提供经济补偿的基本职能,为科技企业开发研制了一批为新设备、新材料和新医药等创新产品提供保障的创新型保险产品。在上海科技保险发展的过程中,主要创新科技保险产品有以下几种:

首台(套)重大技术装备综合保险。我国首台(套)重大技术装备综合保险于2015年由财政部、工信部和保监会联合发文推出试点。试点期间,在运行机制上,按照"风险共担、利益共享"的经营原则,由多家保险公司组建共保体,提供更有效的保险服务。2015年4月,全国首台(套)重大技术装备综合保险共保体成立。随后,上海市政府发布地方配套政策,对于规定范围内的拥有首台(套)重大技术装备投保综合保险的企业,按3%的费率上限及实际投保年度保费的80%给予保费补贴,补贴时间按保险期限据实核算,原则上不超过3年。2017年上海保险业服务首台(套)重大技术装备创新应用累计风险保额超百亿元。②

新材料首批次应用保险。2017年我国推出新材料首批次应用保险,该产品是对新材料应用的风险控制和分担作出的补偿机制安排,以突破材料应用的初期市场瓶颈,激活和释放下游行业对新材料产品的有效需求。

---

① 上海银监局、上海市科委:《2017上海科技金融发展报告》,2018年4月,第29页。
② 杨倩雯:《2017年上海保险业提供风险保障超千万亿》,《第一财经日报》,www.yicai.com,2018年1月19日。

该产品实质为新材料产品质量安全责任保险产品（简称新材料保险），承保新材料的质量风险（主要保障因新材料质量缺陷造成的合同用户单位更换或退货风险）和责任风险（主要保障因新材料质量缺陷造成合同用户单位财产损失或发生人身伤亡风险）。新材料首批次应用保险补偿对象不设行政门槛，只要符合相关要求均可申请保费补贴，由保险行业协会发布示范条款，保险公司参照执行。该产品责任限额根据采购合同金额以及产品可能造成的责任损失额来确定，最高可达合同金额的 5 倍（最高不超过 5 亿元）。符合条件的投保企业可申请中央财政保费补贴资金，补贴额度为投保年度保费的 80%。保险期限为 1 年，企业可根据需要进行续保。补贴时间按照投保期限据实核算，原则上不超过 3 年。[1] 据工信部官网 2018 年 7 月公布的 2017 年新材料首批次应用保险补偿机制，中国平安财产保险上海分公司承保的上海新安纳电子科技有限公司的 CMP 抛光材料和上海英格曼纳米科技股份有限公司的复式碳化钨基稀有金属陶瓷涂层材料首次应用保险获得了首批补偿。

生物医药人体临床试验保险。生物医药人体临床试验责任保险和生物医药产品责任保险是为保障人体临床试验受试者和药品、医疗器械使用人权益、化解技术创新和产品责任风险的创新型责任保险产品。生物医药人体临床试验责任保险主要保障人体临床试验受试者参加临床试验活动，因申办者的责任出现严重不良事件导致其遭受人身伤害的风险。生物医药产品责任保险主要保障因药品、医疗器械存在缺陷导致第三方的人身伤害或财产损失的风险。生物医药产业是上海重点扶持的战略性新兴产业，为配合生物医药上市许可持有人制度改革，2017 年 11 月，上海市科委推动开展生物医药人体临床试验责任保险和生物医药产品责任保险试点工作，试点坚持"政府引导，市场化运作"原则，生物医药产业相关机构和企业自主投保，保险公司提供定制化综合保险产品进行承保。政策规定，对符合条件的投保企业给予其保费 50% 的补贴，对单个保单的补贴不超过 50 万元。[2] 目前，上海市场上的生物医药人体临床试验责任保险和生物医药产品责任保险由中国太保上海分司、中国平安上海分公司和中国人保上海分公司共同承保，由劳合社保险（中国）有限公司提供再保支持。其中上海太保作为主承保方，全权代表共保体成员为被保险人提供承保、出

---

[1] 工信部、财政部、保监会：《关于开展重点新材料首批次应用保险补偿机制试点工作的通知》，www.miit.gov.cn，2017 年 9 月 12 日。

[2] 佚名：《上海市推进生物医药人体临床试验责任保险》，《金融界》，www.insurance.jrj.com.cn，2018 年 7 月 6 日。

单、理赔等服务工作。共保体委托上海恒康保险代理有限公司独家代理销售生物医药人体临床试验责任保险、生物医药产品责任保险。[①] 目前该产品正在政策推广中。

第五节 上海科技金融基础设施建设

一 上海市科委科技金融工作组织结构

根据上海市科技金融试点方案，上海市建立了"4+1+1"的科技金融工作机制，即开展了科技信贷、股权融资、资本市场、科技保险四项业务工作，建立了财税保障机制、组织保障机制、沟通协调机制和一个支撑保障平台。市科委委托市科技创业中心作为全市科技金融运行的平台，以上海市科技金融信息服务平台为依托，提供科技信贷、股权融资、资本市场、科技保险等服务。

上海市政府于2015年成立市科技金融试点工作领导小组。领导小组负责并协调落实科技金融政策和相关重大事项。领导小组下设推进工作小组，由市金融办和市科委牵头，市财政局、中国人民银行上海总部、市银监局、市证监局和市保监局等参加。推进工作小组负责研究确定科技金融工作的目标任务分解和计划安排，组织开展科技金融服务工作情况定期检查，并对科技金融政策的效果进行总结与事后评估，以更好地服务科技发展。

为开展科技金融服务工作，上海市科技创业中心专设科技金融部，安排1名副主任分管，设部长1名，所属9名员工分为间接融资、直接融资和平台运维3个工作组，负责具体工作事务，推动全市科技金融工作。截至2017年年底，在全市各区县科技主管部门、科技园区、行业主管部门和金融机构中，共有103名科技金融专员、28个科技金融服务站、43名科技信贷员（见图2-11）。

二 科技金融服务支撑体系

上海市重点构建了以科技金融信息服务平台为载体的科技金融服务支撑体系。该体系由三个层面构成：

---

① 根据上海恒康保险代理有限公司官网（www.holdkey.com.cn）资料整理。

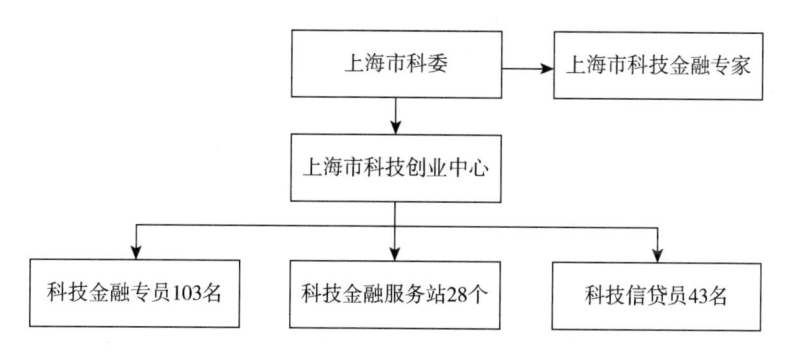

图 2-11　上海市科委科技金融工作组织结构

一是建立科技金融专家咨询委员会。与上海市金融联合会、上海财经大学小企业融资研究中心、上海大学上海科技金融研究所、上海金融学院科技金融研究院（现上海立信会计金融学院科技金融研究院）等签订战略合作协议，聘请43名资深专家为咨询专家。

二是以科技金融信息服务平台为核心，建立了"科技金融专员+科技金融服务站+科技信贷员"这一覆盖全市的科技金融服务网络。

三是依托互联网平台，建立了拥有2.6万家基本数据的科技企业数据库和科技企业征信实时数据接入系统。

上海市科技金融信息服务平台始建于2008年。[①] 作为上海市科技金融服务的主要载体，平台成立的目的在于降低金融机构、政府和科技企业之间的信息不对称，并将"3+X"科技信贷产品的申请工作电子化，实现网络一站式服务。随着平台建设的不断推进，其信息和服务为一体的功能不断强化。目前，平台拥有科技信贷、股权融资、保费补贴等科技金融服务申请、受理及审核功能；科技金融政策、资讯及投融资信息发布功能；平台的邮件短信系统可实现与企业和金融机构的及时信息交流。2017年，平台月均点击量40多万次，累计点击2000多万次。基于微信的强大功能，科技金融部开设了微信公众号"上海科技金融"，关注用户近5000名。

目前，科技金融信息服务平台已有注册投资机构及投资服务机构165家。平台开发了"股权融资登录及对接系统"。平台累计发布股权融资项目267项，项目方与投资方通过平台系统匹配对接成功的有23项。

---

① 平台的网址为 www.shkjjr.cn。

三 科技园区科技金融服务体系建设与运行情况

除了市级金融信息服务平台，科技园区也积极推进园区特色的科技金融服务平台建设。如张江国家自主创新示范区的"张江科技融资服务平台和信用管理平台"，涵盖张江国家自主创新示范区 22 个分园科技融资服务试点平台和 11 个分园信用管理平台，力图强化张江管委会与各平台以及园区科技企业的有机联系，充分挖掘已有平台的功能，全面推进张江科技金融相关工作。张江管委会委托第三方上海大学上海科技金融研究所作为评估机构，自 2013 年起负责张江国家自主创新示范区 22 个分园科技融资服务试点平台和 11 个分园信用管理平台的评估、咨询、培训与协调建设等工作。2017 年该平台通过验收。园区平台建设可以进一步便利园区企业，更好地起到信息宣传和科技金融服务的作用。如图 2-12 所示的金山科技金融服务平台，它的主要栏目包括资讯公告、贷款服务、股权融资、专项资金等。由"身边"的科技金融服务人员推荐、登录具有鲜明区域属性的"身边"的网络平台，对于所在园区的科技企业体会科技金融服务的人性化和热度有很大助益。

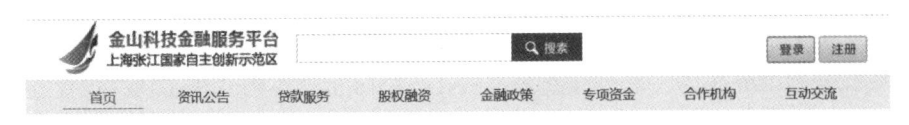

图 2-12 张江国家自主创新示范区下辖金山科技金融服务平台网页

科创中心开发建设了全市科技企业基本数据库。数据库拥有 2.6 万家企业基本数据，包括科技贷款企业、高新技术企业、科技小巨人企业、成果转化项目企业、创新基金企业、在孵企业、上市企业、新三板挂牌企业等数据。平台数据已逐步开始为金融机构提供信息服务。

科技企业信用评价体系也是科技金融的重要基础设施之一。为更好地服务科技贷款发放，2017 年市科委委托第三方开展了科技企业信用评价指标体系的课题研究，并在此基础上开发了科技企业征信数据实时接入系统，并运用平台的征信数据，对 289 家贷款申请企业进行评审。

第六节　上海科技金融创新发展中存在的主要问题与对策建议

一　上海科技金融创新发展中存在的主要问题

由于市委市政府的高度重视和银保监会等金融监管部门的高度重视，上海科技金融发展取得了很大的发展，为科技创新企业发展，上海全球科创中心创建做出了重要贡献，但是在肯定成绩的同时，必须看到，上海科技金融发展仍然存在不少问题。

（一）上海科技金融创新工作进一步提升的空间

1. 与上海的金融总量和科技企业基数相比，科技金融所占份额很低

上海作为金融中心城市，金融企业集聚，金融发展水平较高。2017年年末，上海市中外资金融机构本外币各项存款余额112461.74亿元，比年初增加1950.76亿元；贷款余额67182.01亿元，比年初增加7199.76亿元；全年通过上海证券市场股票筹资7578.06亿元；发行公司债14937.99亿元。至年末，上海证券市场上市证券12219只，比上年末增加2572只。其中，股票1440只，增加214只。[①]

上海科技企业规模大，经营情况良好。2017年，上海市高新技术企业数量排名全国第五，主营业务收入全国第一，利润、纳税总额均居全国第二。2017年年底，上海拥有科技型中小企业17000多家，科技小巨人和科技小巨人培育企业共1798家，技术先进型服务企业274家。2017年共认定高新技术企业3247家，全市2015—2017年有效期内高新技术企业总数达到7642家，净增长704家，其中独角兽企业36家。全年共认定高新技术成果转化项目493项。其中，电子信息、生物医药、新材料等重点领域项目占87.4%。2017年年末，共认定高新技术成果转化项目11462项。与众多的企业数相比较，各层次资本市场和商业银行贷款融资等为科技型企业提供的资金支持就显得相形见绌了。[②]

2. 与科技金融先进地区相比，上海科技金融仍有提升空间

北京、深圳、苏州等城市的科技金融在政策支持、融资模式、融资规

[①] 上海市统计局：《2017年上海市国民经济和社会发展公报》，2018年。
[②] 数据来自上海市统计局《2017年上海市国民经济和社会发展公报》，科技型中小企业数据、独角兽企业数据来自俞陶然（2018）。

模、科技金融产品创新等很多方面有很多先进经验，上海市应该对标先进经验，取长补短，进一步推进科技金融的发展速度和力度。

3. 科技金融普惠力度不足

获得科技金融支持的企业覆盖面较低，能够在各层次资本市场融资和获得银行贷款支持的中小科技企业的比例不高，面向科技小微企业和创业者的普惠科技金融产品数量不多，投放的金额不大，政策落地的力度不足。

（二）科技金融生态系统有待完善，科技金融需要均衡发展

政府、金融监管部门、金融机构、科技企业、投资者等是科技金融的参与者。上海政府管理水平较高，因此存在"大政府"的传统，政府和监管部门比较强势。表现在科技金融上就是政府和监管部门介入程度较深，通过政策的制定和执行推动为科创中心建设服务的科技金融。"大政府"的优势在于可以迅速、有力地推进工作，但不可避免的是政府对科技金融的理解和偏好将直接反映在科技企业融资的状况中。政府对科技金融理解的不均衡将表现为现实社会科技金融发展的不均衡。

1. 资本市场周期波动大

科技企业在股权市场上的融资力度受市场环境的影响大。2015年股市危机后，科技企业股权融资规模及融资效率出现较大波动。股市不景气也影响了天使基金和风险投资的退出通道。由于两者的高风险高回报的属性，仅凭上海市政府出台的天使基金和风险投资政策的相关扶持和风险补偿的政策无法抵消大环境不佳带来的负面冲击。天使投资和风险投资与科技型企业间还存在一定的信息不对称问题。为供需双方提供权威、全面地对接的平台功能型服务有待进一步完善和发展。

2. 部分科技金融产品创新韧性不足，缺乏持续性

债券市场是企业重要的融资场所。近年来，杨浦、闵行、浦东等区先后推动了集合债、集合票据试点，但是缺乏后续发展。

2017年上海市推出了科技创新融资租赁产品的试点工作，但科技企业固定资产投资的巨大潜在资金需求并没有迅速转化为现实的融资租赁需求。这再次为如何推进"政府主导型"的科技金融工作提出了新课题。

3. 对商业信用重视不够，市场力量未充分释放

企业融资的主渠道除了证券市场和银行贷款外，更普遍、更重要的是商业信用。受信用环境不佳的影响，改革开放以来很长一段时间企业守信意识不强，阻碍了商业信用的健康发展。但是，商业信用是企业满足其日

常经营资金占用的重要市场化的手段，而且商业信用产生的应收账款、结算工具（汇票、本票、信用证等）又可以作为银行信用、保理等业务的依据，其重要性被严重低估。

对商业信用重视不足在政策上表现明显。一是尽管业界多年呼吁，限制融通票据的政策仍然未被废除，这相当于限制了高信用等级企业为信用等级较低企业（受客观条件限制中小科技企业信用等级不高）的增信行为，有违市场经济的原则，约束了市场力量的释放。二是缺乏鼓励商业信用发展全面、有力的政策措施，当前政策以鼓励银行信贷支持、证券市场融资为主，鼓励商业信用发展的激励政策基本空白。

4. 科技保险发展滞后，保险企业参与难度大

虽然上海市政府在推动科技保险发展方面给出了有力举措，但从整体实施效果看，除科技履约贷、科技微贷通等保贷联动类产品发展较好外，其他科技保险发展过程中大多出现供需不旺的局面。这种局面在国内各地科技保险发展过程中同样出现。高新技术企业投保科技保险比例低，销售规模小，企业参保率低，而且险种销售极端不均衡，投保险种集中在出口信用保险以及团体健康保险、意外险和财产保险等传统型产品上，创新性高新技术企业研发中断险、研发责任险以及专利保险等险种几乎无人问津。科技保险的保费收入占全国原保费收入的比例极低。

从保险公司角度看，科技保险产品开发和承保技术难度大，经营风险高；从理赔情况看，科技保险综合赔付率又高于其他业务综合赔付率，保险公司盈利能力弱，因此也出现投入意愿不足的状况；从产品开发和承保角度看，科技企业具有小众化、独特性、新颖性特点，保险机构很难按照针对传统企业的做法通过"大数法则"来"测算"风险，而且科技企业的专业属性给保险机构的业务能力提出了很大的考验和信息不对称难题，保险机构面临较大风险。科技企业在发展过程中面临的风险很难估量，险种如何定价始终是一个难题。科技保险创新产品定价高，保障水平不足又导致高新技术企业投保意愿下降，逆向选择进一步引起科技保险经营风险加大。

从专业人才角度来讲，科技保险试点中保险机构比较缺乏专业科技保险人才。一方面，科技保险专业人才的缺乏，导致供给能力不足，造成产品供给单一且无法有效满足市场需求；另一方面，难以有效协调与科技部门或其他科技金融专业机构的资源。

二 推进上海科技金融创新的对策建议

针对存在的主要问题,可以从以下几个方面进一步推进上海科技金融工作。

(一) 理顺机制,打造良好的科技金融生态,充分发挥市场的主导力量

科技企业风险不易评价,但一旦项目成功则回报丰厚,市场"聪明资金"会根据自身判断做出科学的投融资决策。因此,创造良好的生态系统,政府、监管部门、金融机构、企业、投资人各司其职,为科技金融发展创造良好的生态环境是政府及监管部门首先要考虑的问题。

政府经济工作的主要目标是居民的幸福感、获得感和安全感,经济增长、充分就业是实现目标的手段。因此,对科技企业也应该尽量坚持"竞争中性"的原则,不可过多地介入科技金融市场,在"中美贸易战"的背景下,这种政府扶持补贴高科技企业的政策措施更是需要认真复核其是否符合WTO的原则。

市场经济是资源分配的决定性力量,科技金融发展应主要依赖市场力量的发挥,充分调动商业性金融机构自身的积极性。政府的政策引导要从激发市场机制发挥、弥补市场短板的角度出发,通过制度设计减少中间环节,提高引导、补助资金的使用效率。

(二) 把握金融科技和金融市场发展动向,引领国内外科技金融创新方向

人工智能、大数据、云计算、区块链已经并将继续对金融业带来深刻乃至根本性的影响。上海科技金融的发展应该基于这一根本趋势,把握金融科技发展趋势和金融市场改革和发展方向,结合科技企业特征,在业务模式、产品开发等方面引领国内外科技金融的创新方向。具体可以从以下几方面着手:

1. 抓住机遇,完善分层次股权市场

抓住科创板、注册制带来的机遇,完善分层资本市场的衔接政策,推动优秀科技企业在国内主板及科创板上市。

强化政府型天使基金、风投基金的引导作用,活跃市场,便利投资者退出。

2. 探索大都市科技企业贷款模式

以科委科技贷款为代表的上海科技贷款"4465"模式的创新已经受到各方面的肯定,但其本质是"关系式贷款"和财务评估兼顾的贷款模式。大量小微科技型企业需要更好、更快速的科技贷款评估体系，这应该成为上海商业银行科技企业贷款管理模式创新的方向。我们应该鼓励商业银行自主创新，以韩国 KOTEC 科技贷款评估模型为标杆，建立科学的贷款企业评分模型，探索大都市区域科技企业贷款模式。

推进科技企业知识产权质押、权益质押融资，重视"宅 e 贷"等以房产为抵押的科技创新创业贷款的发展，鼓励发展以净值为依据的住房净值贷款，充分发挥大都市地区房产价值高、增值幅度大的优势，解决科技创新创业者融资抵质押物不足的问题。

3. 推进票据市场、债券市场科技企业融资工具创新

上海科技企业集群集聚较为普遍，发行集合票据、集合债券融资等可以成为不错的选项。目前，各级政府都出台了鼓励科技企业在银行间和证券交易所发行中期票据、集合债券和创新创业小额债券的政策。今后应在总结试点经验的基础上，完善相关政策，持续推进票据市场、债券市场科技企业融资工具创新。

4. 推动商业信用票据化，票据融资化

当前，社会信用环境建设已经取得较大成绩，失信惩戒机制较为完善，企业和企业家守信意识大大增强，为商业信用的发展创造了良好的外部环境。各级主管机关应更积极地推动国内信用证、汇票、本票等结算工具的使用，以票据化代替纯粹的应收账款。抓住电子票据市场发展、成熟壮大的契机，以商业信用代替银行信用，极大地改善科技企业的融资局面。进一步完善票据市场，鼓励发行标准化小面额票据，发挥票据的准支付功能，增强科技型中小微企业的流动性管理能力。开放融通票据，允许高信用等级企业通过承兑方式"出售信用"以便利融资，尽快出台鼓励保险增信、担保增信或政府风险补偿等促进商业信用发展的政策措施。对商业信用的政策扶持可以绕开银行放贷环节，有利于减少中间环节，降低企业融资成本。

积极探索区块链技术在商业信用领域的推广使用，努力降低信息不对称对商业信用以及以商业信用为基础的保理、应收账款质押贷款、票据贴现、供应链金融等金融服务的影响。

5. 发挥科技保险业务功能，提升保险科技服务专业化水平

要提高保险业对科技创新的支持力度，重在提升保险业服务科技创新的专业化水平。一是鼓励、支持科技保险专业机构的发展，如目前我国已成立专业性科技保险机构——太平科技保险股份有限公司，并且已获准开业；中国人民财产保险股份有限公司上海市科技分公司于 2018 年 11 月

26 日获准设立。为鼓励专业科技保险机构发展,监管机构可以对其准入标准、经营范围、政策优惠等做出更为明确的规定。二是在政策方面,应将目前的保费补贴制度做到实处,同时考虑在财政允许条件下,加大对科技保险的税收优惠和补贴力度,允许对科创企业和科研人员的保险保障提供更大范围、更大比例的险种税收优惠。三是强化专业人才的培养和"专属"产品的研发,鼓励保险公司根据科技企业风险特征和需求,提供特色保险产品,进一步提高专业化服务能力。行业协会和研究机构可加大基础研究,为科技创新过程中的人身、财产、信用等各类风险做更细致的分析,为产品研究提供依据。四是加强保险与银行、风投创投、担保公司等金融业态的互动合作,联合开发科技金融类相应产品,构建多层次的科技金融风险分担机制。

第三章 金融科技助推下的金融风险新趋势研究

引 言

  金融科技正在加速金融业的创新与变革。金融科技借助大数据、云计算、人工智能和区块链等现代科技，对金融行业的产品、经营模式和业务流程进行了创新，降低了金融交易成本，提升了金融服务的效率和质量；对金融业的资金配置、风险定价、信息获取和信用评估进行了深刻重构；加快了传统金融业的升级转型步伐，并不断刷新金融业态与组织结构，改变金融业态和金融商业模式。但是金融科技在提升金融效率的同时，没有改变金融业务的风险属性，其开放性、互联互通性、科技含量更高的特征，使得金融风险更加隐蔽，信息科技风险和操作风险问题更为突出，潜在的系统性、周期性风险更加复杂，所制造出的外溢风险也给金融安全带来了全新和严峻的挑战。本章研究金融科技助推金融业发展及风险趋势，这对于推进金融行业的持续健康发展具有非常重要的实践意义。

第一节 金融科技起源与发展历程

  近年来，金融科技发展迅猛，其卓越的表现以及巨大的潜力在世界范围内受到广泛的关注和重视。美国、英国等西方发达国家非常重视金融科技的发展及规划，以中国为代表的新兴经济体也高度重视其发展。一些具有前瞻性的国家，已将金融科技作为该国金融业的未来发展方向而加以扶持和培养。

一　金融科技的内涵

金融科技（Fin-Tech）一词来源于美国。由于全球金融科技尚处在发展初期，其包含的业务模式还不固定，各种业务形态存在一定的差异，当前全球还没有统一的定义。

金融稳定理事会于 2016 年 3 月发布了《金融科技的描述与分析框架报告》，首次对金融科技进行了初步定义，即金融科技是指通过技术手段推动金融创新，形成对金融市场、金融机构、金融服务产生重大影响的业务模式、技术应用以及流程和产品。

普华永道认为，金融科技是指金融服务与科技行业的动态融合，科技型创业公司、市场新入者对传统金融服务所给予的产品及服务进行变革。

高盛全球金融机构投行副主席约翰·马奥尼认为，金融科技企业需要以技术为基础，并致力于金融产品及服务价值链上的一部分或者大部分，主要包含支付、资产管理科技、资金筹集、科技支持型借贷、市场结构及保险科技等。

蚂蚁金服总经理井贤栋主张，金融科技并不是简单地在互联网上做金融，而是基于大数据、云计算、移动互联网等新兴技术，以实现金融产品和服务的发展创新以及效率提高。

京东金融总经理陈生强相信，金融科技企业应该界定为，依据金融本质，以数据为基础，以技术为手段，为金融行业服务，从而帮助金融行业提高效率、减少成本。

中国银行网络金融部副总经理董俊峰认为，金融科技主要是指互联网企业或高科技企业应用移动互联网、大数据、云计算等新技术进行的低门槛金融服务，这些服务和传统银行所提供的金融产品和服务并不是颠覆的关系，而是相互补充。

金融科技的内涵在具体场景中也有所不同。有时是指大数据、云计算、分布式账户等应用于金融领域的各种新技术，有时是指如手机银行、网上银行等对现代金融业务的电子化或者数字化，有时则是指一些科技企业或电信运营商与传统金融机构形成竞争或合作关系。

相信随着金融科技的发展，未来对其界定也将不断充实和完善。

二 金融科技的发展历程

金融科技是金融和科技相互渗透、互相融合的产物。在金融科技的发展进程中,科技赋能金融,逐步充实并重构金融业态,促使金融服务提质增效,金融则推动科技成果从后台技术移动至前台。

以人工智能、区块链、云计算、大数据为代表的现代信息技术蓬勃发展,金融业因对信息数据高度依赖,与现代信息技术的融合日益加深,加速了金融创新。金融科技的发展具有一定的规律,其发展阶段、技术线路以及技术的采纳和应用将直接影响到金融业,特别是普惠金融的长期发展。金融科技的发展大概分为以下三个阶段。

(一)第一阶段:互联网时代,传统金融触网

2005—2010 年是互联网时代。互联网加快世界互通互联,使得互联网商业迅速发展起来,对金融业也产生了些许改变,具体表现为金融触网,简单的传统金融业务线上化,通过 IT 技术应用实现办公和业务的电子化、自动化,从而提高业务效率。典型代表为网上银行,将线下柜台业务转移至 PC 端。此时,IT 部门作为后台部门,为部分金融业务提供技术支持,或者科技企业扮演技术服务或解决方案提供商角色。

(二)第二阶段:移动互联网时代,互联网金融兴起

2011—2015 年是移动互联网时代。智能手机的普及使得人们随时随地的沟通成为可能,极大地提高了网络利用的效率。这一阶段具体表现为传统金融机构搭建在线业务平台,对传统金融渠道的变革,实现信息共享和业务融合,如 P2P、互联网基金销售、互联网保险、互联网理财。同时互联网公司的金融化应使得移动支付成为可能。此时,互联网在金融业的渗透率逐步提升,但并不改变传统金融的本质属性。

(三)第三阶段:人工智能时代,金融和科技强强联合

2016 年至今是人工智能时代。云计算、大数据、区块链、人工智能等关键技术日益成熟,成为金融创新的重要推动力。这个阶段,金融业通过新的科技改变传统的金融信息采集来源、风险定价模型、投资决策过程、信用中介角色,大幅提升传统金融的效率,解决传统金融的痛点,如数字货币、大数据征信、智能投顾、供应链金融等。

三 金融科技的发展趋势

(一) 产业扩张迅速

CB Insights、毕马威等公司提供的资料显示，2013 年，全球金融科技领域投资 40.5 亿美元；2014 年，达到 122.1 亿美元；2015 年上升到 191 亿美元；2016 年则升至 250 亿美元。特别是近几年，全球金融科技融资规模呈现爆发式增长。

(二) 地域布局广泛

在全球领先的 100 强金融科技公司中，位于北美洲的公司多达 35 家，地处欧洲、中东以及非洲的共有 28 家，地处亚洲的公司有 14 家，地处大洋洲的公司有 10 家。而从国家分布的角度来说，金融科技前 100 家公司中，美国公司有 24 家，排名首位，英国公司有 13 家，居于次席，中国则有 8 家公司上榜。

(三) 行业结构多元化

金融科技涉及的行业从最初的网络支付及网络借贷领域，扩展至消费金融、金融顾问服务以及保险等多个领域。总的来说，金融科技包含的行业日益多元化。在 2016 年公布的全球 100 强金融科技公司中，业务属于网络借贷行业的有 32 家，占比最高；属于网络支付行业的有 18 家，位居第二；属于网上保险行业有 12 家，排名第三；属于监管科技行业的有 9 家，排名第四。

(四) 参与主体多样化

在初始阶段，科技公司引领了金融科技行业的发展。如今，金融科技公司与传统金融机构既相互竞争又相互合作，使得整个金融科技行业充满生机，具有巨大的发展潜力，吸引着越来越多的参与者。

整体来看，金融科技行业的主要参与者可以分为三类：一是传统金融机构，如商业银行、非银行金融机构及交易所等；二是科技公司，如互联网科技公司等；三是监管机构，如中央银行以及其他金融监管机构等。

1. 传统金融机构

金融科技行业的主要参与者是传统金融机构，大多数机构对金融科技的到来持欢迎态度。

首先，传统金融机构最早参与金融科技行业。巴克莱银行在 1967 年引入 ATM，被认为是金融科技的开端。互联网的诞生被认为是金融科技发展的里程碑。富国银行在 1995 年开始发展线上账户确认业务。到 2001

年，美国网上银行客户数量超过 100 万。第一家没有实际网点的直销银行 ING Direct 于 2005 年出现。麦肯锡的研究报告表明，从 2009 年起，花旗、富国、摩根大通、高盛、摩根士丹利等大银行向金融科技领域投资，主要在借贷、支付、财富管理领域进行战略投资。

其次，金融科技行业最大的参与者当属传统金融机构。从 20 世纪 90 年代起，传统金融机构就一直是 IT 技术产品及服务的最大买家。据 IDC Financial Insights 预测，至 2018 年，全球金融业在 IT 领域的支出将上升到 5000 亿美元。

最后，国内传统金融机构也日益重视金融科技。交通银行推出国内第一个采用虚拟现实技术的 3D 网银，为客户精心设计出转账交易区、财富管理中心、贵金属交易区及新品体验区四大服务区域，同时提供转账汇款、业务查询及投资理财等服务，覆盖了基本的银行业务。传统金融机构如招商银行、民生银行以及平安集团等也积极进军金融科技领域，它们与区块链技术公司 R3 建立了合作伙伴关系，并加入 R3 分布式分类账联盟，同世界最大的 70 余家金融机构合作，一起为金融服务行业研发基于分布式分类账技术的前端性商务应用。

2. 科技公司

根据科技公司介入金融科技的程度，可以进一步分成两大类。

第一类是以金融科技为主业的公司。这类公司通过融资和引进人才，加强技术研发，努力在金融科技行业中发展壮大。如成立于 2015 年 7 月的意大利金融科技企业 Euklid，该公司利用区块链与人工智能技术为客户提供投资理财以及透明的银行金融服务，且不收取任何额外费用。该公司于 2016 年 11 月获得第一笔融资，估值接近 1000 万欧元。此外，为了更好地实施国际化战略，该公司将其总部从意大利罗马迁至国际金融中心英国伦敦。

第二类是与互联网领域相关的科技公司。该类公司主业不是金融科技，但与信息科技高度相关，并且规模较大，如 IBM 公司等。投资金融科技企业是该类公司的主要介入方式。2016 年，就有多家科技公司投资金融科技企业，如联想集团投资 Neura、IBM 投资 Digital Asset Holdings 以及 Uber 投资 Otly 等。

3. 监管机构

全球中央银行及金融监管机构极为关注金融科技发展对金融业产生的影响，特别是西方发达国家，主要采取以下措施应对。

一是跟踪研究以及探索金融科技对经济社会的影响，密切关注技术风险及投资者保护。如 2016 年 10 月 7 日，美联储理事布雷纳德（Lael Brainard）在华盛顿国际金融协会年会上发表演说指出，对于监管者及政策制定者来说，既要关注业务迁移至新技术平台后所带来的风险是提高还是降低，也要关注风险的表现形式是更为模糊还是更为清晰，以及风险在金融中介和最终用户之间怎样分配。2016 年 11 月 14 日，在美国证监会举办的第一届金融科技论坛上，证监会主席怀特（Mary Jo White）认为，监管者有义务去认识、监督及鼓励金融科技的发展，同时要采取措施，保护投资者以及稳定金融市场。

二是通过资金及政策的方式支持金融科技公司发展，并相应发展监管科技（Reg-Tech）。2016 年年底，英国财政大臣代表英国政府，颁布了若干扶持金融科技发展的最新政策，其中包括：追加 4 亿英镑给风险投资基金，用于扶持初创的金融科技企业以及金融科技创新研发，以此启动 10 亿英镑的创新企业投资计划。英国贸易投资总署发布《英国金融科技报告》，并成立咨询小组，帮助得到资金扶持的企业客户解决发展中遇到的问题。2016 年 3 月，新加坡金融管理局公布了一个计划，该计划拟通过建设开源 API 架构，提高数据共享和运用，促进监管科技的发展。

第二节 金融科技在金融行业的主要应用发展现状与趋势

当前，全球金融科技正处在快速发展中，其业务形态及商业模式还没有固定，社会各界对其分类并没有统一的看法。金融科技主要业务应该包括网络融资、互联网和移动支付、智能投顾、区块链技术等。由于这几个部分的技术特点及商业模式的成熟程度有所不同，因此对现有金融体系的影响程度也各不相同。

一 网络融资

网络融资是目前金融科技各业务中发展较早、较快的部分，其通过在线交易平台将资金直接或间接地借给小企业及用户，主要包含 P2P 与众筹业务。

（一）技术特点

2016 年，美国财政部在其发布的《网贷白皮书》中指出，网络化、智能化、便捷化是网络融资的主要特点。一为网络化，网络借贷平台提供自动化的线上贷款申请流程，并且无线下分支机构；二为智能化，网络借贷平台利用大数据等技术核验借款者身份以及信用情况，评估信用风险，撮合合适的资金借贷方；三为便捷化，网络借贷平台一般在3天内就能做出贷款决定，相比传统银行，大大缩短了信贷申请流程时间。当今网络贷款的主流模式——P2P及众筹都具备这三个技术特点。

1. P2P业务

P2P即"Peer to Peer"，是指以互联网平台模式撮合小企业和个人等的资金借贷交易，与传统借贷机构在贷款利率、交易成本及收入构成等方面均有显著差异。

第一，在交易成本上，P2P网络借贷平台可以较好地节省成本：首先，P2P网络借贷用户只需线上提供完整信息就可完成自由借贷，这样就省去了银行等中间机构的信息服务费用；其次，利用大数据技术及搜索引擎，P2P平台上的出资人可以在大范围内寻找需要贷款的人，从而避免较高的线下搜寻成本。

第二，在贷款利率上，P2P网络借贷平台利率有两种：一种是通过竞标确定利率，如美国的Prosper，英国的Zopa、Funding Circle等；另一种是根据借款人不同信用等级，实行差异化利率，如中国的陆金所及美国的Lending Club等。

第三，在收入构成上，P2P网络借贷平台主要依靠借款管理费、利息管理费以及其他增值服务费作为收入，尤以借款管理费为主，其约占平台收入的70%以上。

2. 众筹业务

众筹来自"Crowdfunding"一词，即大众筹资，是指一种面向公众筹资，以支持发起者或者发起组织的行为，投向范围主要有创业募资、民间集资、灾害重建、竞选活动、设计发明、艺术创作、科学研究等。当前，众筹通常在网络平台进行。2014年，世界银行在其发布的《发展中国家众筹发展潜力报告》中指出，众筹在相当大程度上依靠大众对社交网络、社区关系及其他人对主流网站的评价等共享信息的充分信任。众筹融资主要有股权式众筹、贷款式众筹、捐赠式众筹及产权式众筹四种类型。

（二）应用现状

2017年5月，金融稳定理事会和国际清算银行联合发布的《金融科技融资》指出，网络融资平台相比传统银行具有更强的数字化处理能力及对特殊市场的聚焦，减少了交易成本，给客户提供更大便利性，并使金融服务覆盖更多的人群及更大的商业领域。

从当前的实践情况来看，发展较好的国家的网络融资活动，大多定位于小额消费借贷与小额股权融资，或填补了金融服务的空白，或在客户风险及信用评估方面有独特创新之处。尤其是在改善普惠金融、提升金融服务覆盖面等方面有突出的贡献。

P2P 网络借贷最早起源于英国。2005 年 3 月，全球第一家网络借贷平台 Zopa 在伦敦成立运营，给有资金需求的个人及小企业提供信息交流平台。目前主要的平台有 Zopa、Funding Circle 等。Funding Circle 于 2010 年 8 月成立，是英国首家主要服务于中小企业的 P2P 网络借贷平台。美国的 P2P 网络借贷平台以 Prosper 和 Lending Club 为代表。目前 Lending Club 和 Prosper 两家 P2P 网络借贷平台占据了美国约 80% 的市场份额，形成了典型的寡头垄断市场。Prosper 成立于 2006 年 2 月，是美国第一家 P2P 网络借贷平台。截至 2016 年 4 月，Prosper 发放贷款总额突破 60 亿美元。Lending Club 成立于 2007 年 5 月，现已成为全球最大的 P2P 网络借贷平台，其于 2014 年 12 月 11 日在纽交所成功上市，是首家上市的 P2P 公司，截至 2016 年 3 月，发放的贷款总额超过 187 亿美元。

当前，世界上网络融资规模最大的三个国家是中国、美国和英国，但其他发展中国家的网络融资也在快速发展。如非洲国家肯尼亚的移动金融服务正在从转账汇款向存款贷款等其他金融服务领域发展，其中个人小额贷款是最重要的组成部分。

（三）发展前景

根据世界银行估计，全球发展中国家众筹市场规模到 2025 年将达到 960 亿美元，其中中国市场规模将达到 500 亿美元。迄今为止，各国的实践充分表明：各市场参与方取得成功的关键是商业模式，因为该领域并没有很高的技术壁垒。网络融资获得成功的小额贷款和消费信贷领域，而大型项目融资及线下融资则并不比商业银行表现突出，因此无法取代传统金融业在社会资源配置上的作用，只是对现有金融体系的有益补充。

二 互联网和移动支付

如果没有支付闭环，金融交易就无法实现，因此支付是金融活动的基础。从英国、美国及中国等国家的发展历程来看，作为金融科技最重要的基础设施之一，第三方支付体系首先得到发展。互联网支付是指通过计算机完成电子支付，而移动支付指通过移动设备完成电子支付。它们共同构成网络支付市场。

（一）技术特点

互联网支付或者移动支付，其技术基础皆为电子支付。网络将包含特定信息的电子数据进行资金流转，替代了传统的支付方式。银行、商户及第三方支付公司是电子支付市场的培育者，三方都不可或缺。

移动支付可分为两类：一类是以近场通信技术为代表的非接触式支付，支付体验和刷门禁卡、公交卡没有什么区别，但支付双方有一定的硬件要求，且需要建立统一的通信技术标准；另一类主要依靠移动互联网，消费者只需拥有智能手机或其他移动设备，交易双方并不需要额外的硬件设施，但需要相关的手机软件及支付系统相配合，且对于日常支付行为并无过多约束。

互联网和移动支付从技术上来说具有三个特征：一是实时性，交易通过网络实时达成，资金划拨指令立即传到客户端执行；二是可追溯性，除非人为破坏，通常交易合约及划转指令都会在网络系统中留有痕迹，便于日后追溯查询；三是易受攻击性，由于涉及资金，又依赖电子网络，与传统交易的当面付账相比，具有易受网络攻击的弱点。

（二）应用现状

互联网和移动支付的应用场景在过去几年中不断丰富，从网上购物、公共事业缴费等领域扩展到投资理财、医疗卫生、教育、旅游酒店等行业和领域。从全球范围来看，具体表现出从"线下"到"线上"，从"线上"到"移动"的特点。

相对而言，互联网和移动支付是当前金融科技发展得较好的业务领域。据统计，全球移动支付市场规模在2015年达到4500亿美元，在2016年则突破6200亿美元。近年来世界移动支付市场规模发展速度高达38%，预计今后几年，仍将继续保持超过30%的年增长速度。

作为消费者市场策略调查的世界领导者，欧睿咨询公司（Euromonitor）对46个市场的调查报告表明，手机电子商务的市场规模总额在2016年达到9722.5亿美元。预计移动支付交易规模到2021年将达到3万亿美元。2016年，手机支付的交易占消费者所有信用卡付款交易的5%，2021年该比例将提高到11%。

2016年，美国国际贸易委员会依据消费者对企业（C2B）的移动支付水平进行了市场排名，中国、英国、德国、日本、法国、意大利、加拿大、韩国、澳大利亚、西班牙位列世界前10位。

（三）发展前景

各国实践表明，依托互联网平台的第三方支付的商业模式及技术已经比较成熟，能够提高支付效率和便利性，较好地补充现有金融体系的服务功能，所以多数人对其持肯定态度。然而，第三方支付发展还是需要依靠现有银行体系，其中包括客户的获取及资金的最终清算等。因此，虽然通过"移动互联技术＋小额支付"的结合，在客户服务及体验方面给商业银行体系造成冲击，但对现有金融体系并不构成颠覆性冲击，两者从长期看将是合作共赢的关系。

三 智能投顾

智能投顾是指利用人工智能技术，根据投资者的理财目标以及风险偏好，为投资者提供财富管理的顾问、咨询等服务。

（一）技术特点

智能投顾的理论基础是马科维茨提出的现代资产组合理论（Modern Portfolio Theory，MPT）。马科维茨于 1952 年在其学术论文中，第一次应用资产组合报酬的均值和方差数学概念，清晰地定义了投资者偏好。这一研究成果预示着现代投资组合理论的开始。

20 世纪 90 年代末期，部分公司已经开始提供在线资产管理服务，其规模伴随着计算机及互联网技术的发展而迅速增加。2008—2015 年，许多新兴科技企业开始为客户提供各种基于机器学习的"数字化投资工具"，这样，一种被称作"robo-advisor"的新型投顾商业模式开始发展起来。从 2015 年起，随着基于大数据的深度学习的运用，人工智能技术取得了突飞猛进的发展，致使众多的金融机构、科技企业开始尝试研发能够完全消除人类参与投资管理价值链的人工智能系统——智能投顾。

（二）应用现状

据美国花旗银行的智能投顾市场的研究报告，2012—2015 年，世界智能投顾管理的资产从 0 增加到 187 亿美元。当前，该技术应用大致可以分为三类：第一类为咨询建议型，这类平台主要提供投资建议，如 Personal Capital、Learn Vest、Mint 等；第二类属于资产配置型，该类平台以股票、债券及 ETF 等为投资标的，接受客户部分或者全权的委托，如 Future Advisor、Betterment、Wealthfront 等；第三类是资产管理型，主要为客户进行资产管理，如德意志银行推出的机器人顾问。

以资产配置型平台 Betterment 为例，该公司成立于 2010 年，是当时全球第一家智能投顾公司。Betterment 并不设置客户资产门槛，客户在 Betterment 登录只需填写如年龄、收入、投资目的、期望等个人信息，平台将自动告知客户一个"安全、有效、科学、长期"的股票及债券配置方案。投资者可以见到预期收益、风险系数、期限以及投资比例等信息。当然，投资者也可以在一定的范围内根据个人的风险承受能力，改变股票及债券的投资比例。Betterment 管理的资产规模目前已经超过 39 亿美元。

（三）发展前景

智能投顾行业前景光明、市场潜力巨大。根据花旗银行的预测，美国未来 22 万亿美元的非养老资产，其中由机器人顾问管理的资产规模将达到 5 万亿美元。科尔尼咨询公司估计未来机器人理财顾问将成为市场主流，年复合增长率可以达到 68%，预计到 2020 年其管理的资产规模将达到 2.2 万亿美元。当然，金融市场和投资者对该模式还有一个逐渐适应和接受的过程。同时，金融市场及产品也比较复杂，智能机器人能否实现自我学习和提升，提供好于现有金融机构及理财专家的个性化的投资方案，还有待市场检验。

四 区块链技术

区块链（Block-chain）技术也称分布式账本技术，其实质是一种数据库技术，可以帮助参与者安全有效地创建、传播及存储信息，是交易各方信任机制建设的完美的解决方案。

（一）技术特点

2008 年，区块链技术作为比特币体系的底层核心技术，最早出现在日本人中本聪设计的比特币体系中。区块链的基本结构是这样的：人们把某段时间内的包括数据或代码的信息打包成一个区块，并盖上时间戳，与上一个区块相连接，每一个区块的页首都包含了上个区块的索引（哈希值），然后再在页面写入新信息，从而产生新的区块，首尾相连，最终形成区块链。而比特币是区块链技术的重要应用之一。

区块链技术具有分布式、免信任、时间戳、加密以及智能合约等特点，是互联网金融可能的底层技术架构。

第一是分布式，没有中央银行和中心服务器，它是去中心化的大数据及分布式的云计算网络，其计算能力、数据存储、交叉验证都是依靠全球接入区块链系统的大量计算机免费提供，其正常运行基于众多微观智能群体的大规模精确协作，这在过去是从未有过的。

第二是免信任，分布式存储特征和超强的数据运算系统可以确保数据的真实一致，应用区块链并不需要节点之间的信任。

第三是时间戳，依靠区块链进行传输或者交易的任何内容都会存在于所有节点，所以区块链可以被用来证明某一文件或某个数字资产在某一特定时间已经存在及内容真实性，也就是相当于为所有交易或者文件盖上了时间戳。

第四是加密，以比特币为例，区块链技术提供公钥和私钥，公钥存在于各个节点，而私钥由个人保管，这样就保证了内容的一致性及隐秘性，而且具体内容经过哈希加密，因此不可能反向推演。

第五是智能合约，利用区块链技术所产生的合约，条件满足时就自动执行代码，不用担心违约。

（二）应用现状

有别于中央银行发行货币的模式，比特币是全球第一种真正具有分散性的网络货币，可以由任何人在计算机或智能手机上采用加密算法发行。在 2017 年 1 月 11 日，比特币区块链上总共拥有 447617 个区块，全网算力高达 1633620TH/s，该算力已远远超过世界排名前 500 的超级计算机的总算力的 1000 倍以上。比特币总市值已经达到人民币 967 亿元，相当于一个小国的 GDP 规模。当前，世界上除比特币以外，还有瑞波币（Ripple）、莱特币（Litecoin）、未来币（NXT）、狗币（Dogecoin）、点点币（Peercoin）等其他种类加密数字货币。

区块链技术在除了货币领域的其他社会生活领域也有着广泛的应用，如区块链技术可用于金融交易、认证以及公共记录等领域。

区块链技术具有去中心化、无须信任的点到点运行模式，这就意味着在最基本的场景中可以进行没有中间人的交易。当大规模交易是建立在去中心化以及无须信任节点的运行模式时，意味着出现了一个明显不同于以往的社会结构及运行模式，很可能使得当今已经形成的强关联和阶层丧失其作用。当前，各界普遍认为，区块链技术是一种根本性和颠覆性的技术，不确定性最大。面对区块链技术所呈现的机遇与挑战，世界主要金融机构已经开始认真应对、积极布局，以抢占技术的先发优势，采取的策略可以分成两类。

一是构建区块链联盟，制定行业标准。花旗、摩根大通及瑞银等超过 40 家国际知名银行成立了 R3 CEV 联盟，以此建立适合金融业的区块链技术标准。

二是联手金融科技公司，发展核心业务的区块链应用。如美国银行、加拿大皇家银行以及西班牙桑坦德银行等金融机构打算使用金融科技公司 Ripple 的区块链技术构建世界性区块链支付网络。纳斯达克和区块链创业公司 Chain 合作，推出了私有股权交易平台 Linq，2017 年 1 月完成了第一笔基于区块链的私有股权交易。

（三）发展前景

虽然目前已有一些机构在某些领域尝试使用区块链技术，但是如果要在金融体系中全面运用，则还需要克服不少技术难题以及风险管理中的实际障碍。香港金融科技督导小组评估认为，到 2022 年，区块链技术每年可以降低银行基础设施成本 150 亿—200 亿美元。这也正是区块链技术在发展中仍然面临许多不确定性及技术难题，但该技术已经成为世界金融创新领域最受关注的话题，受到许多国家监管当局及金融机构高度重视的重要原因。目前来看，在金融科技的网络融资、互联网和移动支付、智能投顾以及区块链领域，区块链无疑最为关键，对于金融监管的挑战也是最大的。

第三节　金融科技助推下金融风险新特征

伴随着金融科技的快速发展，金融风险也突破了地域限制。一旦风险发生，短时间内就有可能演化成大范围的系统性风险，为之后的处理带来困难。金融科技的空前渗透性及风险的瞬间爆发性，使得金融风险呈现出传染更加快速的特点，多部门参与以及跨行业金融产品相互交织，构成一个巨大的共生系统，现代金融科技风险的监管就面临着诸如跨主体及跨领域联合监管的问题。

一　风险具有隐蔽性、系统性及传染性

当前，传统金融机构与金融科技企业提供的金融服务不断渗透趋同，机构之间的界限将被逐渐打破。金融机构与非金融机构之间的业务将在金融科技的作用下不断融合，金融科技的发展使得业务之间的交叉性明显增强，而且不同业务平台之间的信息相互分割，这就使得系统性的信息不对称问题更加突出，进而强化了风险的隐蔽性及系统性。而且，单一平台发生的金融风险，将在业务的交叉性作用下，传递至其他平台，使得风险更加具有传染性。

如今，金融科技已经转变了传统金融行业的运行方式与理念，金融科技的发展强调科技赋能金融，科技与金融的相互融合，使科技更好地助力金融业的发展。然而，当科技给金融带来赋能作用时，也使得金融风险变

得更加难以管控。一方面，快速更新的金融工具使利差逐渐缩小，传统金融机构如银行等在收益率下降的形势下，为了确保盈利增加而被迫提高风险偏好，增加杠杆融资、创新型业务及小微企业融资等风险较高的业务。另一方面，与银行传统的业务模式相比，金融科技依靠互联网及信息技术，提高了业务的数据化、规范化及标准化水平，并迫使银行也相应提高风险管理水平。

信用信息是金融科技的核心因素，基于信用信息数据的金融决策对信息的准确性要求很高，信息数据是导致金融市场波动的重要因素。倘若数据不准确，就可能造成错误的交易行动，并进一步催生金融市场的风险。尤其是在程序化交易普及的当今世界，一家金融交易公司的失误，常常会对其他公司交易程序发出错误的信息，由此引发连锁反应，将单个公司的风险迅速扩展为市场风险。在全球化的今天，基于金融大数据的决策有可能为金融市场带来潜在的风险。

二 操作和平台技术安全风险极具破坏性

目前，金融科技的操作风险主要包括：第一，涉及人员、系统、程序以及突发事件。风险管理系统如果存在缺陷，金融科技公司将无法规避网络风险。同样，如果系统流程设计不当，则将会对金融科技企业的正常运行造成消极影响，使金融科技企业承受隐藏的系统风险。同时，如果金融科技公司事先没有制定行之有效的应急方案，当突发事件发生时，将很难及时化解这些风险，从而使金融科技公司遭受损失。缺乏规范性及合理性的流程，也将降低金融科技公司的工作效率。第二，由于金融科技员工的误操作以及用户的疏忽等因素，导致网络金融账户出现错误或者紊乱及金融科技公司无法正常进行金融交易，从而给金融科技公司和用户带来经济损失。网络通常具有放大金融科技公司操作风险的倾向，国内外已有多起因较小操作失误导致重大经济损失的案例。金融科技公司的操作风险如果不能得到妥善解决，其网络金融业务将蒙受巨大的损失。

先进的交易平台系统是金融科技业务发展的基础，技术以及平台的错误选择将使金融科技公司面临巨大的风险。首先，假如支撑网络交易的技术落后，将可能使金融科技公司丧失较好的发展机会，同时浪费宝贵的资源，造成金融科技公司的效率损失。其次，如果出现技术及平台与用户的软件版本发生冲突或者不兼容，将会导致信息无法传输或者传输滞后。

金融科技业务所面临的另一大问题是安全风险，安全风险主要有以下几个方面：一是源头方面的风险，也就是金融科技企业由于风险管理机制的缺失，存在较为严重的安全漏洞。二是客户自身的风险，有些客户在从事网络金融交易时，风险意识不强，不及时更新防毒及杀毒软件，造成个人信息被盗。三是第三方平台存在的风险，也就是说在网络传输平台方面，用户输入的密钥或者口令在网络传输过程中被黑客用非法手段获取，造成用户无法登录或出现网络连接超时的现象，黑客凭借获取的信息，从事金融犯罪，这样就使金融科技企业及用户遭受损失。

三 数据风险与信息安全风险相互交织

金融科技的主要特征是以大数据推动金融创新，也就是所谓的大数据金融，其中，数据的真实性以及数据信息安全是金融科技发展的基础。但是，大数据金融在促进金融科技发展的同时，也为金融行业带来了新的数据风险。

第一，金融科技业务模式的数据风险首先体现在大数据本身的真实性上。大数据理论是建在"海量数据皆为事实"的基础上的，但是，人们无法控制数据采集者和提供者本人的偏见及筛选，而建立在大数据基础上的分析与决策对数据的数量及质量都十分敏感，一旦数据中掺杂了虚假错误的信息，就可能造成错误的分析及决策，从而导致重大的经济损失。伴随着大数据时代数据类型不断丰富，数据规模不断升级，这种风险也将不断提高。

第二，即使在数据质量合格的情形下，大数据分析也有可能落到"虚假关系"的陷阱中。由于不再需要随机样本，传统方法中对因果关系的逻辑推断能力变得不再重要。这就可能造成大数据所揭示的实物间的关系并不真实存在，而只是海量数据带来的假象，从而导致金融机构作出错误的决策，并产生重大的行业风险。大数据近年来在其他行业的应用充分表明上述的数据风险在现实中时有发生。纵使涉及数据的真实性及数据分析技术的数据风险得以控制，也无法完全避免数据使用的风险。数据即为信息，如果数据使用和保护不当，数据的风险即演变为信息安全风险。假如发生这样的风险，对金融科技公司以及相关行业的信誉都将产生很大的负面影响。

大数据技术的发展使得数据服务商拥有了前所未有的信息特权，通过信息的量化技术及集中化管理，数据服务商就可以获取用户的大量私密信息。所以，如果数据服务商滥用信息，就会泄露金融科技公司的用户信息。尤其严重的是，当数据服务商对政府机构或大型金融公司进行有针对性的信息收集时，就有可能泄露国家的金融信息，从而产生严重后果。

第三，除了数据服务商对信息可能存在的滥用以外，数据信息安全风险也来自潜在的数据入侵。大数据在金融行业的大量运用也为黑客攻击金融领域提供了更多的机会。一方面，黑客利用大数据可以同时控制数量庞大的计算机并发起攻击，攻击的数量级远超传统的单点攻击。另一方面，由于大数据的价值密度较小，安全分析工具很难对价值点进行周密保护。隐藏在大数据中的黑客攻击可以误导安全检测，从而给金融行业的网络安全分析带来新的困难。当前，大数据与金融服务的联系日益紧密，因此，一旦发生黑客入侵，将给金融机构带来重大损失。

第四，数据监听也会引发数据信息安全问题，除了使金融科技行业蒙受损失外，甚至会危及国家的金融安全。2013 年发生的"棱镜门"事件显示了美国政府怎样运用大数据技术从电话通信及网络信息中对他国民众及政府官员进行精确监听。当前，中国的大数据发展，不管是软硬件设施还是数据服务，都过于依赖国外企业，这就为大数据监听以及数据泄露埋下了隐患，危及国家金融安全。以我国金融行业的核心设备为例，据2012 年的统计数据，我国四大银行的数据中心全都采用了美国思科公司的设备，占我国金融行业设备超过 70% 的份额。据悉，思科公司不仅具有美国的军方背景，在"棱镜门"事件中更被怀疑直接参加了美国政府对中国的监控。

四　金融科技业务也存在传统信用风险

无论在传统银行领域，还是在金融科技领域，信用风险都将存在。网络金融业务所提供的金融服务是基于信用的，所以信用风险对网络金融业务影响很大。从全球范围的实践来看，以 P2P 及众筹为代表的网络融资，发展较好的国家基本都定位于小额消费借贷及小额股权融资，或填补了金融服务的空白，有的则在信用评审及客户风险上有所创新。它们对提高金融服务的覆盖面，尤其是在边远贫穷农村地区改善普惠金融等方面具有重大价值。

作为衡量信用风险的重要指数，不良贷款是指借款者有较大可能无法如期偿还由贷款本金及利息所生成的借款，银行业务会因不良贷款的升高而受到抑制，对银行的网络融资业务也会产生负面影响。世界各国的实践表明，各市场参与者在网络融资领域获得成功的关键主要取决于商业模式，因为网络融资行业并没有很高的技术门槛，而实现可持续发展的网络融资模式仅仅在小额股权融资及小额消费借贷领域，如果范围扩大到大型项目融资及线下融资，则其并不比传统商业银行更具优势。实际上，这是对现有的金融体系的一个有益补充，但无法取代传统金融机构在资源配置上的作用。所以，金融科技的发展也需要控制并防范信用风险。

五　估值风险影响金融科技行业发展

以大数据、云计算、人工智能以及区块链等为代表的新兴技术在金融行业中的运用给广大消费者提供了更加高效、便利的金融服务，人们的日常生活也因金融科技而发生较大的变化。金融与科技的融合极大地便利了人们获得金融服务，如今一个智能手机就可以使普通消费者得到金融服务，而金融科技的重要作用不光体现在消费方面。基于数据的获取和计算机技术水平的飞速发展，更多更复杂的金融衍生产品由金融机构设计开发出来。而且，政府监管部门鼓励金融科技公司开发新兴技术，并在金融领域中更多地使用新兴技术，从而提升金融行业的工作效率。

吸取了 2008 年国际金融危机的教训，许多国家的监管当局都建立了更为严苛的标准，严格监管银行等金融机构，这样一来就给金融科技公司及非银行机构的发展提供了良机，使得上述公司或机构能够从事类似银行的业务。金融科技如今开始利用区块链技术，以实现点对点的直接交易，不再需要通过第三方和采用中心式记账的方式。这就改变了传统的支付方式、交易各方之间的清算和信息记录模式。而一些银行积极主动地研究区块链技术，并在银行交易系统中采用区块链技术，因为这些银行预测区块链技术今后有可能取代银行中间方的地位。如世界首例利用区块链技术结算的贸易交易已经由英国巴克莱银行实施，这就充分表明此技术可以得到应用。当金融机构运用区块链技术进行结算时，可以实现电子加密传递，信息安全得到有效保证，而且结算速度也大大提高。

如今，全球范围内的金融科技发展迅猛，但其存在的风险也必须引起人们的重视。第一，起始于互联网金融的金融科技，也常常遭受网络攻击。一家由 IMF 主办的期刊《金融与发展》指出，金融科技在应用中最大的威胁来自黑客对网络的攻击。一些金融机构的系统因为遭到黑客的蓄意攻击而损失惨重。因此，当前网络安全是金融科技充分应用的保障，而采取有力措施防止网络攻击应为当务之急。

第二，金融科技公司未来发展之路并不平坦。一份花旗银行的报告指出，2010—2015 年，每年平均大约有 190 亿美元的全球资金投资给金融科技公司，贷款产品及研发支付占据资金的大部分，而且众多企业都酝酿进入金融科技行业。巨额资金的投入促进了金融科技公司的发展，同时也使企业估值得到提升。但是，超高的企业估值对金融科技公司的发展起到抑制作用。

第三，根据美国权威期刊的观点，持续攀升的金融科技企业的估值令不少有兴趣的投资客止步不前，并且其业务模式无法进入公开市场。全球知名调研公司 CB Insights 的研究表明，2016 年 4—6 月，投给金融科技企业的风险资金比 2016 年 1—3 月减少近一半，而针对金融科技初创公司的并购案从 2015 年上半年的 22 个，减少到 2016 年上半年的 16 个，收购浪潮已于 2016 年趋于平静。这表明，风险投资者已不再跟风投资金融科技公司，没有人知道当前的估值是否有泡沫。但可以肯定的是，金融科技领域今后的发展将要面临许多的技术难题以及内外挑战，决不会轻而易举地获得成功。

六　监管套利与法律风险

据统计，2015 年全球 31 家金融科技独角兽企业有 7 家来自中国，中国在金融科技领域的投资占全部亚太金融科技投资份额的 56%。值得关注的是，热潮背后也存在着监管套利风险。中国人民银行相关负责人表示，要注意区分金融科技与互联网金融的界限，金融科技企业要同持牌机构合作才能从事金融业务，并从业务模式出发进行穿透式监管。业界人士普遍认为，金融科技需要提升准入门槛，同时要与传统金融机构形成互补，共同推进金融行业效率的提高。

从概念上分析，与互联网金融相比，金融科技少了互联网的概念，而集中于科技本身。金融科技是基于大数据、云计算、移动互联网以及智能化等高科技的运用，从而使金融服务更为高效的一种商业模式，是对传统金融的补充发展。其深受互联网金融公司的偏爱，主要原因是：两者的监管模式存在差异，互联网金融企业要受银监会等监管机构的管制，而科技企业则并不需要。当前，由于我国的监管口径并不统一，为了规避监管，许多互联网金融企业相继更名为金融科技公司。而国外对互联网金融公司和金融科技公司都一视同仁，都实施统一口径的监管，并无监管差别。

当前，世界各国监管机构对金融科技公司的监管方式存在差异，因此监管套利现象十分突出。金融科技产品往往无法将其限制在一国之内，因为其通常多为数字化形式运营。所以，避免出现金融科技产品迁移至缺乏监管的地区的有效方法就是有关国家要进行有效协调。而且，金融科技公司经常位于监管的薄弱地区，它们即使从事与银行相似的业务也不会受到监管。这就充分说明，要想规范金融科技公司的商业行为，一整套更为严格的监管制度就必须由监管机构制定并实施。

对于新兴的金融科技业务而言，其所涉及的法律风险主要有：一是法律法规文件的不健全。监管金融科技的法律法规主要依据对原有的金融、商务等法律条文的引申以及修订，这显然不能适应金融科技业务的监管。而且，目前涉及电子交易合同的法规缺失，同时中国的网络金融还没有形成统一整体，因此跨行业服务水平低。二是相关法律法规是否适用具有很大的不确定性。当前，网络金融交易损失的责任归属就有争论，造成多起网络金融犯罪事件的发生，严重损害我国网络金融业务的稳步发展。只要涉及金融科技的法律风险没有得到解决，一旦出现损失以及纠纷，就难以得到合理的处置，这就不能保证金融科技公司的交易业务拥有一个安全的环境，从而阻碍我国金融科技的快速发展。

第四节 金融科技风险管控的国际经验总结

金融科技近年来发展迅猛已成为全球关注的热点问题。一些传统金融发达国家和以创新为驱动的国家对金融科技的持续发展极为重视，纷纷出台一系列相应政策进行引导及支持，希望借此在金融科技领域也走在世界前列。本节将对美国、英国、瑞士、以色列、新加坡五国的金融风险管控经验进行总结。

一 美国

美国对金融科技的监管原则是支持创新，但避免过度创新。美国对金融科技行业的监管政策可以概括为如下几个方面：第一是积极进行科技类试点；第二是协调相关部门共同合作；第三是突出金融包容性。

（一）积极进行科技类试点

美国积极布局金融科技行业。美国国会已建立了区块链核心会议制度。该国特拉华州发布了两个区块链倡议，把州档案记录转移至开放的分布式账本之中，并要求注册企业在区块链上追踪股权及股东权益。美国对科技类的试点和创新还体现为对监管科技的认可以及试用。受到监管机构重视的监管科技包括反洗钱（Anti-Money Laundering，AML）以及了解你的客户（Know Your Customer，KYC），即为验证客户身份服务。美国法律规定在美国经营的外国金融机构凡是涉及美国居民账户的均需进行备案，否则被认为是非法经营。

（二）协调相关部门共同合作

美国对金融科技的监管是由若干个政府部门通力合作共同制定相关措施，而不是仅仅集中在金融监管部门。其中，货币监理局是主要参加机构，其余如财政部、国务院、商务部、小企业管理部以及美国国际开发署等部门均参与其中。金融监管机构倡导"负责任的创新"的观念，对市场的创新及发展做出及时回应并且主动引导，也就是说在有效的风险管理且符合公司整体发展战略上的创新才称为"负责任的创新"，以避免过度创新的出现。货币监理局的主动监管引导主要表现在技术援助与研究、白皮书、信息请求、非正式宣传与对话、提出创造新的审查体系以及各类活动等方面。货币监理局召开会议主动邀请金融创新方面的市场参与者同货币监理局机构人员进行沟通，同时在其官方网站上披露相关信息，结合此类活动、技术支持和研发、白皮书、非正式的接触及对话、信息申请，监管部门与行业的从业者构建起一种交流沟通长效机制，确保政府在金融科技发展中发挥主导作用，实现政策目标。

（三）**突出金融包容性**

金融的包容性主要表现在法律的制定方面，在对金融科技方面的支持举措中，美国比较典型的措施有 JOBS 法案，也就是工商初创企业推动法案的制定。JOBS 法案是为股权众筹融资平台制定相应的法律法规框架，以满足中小企业及初创企业的融资需求，拓展其融资渠道，形成安全可持续的资本渠道。JOBS 法案的突出点在于对参与投资股权众筹融资平台金额设定以及合格投资者的界定，对于不同的企业及不同的筹资额度分别给予了规定。而对于融资额度较大的企业，则进行了合格投资者的门槛设定。对面向大众进行融资的项目，专门设定年度筹资额度不得超过 100 万美元，以降低系统性风险。

更能体现金融包容性的是监管当局对安全性和普惠性的并重。美国国家经济委员会于 2017 年 1 月 13 日颁布了《金融科技监管框架》白皮书，以此改进金融科技监管政策框架，并且构建更加合理以及适用的原则。其中，对技术偏差进行有效规避，突出普惠金融的安全性，努力实现可操作性，并且统一技术标准。美国财政部于 2014 年就已设立了金融赋权创新基金，以此支持扩展新的金融服务渠道。

二 英国

2008 年国际金融危机爆发之后，英国的金融监管主体由原来的金融服务监管局转为审慎监管局和金融行为监管局，二者分别负责审慎监管及行为监管职能。金融行为监管局于 2013 年 4 月开始对金融科技进行监管，其通过平衡创新与风险的关系以实现适度监管的目的。英国监管当局对创新的支持，使得欧洲将近一半的金融科技公司都诞生在英国，也吸引了许多金融科技人才齐聚伦敦，这其中包括世界第一家 P2P 网络借贷公司 Zopa 以及全球第一家众筹平台 Crowdcude，从而使伦敦成为著名的金融科技中心。

通过对英国金融科技监管进行研究分析，可以总结出其具有以下三个特征：一是英国的监管当局能够快速、有效地应对市场的变化；二是为了提供创新环境，英国为符合条件的金融科技企业推出"监管沙盒"（Regulatory Sandbox）；三是为了倡导金融机构利用创新科技手段减少监管成本，英国引入了监管科技。

（一）迅速应对市场变化

金融行为监管局监管的一大特点就是迅速应对市场变化。在 P2P 网络借贷以及众筹业务出现伊始，金融行为监管局就确立了通过互联网以及其他媒体发行不易变现证券的监管办法，把 P2P 及 P2C 网络借贷业务归为借贷类众筹，设立了最低审慎资本标准、信息报告制度、客户资金保护规则、合同解除权、平台倒闭后借贷管理安排与争端解决机制 6 项基本监管规则；将股权众筹界定为投资性众筹，在投资者身份认证、投资额度限定以及投资咨询业务等方面提出了监管要求；对网络支付及第三方支付等业务，监管当局将其归入 2009 年发布的《银行、支付和电子货币制度》监管范围，确保了所有经济行为的合法性。

（二）提供创新环境，推出"监管沙盒"

面对快速发展的金融科技市场，为了提高对金融科技行业的认识，有效实施监管政策并且降低合规成本，金融行为监管局推出了"监管沙盒"政策。"监管沙盒"提供一个缩小版的真实市场和宽松版的监管环境，在有效维护消费者权益的条件下，准许金融科技初创企业对其创新的产品、服务、交付机制以及商业模式等进行操作，时间通常为 3 至 6 个月。准入"监管沙盒"的金融科技企业需要拥有如下的条件：第一，产品或服务具有创新性，可以解决当前金融业的瓶颈问题或者可以支持金融业务的发展；第二，产品或服务明显有别于传统的金融业务；第三，可以给消费者及社会增加直接价值；第四，金融科技公司具有明确的发展目标及发展规划；第五，金融科技企业具备良好的合规性及自律性，有强烈的社会责任感。对于具备以上条件的金融科技企业，金融行为监管局通过测试等流程决定其是否能够进入"监管沙盒"。

对于处在"监管沙盒"里面的企业，金融行为监管局为其提供多项帮助，诸如对持牌的金融机构给予合规性指导，对金融创新行为提供合规性评估，在其权限范围内行使一定的法律豁免权。对非持牌机构则提供短暂授权，同意在监管沙盒期间测试持牌机构的业务，以期了解消费者对于产品或者服务的需求，从而为申请正式金融牌照做好必要的准备。但值得关注的是，一旦"监管沙盒"内的企业给消费者造成了损失，则其需要对消费者给予赔偿，同时需要证明其具有赔偿能力。金融行为监管局既不采用执法行为，也不免除企业对消费者的责任。

（三）引进监管科技，拓展监管思路

金融行为监管局对于金融科技监管的第二大创新之处就在于其提倡金融机构运用创新科技手段来减少监管成本，从而催生出监管科技的概念。尽管不是由金融行为监管局去开放应用，但市场上存在的大批企业，它们为了能够率先制定行业的监管标准以及满足自身的法律合规性等目的而积极参与其中，当前主要集中在以下几个领域：（1）金融科技企业通过使用软件工具及大数据技术等来减少监管成本，节约了传统的会计、审计等费用；（2）采用实时、系统嵌入式的金融监管工具，提升了金融服务企业的效率，也改善了对市场的监测能力；（3）倡导、资助金融科技企业应用新技术快速达到监管要求；（4）提升数据可视化程度，减少监管难度，从而更加有利于金融行为监管局为企业提供有效的监管咨询服务。

三 瑞士

瑞士整个 GDP 中约有 12% 的产值来自金融服务板块，金融科技作为未来金融的发展方向，受到瑞士政府的高度关注，并成为其重点支持的对象，以确保瑞士在金融领域的竞争优势。瑞士政府对金融科技的扶持主要表现在以下几点。

（一）制定监管框架

2016 年年初，瑞士联邦议会构建了创新型金融科技提供商的监管框架。2016 年年底，面对金融领域数字化的快速发展及不确定性，瑞士联邦议会讨论放松监管框架，目的是为金融科技企业减少市场准入障碍，并且从总体上增加该行业的法律确定性。

（二）给予政策扶持

为了吸引国外出色的金融科技企业入驻瑞士，瑞士增加了金融科技行业及创投市场的税收优惠政策力度，并与其他国家开展广泛的合作。具体的实施方法是下放政府权力，致使地方政府拥有更多的自主权，并减少对金融机构的干预，同时主动与全球优秀企业会谈。以瑞士的小州楚格为代表，瑞士对金融的支持主要是采用税收减免以及严格的保密措施等手段，这些方法举世闻名，其低廉的税率吸引了不少全球对冲基金及金融机构。如今，州政府准许当地民众利用数字加密货币支付政府服务，对数字加密货币的支持试点范围更大。原有的法规规定，创新项目只有在收到 100 万瑞士法郎或者大于 100 万瑞士法郎的公共资金后才能开展商业运营。瑞士政府于 2017 年修改法律，规定创新项目接收最高 100 万瑞士法郎的公共资金时，不被视作商业行为，因此无须授权。这一更改一方面对创新项目融资额度不大于 100 万瑞士法郎的公共资金取消限制，放低了投资准入的门槛，另一方面则有利于创新项目可以在得到大额投资之前就进行商业活动。

除此之外，瑞士当局修改法律降低了市场准入的门槛。瑞士金融市场监督管理局于 2016 年 3 月公布将准许金融创新领域的初创企业即使尚无牌照也可以在经过批准的地区从事经营活动。2017 年，瑞士联邦委员会发布新规，新规增加了扶持金融科技发展的条例，银行条例规定众筹项目中为结算目的接收的资金可以在 60 天之内进行结算，比起以前规定的 7 天，期限有了较大幅度的增加。

四 以色列

以色列在 2008 年的人均投资资本是同期美国的 2.5 倍，更是同期欧洲的 30 倍，在金融创新领域具有很好的市场基础。以色列政府对金融科技方面的创新秉持开放包容的态度，在政策方面给予大力支持。以色列当局及时修改以及实施同金融创新公司融资相关的政策，从而使创新初创企业留在国内。以色列强调创新创业并构建测试基地，倡导金融机构设置创新部门及涉足金融公司加速器。以色列政府对金融科技行业的监管方面主要表现，一是通过修改相关法律降低市场准入门槛；二是当局主动参与金融科技行业的建设。

以色列修订的法律法规包括《证券法》及《联合投资信托法》。《联合投资信托法》规定，募集规模较小的投资人能够享有投资章程豁免权；每位投资者的投资金额升至 10000 以色列新锡克尔以上，高科技基金就能够在特拉维夫证券交易所交易；增强市场流动性及活跃性，放松部分项目的信息披露要求，降低市场准入门槛。以色列当局也主动参加金融科技行业的建设，鼓励传统国家投资公司投资金融科技创业公司，例如以色列国民银行入股投资基金公司 Elevator。

五 新加坡

考虑到全球贸易水平的持续疲软，从 2015 年下半年起，新加坡对本国战略发展方向加以调整，将构建智慧国家作为政府的重点发展目标，大力支持市场创新，从而给经济发展注入新的动能。以此为背景，新加坡根据自身的金融业基础，全力推进金融科技公司、行业及生态圈的发展，目的是使新加坡成为全球智能科技强国及智能金融中心。

（一）总体监管框架

为促进金融科技的发展，2015 年 8 月，新加坡政府在新加坡金融管理局下构建金融科技创新团队，并在其内建立技术基础建设、支付与技术方案及技术创新实验室三个办公室。同时斥资 2.25 亿新加坡元推动金融领域科技和创新计划，欢迎全球金融机构在新加坡设立创新和研发中心，大力扶持地区金融业的发展。同时在 2016 年 5 月创立金融科技署，为创新企业提供一站式服务。新成立的金融科技署的主要任务有：审查、申请津贴及研究费用，实施政府对金融科技的扶持计划，对金融科技公司提供监管一站式审批资助；改善产业基础设施建设，化解人员培养和人才需求的矛盾，提高金融科技公司核心竞争力；妥善管理金融科技品牌及推广战略，实施金融科技的推广活动，努力培育全球金融科技中心。

（二）推出监管措施

2016 年 6 月，为了更好地促进金融科技产业持续健康发展，新加坡当局推出了"监管沙盒"制度，其目的是为企业创新提供一个优良的制度环境。"监管沙盒"作为一个试验区，放宽产品及服务的法律约束和监管，准许传统金融机构以及创业公司在该特定安全区域内试验新的产品、服务及模式等的创新，并且能够依据试验结果更改和提出新的法律制度。显然，这种"监管沙盒"制度无疑是值得称赞的金融监管政策，原因在于：一方面，创新有很高的实时性要求，而监管审批周期较长很有可能错失科技创新的发展良机。"监管沙盒"很好地解决了这个问题，能够使创新在指定的范围和区域即时开展，因而提升了创新开发能力。另一方面，技术创新蕴含着较高的失败风险，可能会损害消费者及创业者的利益，处置不好甚至会酿成系统性风险，危及金融系统的稳定。"监管沙盒"可以将风险控制在一定的范围内，减少了创新的风险。"监管沙盒"的主要内容包含如下几个方面。

1. "监管沙盒"的评估标准

在"监管沙盒"内登记注册的金融科技公司，在业务报备完成之后，准许开展与现有金融制度及法律法规存在冲突的金融科技业务。公司拥有实施及推广金融科技解决方案的能力，具有切实的技术创新且可以解决当前重要问题或者能够为消费者和行业带来益处，实时向新加坡金融管理局汇报测试进程及测试结果，具有可接受的退出和过渡策略来终止创新业务。对还未测试的技术，尚无推广意图及需另外试验而无须进入"监管沙盒"等四类项目，不能进入"监管沙盒"之中。

2. "监管沙盒"的退出机制

企业进入"监管沙盒"是有着时间期限的，如果到了事先规定好的测试时间，新加坡金融管理局所设定的任何法律及监管规则都将同时到期，企业将退出"监管沙盒"。假如企业由于特殊原因需要延期，则可以在监管期结束之前向新加坡金融管理局提出申请并且说明缘由。此外，假如在"监管沙盒"期间企业的测试结果非常好，企业在退出"监管沙盒"之后，可以继续享受在更大范围内探索相关技术解决方案的权利。

3. "监管沙盒"申请流程

企业向新加坡金融管理局提交申请以及技术说明等相关文件，新加坡金融管理局经过认真审核，将在 21 个工作日内给予明确答复。对适合的项目实施评估及测试，并且根据评估的结果来判断是否进入"监管沙盒"。

六 经验总结

通过分析上述几个国家在金融科技上的监管框架及监管制度，并且将这几个国家在金融科技的监管主体、监管方式以及监管力度等方面进行比较，希望对我国发展金融科技产业提供借鉴。

(一) 监管主体

各个国家的监管主体有不一样的特点，具体表现在如下几个方面。

1. 以美国为代表，多部门联手监管

与金融监管当局针对金融行业的分业监管相比，美国金融监管部门联手其他政府部门对金融科技行业实施共同监管及政策制定，前文提及的一些方法和策略为放松金融服务的准入提供便利，并且提高金融科技公司的财务决策能力。

2. 以瑞士为代表，中央政府放权给地方政府进行试点

瑞士政府针对金融科技企业的监管具体由瑞士金融市场监督管理局负责，然而在各个地方，地方政府能够依据法规制定当地的地方管理条例，以吸引投资，这一点可供我国金融科技行业发展借鉴参考。如在中央出台的法规指导下，可由地方政府制定符合当地情况的具体监管举措。当前，这样的措施已经开始执行，也可以在自由贸易区进行较大规模的放权试点，以此吸引国内外优秀的金融科技公司在自由贸易区发展。

3. 以英国和以色列为代表，在原有的监管体系下对金融科技进行监管

从2013年开始，英国将金融服务监管局分为审慎监管局和金融行为监管局，并将金融科技的监管划入金融行为监管局的监管范畴；而以色列在原有的监管体系下实施单一监管，这可能与以色列国家面积和市场都相对较小有关。

4. 以新加坡为代表，新建机构对金融科技进行集中管理

2015年8月，新加坡在金融管理局下新设立金融科技和创新团队，并且为了进一步扶持金融科技创新，2016年5月，由新加坡金融管理局和新加坡创新机构联合设立金融科技办公室来管理金融科技业务并为创新企业提供一站式服务。

(二) 监管方式

从监管方式来说，美国、瑞士及以色列都是采用功能监管的方式。功能监管是指根据业务的特点来划分监管对象的金融监管模式，各个国家对金融科技具体的业务进行分门别类的政策制定，按照业务的本质，划归不同的监管部门。如美国有些P2P网络借贷平台由于涉及资产证券化业务，所以美国证券交易委员会也负责该方面的监督管理。当然，三国的监管方式也不尽相同：美国实施的是限制性监管，旨在稳中求进，而瑞士和以色列实施的是主动监管策略。如瑞士较早建立金融科技监管框架，然后按照市场的发展情况及时进行相关的更改。

(三) 监管力度

从监管力度来看，美国充分吸取了 2008 年国际金融危机的教训，在对待金融科技发展上，采用较为平稳的原则，以防创新过度的情况发生。瑞士大力扶持金融科技发展，监管力度较弱，以求能在未来金融科技行业中占得先机。以色列则在监管上预先规划，对市场反应迅速，并且适当降低市场准入门槛，监管力度比较宽松。而对于同样采取"监管沙盒"的英国和新加坡来说，英国身为传统金融中心，其在制度设立上更加稳健和严格。例如，英国对于金融科技公司在"监管沙盒"中的时间一般为 3 至 6 个月，有着明确的要求。而新加坡对处在"监管沙盒"中的金融科技公司也有时间限制，但并未给出具体时间要求，时间上显然更有弹性。

(四) 监管侧重点

就监管的侧重点而言，美国更加侧重于引导金融科技的创新，目的是使其服务能够覆盖更大的群体范围以求普惠的效果。以色列和瑞士则更为重视金融科技在改善金融市场运行机制等方面的创新，更加看重其对传统金融行业运营机制的更新作用。而对同样采用"监管沙盒"制度的英国和新加坡来说，两国实行"监管沙盒"的目的都是更加有效地支持金融创新，但新加坡颁布的《金融科技监管沙盒指南》的征询意见稿中清楚地将范围仅仅限制在金融科技领域。而英国发布的"监管沙盒"的适用范围更为广泛，明确提出其适用于颠覆性创新，而不是仅仅限制在金融科技领域。所说的颠覆性创新，主要包含以下两点内容：一是能够颠覆现有流程或者市场的创新，二是其核心标准是创新能否有利于消费者。

由此可见，通过对美国、英国、瑞士、以色列以及新加坡这几个国家在金融科技上的监管框架、监管制度及监管创新方面进行系统的分析与总结，可以看到各国都根据本国国情来制定及实施监管政策。对其他国家来说，要想成功借鉴上述国家的监管经验，必须结合本国的国情，发展出适合本国的金融科技监管之路，而不可照搬照抄。

第五节 上海金融科技行业监管实践

当前，中国的金融科技快速发展，中国金融科技的壮大提高了我国金融服务的覆盖面，使金融服务惠及更多民众，提高了金融服务效率并降低了交易成本，能够更好地适应我国多样化的投融资需求，但同时也存在一些风险。金融科技发展需要平衡创新和风险，有效监管是金融科技健康发展的保障。所以，当务之急是首先必须认识和领会金融科技的发展特征，充分认清监管所面临的形势及挑战，从而为构建适当的监管系统提供必要的基础和根据。其次是要借鉴相关国家的宝贵经验，设立中国的金融科技监管沙盒，组建具有包容性、一致性及差异性特征的监管系统。再次，也要很好地利用科技的先进性，运用科技型监管措施，提升监管的有效性。

一　上海市对金融科技行业的具体监管政策法规

上海市的金融科技发展水平整体较高，但非法集资、集中违约、恶意骗款、客户信息被盗等事件时有发生，上海市政府对此非常重视，在贯彻中央关于互联网金融整顿的大框架下，也出台了有关监督管理办法。

关于公司注册方面，将暂停注册的公司范围从"互联网金融"扩大至"投资类"公司。有关非法集资方面，提出利用金融科技等技术手段，强化对非法集资行为的监测及预警。上海市人民政府办公厅于2016年6月印发《上海市互联网金融风险专项整治工作实施方案》的通知，要求辖区内证券期货经营机构自查五大重点整治内容，其中包括利用互联网开展业务不规范、利用互联网从事非法活动、与互联网公司合作开展业务不规范、与未获得相关资质的互联网公司合作、通过互联网公司开展资管业务不规范或跨界开展金融业务。上海市互联网金融行业协会颁布《互联网金融从业机构区块链技术应用自律规则》，目的在于规范引导及促进金融科技行业利用区块链更加高效地服务实体经济，更好地保护社会公众权益。

在广泛听取社会意见的基础上，上海市金融服务办公室于2017年6月1日颁布了《上海市网络借贷信息中介机构业务管理实施办法（征求意见稿）》。上海市互联网金融协会于2017年6月10日颁布了《上海市网络借贷电子合同存证业务指引》（以下简称《业务指引》），中国第一个针对网络借贷电子合同存证业务的指导性文件正式诞生。《业务指引》对和网络借贷电子合同存证有关的具体业务给出了详尽指导。如为了确保存证人的独立性，《业务指引》指定存证人不能给P2P网络借贷平台提供担保及背书，不能承担借贷违约责任，权责分明是双方合作的基础，P2P网络借贷平台负责数据的真实性，存证人无须承担审核责任，双方合作中应该共同制定接口规范，公平协商费用。除此之外，与《网络借贷信息中介机构业务活动管理暂行办法》不同,《业务指引》还做出了"平台只可指定唯一一个存证人合作"的严格规定。相比中国其他地区对金融科技的监管而言,上海市的监管制度就显得更加全面和系统。

二 上海加强金融科技行业监管的政策措施

上海作为我国的特大城市、长三角地区的中心城市、全国的经济及金融中心之一,各方面条件都得天独厚,如何快速发展金融科技,从而引领全国是时代赋予上海的光荣使命。而实现这一目标就需要上海的金融监管当局能够制定出一套既符合我国实际情况又适合上海金融现状的金融监管政策和措施。

(一) 金融科技发展规律与监管框架选择

1. 改变传统的准入式监管模式

上海金融行业的监管模式主要采用准入式监管,监管当局主要看金融机构是否满足设定的准入条件,不同类型的金融业务有不同的准入门槛,如果不能满足一定的条件则不得开展特定类型的金融服务。但是金融机构准入式的监管方式已不能适应上海金融科技的发展。金融科技本质上来说是由科技进步引发的金融创新,其发展主要是由科学技术与金融产业的融入所驱动,主要体现在通过大数据及云计算等技术手段,以增强信息计算和识别能力、改进信用机制及风险评估机制等,大幅减少信息不对称程度及由此带来的高成本,这样就可以发挥传统金融所没有的竞争优势,即通过更小的成本进行资金匹配,从而给个人及小微企业提供金融服务等。所以,技术创新能力是金融科技的核心竞争力,金融科技的主要风险是能否持续保持其技术优势及数据优势,然而准入式监管主要关注金融企业是否满足一定的财务条件及风险控制条件等,同金融科技自身发展特点并不相配。

2. 监管金融科技的关键为行为监管

金融科技通常情况下无法区别传统金融模式下直接金融和间接金融的业务分界。公司通过发行证券方式进行的融资叫做直接金融,而传统金融机构商业银行所从事的存贷款业务被称为间接金融,这是传统金融的观点。然而,直接融资和间接融资的业务界限在金融科技业务系统中已经日益模糊。现以网络借贷为例,从传统意义上来说,借贷行业属于间接融资范畴,但网络借贷当属直接融资,因其打通了借款者和贷款者之间的联系纽带。因此,金融科技改变了这种商业模式,对金融监管方式也提出了新的要求，传统上以业务及机构类型为区别的监管方式已不能较好适应金融科技的监管要求，而需要以行为监管作为监管模式。当前，从全国及上海的实际监管经验来看，已经开始在监管思路上逐渐适应调整，目的是能够较好适应金融科技的监管要求。在《网络借贷信息中介机构业务活动管理暂行办法》中就体现出通过借鉴证券监管的思路，以行为监管思想下的投资者保护及信息发布等制度为主要内容，而放弃了传统银行业监管中以机构监管为重心的监管理念。

3. 分类监管体系适应金融科技的多元化

当前，金融科技行业呈现出一些新的发展趋势，如多元化、生态化、场景化及混业化等。金融科技多元化通常是指其模式日趋增多，细分市场不断成熟，网络借贷、第三方支付、网络理财、网络证券以及互联网保险等行业都有较好的发展，金融科技已经逐渐成为促使我国经济转型升级的重要产业。金融科技的生态化是指金融科技公司利用资源优势，自发朝业务上下游开拓，从而形成惠及用户的全面的高效服务。金融科技的场景化则同互联网产业自身特点密切相关。因为互联网服务必须依靠特殊的媒介及商业氛围，所以金融科技布局也必须依据特殊的场景。金融科技的混业化是金融机构的经营形式表现为交叉的现象。从互联网自身拥有的较强的"马太效应"中受益，一些企业，由于在特定的细分市场具有一定的核心竞争力及品牌优势，能够通过其较强的技术、较高的知名度及丰富的数据向其他领域以低廉成本进行业务拓展。所以，必须设立与金融科技相适应的分类分级监管系统，可以借鉴银行或证券机构构建金融科技公司的分级制度进行分类监管。

（二）设立具有包容性的监管体系

无论是上海、全国乃至外国的金融科技，其边际总是和传统金融产生碰撞，这样就衍生出怎样平衡创新与符合法律的监管问题。所以，这种情景就要求设立具有相容性的监管系统。

1. 设立区域型及行业型监管沙盒

创业型企业有活力，有潜力，也容易破产倒闭，常常不具备准入沙盒进行测试的条件。可以创建沙盒信息共享、统计数据交流制度，把沙盒测试结论提供给无法进入测试的公司，供其参考。与英国及澳大利亚等国的监管制度相异，对于金融科技，中国当前采用多方监管方式，因此可以考虑由满足试点要求的地方性金融管理部门或者有较高影响的金融科技行业自律组织（例如中国金融科技协会）牵头设立"监管沙盒"，并邀请有关公司、用户及学者同时参加，对于申请进入沙盒的公司，对新的解决方案提供测试，目的是为公司提供改进产品及服务的有效根据，以此防范潜在的金融风险。

2. 构建测试制度以保障消费者权益

以《关于促进互联网金融科技健康发展的指导意见》为依据，以维护金融稳定及保护消费者权益为出发点，以良好的申请及使用制度为基础，行业虚拟沙盒能够接受多种金融科技公司，不必受限于其行业所属，应该充分发挥地方金融管理部门及行业自律组织的作用，通过更为全景的视野，洞察整个行业的发展。同时，尽快汇报监管部门沙盒测试结果，并且强化风险预警，使金融科技可持续发展。

3. 加大信息披露力度

由于金融科技是一个新兴行业，对其的监管模式也需要创新。过去，金融机构要有牌照才能从事金融业务；如今，金融科技企业数量多并且形式各异，假设统统由政府来监管，高昂的成本就完全由政府承担，政府将不堪重负。因此，首先需要动用民间力量来充实监管力量，强化信息披露。其次，黑名单制度必须建立，同时要加大对违法违规者的惩罚力度。

4. 发展与监管兼顾

（1）对金融科技产品的扶持可通过政府采购进行

政府采购政策要进行调整，把加快中小企业发展作为政府采购政策的改革方向，采购经费由财政部门设置，大力扶持上海金融监管部门采购以及定制监管科技项目，并提高综合监管水平。可在小额贷款公司省级监管平台建设以及民间融资监测等方面，倡导政府相关部门与有作为的地方政府进行合作。

（2）建设"双创"基地，加快金融科技创新融合

国家提出"大众创业、万众创新"，该政策是促进社会发展的重要措施。金融融合科技创新，是适合"双创"精神、深入进行我国经济结构调整、增加就业、稳定增长的机制改革。应该大力提倡及鼓励各种"双创"基地与各类金融科技风险投资相结合，与金融机构和研究机构的金融产品创新相结合，与监管部门的监管创新相结合。

（三）设立差异化与一致性的监管系统

1. 设立差异化监管系统

监管的主体需要随金融科技参与的角色不同而有所差别，差异性也体现在监管原则及手段上。监管部门对实质性从事金融业务的机构以金融监管为目标，而对提供金融市场科技服务的公司应该以行业标准及市场监督为约束条件。我国监管当局要求金融科技公司要与持牌机构进行合作才能

开展金融业务，明确指出"金融是金融，技术是技术"，这就为进一步规范及监管夯实了根基。所以，所有实质开展法定特许金融业务的机构，都必须持牌照经营。而对于一些法律法规仍未规定准入要求的业务，则要进行一定的事前管控，例如，制定技术安全标准以及客户资金第三方存管制度等准入门槛，并同时向全国性行业自律组织备案，进行自律管理。而对于一些复杂的跨界业务，则应该实行穿透式监管。

伴随着金融科技行业的快速发展，金融监管将面对数量众多、类型各异的金融科技参与公司，一类是面向金融机构提供金融服务的技术供给和系统开发者，是以提供技术解决方案为主要业务；另一类是向客户直接提供金融服务，自己持牌进入金融行业的，其服务的范围涵盖财务管理、贷款、结算、资产管理及支付结算等许多方面，实际上是金融行业的变革者。所以，对上述公司很有必要构建差异化的监管系统。

此外，对于像第三方理财机构及新型网络金融公司等完全无监督的、不持有金融牌照的信用中介机构，监管部门一方面要推进金融发展，鼓励金融创新，另一方面则要强化金融监管，防范潜在金融风险的爆发。技术壁垒是金融科技存在的一大特点，当前不少原先的互联网金融公司陆续更名为金融科技公司，但没有与业务定位相称的技术支持与服务能力，实际上是为了规避监管而套利。对于这类问题，应该按照"标准化、规范化、牌照化"的原则，组织有关部门先设立行业技术标准及准入门槛，然后通过对业务能力、技术能力及风控能力进行评估，决定是否准许从事业务。而对于那些实质从事金融服务业务的机构，监管部门应该按照金融服务种类及分业监管原则确定对应的牌照制度与资质审查。

2. 设立一致性监管系统

目前，金融科技在世界范围内蓬勃发展，而在金融科技产业快速发展的同时，风险也在迅速聚集，因此应该引起监管当局高度重视。全球各主要国家都出台了金融科技监管意见或框架，目的是在管控风险的条件下推进金融科技的健康成长。当前金融稳定理事会发布的《对于金融科技的监管评估框架》对全球金融科技的监管提供了指南。该方案的主要思想是世界各经济体需要遵照比较一致的监管框架，监测本经济体金融科技的成长，并与制定国际标准的机构和国际组织在业务监测、业务应对以及风险分析等方面进行交流和合作，从而为国际协调监管打下基础。如美国货币监理署颁布了一个名为《负责任的创新》的白皮书，作为其实行金融科技全新监管框架的开端。英国的监管部门——金融行为监管局则在2015 年发布了项目创新，引导金融科技企业的成长。另外，全球一些发达经济体如澳大利亚、法国及日本等国都已制定规则、采取行动，引导金融科技健康发展。因此，伴随着金融科技在全球化范围内的迅速成长，各经济体构建一致性的监管体系，一方面便于国际监管协调，另一方面也有助于推动金融科技国际业务的持续发展。

（四）利用监管科技监管金融科技

为了提升监管的有效性，除了加强和改善监管，同时还要强化科技监管的力度。就像英格兰银行经济学家 Anly Haldance 所说，当金融服务越来越多地应用科技，监管当局也得到机会评估以前无法测量的金融风险，并有可能使风险管理体系化、全局化。实际上，各国（地区）金融监管部门已达成共识并在采取行动。新加坡金融管理局计划出资 2.25 亿新加坡元支持金融科技研究；澳大利亚证券投资委员会出台了与创业型科技金融企业联合办公的"创新中心"计划。

1. 金融科技发展的合规性需要依靠监管科技

不管是国内的金融科技，还是境外的金融科技，其边界总是持续地和传统金融产生碰撞，这样就出现怎样平衡创新与合法合规监管的问题。然而如果使用监管科技，针对实质上进行金融中介业务的金融科技企业，尤其是创业型金融科技企业，监管方式应有所改变，即并不要求对该企业实施牌照监管，只是让该企业连接监管当局的技术系统，达到实时合规的技术标准。这种方式其实是设立了监管当局与被监管者的非现场联合办公机制，从而确保了金融科技的合规性。

2. 金融科技领域应广泛应用监管科技

监管科技（Reg-Tech）的设想是由西方国家监管机构提出的一种监管方式，它主要是指每个金融机构的后台直接与系统监管当局的技术系统相连，监管当局就能够实时地得到监管数据，这样就可以应用大数据分析及数据可视化等技术手段完成监管报告和建模与合规等工作。具有来说，监管科技的应用主要表现在如下几点：一是大数据运用，为了消除监管者与被监管者之间的信息隔离，监管机构应该充分应用大数据技术及信息科技等手段监测范围更为宽泛的全网络中的可疑金融交易及行为，并实行追踪，从而发现可疑的被监管者。与此同时，还可加深对整个网络的认识，并能够及时修补网络的漏洞。二是模式分析与机器智能，即使用机器智能与模式识别的技术，把计算机图像与视频处理、图形跟踪与监控、计算机视觉与模式识别、模型拟合以及统计学等新兴科技的成果应用在分析、判断、抓取监管对象的异常行动上。三是将监管资料进行数字化存储管理，即监管部门把涉及监管工作有关的所有资料，例如图文、音频及影像等实施数字化加工处理与存储。四是预测编码，即对被监管对象的一些异常行为进行数字化标识，将其看做离散信号，根据前面或多个信号来预测接下来的信号，并且针对实际值与预测值的差异实施编码处理，这种情况发生在监管机构进行工作时遇到一些如音频、影像等的缺损数据，以此来辅助推测是否要对被监管者给予关注。

3. 监管科技主要监管金融科技基础设施

由于金融科技公司对信息技术的依赖性很强，因此保障网络安全及信息安全的能力也是影响金融科技公司生存能力及管控风险能力的重要体现。例如 2016 年爆发的轰动全球的知名以太币平台 the DAO 被黑客攻击的事件，导致该平台关门倒闭，并使投资者蒙受数千万美元的经济损失。所以，监管机构既要把金融科技公司的基础设施引入监管体系中，也要关注金融科技公司的风险控制能力及持续运作能力。监管部门要拟定技术基础设施监管方案，不断加以改善，以大数据和云计算等新技术为基础，构建实时、有效、动态的监管系统，同时按照现有金融监管规则推进监管开发科技方落实。如要求企业健全技术风险规章制度，改进技术方法及完善管理制度，以确保信息系统安全运行；要求企业构建防火墙、数据加密、入侵检测、灾难恢复等网络安全设施及管理制度，并实行定期检查监督；要对企业的关键性和基础性信息系统进行等级测试和定级备案。此外，监管部门还必须关注企业其他技术有关风险，这些风险有电子认证、数据使用、第三方签名、信息真实性检验等；监管当局还应倡导行业自律组织设立行业内信息数据及技术共享制度，构建技术监督管理制度，促进行业技术和管理制度的完善。

4. 通过监管科技实现数字化监管

以大数据以及云计算等新兴技术为基础，构建符合时代要求的数字化监管系统，达到实时、有效、动态监管及全景式监管，提升监管水平。对非银行支付机构在支付清算领域内进行有效监管是监管部门要面对的重要问题。当前，借助大数据及云计算系统，依靠现有机构的技术力量，完全可以构建富有成效的、具有针对性的资金流向和资金存管的监管系统。而借助于行业协会及行业内企业的帮助，在网络借贷领域，针对投资者和借款方的信用风险识别、评估系统，资金流向监管系统及机构风险评估系统也能够由监管机构实施完成。这些系统的构建可以摆脱过去监管中出现的高成本、低效率的现象，也能去除中国金融系统中监管滞后的问题，帮助监管部门提升监管水平，在有效管控系统性风险的同时，对行业的可持续发展起到积极作用。

第四章 人工智能与金融融合下的智能金融发展研究

引 言

随着计算机技术以及数据处理技术的快速发展，人工智能在金融中的应用得到迅速的发展。目前，人工智能已与金融行业在金融产品、服务和科技等方面实现了动态融合。通过运用大数据、物联网、云计算等新技术为金融行业服务提供创新性金融人工智能解决方案。从布局来看，各金融机构通过自建或者投资的方式加入金融科技的创新浪潮中。从人工智能应用于金融行业的形态以及实际业务来看，人工智能在金融行业的应用主要集中在智能服务与营销、智能投顾、风险管理、监管与监察上。例如，2018年，中国建设银行已经在上海建立了首个无人银行，通过刷脸+身份证识别绑定即可认证身份，90%以上现金及非现金业务都能办理，复杂的业务只需戴上耳机和眼镜，远程一对一交流。证券行业、保险行业更是出现了AI投顾、智能投保等。人工智能已渗透到金融行业的各个领域。本章首先梳理了人工智能在银行、证券、保险等金融行业的发展动态，全面分析了人工智能在金融行业的应用状况；其次，指出了人工智能在金融行业快速发展的同时带来的风险；最后，提出了关于人工智能在金融行业应用发展的政策建议。

第一节 人工智能在银行业应用的发展现状与趋势

随着大数据、云计算、区块链等技术的发展，金融与科技的融合加速了金融业的演变。金融人工智能应用越来越广泛，银行业向集约化、自动化、流程化、智能化加速发展，表现在更多地依赖大数据技术、云计算、互联网等最新人工智能技术。本节将结合具体案例深入分析人工智能在银行业中应用的发展现状和趋势。

一 银行人工智能的 IT 系统建设进展

银行服务的互联网化、智能化必将带来业务数据的爆发式增长以及业务内容的多样化。在传统银行向智能化银行转型过程中，对支撑业务运行的 IT 系统提出了巨大的挑战及要求。传统的 IT 建设及管理方式已不能满足智慧银行的业务发展需求，迫切要求金融行业借助云计算、大数据和人工智能等新技术，推动 IT 资源快速响应业务系统的变化，提升商业银行的数字化水平，降低运维和运营成本，满足"未来银行"的建设。IT 系统已经成为银行业务日常运营的操作平台、业务创新的基础工具和管理决策的重要手段。银行信息科技发展水平及其与银行业务的融合程度，已经成为影响现代银行业务客户服务、衡量经营管理水平高低的重要因素，成为全球各大银行打造核心竞争力的关键领域。最近几年，我国银行业的 IT 系统建设取得了巨大进展，IT 系统借助大数据、人工智能，实施智能化运营与运维。

（一）云计算下的智能银行 IT 系统建设

中国工商银行于 2014 年开展云计算等新技术研究。2017 年，工行正式发布"工银星云"技术平台，为工行信息系统提供标准化、自动化的信息技术基础设施和公共技术服务，积极应对金融技术融合创新的新趋势，更好地服务于全行业务转型，助力全行实现信息化、实施"智能银行"战略。

工行云平台采用"开源、自主研发"的技术演进路径。工行云平台通过引进、消化、吸收、再创新，充分结合工行的应用规模、特点和运营维护需求，构建了自主可控的企业级云平台"工银星云"，即工行金融云平台——基础设施云 IaaS 和应用云 PaaS。工行基础设施云 IaaS 是基于开放 OpenStack、SDN 的自主研发云管平台，实现资源的可视化管理。工行应用云 Paas 采用轻量级容器技术，主流容器集群调度技术 kubernetes，实现了完整的企业平台调度、负载平衡、弹性伸缩、集群管理、日志记录和监控，支持万级集群规模、灵活的服务化、自动化和智能化的云运维、安全隔离机制和高可用性保障、全流程开发等功能。

目前，"工银星云"实现了 1 万多个虚拟机节点、近 5000 个应用平台云容器、6 亿多个云端日常服务呼叫，覆盖了个人网上银行、企业网上银行、手机银行、快速支付、纪念币等 100 多个关键应用，有效地承载生产和交易负载。

随着集装箱化和服务业的发展，云应用的部署规模和交易数据量呈爆发式增长，业务内容呈现多渠道、多元化的趋势。传统的运行维护方式越来越不能满足需求。迫切需要建立智能、安全、高效的云运维体系。"工银星云"特色包括以下几个：

1. 打造云上日志"数据金矿"

"工银星云"基于工业日志生态弹性搜索、filebeat、fluentd、logstash、hadoop等开源技术，结合工行的特点，重新开发建立了企业级分布式日志中心。日志中心提供多样化、高性能的日志采集功能，将操作系统日志、应用日志、中间件日志、集群运行日志纳入视野，实现全方位、统一、集中的日志管理，通过长期缓慢的日志存储和历史数据下载，形成数据储备，为日志分析奠定了坚实的基础，实现了日志的高可用性和高可靠性。搜索引擎提供基于关键字、日期、应用程序、节点类型和其他多维日志的在线检索和实时分析功能，以实现快速的问题定位和处理。当下，工行分布式日志中心支持收集近 90 个可应用的云日志，峰值支持 10 万多个 TPS 日志。它可以称为工行智能运营系统的"数据金矿"。

2. 建设全息监控平台，提供"监控天眼"

随着行业云计算监控领域技术的发展，工行云监控系统由静态、广泛、单一向动态、精细、灵活转变，有力地保障了云环境下的生产安全。以行业主流技术 Promethueus、Zipkin、Cassandra 等 APM 技术为基础，将日志中心和监控中心的数据进行集成，形成全方位三维全息监控平台。全息监控平台提供了全面的监测指标采集能力。目前，它已支持数百种指标的准实时推送，涵盖平台端操作系统资源监控、中间件监控、标准应用指标监控、自定义应用指标监控等领域。通过对监控数据的汇总分析，提供应用健康和负载的实时监控能力，实现跨平台监控。跨应用程序调用链跟踪分析，提供应用程序故障图像和实时报警，有效提高故障检测和解决效率。

3. 打造云运维体系，提供自动化、精细化的运维能力

随着"企业日志中心"和"全息监控平台"两大基石在生产环境中的演变，结合多年在运营维护领域的探索和实践，工行于 2017 年下半年建立了大型集群云运维系统，可以提高云应用程序的自动化和精细化水平。基于集装箱监测数据和日志采集数据，建立了一个通用的、可定制的、可扩展的业务分析模型平台，实现云端运营维护的可视化，并与工行电子办公室相连。工行云运维系统提供二级指标计算和报警，实现云应用

精细化管理；建立分布式节点自动巡检机制，提供云应用趋势分析、故障二级预警和实时诊断；建立云资源管理系统，实现云应用的精细化管理，为资源利用和弹性伸缩提供建议；实现快速、自动化的云运维能力，提高云应用、操作和维护水平。

4. 借助大数据、人工智能，探索智能化运营

"工银星云"以分布式日志中心的"数据金矿"、全息监控平台的"监控眼"和自动化的"云运维系统"为基础，实现了基础数据的采集、存储、监控、分析和预警。下一代云平台的建设重点是借助大数据和人工智能技术，促进智能业务运营和智能运维辅助运营，提高事务安全管理和控制能力、服务监控能力、故障智能检测和处理能力。

目前，工行计划从交易安全控制、服务监控、异常检测、故障智能分析、运营优化五个方向推进智能化业务运营维护建设。在交易安全管理和控制方面，建立风险控制模型，对异常交易进行预警，提高交易安全性；在服务监控方面，实现服务水平监控和报警智能化；通过对监控和报警指标的因果相关分析，对报警事件进行压缩，提高监控效率；在故障智能分析方面，基于智能日志完成监测诊断，找出故障原因；在运行优化方面，根据云节点的资源利用情况，智能分析容量瓶颈，并提出优化建议。

目前，中国工商银行已经有了相关的实践，并已在"交易安全控制"和"智能故障定位"两个场景中登录。基于 API 事务统计，"事务安全控制"构建了基于产品的事务监控模型、基于周期的比较监控模型和即时异常模型，用于监控 API 服务调用，揭示业务异常风险，增强事务安全性。智能故障定位基于应用日志的内容，从宏观业务交易的耗时监控趋势，深入到单笔交易的详细耗时步骤和业务链请求流程。通过机器学习智能分析，可以快速定位故障。

5. 依托"工银星云"，驱动智慧银行转型

通过"工银星云"，工行基础设施资源利用效率提高 2—3 倍，资源供应时间由 2—3 周缩短为数分钟。通过基础设施云 IaaS 与应用平台云 PaaS 的联动，业务峰值扩展达到二级，管理流程得到了改进，60% 以上的流程实现了全自动化。特别是在以互联网金融为代表的紧急高峰情景下，"工银星云"在个人电子银行、第三方快速支付、纪念币预约发行、个人 II/III 结算账户等场景中得到了广泛应用和成功实践。特别是在 2018 年的"双 11"推广中，采用了主账户下行的快速支付应用。借助云技术和服务技术，实现了小规模集群的扩张和收缩，实现了 57% 的集群资源共享。推广期间，支付峰值达到每秒 21661 次，平均交易时间 78 毫秒，CPU 利用率低于 50%，给工行客户带来了快速、安全、稳定的支付体验。

随着业务数据的爆发性增长和业务内容的多样化和更新,金融业借助新技术向未来的银行转型迫在眉睫。依托"工银星云",工行实现了IT资源向快速响应、灵活、高可用、低成本的云计算环境的转型,为客户的快速发展和交易规模提供了强有力的支持。

(二)基于企业金融云的分布式开放业务平台建设

2017年7月,广州开发银行研发中心采用分布式架构和服务,引进企业金融云技术和开源框架。以"业务建模、分析与设计标准化、能力输出标准化"为高标准、高要求,按照业务领域构建互联网业务平台,为客户提供稳定的系统性能体验,为所有渠道提供标准化、可行性操作规范。

广发银行互联网业务平台是基于企业金融云的分布式开放平台。它是一个由业务能力标准、运行机制、服务方法、配置管理、执行系统和运行服务团队组成的生态系统。作为一个运行和维护中的生态系统,该平台具有大规模并行处理能力和快速恢复能力,是一个值得在业界推广的模型。

(1)在技术价值上,一是高可用性和高可靠性,即99.99%的可用性,以确保全年停机时间不超过1小时,且系统架构和容量服务标准可以确保开发周期和过程的稳定性;持续集成和交付、服务路由和服务发现,以确保业务部署和运行可靠性。二是可伸缩性。系统由单一体系结构向分布式体系结构转变时具有自动缩放功能,支持灵活缩放。三是敏捷交付和并发协作,实现了从定制业务功能到能力服务的转换,支持服务沉淀和服务治理。通过统一团队之间的协调规范和系统之间的交互契约,可以促进多团队的并发协作。四是可视化操作通过构建能力图和操作平台,实现能力的可视化和可持续发展。五是基于企业金融云的服务输出搭建而成,沉淀了一系列金融行业所需的标准服务,可将服务输出给行业内的中小金融机构。

(2)在业务价值方面,一是标准化与能力复用,平台支持供需关系的快速匹配,并实现高效撮合。基于微服务的分布式架构沉淀能力中心,支持新业务的快速落地和试点。二是连接、生态、创新,平台是连接器,通过数据与能力的集中沉淀,促使不同业务形态之间的协同与打通,提升客户体验,助力业务的持续、快速创新。

综上所述,广发银行互联网业务平台是一个先进、开放、融合的企业级生态平台,可以快速构建企业的业务系统,从而快速响应业务需求,支撑业务持续快速发展。

2017年10月，以系统架构转型为契机，广州开发银行开始部署云业务，计划建设营销活动中心，支持广州发展银行共享日品牌活动。经过近半年的需求分析与讨论、研发测试与调试，2018年5月，互联网营销活动中心全力支持广发共享日品牌活动。通过对系统进行多轮全环节压力测量，细化代码，不断优化系统性能，有效提高交易处理的及时性。系统上线后运行平稳，性能显著提高。峰值每秒事务请求（TPS）从2600次增加到35000次，平均事务处理时间从200毫秒缩短到60毫秒。

（三）云计算金融应用场景

1. 应用场景一：互联网金融应用场景

基于大数据和云计算的开放互联网平台形成的功能性金融业及其服务体系，包括基于网络平台的金融市场体系、金融服务体系、金融组织体系、金融产品体系和互联网金融监管体系。为了应对市场的快速变化，互联网金融应用往往采用敏捷开发模式、灰度发布和快速迭代。传统的服务器资源部署模式难以满足其及时性要求。云计算，特别是近年来流行的Open Stack框架下的容器部署模式，非常适合于互联网金融应用的开发、测试、部署和运行维护模式。这些场景的典型应用包括掌上银行、网上银行和微信银行，支持快速迭代和灰度发布。

2. 应用场景二：普惠金融支持场景

传统银行主要支持中小企业的直接信贷、现金管理或结算。随着金融信息化的快速发展，银行业信息化程度越来越高，可提供的产品也越来越丰富。然而，中小企业在同一时期受到规模、资源和技术的限制，直接影响中小企业获得综合金融服务。近年来，随着阿里云、腾讯、青云等国内云计算厂商的快速发展，越来越多的中小企业在第三方云平台的基础上逐步建立适合自身发展的业务系统，提高了企业信息化水平。然而，这些云计算提供商的优势在于系统建设技术简单，金融服务相关业务体系建设和与商业银行对接存在不足和差距。在这方面，商业银行可以利用金融技术优势，为中小微企业提供具有金融业务特色的云计算服务。

3. 应用场景三：分行特色应用场景

传统的大型商业银行金融业务配置是一般的子模型。总行一般提供存取款、现金结算、信贷、资金定价等基本金融服务，分行一般承担客户当地特色业务渠道的接入，如收付、银行医疗、银行学校等。这种模式要求各分支机构配置独立的服务器、存储和安全防护设备等资源，但当地运维人员水平参差不齐，不利于IT基础设施进一步集约化、规范化。此外，近年来随着互联网金融业务的快速发展，越来越多的分支机构专用应用程序通过互联网与客户进行交互，但基于对金融安全的考虑只针对总部互联网的访问功能，这间接降低了分支机构为客户提供服务的水平和能力。在这种情况下，可以在总部建立一个统一的基础设施云环境，既可以解决 IT 基础设施资源密集化、标准化的问题，也可以解决分支机构特定应用的互联网交互问题。总行为分行提供标准化的网络和底层系统运行维护服务，分行重点发展和部署业务。

4. 应用场景四：备灾及测试复用场景

随着商业银行数据的集中和效率的提高，风险也越来越集中。为了保证业务的连续性，银行信息系统的备灾模式近年来已逐步由最初的备灾冷转为备灾热、集群化以及异地两种活动。备灾资源也从原来的分散模式演变为集中模式，带来了大量的问题。备灾资源每天都是闲置的，但由于备灾资源的特殊性，在云计算技术不成熟的情况下，这些闲置资源过去不能用于其他目的。同时，金融创新和金融技术的快速发展，导致了银行产品研发的增长，对应用测试的需求也随之快速增长。一方面是资源闲置，另一方面是资源缺口，这些矛盾在当今云计算技术的快速发展中得到了解决。由于云计算技术具有部署快、扩展灵活的特点，可以在备灾环境和测试环境之间快速切换信息系统的运行资源。许多著名的公共云服务提供商也有类似的场景。阿里、亚马逊等电子商务在旺季将资源切换到销售平台，在淡季通过公共云向中小企业或个人提供运营资源，最大限度地利用资源。

5. 应用场景五：运维自动化管理场景

随着我国银行信息化建设的不断深入，商业银行信息技术体系日趋复杂。网络设备、服务器、中间件、业务系统的设备故障使 IT 运营维护人员难以冷静地处理，这严重影响了商业银行的业务连续性。这已成为信息技术服务内涵的重要组成部分。面对越来越复杂的业务和越来越多样化的用户需求，扩展 IT 应用需要越来越合理的模式，以确保 IT 服务能够灵活、方便、安全、稳定和可持续。从最初几台服务器的开发到一个庞大的数据中心，单靠手工工作已经不能满足技术、业务、管理等方面的要求，因此标准化、自动化、架构优化、流程优化等降低 IT 服务成本的因素越来越受到重视。云计算自诞生以来，具有标准化、自动化、统一体系结构和标准化过程的技术特点，与 IT 运行维护自动化要求高度一致。通过构建统一的云管理平台，可以将资源库中的系统、网络、基础软件、设备等资源有机地集成起来，大大降低了基于异构分散系统的运行维护自动化成本。

6. 应用场景六：安全可控体系场景

随着云计算技术的发展，商业银行使用了大量的开源软件和通用设备，如开源操作系统、分布式数据库、开源中间件、通用 PC 服务器等，这些技术为商业银行部署应用系统创造了条件。如中国农业银行通过实施基于安全的、可控的基础设施应用实践和云计算技术，逐步降低了对主机、小型计算机、高端存储、数据库软件等国外厂商的依赖。

（四）光大银行云计算技术的实践

光大银行围绕"打造一流财富管理银行"战略规划，积极开展云计算技术的研究与实践。有序推进了基础实施云、平台云、应用服务云三个层次的建设。

1. 基础设施云实践

为了适应互联网业务量大、频率高、波动大的特点，光大银行构建了信息技术资源集中管理的 IaaS 云平台，采用超级集成架构将数据中心扩展到分支机构，实现了数据中心的转型。

基础设施云由全行开发测试云、两中心总部生产云和总/分级分布式资源库分支生产云组成。利用云管理平台提高基础设施的部署效率和自动化水平，实现基础资源的集中管理、高效供应和动态配置，有效平衡业务增长和系统资源短缺问题。

在云安全实践方面，光大银行构建了基于云安全联盟（CSA）、云安全架构和资源池实践的私有云安全架构。与传统的非云环境相比，光大银行采用了多租户安全隔离、软件定义网络技术、分布式虚拟防火墙技术和非代理防病毒解决方案等特殊技术，增强了私有云环境的安全保护。

2. 平台云实践

光大银行基于 IaaS 云平台，积极探索平台级的云服务，在大数据计算、区块链、容器、数据库等方面投入资源和人员开展研究，针对不同技术特点进行封装组合，提供针对性的底层基础技术平台支撑，固化技术能力，建立大数据应用开发平台，提供企业级的海量数据存储、计算、分析挖掘等服务，并开始启动新一代企业分布式总线、容器云平台、区块链 PaaS 平台的建设，为全行数字化转型进行全面布局，提供基础技术平台的支撑，提高研发和运营效率。

光大银行大数据应用开发平台是大数据赋能业务转型发展的重要支撑，以"数据创新驱动"和"业务需求驱动"为双引擎，对上层的大数据应用提供平台级的云化支撑能力。通过建设基于微服务技术的服务层，对底层技术接口进行封装，降低应用开发难度；通过搭建在线查询集群提供高并发秒级响应的 K-V 查询能力，实现数据服务的前置化。目前，平台已成功孵化落地"风险共同体族谱""辛普森私售侦探""钱去哪儿了""光速观察"等 16 项数据应用产品，覆盖了全行对公、风险监控、电子渠道等主要业务条线。

3. 应用服务云实践

在应用服务层面，光大银行结合自身业务特点，创新构建了云支付服务、现金管理云服务和托管云服务。光大银行云支付服务是基于互联网思维的开放式支付服务平台。它集成了各种支付场景和云计算技术作为服务输出，为个人和企业客户提供按需在线服务。为了满足用户在移动生活中便捷支付的需求，云支付自 2015 年开始与微信合作，进一步培育生活支付业务。用户只需点击"微信钱包"中的"生活费"部分，即可完成水、电、气等日常生活用品的收费，为全国各大城市居民提供便利服务，大大节省了老年人在柜台付款的时间。

2018 年年初，光大云支付与多年的生活支付合作伙伴合作——支付宝在线物业支付项目合作，双方通过建设"万佳物业支付平台"，以社区为核心，以房地产服务为载体，充分整合分散的商业和日常生活服务。平台包括商户信息管理、居民信息管理、计费信息管理、结算清算管理、历史数据查询五大功能。物业公司可以快速接入，实现网上物业支付。截至 2018 年 11 月，云支付服务平台已实现支付项目近 4000 个，合作机构 300 多个，服务终端用户 2 亿多个，实现支付业务跨越式增长。

（五）华夏银行的私有云

华夏银行紧跟行业发展，2016 年开始打造私有云平台。云计算不仅是计算、存储和网络资源的虚拟化，而且是一种 IT 服务、操作、维护和管理的方式。其目标是使 IT 资源在任何时间、任何地点都能像水电一样方便地使用，并根据使用情况衡量业务运营成本。在实施私有云建设的过程中，华夏银行充分考虑了以下因素：可衡量、按需自助、快速扩展、灵活的网络接入、资源池、分布式技术、灵活扩展、自助、运营维护自动化等。

2017 年以来，为推进云计算平台本土化，探索开源技术，华夏银行开始利用开源的 Open Stack 虚拟化计算平台、存储平台和 SDN 解决方案，为分支互联网业务和分支测试业务构建云计算集群。考虑到性能和成本，在不同的集群中选择了集中式存储、网络存储或分布式存储，并在分布式测试业务集群中尝试了超集成体系结构。在虚拟化基础设施层面，构建集成的混合云管理平台，统一云资源和非云资源，屏蔽潜在的环境差异。云管理平台集成了数据中心运营所需的技术工具、人员组织和流程系统,将管理对象提升到数据、流程、模型和业务层面,实现了数据中心的软件定义,将传统的"设备交付"转变为全自动的"服务设计"。通过服务目录和自助服务不断优化 IT 服务能力。

目前,华夏银行私有云实现了如下的目标:第一,计算资源池、存储资源池、网络资源池的统一管理。各类资源统一池化,实现计算、存储、网络的服务交付联动和自动化。平台可同时兼容纳管裸机设备,实现物理机的自动安装。第二,灵活定义云服务,一键式自服务资源交付。实现了异构资源、跨域的全生命周期管理,资源的自助申请、快速审批与实时发放,基础软件的自动化安装,以及应用的跨云迁移。通过定义各类云服务,实现底层资源和操作系统、中间件、数据库服务的标准化打包供给,通过服务目录实现资源的整体快速交付。第三,资源一体化管理。在内置 CMDB 中统一管理资源,对"两地三中心"、开发测试与生产环境实现一体化管理。第四,资源部署蓝图与容量管理。资源部署蓝图可视化,对资源池进行容量管理,包括对已分配资源进行计量统计。

截至 2018 年 11 月,华夏银行总行已有 70% 以上的业务系统运行在云平台上,虚拟主机数量达到 7450 台,并计划未来两年内实现 90% 以上的业务迁移上云。

华夏银行同时建设了集团云,通过使用总行私有云,分行与子公司可以轻装上阵,减少了大量的 IT 基础设施建设维护工作。分行因此摆脱传统模式下的长周期设备采购与安装调试工作,将更多精力投放在特色业务拓展开发上。同时,多家分行向客户提供了大量互联网渠道业务,如 ETC 预约系统、网贷系统、E 实贷系统、华夏 E 管家、工资宝、购房意向金系统等。此前分行自行选择公有云平台建设,存在云平台服务商服务质量不一致、访问内部数据困难的问题。总行私有云提供互联网出口,实现了内外网资源共享,安全策略统一发放,并节省大量建设经费。

二 人工智能在银行业的场景应用发展

目前人工智能的智能水平大致分为服务智能、认知智能和决策智能。服务智能依赖知识库、语音识别、文字识别等技术,打造不同功能的机器人客服,主要用于替代大量的重复性劳动;认知智能是通过沉淀的海量数据,解决记忆和识别问题,主要用于安全验证领域生物特征的识别;决策智能最为高级,用于算法的创新,让机器学习先验知识,完成自动化决策，最典型的就是智能投顾、智能投研、智慧授信的决策领域。

随着云计算、大数据、互联网技术的快速发展，深度学习算法得以突破，这极大地提高了复杂任务处理的准确度和效率，推动了语音识别、计算机视觉、机器学习、自然语言处理、机器人等人工智能技术的发展。银行业应用人工智能的服务广度和深度也不断扩大，从而打造随时随地、千人千面的服务体系。人工智能技术的发展为金融业带来了颠覆性变革。

人工智能在银行业中的应用，目前已经涉及的场景有移动支付、智能客户服务、无人银行、信用卡精准营销、信用贷款、智能投顾、反欺诈及风险防控等。国有大型银行及主要商业银行都在这些方面有应用，我们仅以国内几家代表性银行为案例分述人工智能的发展。

（一）平安银行——国内 AI 应用的领跑者

平安银行在金融科技领域尤其是 AI 领域几乎处于领跑地位，而且完全是自主知识产权，人工智能认知领域具备人脸识别、微表情识别、OCR 识别、声纹识别、客服机器人，人工智能决策领域具备平安脑、欧拉图谱、E-MapReduce、智能投顾、智能投研等。并获得过多个国际大奖和入围资格。

在储蓄卡开立二类户领域，平安银行已经做到全程无纸化、无人化，只需扫描身份证、银行卡，并辅以人脸识别、活体验证即可完成开户。二类户开户流程如图 4 – 1 所示。

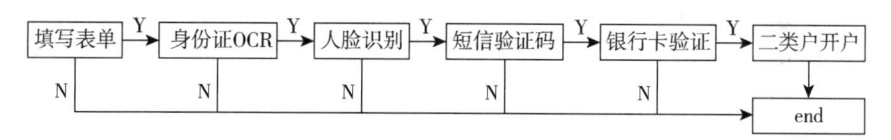

图 4 – 1 应用 AI 技术的二类户开户流程

在信用卡领域，平安银行推出了不带卡系列。该卡片没有实体卡片，具有智能化核身、智能化授信特点。2018 年 10 月，平安银行信用卡中心推出"懂你的 AI"宣传片，用于宣传自己的 AI 审核授信系统。

在营销领域，平安一账通推出 gamma 人工智能营销解决方案，涵盖线下寻客、线上拓客和全面智脑三大子方案，覆盖了行内行外、线上线下、存量增量、软件硬件等全维度的数字营销场景、渠道和设备。能够快速识别客户行为、微表情；阅读文档能力超强，阅读理解准确率达到 91%，响应时间少于 1 秒，处于行业领先地位；能够联系上下文进行智能语义推断，与客户进行多轮对话；具备语义搜索功能，可以便捷地查询数据报表从而实现银行零售营销的智能化升级,将为零售营销带来营销体验、渠道、决策三方面的变革。

人工智能发展的三驾马车是大数据、算法、云计算。银行业人工智能的应用同样离不开大数据、算法、云计算。平安银行的所有人工智能应用的基础是平安银行建立了行业最大规模的云平台——平安云。

平安云是平安银行自主研发建成的金融行业最大规模的平台,是集团核心业务、传统金融、医疗行业的坚实支撑,并已获得多项专利。目前,平安云已广泛赋能集团五大生态圈(金融服务、医疗健康、汽车服务、房产服务、智慧城市)。在金融生态圈,平安云赋能金融壹账通搭建起全球最大的金融科技 SaaS 云平台,已形成银行云、投资云、保险云,服务近 3000 家金融机构客户,打造了移动银行应用、贷款和金融产品信用评分系统等众多产品;在医疗健康生态圈,平安云构建起"PPP"开放平台,整合医疗健康数据、技术和服务资源,驱动智能医疗服务,健康档案覆盖 6.1 亿人;在汽车生态圈,以云平台、AI 为核心,赋能主机厂、经销商、二手车商打造闭环;在房产服务生态圈,基于平安云打造了建管云、租房云、地产云,其中建管云已签约全国近 50 个地市级城市;在智慧城市生态圈,平安云助力打造了一套完整的、科学的、解决实际问题的智慧城市管理体系,承载"1 + N"个智慧城市模块。

此外,平安云已经与 GitHub 达成战略合作,成为其首家大中华区云管理服务提供商。

(二)招商银行——智能零售霸主地位

2016 年招商银行推出了摩羯智投,其底层是基于大数据分析和人工智能决策,结合客户的风险偏好,向客户推荐相应的投资组合。其后众多国有银行、股份制银行相继推出智能投顾机器人。但是这种智能投顾机器人分析的都是历史数据,投资领域的历史数据虽然具备一定的参考性,但是完全以历史数据为参考的投资绝对是危险的,因此摩羯智投表现非常不稳定,也招致了褒贬不一的评价。摩羯智投还不具备"傻瓜式操作"盈利模式,投资者需要有投资理财的丰富经验。

2017 年招商银行信用卡中心依靠自身海量客户数据的沉淀,推出了 e 智贷。与摩羯智投显著不同,e 智贷聚焦贷款业务,客户申请贷款时,无须研究掌上生活 APP 上花样繁多的贷款产品,只要点开 e 智贷,输入借款金额,后台系统会自动根据客户风险等级推出最适合客户的借款产品。客户只需要关注借钱和还款两个环节即可,极大地简化了客户的贷款操作程序。

2017 年推出的 ATM 无卡取现同样是一个金融科技应用的典型，主要还是通过内部风控模型分析客户历史行为数据，并对当前客户行为进行反欺诈、防控伪冒的决策。

（三）中国建设银行——线下网点智能提速"无人银行"

2018 年 4 月 11 日，中国建设银行上海九江路支行正式开放了"无人银行"网点。该网点是全程无需柜员参与办理业务的高度"智能化"网点，通过充分运用生物识别、语音识别、数据挖掘等最新金融智能科技成果，并与机器人、VR、AR、人脸识别、语音导航、全息投影等前沿科技元素有机融合，为广大客户呈现了一个以智慧、共享、体验、创新为特点的全自助智能服务平台。无人银行业务覆盖极广，包含存取款、安排排号，如遇到申请信用卡、购买理财产品等问题，还会主动引导客户使用 APP 办理，完成内部引流。

（四）中信银行——手机银行 AI 应用的典范

2018 年，中信银行手机银行在银行业内率先推出"点击按键"和"语言交流"两种不同的操作体验，旨在打造以 e3"有用（effective）、有趣（enjoyable）、有情（emotional）"为核心的"有温度"的服务新范式。中信的手机银行采用了人脸识别技术，风险防控方面利用声纹识别技术进行反欺诈。借助智能语音服务，用户只需要简单的语音交互就可以快速办理转账、理财产品购买、余额查询等金融业务，省去复杂的键盘操作。同时，通过语音导航和搜索功能，用户只需要说出想要查找的内容，就可以获得推荐结果。

从 2017 年开始，中信银行在客户、产品、渠道等方面进行了人工智能相关技术的开发应用，2018 年 1 月，中信银行发布了"信智投"智能投顾产品并投放市场。该产品采用人工智能＋人脑的运营方式，借助大数据分析、量化金融模型以及专家智慧把握客户需求，利用新技术对客户需求进行更准确的预估。2018 年，中信银行进行了智能语音外呼系统开发，以解决银行网点及人员无法大幅度增长的问题，并通过人工智能的方式提高银行对客户的接触和触达能力，提升客户体验。

特别要强调一下中信集团的中信云，中信云主要服务创新创业企业。借助云计算、大数据和物联网等互联网技术，同时聚合外部资源，实现中信集团与服务企业的初步经营网络化、产业生态化、管控智能化，最终形成智慧行业。目前，已经有 100 多家企业正基于中信云开展业务。截至 2018 年 3 月，"中信云"平台已集成了阿里、腾讯、百度等 44 个合作伙伴。

（五）中国工商银行——AI 创新实验室

2017 年，中国工商银行组建了大数据与人工智能创新实验室，搭建了自主可控的人工智能机器学习平台。

中国工商银行的智能客服"工小智"通过与大数据、客户画像、自学习等技术的结合，识别率已达 98%，客户可通过短信、融 e 联、微信等各主要服务渠道，获得秒速回复、触手可及、无间歇的良好体验。

（六）江苏银行——AI + 大数据力推智能保险产品

江苏银行将人工智能应用到保险领域，打造了"阿尔法保险"，该产品与普通的保险产品不同，具有高参与度、高定制化和高自由性三个特性。高参与度是指能够通过智能问答的形式，挖掘客户需求，并形成客户画像，并可让客户享受保险的制定过程；高定制化是指通过多维度精准了解客户，应用 AI + 大数据技术，几分钟就可以给客户量身定制保险方案；高自由度是指江苏银行提供 6 大险种 + 24 大场景，客户可以根据自身需求，自由搭配保险险种，为自己或家庭定制专属的保险产品。

第二节　人工智能在证券行业应用的发展现状及趋势

金融科技时代，传统证券业务难以满足用户多样化的金融需求，在这样的背景下，人工智能、区块链、云计算、大数据等新兴科技加速与传统证券机构的融合，为资本市场上的金融机构提供了许多创新性金融解决方案，引导传统证券业务的金融模式、流程和产品等进行变革和优化，提升了传统证券服务的质量和深度，模糊了传统行业的边界，重塑竞争格局。本节以调研分析为基础，结合国内外的情况，对人工智能在证券行业的应用场景、遇到的问题以及未来的展望做了详细的梳理。

一　人工智能在证券行业的应用

人工智能在证券领域的应用主要集中在生物识别、精准服务或营销、智能投顾、量化投资、区块链应用、合规及风险管理、监管与监察方面。

（一）生物识别

1. 目前生物识别在证券行业主要用于远程开户，受限于技术准确率，仍需要人工复核

由于人脸识别开户还存在一定的错误率，按照中国证券登记结算有限

公司的要求，仍然需要人工核对，未来随着技术水平的提升，错误率的降低，生物识别将应用于证券业的更多领域，如账户登录、在线交易、在线金融服务等，如图4-2所示。

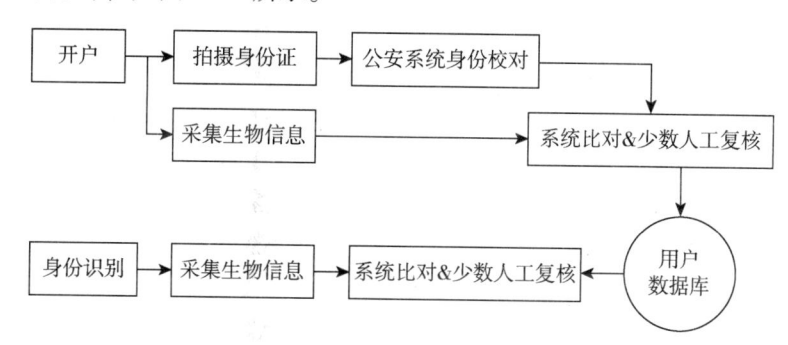

图4-2 生物识别在证券领域的应用

资料来源：天城智能、平安证券研究所。

2. 生物识别以北美市场为主，中国处于发展初期但发展速度较快

根据IBG数据，2007年全球生物特征识别行业的市场规模为30.1亿美元，2015年达到130亿美元，年复合增长率为20%，预计到2020年将突破250亿美元。在全球生物识别市场中，北美市场规模占比最高，为33.5%；其次是亚太地区，规模占比为23.8%。我国的生物识别市场目前处于发展初期，但增速很快。根据前瞻产业研究院的数据，2010—2014年我国生物识别市场规模复合增长率达到60%，2015年市场规模突破100亿元，预计2020年将突破300亿元。[①]

3. 生物识别技术的发展仍存在一些障碍

第一，生物识别在技术上存在的漏洞以及干扰因素影响识别结果的准确性。例如"指纹手指套"会使指纹识别技术失效、感冒后声音变化会导致声纹识别准确率降低、佩戴美瞳可能影响虹膜识别等。未来生物识别抗干扰能力提升、准确度增加将依赖于技术的进步。

第二，生物识别需要采集生物信息，涉及用户隐私保护的问题。虽然我国已有法律明文规定，泄露公民个人信息构成违法犯罪行为，但生物识别的适用范围、技术安全和信息保护等相关法律法规尚不完善，监管能力还有待提高。

---

① 平安证券：《金融科技专题报告之二：金融科技浪潮来袭，证券行业加速布局》，研究报告，2017年。

第三，采集的生物信息在传输、存储过程中存在数据安全风险。一些黑客可能通过非法途径获得客户的生物信息，并用获取的信息进入客户账户，窃取资金等。例如在 2017 年 9 月 7 日，美国信贷机构 Equifax 因黑客入侵，导致约 1.43 亿人的个人信息被泄露。

（二）精准服务或营销

证券公司通过使用大数据，针对现有的客户以及潜在客户为用户画像，以提供更加精细化、针对性的服务，提高客户黏性或者吸引更多潜在的客户，具体流程包括：

第一，运用大数据对现有客户画像，推送相应的服务或产品。券商利用大数据技术对现有的客户以及潜在客户群体进行画像描摹，通过整合分析样貌、性格、爱好、工作、资产等各类"标签"，寻找其"个性画像"来分门别类推送相应的服务或者产品，如图 4-3 所示。例如，有些客户有稳定的工作、充足的储蓄、在财富管理方面经验丰富，这类客户大概率愿意接受高净值的投资理财服务，对于产品的要求门槛也偏高，可以有针对性地推送相应的产品。

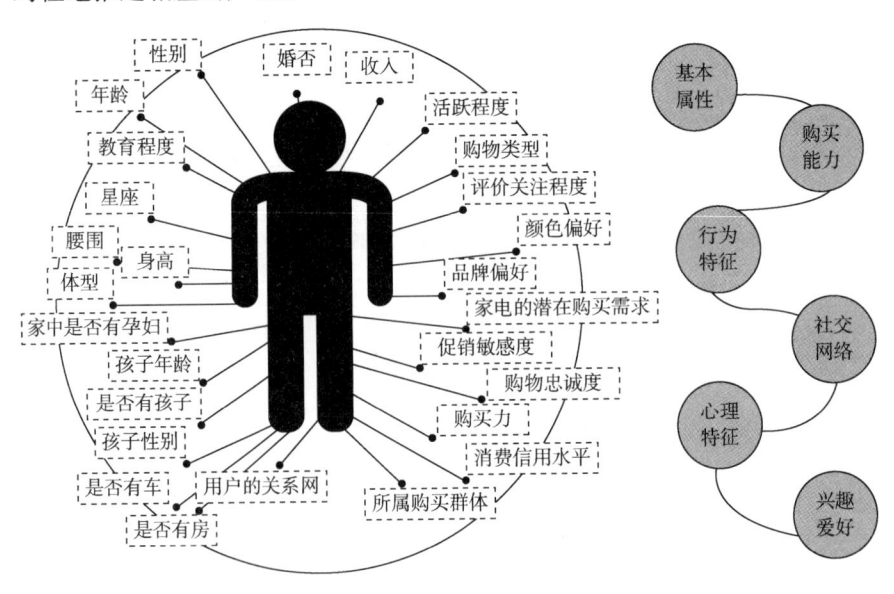

图 4-3 利用大数据对客户进行画像

资料来源：京东金融。

第二，通过自有渠道或与第三方合作，在用户画像基础上对潜在客户进行精准营销。券商通过分析客户的搜索历史以及网站浏览留下的信息建立潜在客户的画像，甚至通过与第三方合作深入挖掘其偏好强化画像，根据画像对其推送相应的产品。客户经理或者软件根据受众群体的分类分析，有针对性地推送相应的服务或者产品。与此同时，营销反馈将会再次被收集用于优化现有的画像，提升后续营销质量与效果。精准营销有多种形式，具体包括：（1）实时营销，即根据客户实时状态进行影响，如市场发生变化时，客户倾向于调整权益类产品的比重，则可以有针对性推送一些固定收益类产品。或者生活状态发生变化时，如怀孕、结婚等，都存在对应的需求变化。（2）交叉营销，指的是同一公司内部不同产品或业务之间的交叉推荐。例如券商的培训部门邀请客户参加私募学院的培训，若客户有一定倾向，这类信息可以发送给私募产品部门同事进行跟踪。若某客户资金在保证金账户和银行托管账户间转换，同时还炒股和理财，则可以向其推送资管类产品。（3）个性化推荐，即根据客户信息进行精准定位，推送针对性的服务或者定制化的产品。当券商产品类别特别丰富时，可以通过电脑自由组合相应的产品提供给对应的客户。（4）对客户进行生命周期管理，具体包括客户获取、客户流失管理、客户的维护管理等。具体而言就是根据客户的去向进行预警，适当推送"亏本"产品以挽留客户，同时可以借助软件分析这类营销手段的使用频率、使用对象的数量是否达到成本最优化。

中国的人工智能技术起步虽然比美国晚，但得益于中国丰富的互联网销售渠道以及其他互联网消费行为为券商提供了更加全面的数据源。同时，各大券商基本都有针对性的互联网销售渠道以及相应的产品，进一步推动网络精准营销的发展。据证券业协会统计，2014年调查的95家证券公司中，37家通过自建平台销售金融产品，网上金融产品销售超过1056亿元。

资料一

海通证券于2012年自主开发了"基于数据挖掘算法的证券客户行为特征分析技术"（简称"行为分析技术"），用于分析客户的历史交易行为及客户的流失概率预测。据统计，海通通过对400多万样本的客户以及其半年交易记录数据进行分析，为客户进行分类、打上偏好标签并建立了客户流失概率模型。系统通过分析已流失客户的特性，针对相似特征的尚未流失的客户提供针对性弥补，以此来提升客户的黏性。该系统从2012年投入运行一年后，累计使用人数278248人，日均1020人；累计使用100多万次。目前海通的经纪业务市场占有率保持在行业较高水平。

(三) 智能投顾

智能投顾是基于投资者的投资需求和风险偏好，为其提供数字化、自动化、智能化的财富管理服务。和传统投顾相比，智能投顾最大的特征就是门槛低、费用低、高效率，对作为"长尾用户"的中低净值人群颇具吸引力。2008年起，智能投顾陆续在美国、欧洲兴起，起初是出现一批提供资产管理服务并收取相关手续费的金融公司，成长较为缓慢。经过大数据、云计算、人工智能等技术几年来的发展，提供智能投顾业务的公司数量迅速增加，目前已遍布全球。除了初创的智能投顾公司，传统金融公司也不断通过并购、自行研发等方式涉足智能投顾领域。

1. 我国智能投顾起步晚但发展迅速

与美国相比，我国智能投顾起步较晚，2016年起智能投顾才真正在中国开始发展。面对汹涌来袭的智能投顾浪潮，我国证券公司借鉴海外经验采取三种方式应对：（1）通过全部或部分收购智能投顾公司，获得基础设施和知识；（2）通过与互联网巨头或金融科技初创企业合作，开展智能投顾业务；（3）自主开发智能投顾解决方案。短短两年间智能投顾业务已经在我国各大券商中开花。根据国际商业统计机构Statista的研究，2018年7月我国智能投顾行业资产已达882亿美元，在全球智能投顾市场中，规模仅次于美国（2382亿美元）居第二位，在全球占比约为14%。按照2018—2022年79.7%的年复合增长率计算，我国2022年智能投顾的管理资产总规模预计将达到6696亿美元，超过美国（6434亿美元）和欧洲（942亿美元），位居全球首位。

2. 我国智能投顾资产规模大，但单个用户平均资产规模较小

据统计，2017年美、欧、中智能投顾业务的单个用户年度资产规模分别为39830、13278、5071美元，而这一数字在2022年将变成50765、28850和6476美元（如图4-4所示）。

3. 我国券商智能投顾业务的"智能"化程度仍有待发展

目前，多家券商均开展智能投顾业务，主要可分为资产配置、股票买卖点两大类，有智能客服、智能投顾、智能追基、智能理财等模块。从本质上看，券商的智能投顾业务大多数属于"炒概念"，并没有实现智能化，大多智能应用主要靠代工，还需更多突破和创新。此外，法律监管和行业定位尚需明确、模型的有效性方面有待完善，投资者的理念也需要逐渐转变。

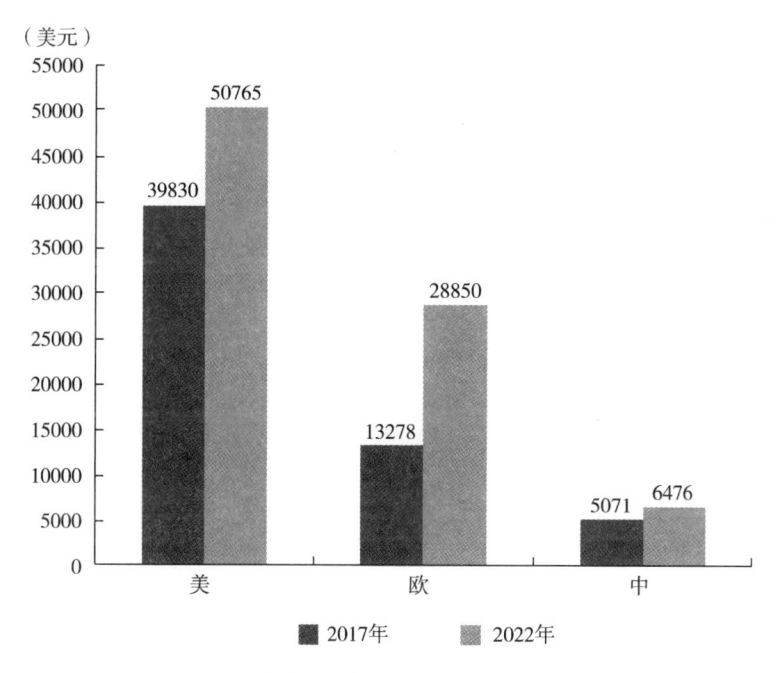

图4-4　不同经济体智能投顾业务单个客户资产规模对比

资料来源：Statista Fintech Report 2018，Personal Finance。

资料二　金贝塔——主打社交跟投

金贝塔是由嘉实旗下的金贝塔网络金融科技有限公司推出的一款财务类手机软件，2016年4月正式上线，其核心产品为社交组合投资平台"金贝塔在线"，定位要打造"中国的Motif Investing"。金贝塔是中国首家基于聪明的贝塔（Smart Beta）的投资策略平台。所谓"聪明的贝塔"是基于确定规则的主动投资，既要吸取指数基金纪律性强、低成本的优点，又要具有能战胜市场的因子，从而达到以β的方式捕捉超额收益α的目的。金贝塔平台上的"聪明的贝塔"策略组合由来自嘉实财富量化研究中心的官方团队构建，截至2015年11月底，该团队创建的61个模拟组合中，实现正收益组合占比95%，组合收益中位数达到61%，75%的组合战胜相对基准。其核心思想仍在于通过量化的方式构建组合产品，每一个策略本身都代表了一个投资理念或者当前市场热门的主题。

除了官方团队外，金贝塔平台还提供包括各类新财富上榜分析师及团队、行业投资顾问及民间精选投资高手等的投资组合，以社交化的方式将原来面向专业机构客户的服务引向 C 端客户；且平台还将各个组合按风险、收益特征进行分类，打造更为便捷流畅的用户体验。金贝塔平台于 2016 年 7 月获得蚂蚁金服战略投资，为平台带来资金和技术的双重助力，双方在基金销售、理财教育、资产配置、大数据等多个方面展开深入合作。

资料三　投米 RA——ETF 大类资产配置

中国的投米 RA、弥财、蓝海智投、财鲸、谱蓝等主要的模式为配置海内外资产，和美国 Wealthfront 和 Betterment 的模式类似，主要投资关联度较低的 ETF，进行分散化投资，获取长期投资收益。由于国内的 ETF 标的较少，所以这类公司采取与海外经纪公司合作的模式，根据投资者的风险偏好，在全球范围内做资产配置。缺点是这类服务的账户会受到每人每年 5 万美元换汇额度的限制，因此只能吸引中等收入人群，短期内不会吸引高净值客户。下面以投米 RA 为例进行简单介绍。

投米 RA 于 2016 年 4 月上线，是宜信财富发挥在全球资产配置管理领域的整体战略和海外优势，打造的一站式资产配置平台，是遵循资产配置"黄金三原则"（跨地域国别配置、跨资产类别配置、以 FOF 的方式超配另类资产）推出的一站式全球化资产配置服务的智能理财平台。而平台锁定以高净值客户为主的宜信财富原本未能覆盖的市场——可投资资产在 30 万—300 万元的客户。

平台通过对接美国嘉维证券 Drivewealth，其底层资产为全球 ETF 投资组合，从 300 多只 ETF（交易型开放式指数基金）中精选出 10 只跨类别、关联性弱的投资产品，覆盖全球发达国家和活力发展中国家的股票、债券，美国房地产和全球黄金等，从而实现全球资产配置、多样化投资以及风险分散，而且还受益于 ETF 低廉管理费率。

（四）量化投资

1. 丰富信息源，提升数据整合的能力

量化投资主要分三大流程：信息的输入、策略模型、信息输出，量化投资的核心是数据和模型。为了得出正确的结论，需要输入准确完善的数据，而金融科技发展带来的大数据、云计算等技术革新，提升了数据挖掘和分析能力。

2. 大数据基金成为人工智能在我国量化投资探索的新方向

与其他国家相比，我国量化投资在规模、水平、环境等方面差距仍较大，但近几年发展明显提速，尤其在数据整合应用领域。2014年3月，腾讯与银河基金合作成立了国内第一只大数据基金——银河定投宝腾讯济安指数基金。随后中国的互联网巨头们，均与基金公司开展不同程度的合作，并孵化出各种大数据基金。"大数据基金"以互联网大数据作为信息源，通过挖掘其中的信息作为选股的参考标准，如表4-1所示。

表4-1　　互联网公司联合金融企业参与大数据指数编制情况

跟踪指数	指数编制特点
中证腾安价值100指数	腾讯和济安金信进行资信评估、审计稽查与实地调研，提供存在风险或不确定性的上市公司的名单与书面报告，供评审委员会参考。由济安金信的软件系统根据"济安估值"完成股票初选
百度百发策略100指数	指数编制方法中加入了百度搜索因子
大数据100指数	大数据包括用户在新浪财经对行情的访问热度、股票搜索热度、对股票相关新闻的浏览热度、相关微博的多空分析数据
中证淘金大数据100指数	蚂蚁金服旗下支付宝金融信息服务平台提供的网上消费类统计型趋势特征数据，经由恒生聚源加工得到行业投研指标
中证360互联网+大数据100指数	依托360集团所拥有的大数据，深度挖掘互联网主题相关股票的访问量、搜索量等数据，进行统计对比分析
中证银联智惠大数据100指数	基于银联智惠提供的消费领域总体趋势统计数据进行加工分析，并结合博时基金的量化选股模型综合开发

资料来源：天天基金、长江证券研究所。

大数据基金发展初衷是希望将大数据带来的强大信息优势，与基金公司自身的投研能力相结合，以更有效地指导投资。然而，经过多年的运作，"大数据基金"的整体业绩却并不理想，甚至出现了严重的两极分化。如表4-2所示，2018年大部分大数据基金均出现了10%以上的亏损。

表4-2 大数据基金收益情况

序号	基金代码	基金名称	成立日期	基金类型	2018收益（％）	成立以来收益（％）
1	001133	南方大数据100A	2015年4月24日	被动指数型	-26.16	-37.17
2	001030	天弘云端生活优选	2015年3月17日	混合型	-17.33	-32.63
3	003416	招商财经大数据股票	2016年11月2日	普通股票型	-19.85	-30.80
4	002269	银华大数据定开混合	2016年4月7日	混合型	-17.89	-22.90
5	002236	大成360互联网+大数据100A	2016年2月3日	被动指数型	-26.12	-22.20
6	001242	博时中证淘金大数据100A	2015年5月4日	被动指数型	-20.67	-21.93
7	005437	易方达易百智能量化策略A	2018年1月24日	混合型	-18.44	-18.44
8	001734	广发百发大数据成长混合A	2015年11月18日	混合型	-16.92	-17.50
9	002837	华夏网购精选	2016年11月2日	混合型	-19.36	-16.70
10	001637	嘉实腾讯自选股大数据	2015年12月7日	普通股票型	-21.95	-13.60
11	002802	广发东财大数据混合	2017年12月11日	混合型	-12.55	-12.38
12	001731	广发百发大数据价值混合A	2017年6月16日	混合型	-15.31	-11.50
13	001741	广发百发大数据精选混合A	2015年9月14日	混合型	-17.71	-9.40
14	001420	南方大数据300A	2015年6月24日	被动指数型	-19.31	-7.29
15	002967	浙商大数据智选消费混合	2017年1月11日	混合型	-10.65	-3.50

注："2018收益"指2018年年初到10月的收益。
资料来源：iFinD，数据截至2018年10月。

大数据在基金行业的应用广度与深度都还不够，实现真正的智能辅助量化投资仍有较大空间。主要原因有以下几点：第一，互联网大数据作为信息来源的使用比例不明确，可能部分源自普通量化策略模型。基金公开信息说明中，很少提及具体的大数据使用情况。第二，数据与资本市场之间的传导路径不够短，影响数据对股票价格的预估。大数据基金中涉及的财经媒体、互联网搜索、电商等大数据与资本市场的关联不算太近，且数据中存在噪音，需要有效信息的提炼。第三，数据体量不够广泛。由于数据来源于有限几个层面，且数据之间难以打通，数据体量的限制会影响对股价波动的解释力，需要基金管理者自身的判断，收益情况实则跟基金管理人的能力更相关。

（五）区块链应用

在证券行业中，区块链的应用前景十分广阔，区块链可以驱动证券行业向弱中性化、强交互信任发展，改变证券行业的基础系统、业务模式等。区块链在证券交易前、中、后三个环节都有应用空间，包括识别客户、反洗钱、信息披露、证券的发行、转让、登记、保管、清算、交收、数据共享等。

1. 证券发行和转让、登记、保管、清算和交收的应用潜力较大

基于区块链去中介化、不可篡改性、时序性，区块链展现了多种优势：（1）区块链使交易流程更简洁、快速、减少重复功能，交易日和交割日时间间隔可从1—3天缩短至10分钟，提高交易效率；（2）信息记录准确及时，有利于市场各方面参与者提高商业决策效率；（3）由于区块链技术公开、透明、可追踪的特征，使得内部交易可能性降低。

2. 海外实践以监管机构或大型金融集团发起为主

如表4-3所示，区块链目前在海外的实践大部分依托于监管机构或者大型金融集团。一是因为区块链在识别客户、反洗钱上的应用能大幅度降低该领域的成本，为监管方和大型金融机构带来的好处显而易见。二是大型金融机构能够提供更加丰富的落地场景及前期实验的资金支持。

表4-3　　　　　　　　区块链的海外实践

时间	机构	内容
2015年6月	美国大型零售商Overstock	发行2500万美元基于区块链技术的公司债券，是世界上最早出现的加密证券，成立世界首个以区块链技术为基础的私募及公募股权交易平台。通过美国SEC公司债发行申请，是美国证监部门首次公开批准的以区块链技术开展的证券发行交易业务
2015年10月	美国纳斯达克证交所和区块链初创公司	搭建区块链私募股权市场交易平台Linq；完成了该系统的第一笔交易，并建立了基于区块链的股权投票系统
2015年	澳大利亚证交所和美国区块链公司DAH	基于区块链技术升级证券结算和清算系统，取代其现有的核心技术系统以提升结算速度，实现结算时间由两个工作日缩减至数分钟，该项目预计2021年上线
2016年3月	韩国证交所	采用区块链技术开发新的柜台交易系统（OTC）
2016年	日本瑞穗金融集团和IT公司Cognizant	合作开发基于区块链技术的文档记录安全解决方案
2017年	芝加哥商品交易所	公布两项新专利文件，正在考虑开发一个可以在各方预定的时间自动执行转账的交易平台

续表

时间	机构	内容
2016年	迪拜多种商品交易中心	公布第一批7个区块链试行项目：医疗记录、保护珠宝交易、所有权转让、企业注册、数字遗嘱、旅游业管理以及改善船运

资料来源：平安证券研究所、麦肯锡。

3. 区块链在我国热度很高，但被证券公司直接应用的成熟场景并不多

2008—2017年，我国区块链技术领域专利申请数量全球第一，但从整体上看，区块链在我国证券市场还处于研究阶段，也有一些初步的应用。目前，央行、深交所、上交所等已经对区块链展开研究和论证。行业自律组织和金融机构也在积极推动区块链的发展，如开展专题研究、成立研究院、成立区块链联盟等。此外，一些互联网巨头和金融科技初创企业加快区块链技术的落地，如全球首家区块链电商"媒购"上线、首家使用区块链技术为公司提供股权证明服务的小蚁公司成立、"百度·长安新生·天风2017年第一期资产支持专项计划"获上交所批准、百度金融搭建了区块链服务端BaaS等。

从适用情况来看，区块链对我国证券场内交易与结算效率的直接提升作用不大，对场外市场或者监管协同和跨界、跨国业务场景有较大作用。我国场内证券交易和结算业务发展较晚，大部分业务都直接电子化处理，处理速度上已接近最优化，利用区块链提升空间不大。相比之下，我国场外市场业务尚未发展起来，体量大、分散性、区域性，业务协调成本高阻碍企业融资。如果在场外市场建立面向全国的统一的区块链交易市场，就可以很好地打破地域限制，提高融通效率。因此，区块链未来很有可能在区域股权交易市场、机构间市场等场外市场进行推广。另外，国际业务协调成本一般比较高，用区块链能有效降低一定的协调成本，因此也是值得考虑的方向之一。

资料四　澳大利亚证券交易所基于区块链的清算结算应用以及未来展望

澳交所对其现有的交易后结算系统（CHESS系统①）评估后决定采用分布式账本技术（即区块链技术）进行升级，以进一步提升结算效率

---

① CHESS系统全称为Clearing House Electronic Subregister System。该项目又称为CHESS替代项目。

及满足未来战略发展需要。该项目于 2015 年年底开始方案分析，2016 年至 2017 年进行可行性分析，包括原型系统、模拟企业级系统的验证等。2017 年 5 月至 2017 年年底成立 5 个工作小组①，举行 13 次小组会议，收集了 40 个功能需求以及 5 个非功能性需求。项目将分为两个阶段实施，2018 年 9 月底确定第一阶段的实施计划并开发，预计 2021 年第一季度正式运行。

该项目采用联盟链模式，仅允许有资质的参与方访问并进入网络内运营。信息分为共享和私有两部分，通过物理隔离方式来保证其安全。项目实施后，澳交所将为市场参与者提供三种数据连接接口。一是直接节点连接（Direct Node），即区块链连接方式。这是该项目新增加的连接方式，便于参与方随时、及时（自动）获得与自身相关的信息并提供相应的信息给利益关系方。二是传统连接方式，即通过网关的方式与澳交所数据库相连，包括 ASX NET 与 SWIFT NET②。该模式下用户需自行维护相关的状态，同一笔交易中的各方不能自动获得相应的信息更新。三是通过网页的方式进行传输，主要服务不便实施前两类连接方式的低流量小客户。

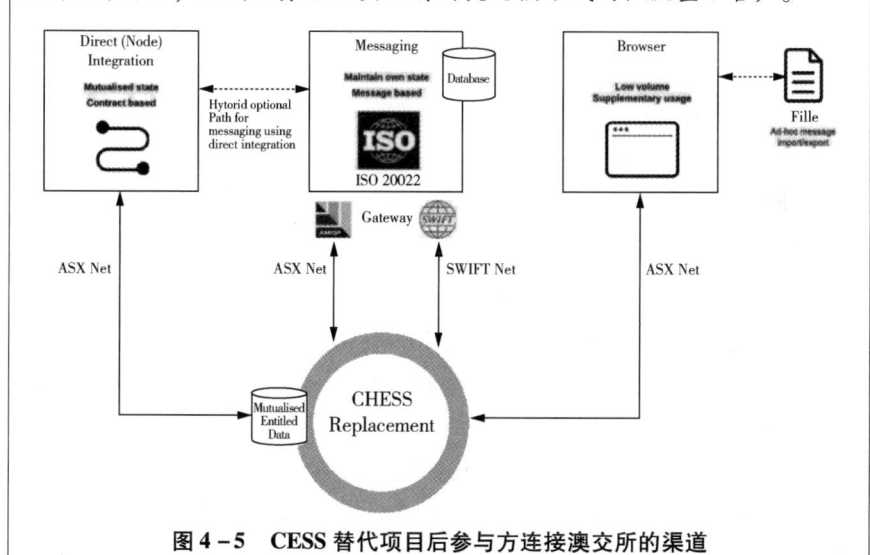

图 4-5　CESS 替代项目后参与方连接澳交所的渠道

资料来源：澳交所官网。

---

① 5 个工作小组主要负责的主题包括：(1) 账户结构与参与模型；(2) 公司行为；(3) 传输与转换；(4) 交收提升、数据存储、交付与报告；(5) 非功能性能需求。

② ASX NET 是澳交所提供自我定制的信息传输方式，SWIFT NET 是通过 SWIFT 来进行传输的方式。后者是国际上目前大部分跨境金融信息传输使用的基础设施与标准。

> 澳交所将自身定位为金融市场基础设施，结算系统升级是澳交所基于区块链平台开发的第一个项目，今后还拟逐步建设股票、固定收益证券、资产管理等相关系统，并引导其他市场参与方在该平台上开发新的应用，逐步形成基于 DLT 的新金融生态。其间，数据资产公司（Digital Asset）① 为项目提供技术支持，澳交所入股该公司绑定利益来保证项目的顺利进行。

（六）合规及风险管理

1. 应用领域

在证券行业，人工智能、金融科技的应用对于中后台管理也有很大的帮助，主要体现在金融机构在合规及风险管理方面的应用。鉴于这类服务对于金融机构有一定的通用性，因此除了大型金融机构自主研发适用于内部的合规服务外，还有一批技术类企业专注于该领域提供通用型的合规技术服务。依托人工智能、金融科技提供的合规管理服务包括以下几个方面。

（1）数字化解读监管规则并嵌入机构和各类业务中，根据监管规则变化保持更新

随着市场情况愈加复杂，监管规则也不断更新和更加周密，这使得金融机构被监管的压力持续增长，合规成本激增，商业风险扩大，同时也对公司创新造成一定阻碍。这类服务能有效提升合规效率、降低合规成本。一般而言，监管方和被监管的金融机构同时合作效果更好。英国 FCA 正在探索实施机器解读法规的可能性，计划编制一个机器可读的监管手册，通过自然语言处理（NLP）将规范文本转换为机器可读格式，以提高一致性并提高合规性。目前该方案已通过原型验证，正征求市场上相关机构意见，以加快推行。

（2）运用大数据分析形成全面的监管报告

具体而言是通过大数据分析、即时报告、云计算等技术实现数据自动分布并形成监管报告。例如，英国监管科技公司 NEX Regulatory Reporting 就定位于为企业提供监管报告，主要包括 EMIR（欧洲市场基础设施监管）、MiFID II/MiFIR（金融工具市场指令/金融工具市场监管）、SFTR

---

① 数据资产公司是全球首家将分布式账本技术大规模应用于金融生产环境的公司，总部位于美国，澳交所于 2016 年对该公司进行战略投资，金额为 720 万美元，当时占股约为 8.5%，随后又追加了投资。

(证券融资交易规则)、REMIT（批发能源市场诚信和透明度监管）的相关报告。其基于 Hub 技术的云端，能够实现对海量数据的连续处理，灵活形成跨部门、跨资产类别的报告，使其最终能够为银行、经纪公司、对冲基金和资产管理公司提供解决方案。除了立足于为企业提供监管报告，也有监管科技公司致力于为监管机构提供报告。

(3) 依托机器学习、自然语言处理等技术实现预测性的风险管理

这些工具采用基于预测的风险监控模型，通过连接过往看似分离的数据来获得更加深入、带有预测性的分析。有别于传统的基于规则的系统，这种系统一般都具有一定的预测性，基于监视模型去分析历史数据并结合新的数据来预测未来的模式，并引导机器做出判断，及时为监控交易员、注册代表、员工以及客户提供相关的预警信息。例如提前监控并预判交易员的信息，在其下单前提供预警。一些商家提供工具来记录、监控以及分析各种形式的交流通信（例如音频、视频以及电子信息等）作为分析的基础。除此之外，新的技术使得人们不再基于词汇或者某些特定的词来进行分析，而是面向风险进行分析，通过自然语言处理以及机器学习来识别一定的模式或者异常状况。

目前证券公司在合规方面的应用还处于初级阶段。德勤截至 2018 年 7 月 24 日的统计数据显示，目前已有 248 家合规科技公司。这些公司多成立于 2010 年之后，美国、英国公司占比最高，荷兰、卢森堡等其他欧洲国家紧随其后。在这份统计中未看到中国公司的身影，原因可能如下：一是中国监管科技行业刚刚起步；二是目前主要是国内的大型互联网公司在开展合规方面的业务。

2. 典型案例

英国第三方合规科技公司——CUBE 成立于 2011 年，总部位于伦敦，在创始人本·里士满的带领下建立了一个基于超前技术的自动化的端到端监管智能和变革平台。目前，CUBE 为全球一线、二线银行和金融公司提供服务，180 个国家的 150 万名员工正在使用智能监管，并实施由 CUBE 提供支持的监管变革计划。这家拥有 94 名员工的公司声称它们的平台可以帮助预测合规风险，自动实现 AML、KYC 和网络/信息安全流程。CUBE 表示，平台使用机器学习来帮助企业自动跟踪全球监管数据，并通过检测出导致合规风险的监管变化来提示警报。

(1) 主要业务和服务领域

根据 CUBE 介绍，其监管数据湖包含所有影响金融服务机构的法规。CUBE 的监管数据湖创建了广泛的专有规则集，包括簿册及记录规则集、

合规风险规则集、AML 和 KYC 规则集、行为指导规则集、不正当销售规则集、网络/信息安全规则集，等等。利用 CUBE 的开放 API，多维数据集很容易适应现有的企业级合规基础设施，识别所有可能违规的问题。具体业务见表 4-4。

表 4-4　　　　　　　　　　CUBE 具体业务

业务名称	具体内容
监管雷达	了解全球实施的法规，它们如何影响公司业务，以及接下来会发生什么
执行跟踪	提高风险监管规则的可见度，并可能对不遵守规定的行为进行处罚
监管漏洞报告	在企业的政策和程序中发现监管漏洞
合规控制自动化	使合规控制与监管规则相映射，并使核查和取证过程自动化
企业政策合规	确保全球政策与全球监管环境保持一致，并跟上不断变化的监管义务
充分了解记录	了解哪些记录满足监管规则要求，确定必须应用的规则，并自动应用它们
隐私和数据传输	构建一个透镜，以查看隐私对企业业务和数据的影响，并建立确保符合要求的数据传输所需的控制
客户相关信息处置合规	确保所有面向客户的文档和信息都以符合法规的格式生成和维护
跨境销售	做跨境业务需了解规则，并将正确的控制方式纳入程序和系统

（2）产品特色

a. 基于规则的流程自动化。基于规则的流程自动化能够提升合规的速度和敏捷度，CUBE 主要利用人工智能的力量和创新，来帮助企业实现合规。

b. 开放 API 连接口。全面同步跨企业最新监管信息，确保企业在正确的时间对政策、程序、控制和记录自动应用正确的规则。

c. 实时合规分析。CUBE 的合规热图通过管辖范围和业务范围确定企业所有不符合规定的地方，帮助企业了解存在最大合规风险领域。

d. CUBE Insight。能够实时访问知识库，用于行业趋势分析，并获取即将出台的法规信息，以及监管机构发布的违规罚款的实时更新。在优先考虑企业合规活动的前提下，了解不断变化的监管环境对企业业务的影响。

e. CUBOT。人工智能驱动的 CUBOT 是企业进入监管智能的来源。只需问一个问题，CUBOT 就能够瞬间利用监管数据湖提供一个明确的答案。

(七) 监管与监察

1. 应用领域

除了金融机构外，人工智能也广泛应用在监管端。目前，监管端使用人工智能的应用领域包括两个方面。

（1）借助聊天机器人来减少咨询类业务，包括消费者投诉、常规性的业务办理事项

这类系统背后集成了监管部门的各类业务信息以及常见问题解答知识库，在与用户交流时机器人可根据语义解析寻找相应的答案回复。同时，这些数据被收集起来后作为监管部门分析受监管实体的非法行为的依据之一。目前英国金融行为监管局（FCA）和美国证券交易委员会（SEC）尝试运用消费者和投资者的投诉数据分析受监管者的行为。FCA同时还正在验证使用聊天机器人与被监管机构进行交流，从而有效回答简单的日常问题。

（2）借助先进技术实现市场监管以及内幕交易检测

通常情况下，证券交易市场每天都会产生巨大的交易数据，证券监管机构需要借助各类分析工具，如大数据处理、机器学习等，及时处理这些数据并从中挖掘出有价值的信息，用于市场监管或可疑交易的检测。FCA为分析内幕交易每天接受超过2000万笔市场交易的信息，通过使用机器学习工具分析这些数据，供市场监督团队监控交易者的行为。澳大利亚证券和投资委员会（ASIC）用市场分析和情报系统（MAI）来实时监控澳大利亚的一级市场和二级市场。该系统从股权和股权衍生的产品和交易中提取实时数据，提供实时警报，识别在执行时调查或检测到的市场中的异常。它通过浏览历史数据以及提供量化的指标来表示内幕交易活动的规模，并进行损益分析或评估市场危害。我国两大交易所均使用了科技手段来进行市场监控以及风险管理，尤其是深圳证券交易所在这一领域进行了前沿性的自主开发与应用。

2. 典型案例

深交所一直是科技的实践者与探索者，通过充分利用资本市场信息枢纽的优势以及新兴科技实现一线监管的自动化与智能化，应对瞬息万变、错综复杂的市场。深交所自成立伊始就着手自主开发交易系统及市场监察系统，1992年实现交易无纸化，1997年取消交易大厅，并随着市场的不断发展，对市场监察系统进行多次改版升级。目前，深交所已形成比较完备的技术支持体系，包括交易、信息、监察、业务管理、互联网、办公支持六大应用平台，可以对市场参与人的交易及其他行为进行覆盖事前、事

中、事后的全过程监测、监控、监管,对交易所履行一线监管职责形成全面支撑。

金融科技创新为深交所在监管方面带来的发展机遇主要体现在三个层面:一是技术层面,运用大数据、机器学习、数据挖掘等手段,精准识别违法违规行为,全方位、多维度监测市场风险。二是数据层面,扩大数据源,整合场内外数据,强化数据资源利用效率。三是业务基础层面,整理与展示各类数据信息,开发各类智能化应用,覆盖市场监察、公司监管、风险监测等领域。经过不断探索实践,深交所监管科技化智能化水平得到有效提升。目前深交所采用金融科技的系统或场景主要包括以下几个。

(1) 交易系统

交易系统是资本市场最核心的技术系统,历经了五代变更,于2016年上线深交所自主研发的第五代系统,具备国际一流交易系统水准。它采用分布式大规模并发处理架构,解决大规模散户市场的低时延交易问题,性能容量指标都比较优越。该系统可支持8亿个证券账户、3亿笔持股明细的8大类、44项前端风险检查,支持达30万笔/秒、4亿笔/日的订单处理能力,并可支持线性扩展。上线两年多延续了深交所连续16年国际领先的安全运行记录,并经受住了委托交易峰值速率为20万笔/秒,日委托6500万笔、成交5000万笔的峰值考验。

(2) 智能监察系统

在市场交易监察方面,深交所充分运用大数据分析挖掘等智能技术,围绕异常交易行为监管、违法违规线索筛查等核心业务,探索并实现了智能化监察,以支持实时监控、市场分析、事后调查等核心市场监察功能。具体包括:第一,建立起高效的实时监控平台,包括电子化的实时预警、建立起体系化预警指标(涵盖异常交易、价量异常、市场风险)、可视化异常分析,以支持有效发现投资者、证券、指数的异动,精准还原交易现场,动态反映投资者对市场的影响。第二,建立违法违规智能筛查模型,包括从海量交易数据中精准锁定异动账户并挖掘各类违法违规线索、模拟交易系统撮合引擎来辅助监管人员分析投资者对市场造成的影响、探索账户关联性来辅助监管人员识别涉嫌关联账户(见图4-6)。

(3) 智能化公司监管

在上市公司监管方面,深交所依托大数据与现代信息技术,全面覆盖上市公司各项监管业务,包括:定期审查报告、分类监管评价、会计审计监管案例汇总、财务指标智能分析、"企业画像"、公司信息披露自动分类识别、财经资讯服务定制推送等,有效提升信息披露风险甄别能力与线

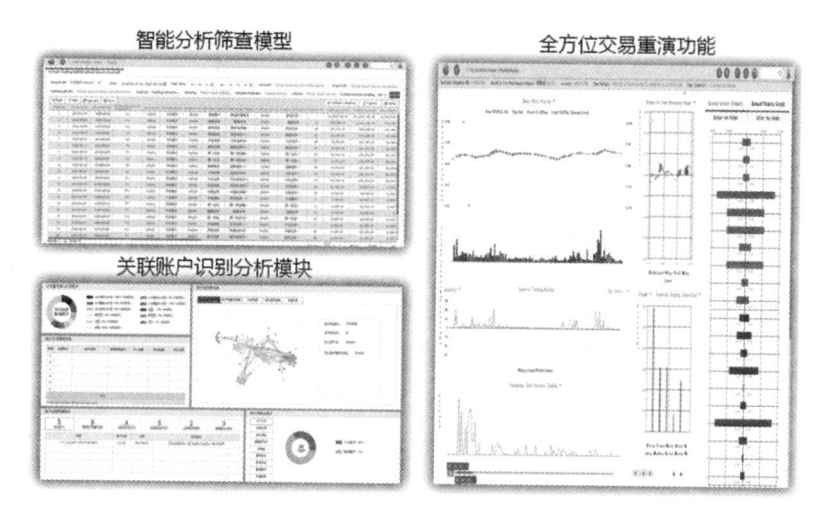

图 4-6　智能监察系统示意

索发现能力。此外，深交所还为主要市场参与主体（如上市公司、证监局、保荐机构、投资者、上市公司股东、媒体等）提供相应的网上平台办理相关的业务，实现了信息披露业务的全面电子化、自动化处理，并完成与交易所内公司监管业务系统的信息交互，有效提升了市场运行效率和透明度。

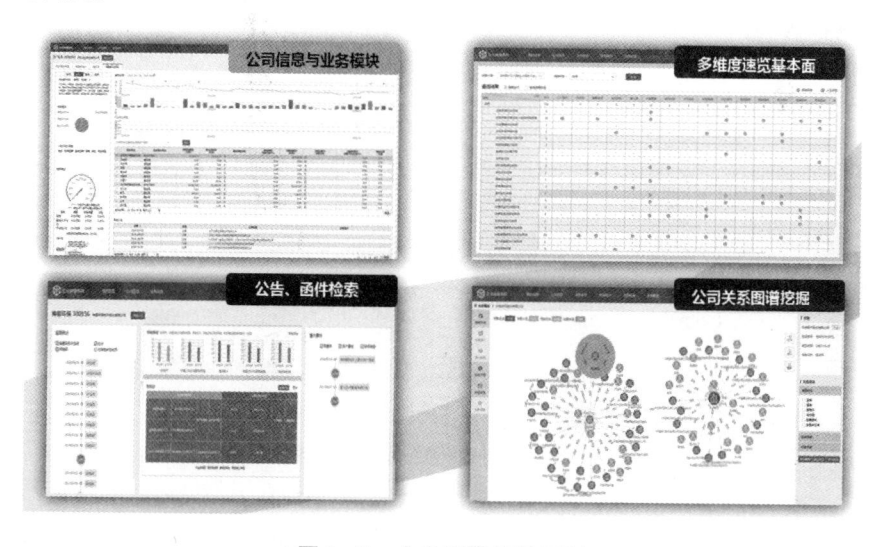

图 4-7　企业画像呈现示意

第三节 人工智能在保险行业应用的发展现状与趋势

以云计算、大数据、人工智能、物联网和区块链为代表的新兴技术在进一步成熟和应用的基础上不断渗入保险行业，为保险业的发展带来挑战和机遇。在不断创新的过程中，人工智能也必将对保险公司在产品创新、稳定成本、风险控制、客户服务和保险监管等方面起到积极作用。而保险科技公司则成为人工智能在保险行业应用发展的典型代表。

一 保险科技发展现状

（一）国外保险科技发展情况

近10余年来，保险科技的飞速发展不断革新着保险行业，随着人工智能、物联网、云计算、大数据、区块链等新兴技术应用的逐渐成熟，国外保险公司在科技赋能保险的背景下有着亮眼的新突破。美国仅在2017年就有53家融资超过500万美元的保险科技初创公司，英国、印度紧随其后（见图4-8）。2018年英国已有20多家保险科技初创企业赢得了专家和大众的广泛关注。

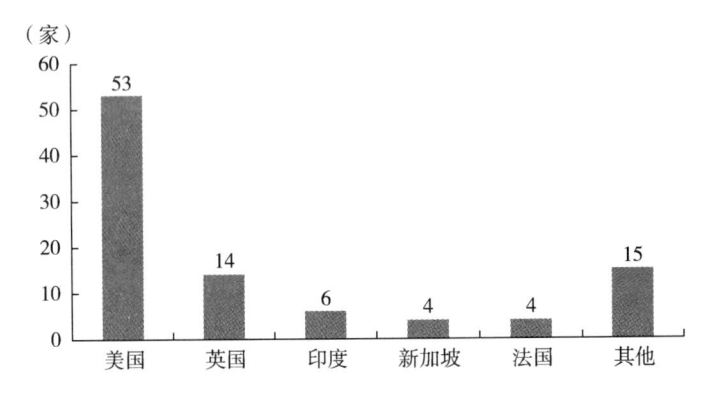

图4-8 2017世界部分国家保险科技创业公司数量

从全球保险科技产业的布局看，近两年，保险科技的创投市场有着惊人的活力，健康险领域和数据型的科技公司是目前最大的投资热点；以大数据、人工智能技术为驱动的保险科技公司获得了业内较高关注；UBI车险也是大众积极关注的领域。

在国际保险科技研究中，各个创业公司切入的角度很多，既有瞄准传统保险公司痛点进行改善的新型保险公司，也有聚焦细分市场专注特定险种的公司，还有众多专注研发核保理赔等环节的科技服务公司。

(二) 国内保险科技发展情况

近年来，我国保险市场发展迅速。我国经济步入新常态，新需求的不断扩大和新技术的产生及应用不仅在一定程度上创造了保险行业的增量市场，也帮助保险行业在新技术的浪潮中不断成熟，且随着资本的不断涌入和科技赋能概念的提出，部分相关保险科技企业正在以自己的方式影响保险业的结构、重塑保险业生态。目前，发展保险科技已经成为传统保险公司向数字化经营转型的重要途径之一，保险科技也将重塑保险行业的发展模式。

清华大学五道口金融学院中国保险与养老金研究中心发布的《中国保险科技行业投融资报告》相关数据显示，2017年中国保险科技行业发生43起融资，总额达16.08亿元人民币（未包括上市企业），按照融资金额区间划分，融资金额在1000万元人民币以下、1000万—1亿元人民币、1亿元人民币及以上的占比分别为17%、40%、20%。最新的融资情况显示，获得超亿元人民币融资的平台超过7家，保险科技创企中累计融资过亿的平台已达到了14家，可以发现，那些积累了大量资金的公司将推动整个保险行业的快速进展。

我国作为全球第二大经济体和全球第二大的保险市场，为全球保险市场的发展贡献了主要动力，此外，技术和资本的双管齐下也帮助我国保险科技的发展快速推进，催生出很多新业态。处于快速上升期的保险科技将为传统的保险行业注入全新的血液，并有望在未来实现保险与科技的双向促进。

二 人工智能在保险行业的主要应用领域

(一) 保险科技应用于产品创新

1. 国外保险科技产品险种设置

(1) 利用单独险种规避产品创新风险

a. 健康险

随着人工智能的不断成熟，其应用有向健康险以及人寿险集中发展的趋势。在健康险中，商业模式主要建立在数据的挖掘和使用上。通过可穿戴设备、大数据等手段精准收集被保险人的相关数据，保险公司再通过对数据的深入分析和处理，制定相应高效的风险管理方案，从而达到控制赔付成本的高效模式。

美国人寿保险业巨头美国恒康人寿的 John Hancock 于 2018 年 9 月底官方宣布只销售基于可穿戴设备以及由智能手机追踪用户健康数据、健身情况的新型交互式保单，不再承保传统寿险。这一保单要求承保的被保险人使用健康追踪器，实时记录健康、健身数据，以此来确保并且监督被保险人健康良好的生活方式，一方面公司控制赔付率、提高了经营效率，另一方面履行了保险的服务职能。

Clover Health 是一家成立于 2014 年美国旧金山的初创企业，主营业务是针对 65 岁以上的老人承保健康保险。Clover Health 通过组织和使用数据弥补医疗护理系统的漏洞，将健康管理放在理赔服务之前，尽早控制风险，以降低糖尿病人的医疗费用。在以理赔数据作为健康管理依据的基础之上，引入会员的电子病历、药物处方、病理检验数据、影像数据等作为输入数据，通过机器学习的方法预测会员发生糖尿病并发症的概率。

b. 家财险

View Spection 搭建了一个数据交互平台，服务于家财险中房屋检查、财产评估，精简了传统家财险中保险公司上门评估财产这一步骤。投保人根据应用的指引通过上传照片完成评估材料收取环节，随后等待保险公司在后台完成房屋检查与财产评估，确认是否承保即可。自助检查节省了企业大量的成本和时间，View Spection 的应用真正的价值体现在客户参与、收益创造以及滞留保单的处理方面。

Hippo 公司是一家成立于 2015 年、坐落于美国硅谷的智能家庭保险公司，为了打破传统家财险必须线下核保的过时现状，公司提供快捷简便、可线上购买的家庭保险。该公司还提供更加透明的保险金额，并且让客户直接以低价进行购买，省略了昂贵的委托代理环节。

c. 车险

Metromile 是美国一家成立于 2011 年的汽车保险机构，现如今已经是 UBI 车险的标杆性企业。公司瞄准每年行程不超过 10000 英里的用户市场，专为他们提供按里程付费的保险服务，在计价方式上与其他 UBI 企业不同，Metromile 公司每月保费由一个基础费用与一个每英里费用率和行驶英里数乘积之和所得，在两项之和的基础上，公司还设定了保费上限。这样的定价体系能为每月行驶 5000 英里以下的用户节省 40% 到 50% 的保费。

Metromile 公司在车险保障的基础之上，更是发挥了保险的服务职能效用。车主通过安装无线通信车载设备 MetromilePuls 车载小型电子器件，可获得最优的导航路线、汽车定位、查看油耗情况和即时诊断汽车故障等保障服务。在风险保障的基础上，用服务赋予了保险新的意义。

TrueMotion 将 UBI 产品开发至手机端使用，聚焦于识别分心驾驶，利用智能手机的传感器技术和数据分析平台的力量，精准监控驾驶情况。通过手机 APP 捕捉智能手机在行驶期间的使用情况，结合驾驶行为和精算模型，为驾驶员建立驾驶风险档案，为保险公司提供精确的监控数据。

众多保险公司选择了推出新的保险产品来规避创新中面临的诸多风险。在产品面向市场的过程中，保险公司不断优化产品模型、保险条款，使科技创新变得更具灵活性、市场性，也让保险科技更直观地进入大众的视野。

（2）定制保单的保险流程优化

区块链专业创业公司 Luther Systems 为保险巨头 Aviva 公司开发了一款简化合同的秘密定制产品。Luther Systems 的技术承诺是，使用模板创建智能合约，安全发放给相应合约方直接签署。

智能合约是一种旨在以信息化方式传播、验证或执行合同的计算机协议，是区块链背景下的一种应用模式。合约允许在没有第三方的情况下进行可信交易，编辑制定好的规则在达到触发条件后立即执行，不可篡改，任何单独一方都没有对智能合约执行的控制权。智能合约在保险行业的使用大大简化了一些特定险种里的理赔流程，无须第三方查勘、核赔就可以直接进入理赔。区块链在其中充当第三方的角色，既提高了效率又增加了判定的准确性，使投保人与保险公司之间更加信任，赋予了保险理赔新模式。例如 P2P 保险、指数保险、多方保险等都可以借助智能合约条款式、代码化的特性，让理赔"一触即发"。

2. 我国保险科技产品的发展现状

（1）科技与人身保险结合的案例及分析

Atidot 系统借助先进的 AI、机器学习和预测分析技术，帮助寿险公司和企业年金规划机构制定出数据驱动的决策，有针对性地迎合客户们的独特需求。Atidot 关注寿险行业，为保险公司提供便于操作的 SaaS 预测分析平台，尤其注重采用目前还未有效使用或容易被忽视的数据来获取有效的信息，增强了现有的精算和商业特点。Atidot 可以帮助保险公司更好地实现以客户为中心的针对性服务，通过现存的保单持有人数据以及开源信息，不但可以勾画每名保单持有人的形象，还可以根据结果预测其行为，制定出最优的业务策略。寿险公司和企业年金规划机构可以通过分析的结果制定和开展管理工作及新业务，这在很大程度上帮助寿险公司更好地面对未来的机遇和挑战。

众安保险推出的"步步保"，是以客户的运动量作为保费、保额定价依据的产品，通过借助动态定价机制，正向地激励客户持续运动，分析所获数据从而更精准地筛选用户，同时便于研发更适合用户的产品。另外，客户通过自我的健康管理在一定程度上降低了疾病风险，保险公司的赔付率也逐渐减少。智能设备和大数据的广泛应用，使保险公司可以多角度便捷地获取用户健康数据，不但实现了健康险产品的精准定价，也反向促进了用户的健康管理，保险的职能逐渐从事后补偿向事前防范转变。

因为人身保险产品的研发对数据的质量和数量要求较高，所以当数据云与保险产品结合时，首先，保险科技对客户数据的深度挖掘可以更准确地识别风险本质；其次，云计算、人工智能等多种新科技的结合，使得保险领域的潜在客户更容易被低成本地识别，保险公司可以将资金有计划地重点投放，效用最大化地提升服务质量；再次，保险公司在信息更为对称的基础上进行科学定价，从降低获取信息成本的角度提高效率，实现利润最大化。

（2）科技与财产保险结合的案例及分析

明觉科技公司旗下产品"一车一件"APP是一个配件智能查询工具，它通过配件基础库及配件搜索引擎、配件匹配引擎帮助配件电商及配件经销商完成数据上架及标准零件的搜索。这款产品通过标准数据接口自动核对零件编号准确性，同质配件匹配引擎，提供OE到其他市场配件编号的对应关系，筛查零件价格风险，使用VIN+零件名称查询到适配的同质市场配件信息，满足用户的需求。同时当保险公司现有零件数据库精度欠佳时，它还可以为其提供第二道风控保障，有效控制和解决零件"低配高赔"造成的风险。

（二）人工智能应用于保险运营流程

1. 保险公司搭建在线运营平台便于产品管理和销售

保险公司搭建在线平台，以便于产品管理和销售，这种形式已经在国内外都变得极为普遍，在面对互联网与应用程序APP的研发与使用方式上，根据保险公司性质的不同大概分为以下两类：

一类是平安、人保等传统保险企业在搭建互联网平台销售的基础之上，近几年不断开发应用程序APP的使用。平安好医生——医疗健康管理平台，将AI赋能于医疗健康险领域。不同于其他公司只做外围挂号、加号等医疗服务，平安钻研深度医疗服务，将求医问诊行为迁移到线上，通过 AI + 医学团队的方式，以 7×24 小时全天候图文及视频在线咨询，为用户提供辅助诊断、康复指导及用药建议。在解决医疗资源时空分布不足的优势下，紧抓用户痛点，将产品孕育于服务之中，实现了销售端的革新。

另一类是众安保险、泰康在线等互联网保险公司，进入市场时直接瞄准互联网渠道，做低成本、优渠道的运营模式。众安保险针对不同互联网场景，设计如针对淘宝用户推出的退货运险、支付宝账户安全保险、航空延误险、小米手机意外险等保险产品。分析用户在互联网上的行为之后有针对性地开发对应的保险产品，锁定客户需求的同时明确了产品的受众人群。进一步通过与阿里巴巴、蚂蚁金服等众多巨头公司的合作，将保险产品植入到相应互联网场景之中，从而达到了可观的销售数额。

2. 保险数据的快速获取有利于保险公司对风险的科学、准确识别

Cystellar 是一家英国的科技公司，它创建了一个基于云计算的大数据分析平台，旨在改善数据驱动型决策。该团队由大数据研究专家组成，帮助数据密集型企业处理分析海量数据。该平台能够为保险技术行业提供预测分析，尤其是帮助保险公司及其客户避免损害事件。公司还提供基于人工智能的决策支持工具，将数据和计算的复杂性降到最低。目前，这些简化的数据和计算正在由再保险公司和卫星数据提供商进行内部试点。

近几年来，国内智能保顾的发展迅速，如太保公司的阿尔法、众安精灵、智能保顾大白等。功能和技术相对完整的智能保顾大白是互联网保险经纪公司——风险管家和复旦大学中国保险科技实验室合力研发的产品，是大数据与人工智能技术在保险行业应用的科技产物。大白包含了风险测评、疾病测评、开放式问答、智能荐保及保险解析等功能；实现了从风险、健康管理咨询到开放式保险知识咨询，根据用户特征智能推荐保险产品，及对市场上同类保险产品进行对比分析的一站式智能保险顾问功能。

通过智能保顾或类似智能保顾的一系列风险测评的智能应用，用户可以与人工智能进行十几个简短的问答对话，一方面帮助消费者对自身或者家庭的风险有一个合理大概的评估，另一方面使人工智能通过问答识别客户保险意图。智能保顾是一个与客户交互的平台，通过构建客户画像，可将用户需求信息再次反馈给代理人以便进行下一次产品销售，达到了用户筛选识别、反馈再服务等效果。同时能够收集到大量的客户风险信息，有利于保险公司对风险有科学、准确的认识。

智能保顾在服务中能够无压力地引领用户深入了解关于保险的相关专业知识，达到保险教育的作用。在风险测评的过程中，智能保顾将根据问答信息得出专属于用户的个性化保险配置方案，甚至能够个性化推荐相关产品，详细解释具体产品条款。在智能保顾服务于保险经纪公司的过程中能够真正为客户做到保单管理、保险解析以及产品对比服务。

3. 保险管理设施帮助保险运营向流水化、标准化转型

保险公司在面对运营管理中需要优化的环节和问题时，往往会与一些科技初创公司进行合作，通过引入前沿、新兴、实用的服务平台或科创产品来优化、完善在运营中面对的前端、中端及后端业务中效率低下、成本高昂的环节，从而使整个保险运营模式更加科学化、标准化。

Digital Fineprint 是一个软件即服务平台，中小型保险公司可以利用其前沿技术预测客户需求，从而有针对性地锁定客户群，做好产品改进及产品销售服务。Digital Fineprint 通过将在线公开的多方数据与保险公司自己的数据整合起来，构建潜在客户与现有客户的既定模型，然后部署机器学习算法来更好地分析预测客户需求。

Homelyfe 是一家于 2017 年成立的英国保险公司，致力于改变保险经营的方式。Homelyfe 建立了一个独立的应用程序，管理个人所有保单，用户可以直接通过其应用程序获取保险产品报价、保单购买、管理、更新以及索赔。团队拥有自己的评级引擎和代理模拟系统，可以提取第三方数据，在无须大量问卷调查的前提下，迅速了解用户。通过这种方法，该团队声称他们已经将家庭保险流程精简到 4 分钟以内。

（三）保险科技应用于保险资金的运用

1. 全球保险科技企业融资持续上升

2017 年获得融资的保险科技创业企业数量达到了 217 家，同比增长 28%，全球保险科技公司的融资金额达到了 23 亿美元，同比增长达 35.3%。目前保险科技市场的特点是发达市场领先，亚洲新兴市场表现突出。2018 年第 3 季度数据显示，全球保险科技投资再度升温，有 44 家上市公司获得了投资，其间共发生了 25 起并购交易。第 3 季度全球保险科技披露的融资金额达到 12 亿美元，比第 2 季度的 7.49 亿美元明显增加，到 2018 年第 3 季度，全年保险科技融资金额达到 28 亿美元，且预计全年会超过 2017 年的 23 亿美元。其中，2018 年第 3 季度全球保险科技领域融资最多的交易是 Oscar 的 3.75 亿美元，Alphabet 领投融资近 13 亿美元，稳居保险科技企业融资的榜首。

2. 保险科技降低运营成本，实现最大利润

降低成本和提高效率一直都是保险科技重点追求的核心目标，费用管理也是保险公司资源配置的重要管理手段之一。在此基础上新技术的不断涌现，IT 赋能的不断加深，灵活运用费用管理模式和新技术结合的创新将极大地增强管理效率，提高管理水平。大数据、人工智能等科技在提升运营质量的同时降低了保险公司及投保人的成本。典型的如 Out Shared 公司的索赔解决方案自动管理 60% 的索赔，目前第一批客户的使用结果是降低了 50% 的成本和提升 40% 的客户满意度。

（四）保险科技应用于风险管理

1. 大数据金融框架下实现动态的风险管理

保险科技的应用，为保险公司实现更全面的风险管理提供了必要的技术支持。通过各类新科技技术的应用，对丰富的数据资源的分析和挖掘，保险公司实现了远超以往的风险控制能力，为公司的稳健运营、行业的健康发展提供了坚实的保障。与此同时保险公司风险管理手段趋于多元化，例如借助于卫星遥感图像的识别，保险公司能够在农业保险甚至是债券市场交易中，获得更多的信息参考，更加全面地评估承保客户受灾或企业运行的真实情况，开展有效的风险控制干预；例如通过图像对客户承保各类票据的识别，在精准度显著提升的前提下，很大限度地节省了人工成本，提升了票据验真环节的工作效率。

2. 科技发展延伸出保险的新职能

科技时代的来临以及人们需求的丰富让保险的功能不再局限于传统的保险职能。众安保险的"步步保"，大象保险推出的智能保险顾问平台等针对新需求延伸的保险新特点，引导保险从补偿损失等传统特点向更丰富的角色转型。如运用人工智能技术，可以提高理赔效率，优化用户体验；智能客服机器人对于用户提出的问题不仅能够 7×24 小时在线回答，而且能以咨询、推荐、情感关怀等方式与客户进行沟通，避免人工情绪化的影响，让客户和保险公司的沟通变得更有温度。

（五）人工智能与保险

1. 国内人工智能与保险发展现状

我国已经将人工智能应用到保险之中。2016 年弘康人寿公司开发了"人脸识别"技术并将其应用在各个保险核心环节之中，虽然"人脸识别"在券商、银行领域早已引进相关应用场景，但这却是其首次进入保险领域。身份验证是保单操作中尤为关键的认证工作，在面对投保人、被保险人等保险合同主体有手机号变更、地址变更等关键信息情况变化时，

人脸识别能够快速精准地验证主体身份，从而进行保单更新等操作。

与此同时，人脸识别的引入是互联网保单销售的一个里程碑。在解决身份验证问题后，许多种类的保单都能够直接在网上销售，足不出户就能完成保单买卖交易。在使用过程中，一方面可以让客户增加对该企业的好感度，另一方面企业在简化办理流程的同时也能够确保信息的准确性。在人脸识别的基础之上，在人工智能领域，通过自然语言学习而进入市场替代人工服务的机器人客服也成为研究和使用的主流。例如泰康在线在2016年7月推出了"Tker"机器人，能完成自助投保、保单查询、智能转人工、视频宣传等功能。自助投保、保单查询都建立在人脸识别的基础上，能够完全取代相关人工操作。当智能客服机器人面对超出理解范围的问题时，将自动呼叫后台人工服务，做到人机协同，高效率地解决客户问题。

目前智能机器人已经在诸多公司都有成熟的应用模式。太平洋寿险2016年发布了针对客户端的智能客服机器人"小麦智能客服"，作为官方服务号及APP服务中的一部分，为客户在线解答分红、贷款、变更等常见问题，有效分流了人工客服压力，大幅提升了公司的上线接通率，完善了用户服务的体验。

2. 国外人工智能与保险结合案例

（1）入侵保险业——Avaamo智能客服

Avaamo是美国的智能语音服务商，其主营产品是智能会话机器人，为银行、保险、通讯、零售、制造和医疗保健6个领域提供全套语音服务。以银行为例，Avaamo系统储存了超过200万条关于银行业务的术语，可以处理贷款启动、信用卡服务、欺诈检测、账户管理、抵押贷款发放等咨询。

面对这样一个庞大的数据库，能否保证企业数据安全是客户的痛点。对此，Avaamo表示其数据是军用级加密。所有通信都使用AES 256位加密来保护，确保所有通信都不会在高延迟和信号不可靠的情况下进行；客户使用时也会要求多重认证。目前，Avaamo已经能够支持14种语言识别，业务覆盖了全球40多个国家，并且还在持续扩张。

（2）Lemonade保险聊天机器人

Lemonade是一个基于人工智能技术与行为经济学理论的智能保险平台。Lemonade通过手机移动端和网站向客户提供房东保险和租户保险。该公司使用人工智能和聊天机器人使得在线上购买保险的流程更简单、更流畅，并在桌面和移动端处理其用户的索赔，而不使用保险经纪人。它的交互极其简单，用户直接下载 APP，用 Facebook 账号登录后，聊天机器人会用非常活泼的简单语言引导用户一步一步设置保险账户，然后让用户选择投保金额。完成支付后即投保成功，全程仅需要几分钟。由于这些机器人正是他们团队成员的人格形象，因此用户也不会感觉到跟机器人互动的尴尬和生硬。

三 国内外保险科技监管现状、发展前景与应对措施

（一）国际保险监管部门应用科技进行监管的现状

1. 主要经济体的保险监管部门对用科技进行监管总体持积极态度

随着新技术的不断出现，传统监管手段难以应对保险业的快速发展。一方面，保险机构希望采用监管科技降低合规成本；另一方面，监管机构也有利用科技手段履行监管职责的内在需求。虽然监管科技仍处于发展初期，主要经济体的保险监管部门对用科技进行监管总体持积极支持的态度。

（1）美国

在美国财政部联邦保险办公室（Federal Insurance Office，FIO）于 2016 年 11 月发布的 Report on Protection of Insurance Consumers and Access to Insurance 中，呼吁国家保险监管机构强制执行有关保险公司使用大数据的联邦和州法律要求。FIO 还通过设立法规、开展网络安全培训等方式，强化各州监管机构提高保险公司的网络安全和数据保护意识。

美国保险专员协会（NAIC）由各州保险监管局于 1987 年共同设立，作为州保险监管局的辅助监管机构（National Association of Insurance Commissioners，NAIC），成立了创新和技术工作组，以帮助保险监管机构了解保险科技的关键发展情况，并负责研究和考虑相关技术的监管方法。工作组还将监督大数据工作组、网络安全工作组和快速进入市场工作组的工作。

大数据工作组：收集信息以帮助国家保险监管机构清楚地了解被保险公司收集的数据以及保险公司和第三方如何使用数据进行营销、评级、承保和索赔。这既考虑了消费者的潜在顾虑和利益评估，也确保保险公司和第三方以符合国家保险法规和规定的方式使用数据。工作组亦会探讨监管机构的数据需求和必要工具，以提高保险监管的效率和成效。

网络安全工作组：考虑有关网络安全的问题，因为这些问题涉及国家保险监管机构的作用。此外，工作组还制定"保险数据安全示范法"，制

定针对保险公司、经纪人和其他国家监管实体的网络安全标准。

快速进入市场工作组：负责 NAIC 保险产品备案和审核流程的现代化；负责电子费率和表格申报系统；支持州际保险产品管理委员会采取统一的措施和政策。

（2）英国

金融行为监管局（Financial Conduct Authority，FCA）作为监管机构，为金融科技的发展提供"直接支持计划"和"监管沙盒"。在"直接支持计划"中，15%的机构是保险科技企业。在"监管沙盒"第一期，只有 1 家保险科技企业进入"监管沙盒"，但到"监管沙盒"第二期，进入"监管沙盒"的保险科技企业已上升至 6 家。

英格兰银行汇集了各个领域的专家，建立了"利益共同体（Community of Interest）"，来跟进金融科技的发展。这个共同体汇聚各个学科的专家，积累了大量金融科技领域的知识。该共同体已经开展了以下三项工作：第一，评估目前的监管部门是否足以评估和应对由保险科技带来的新型风险状况；第二，编写内部文件，将市场报道的发展情况与对被监管部门的监管实践进行比较；第三，研究自动驾驶汽车对保险公司的影响。

（3）其他国家和地区

新加坡允许保险科技创新企业在一定条件下可以不必获得新加坡金融监管局（MAS）的批准，直接推出创新产品，鼓励大胆和快速的行业创新，并成立了金融科技与创新小组使得法规能够适应现实的需要。

德国在政策上对保险科技采取"技术中性"的原则，即视保险科技企业（含外包服务企业）的具体业务将其分为保险公司（承担风险）和中介机构（分销渠道）进行监管，不考虑该企业是否采用创新技术。如果在区分保险科技企业是保险公司还是中介机构时存在疑问，需在个案的基础上经过分析才能确定。

2. 科技已被广泛运用于保险监管领域

目前，随着区块链、大数据和人工智能等技术与保险业的融合持续加深，英国、美国已有众多保险科技企业开始进行算法、云计算、人工智能、大数据等监管科技的开发与应用，并通过大数据分析为监管机构提供风险管理政策、信息披露政策以及反欺诈支持等的咨询服务。基于此，监管机构一方面可以对保险科技类企业进行监管，另一方面可以运用监管科技维护保险业的创新发展。

放眼全球，作为金融监管体系完善、法律执行力强的金融监管机构的代表，英国金融行为监管局于 2015 年提出"监管科技"概念，即使用新的金融科技实现多样化监管，简化监管与合规流程。国际金融协会（Institute of International Finance, IIF）也对监管科技下了定义，即能够高效解决金融科技时代的监管问题的人工智能、生物识别、区块链、数字加密以及云计算等新技术。与此同时，巴塞尔银行监管委员会（Basel Committee on Banking Supervision, BCBS）也设立了专门的金融科技工作组，就金融科技对银行业的系统性金融风险的潜在影响以及金融科技对银行监管的影响等问题展开研究。国际清算银行（Bank for International Settlements, BIS）重点研究了分布式账本技术、区块链技术等金融科技为全球与各国支付清算体系带来的潜在机遇和影响。国际货币基金组织（IMF）成立了金融科技高级顾问领导小组并指出，要对分布式账本技术及数字货币等金融创新进行灵活有效的监管，而且应该实施严格的"了解你的客户"（KYC）管理。国际证监会组织（IOSCO）通过签署谅解备忘录的方式在会员之间开展协调监管，协调跨境执法。

由于监管科技本质上是一种技术，其应用具有两方面的功能：从监管机构的角度而言，借助大数据、云计算、区块链等技术，监管机构能够更好地避免信息不对称问题，解决监管套利问题，更好地预防系统性金融风险的发生；从金融机构的角度而言，人工智能等监管科技可以帮助金融机构做出更好的决策，降低金融机构的各类成本。

（二）国内保险监管部门应用科技进行监管的现状

1. 中央保险监管部门加强科技在监管领域的研究及应用

就整个保险科技领域方面而言，中国起步比较晚，与英美等国相比，中国的监管科技仍处于起步和探索发展阶段。

2003年，原银行业监督管理委员会在"1104"工程中就提到"为了做好这项工作，各城市商业银行需要做到：科技先行，系统要进行改造"，其实就隐含了对监管科技应用的支持。此工程开展后，市场上涌现出很多应用大数据、云计算等技术的金融科技公司。保监会早在2011年9月发布了《保险代理、经纪公司互联网保险业务监管办法（试行）》对互联网保险做出规范（当时主要是保险中介机构利用互联网销售保单），2015年9月又在修订该办法的基础上及时发布了《互联网保险业务监管暂行办法》，对互联网保险采取较为严格的监管措施，互联网保险业务没有发生大的系统性风险。2016年，《"十三五"国家信息化规划》将物联网、人工智能、区块链等技术作为重点发展对象，监管层和机构层更加注重监管科技的发展。2017年5月，中国人民银行成立了金融科技委员会，将监管科技列为金融监管的重要手段，试图提升跨行业、跨市场交叉性金融风险的甄别、防范和化解能力。

2. 地方保险监管机构与保险科技企业合作开发监管系统

在地方，以科技加强监管趋势日益明显。北京、深圳、上海、厦门等地的地方金融局（办）呈现出与科技企业合作的趋势，为弥补在监管能力、监管人员及监管技术方面的不足，与大数据科技公司合作，探索监管科技在地方风险预警防控方面的作用。传统地方金融监管模式多依赖人工汇报，存在监测预警难、数据信息汇总难、企业风险情况获取难等问题。通过该平台可以提升主动发现、提前预警金融风险的能力。截至2018年1月，全国多地已经建立或正在建立非法集资监测预警系统。如北京市建立"打击非法集资监测预警平台"，对诈骗和已跑路的机构进行分析，对其欺诈风险、市场风险、操作风险、信用风险进行分析，从而建立风险评估模型，然后将现有的机构数据与该模型进行比对，以发现预警非法集资活动。厦门市建立"金融风险防控预警平台"。深圳市金融办与腾讯合作开发"深圳市地方金融监管信息系统"，据称该系统设计了P2P网贷蜂巢（COMB）指数、小额贷款公司 CAMEL + RR 监管评级体系和交易场所FORCE指数，用于对相应机构的风险评价。

3. 保险行业组织、保险市场核心机构积极应用科技进行监管

2017年4月18日，中国保险行业协会互联网保险第三方平台专家联盟在宁波国家保险创新综合试验区正式成立，慧择网创始人兼CEO马存军当选联盟主席。互联网保险第三方平台专家联盟由保险公司、专业第三方机构、互联网平台、科技公司等近百家互联网保险领域公司组成，旨在加强行业自律，促进行业交流，推动行业健康发展。

中国互联网金融协会金融科技发展与研究工作组以及新华社瞭望智库金融研究中心共同发布《中国金融科技应用与发展研究报告2018》（以下简称《报告》）。《报告》指出，金融机构与互联网科技公司的竞合关系不断变化，对金融功能的实现、金融风险与金融监管可能产生一定影响。应做好新兴技术的前瞻研究，加快发展和有效运用监管科技，运用科技手段优化金融监管效能和风险监测水平。

（三）科技应用于保险监管领域的发展前景

1. 短期来看，保险行业对科技进行监管的需求增大

首先，保险代理、保险经纪等功能逐步被替代，在互联网保险快速发展过程中去中介化趋势加强，保险去中介化的趋势要求保险业监管机构进一步强化对各种保险业务的监管，甚至要加强与银行业监管机构、证券业监管机构的监管协调。例如众安在线推出的退运险和医疗险对保险中介的

业务表现出了极大的替代性。另外，在大数据、人工智能等金融科技的帮助下，保险机构特别是大型保险机构能够更有效地挖掘客户需求，从而直接提供高品质的服务，例如平安财产保险公司的车险通过智能调度系统实现了极速查勘、极速理赔。因此，随着保险公司的网络及后台系统不断增强，保险中介逐步被技术替代，从而导致保险去中介化。

其次，金融科技覆盖了银行、保险、证券等众多金融机构，形成融合化趋势。金融业务间的混业发展要求国务院金融稳定发展委员会和中国人民银行等监管机构协调监管。然而，在现有的监管机制和监管模式下，保险业监管机构存在监管盲区，对很多保险公司无法进行监管或者监管效率不足。科技企业和保险机构的边界开始模糊化，科技企业参股保险公司或保险中介机构，进而从事创新型保险业务；保险机构也通过发展保险科技进行业务创新。

2. 中期来看，保险监管业将努力消除与其他国家在科技运用方面的差距

2018年4月10日，习近平主席在博鳌亚洲论坛2018年年会开幕式上发表主旨演讲时表示，中国将大幅度放宽市场准入，并推出几项有标志意义的举措。在金融业方面，2017年年底宣布的放宽银行、证券、保险行业外资股比限制的重大措施要确保落地，同时要加大开放力度，加快保险行业开放进程，放宽外资金融机构设立限制，扩大外资金融机构在华业务范围，拓宽中外金融市场合作领域。同时，习主席还特别强调，这些对外开放重大举措，要尽快使之落地，努力让开放成果及早惠及中国企业和人民，及早惠及世界各国企业和人民。之后，中国人民银行行长易纲在论坛上宣布了加速保险业对外开放的具体时间表，并强调这两项政策均要在2018年6月30日前落实到位。近30多年来特别是加入世贸组织以来，扩大对外开放在推动保险业发展中发挥了积极作用，中国在努力缩小与其他国家在科技运用方面的差距。

3. 长期来看，将科技应用于保险监管领域会引发保险监管模式的巨大变革

保险科技已经深入影响保险服务范式、风险定价机制和风险管控模式。未来，一方面加大对科技保险的研究投入力度，关注科技保险的前沿发展动向、创新型保险产品模型算法以及监管方式方法等。另一方面厘定科技保险的监管制度，借鉴英国金融行为监管局提出的"监管沙盒"的概念以及国外对保险科技的监管方式、方法，做好科技保险监管的顶层设计工作。

一是拓宽保险科技相关领域的监管范围。根据保险科技发展方向和趋势，可以考虑将与保险相关的科技公司、数据提供公司纳入监管范畴；如有必要，可考虑将与保险产业链条相关的汽修厂、4S 店、医院、健康机构等都纳入监管之列，确保保险消费者能够得到约定的保险延伸服务。

二是完善消费者权益保护机制。借鉴国际监管经验，要求科技保险公司或互联网销售渠道加强信息披露，确保条款显著位置的可视性和理解的一致性；对互联网销售的保险产品进行前期测试，对可能引起歧义或误解的条款充分告知；制定针对保险业发展的数据安全法律，确保相关数据能够合理应用。

三是强化保险监管技术支撑。在国外，随着科技金融的发展，除了传统的信息系统建设外，监管科技也成为新兴的研究和应用领域，包括利用机器学习、人工智能、分布式账本技术、生物识别技术、数字加密以及云计算等提升监管效能。

（四）政策建议

1. 监管机构层面

科技在金融行业的运用，进一步加深了银行业、证券业和保险业之间的综合经营趋势。我国自 2003 年银监会成立起，"一行三会"分业监管的金融监管体制正式建立，面对综合经营的市场现状，分业监管存在监管重复、监管缺位和监管职责不明确的问题。国家正在逐步优化监管体制以解决当前监管中存在的问题。2017 年 11 月，国务院金融稳定发展委员会成立，以加强金融监管协调、补齐监管短板。2018 年 3 月 17 日，十三届全国人大一次会议通过的《关于国务院机构改革方案的决定》中提出将中国银行业监督管理委员会和中国保险监督管理委员会的职责整合，组建中国银行保险监督管理委员会，自此"一委一行两会"新的金融监管体制形成。金融监管从纵向的机构监管转向横向的功能监管、行为监管，有利于明确监管职能、减少监管空白及监管交叉，适应了综合经营趋势下防控系统性金融风险的需要。金融监管体制改革是一个渐进的过程，未来在条件成熟的情况下，可以考虑进一步优化金融监管框架，由国务院金融稳定发展委员会对金融监管进行统一协调，中国人民银行实施审慎监管职能，银保会、证监会二会合一成立金融监督管理委员会实施行为监管职能，实现全面监管，有效防范金融风险。

2. 市场层面

保险科技监管市场化需要与成熟企业合作。成熟的市场主体是成熟市场的基石，而市场化的监管需要作用于成熟的保险机构才能产生效果。首先,健全保险机构的公司治理框架。无论是传统保险机构还是新型保险机构,无论是大型保险机构还是小型保险机构,无论是国有保险机构还是民营保险机构,在市场化条件下经营都需要拥有健康独立的内部治理结构。在完善资本补充机制、投融资管理体制、业务流程规范、内部风险控制、人员制度安排以及评价考核机制等方面的科技渗透应继续加强。其次,鼓励保险机构创新产品和管理方式。银监会在"三农"领域推行的事业部改革,保监会"偿二代"监管规则的实施,以及证券经营机构的创新发展都对金融机构提出了市场化改革的要求,增强了其对市场变化的反应能力。最后,各类机构公司治理体系的完善对发挥行业自律的作用同样具有积极意义。

3. 监管与市场融合层面

保险科技创新带来的监管难题是各国都面临的问题,各国也纷纷出台相关的创新监管政策。目前"监管沙盒"制度在英国、澳大利亚、中国香港等国家和地区已达成共识。"监管沙盒"最早由英国金融行为监管局(FCA)提出,是指由监管机构提供一个"安全空间",金融创新机构在符合特定条件的前提下,可申请突破一定的规则限制在该空间内进行金融科技创新测试。对金融创新机构而言,在符合保护消费者利益、确实有创新需求以及相关条件的前提下,申请进入沙盒进行测试,有利于创新企业获得更多的融资、在更短的时间内推出其创新产品。对监管机构而言,通过参与机构创新的全过程,能够及时掌握行业最新发展趋势和风险点所在,有利于提高政策制定的科学性,降低监管成本。结合我国监管实际,建议由国务院金融稳定发展委员会牵头,出台"监管沙盒"相关政策,建立沙盒制度,以实现监管与创新之间的平衡。

第四节 人工智能在金融行业应用中带来的风险

目前,我国金融行业的人工智能发展处于动能转换期,机遇与风险并存。基于互联网模式创新的部分成熟业态(包括第三方支付、P2P 网络借贷、互联网保险、互联网基金等)在经历了爆发式增长后,增速有所放缓,一些领域已积累较多风险,进入规范整顿阶段。基于大数据、云计算、人工智能、区块链等技术创新的企业级金融服务正逐步兴起,希望通过为金融机构提供更加多元化的 IT 服务,提高金融行业在获客、风控等环节上的服务水平,但该业态目前尚未迎来爆发式增长。为防止人工智能、金融科技风险，并利用好人工智能发展新动能，以下风险值得警惕。

一　新技术漏洞及误用滥用风险

随着云计算、区块链等技术的大规模应用，以及企业级金融服务市场的扩大，网络数据安全风险和第三方依赖风险等技术漏洞风险不容忽视。网络数据安全风险方面，金融行业的人工智能主要面临 DDOS 攻击、APT 攻击、数据库漏洞、云上数据窃取等问题。2017 年绿盟科技发现境外 APT-C1 组织利用"互金大盗"恶意软件，攻击我国某互金平台、窃取平台资产，就是针对金融人工智能所采取的 APT 攻击。金融人工智能业务客群下沉、交易频繁、实时性强、数据量大，网络数据安全风险的危害直接且巨大。第三方依赖风险方面，当机构依赖同一个第三方时，可能出现系统性风险。云计算服务由数量有限的第三方机构提供，当出现运营问题（如服务中断）时，一系列基于云的金融服务可能会受到重大影响。另外，不法分子利用用户信息进行模拟以达到诈骗目的。在信息时代，每一位用户在网上的行为都会留下痕迹，这些痕迹之中蕴藏着用户的私人信息，如性别、年龄、住址、星座等。信息的泄露在网络时代已变得越发容易，人工智能技术则使不法分子更容易利用用户信息进行诈骗。例如，不法分子可以使用人工智能技术模拟用户与其亲人进行对话，建立信任，从而获取信息或进行诈骗。

除技术漏洞风险外，金融行业的人工智能新技术被从业者误用、滥用带来的操作风险也值得注意。具体体现为：（1）不当展业。金融科技企业为快速扩张，有可能降低客户门槛，引入更多高风险客户。由于不少金融人工智能业务尚未经过经济、金融周期检验，缺乏历史数据，可能造成风险低估和错误定价。（2）同质化应用。目前，智能投顾中算法同质化严重，相似的风险指标和交易策略，可能在市场中导致更多的"同买同卖、同涨同跌"现象，加剧市场的波动和共振。（3）以技术名义进行金融犯罪。2017 年 ICO 未被叫停前，大量打着 ICO 以及区块链名号的项目腾空而出，加大了市场风险。

二　法律风险

法律风险是指金融人工智能科技的快速发展与现有法律及监管框架不

相适应带来的不确定风险。例如智能投顾多样化的业务模式可能与我国现有的分业、分机构、分牌照监管的框架产生冲突。根据我国相关法律规定，投资顾问与资产管理两块业务实施分开管理，投资顾问只能提供投资建议，不得进行全权委托交易、管理。这将国内智能投顾业务主要限制在投资推荐的范围内，且因为不能以机构为主体或受托在二级市场上直接交易，只能将购买门槛较低的公募基金作为资产配置的主要标的。而目前大多数初创公司背景的智能投顾平台属于"双无"产品。市场上较为普遍的做法是初创公司与基金代销机构合作，为后者进行用户导流。比如拿铁智投和谐蓝的交易端接入的分别为天天基金和盈米财富。然而这种做法似乎并未被证监会授予合法性。当前的导流模式存在很大的政策不确定性。2017年4月，山西证监局官网发布公告称，理财魔方和拿铁智投理财涉嫌违规销售基金产品，原因是平台未取得基金销售业务资格。

三 业务合规风险

人工智能在金融行业的应用使得运营的模式发生了一些变化，从而带来了新的合规性风险。

一是引入了新的业务主体，需要重新评估风险和规则。比如券商经纪业务和KYC，传统业务就是用户选择某家券商开户交易，然后券商基于自身数据开展KYC工作。而现代科技手段的使用，细化了业务流程和分工，引入了开户引流的互联网平台等新主体。这些新主体借助自身的海量数据筛选高质量的客户，为券商的KYC提供了新的素材。新引入的主体并非在原有的金融机构范围内，其操作风险以及风控风险金融机构都难以保证。监管机构是否应该对这些新的主体进行监管，监管的原则是什么都需要重新界定。对于金融机构而言，如何与外部机构合作完成风控以及各自的责任义务都应该进一步明确。

二是依赖科技来判断风险，有可能会带来新的风险。传统模式的合规检查由专人来负责，尽管有可能引入人为的操作错误，但对于新的监管规定以及现有的合规流程都非常清楚，出现问题时也比较容易辨别。金融人工智能背景下，部分金融机构可能会采用第三方合规服务来实现合规的自动化，可能造成金融机构内部业务人员缺乏相应的合规知识，若第三方合规程序出现错误将无法及时辨别。即便是金融机构内部开发的合规程序也有可能产生程序错误，从而带来合规风险。

四　数据使用与隐私保护风险

数据是金融人工智能应用的基础，数据使用与隐私保护的规定变化将影响人工智能在金融行业的各类应用。客户画像、机构画像等都基于客户的基本信息、行为信息、交易信息展开，数据对于金融人工智能是多多益善，也是很多业务领域比拼的关键。我国对个人数据的管理仍无法真正落实，促进了黑产数据的发展，如肆意篡改数据、窃取数据、倒卖数据等等。随着立法在数据隐私保护方面的完善以及相关监管手段的进步，未来在这个方面的实施极有可能会进一步加强。欧盟 GDPR 的出台引发了全球性的数据保护浪潮，监管科技企业必须要做好准备，以积极应对愈加收紧的数据保护规范。

第五节　未来展望与对策建议

一　人工智能与金融业的融合发展展望

当前，人工智能正推动着人类社会由信息时代进入人工智能广泛应用的智能化时代。2018 年 9 月 17 日，"世界人工智能大会"在上海召开。习近平主席致祝贺信指出，新一代人工智能正在全球范围内蓬勃兴起，为经济社会发展注入了新动能，正在深刻改变人们的生产生活方式。

"人工智能"一词是 60 年前提出的，受到数据和计算能力的限制。直到 20 世纪 90 年代，人工智能的实际应用发展缓慢。90 年代以来，特别是计算机技术的最新发展，使人工智能具有了实际应用的可能。1997 年，IBM 计算机系统"深蓝"战胜世界象棋冠军卡斯帕罗夫等著名比赛，是人工智能发展的重要里程碑。人工智能是以互联网、计算机、大数据、物联网、云计算等信息技术为基础的。进入 21 世纪后，随着这些信息技术的快速发展，人工智能技术得到了不断的发展和完善。目前，人工智能已成为金融业发展的重要技术和生产力的核心手段，正在与金融业深度融合并迅速推动金融行业向纵深发展。

人工智能在金融领域的应用已经渗透到金融产品和金融服务的方方面面，从人工智能的原理来分，其主要从五个方面展开，分别是语音识别与自然语言处理、计算机视觉与生物特征识别、机器学习与神经网络、知识图谱和服务机器人技术。人工智能在语音处理方面的技术在金融业应用已较为广泛，通常来讲，其主要应用在智能客服、语音数据挖掘以及柜台业务辅助三个层面。例如，计算机识别与生物特征识别技术主要应用于人像监控预警、核心区域监控、交易支付安全以及黑白名单应用几个方面。机器学习与神经网络可以运用于金融预测与反欺诈、授信融资与投资、金融知识库构建与风险控制、机器人服务网点。

（一）金融预测与反欺诈

金融预测与反欺诈是指通过大规模地采用机器学习技术，将大量的金融交易数据导入机器学习系统之中，机器会从人工辅助到自行发现金融交易中的异常数据，此技术一般用于分析信用卡的使用和交易数据，有助于金融机构识别欺诈交易、预测交易变化趋势，提前做出相应决策。

（二）授信融资与投资

授信融资是指通过整合有关客户的数据，如年龄、性别、学历、消费记录等，建立各个维度与客户信用程度的关系，通过机器学习不断更新信用相关指标，以对客户进行信用分析，进而给予授信。随着大数据和人工智能的深度运用，大量的贷款申请将通过智能算法在几分钟之内给予贷款审批，其审批效率大为提高，有助于服务个人信贷以及小微企业信贷。而且，机器学习还可以继续运用于贷后管理，以实时进行风险监控。投资决策是指利用历史数据和统计概率方面的算法，使系统能够自动感知市场的变化，不断更新数据和模型，进而做出投资决策。

（三）金融知识库构建与风险控制

知识图谱在金融领域的应用主要体现在金融知识库的构建和风险控制两个方面。人工智能可以使金融知识库的建立更具智能化和动态化，即将大量与业务相关的金融知识组合起来，通过视觉化的方式展现给客户。金融知识库的智能化将有助于智能客服的升级，客户将不需要人工对整个金融业务和金融产品进行了解，且整个过程又具备较好的用户体验。知识图谱用于风险控制是指在对企业进行风险评估时，采用可视化的方式，将企业与其他单位的业务联系全方位地展现给风险评估人员或者智能化的风险评估系统，这样可以将公司的上下游企业、母子关系、竞争对手、行业企业等业务单位融入金融机构的风险控制系统之中，形成一个风险控制网络。一旦周围的企业出现风险点，风险控制系统可以快速分析其向目标企业的传染性。

（四）机器人服务网点

服务机器人是人工智能发展到一定阶段的产物，是机器高度拟人化的表现，即实体机器人在比较高的程度上替代人的工作。服务机器人尚没有一个权威的定义，不同国家对服务机器人的认识也是不同的。网点的服务工作很多都已经呈现出模式化和流程化的特征，通过机器人服务完全可以完成。国内已经有银行开展了机器人服务网点的试点工作。

二 加快推进金融人工智能未来在我国金融行业的应用的对策建议

金融人工智能作为新的动能必将带来金融行业的巨大变化，各国都在加快发展金融人工智能的应用，我们认为未来可在以下几个方面推进人工智能在我国金融业的应用。

第一，进一步发展适合中国国情的产品或者服务。金融人工智能属于舶来品，直接照搬过来可能并不适合中国的国情。例如智能投顾在美国主要服务的对象定位为新一代的中产阶级（如在硅谷工作的程序员），借助计算机跟踪收益与风险相吻合的指数基金来实现类似的资产组合，通过合理的避税、再平衡资产组合等方式来进一步提高收益以及降低服务费用。而我国的基本情况与美国不同，很大程度上照搬美国的模式并不能达到很好的效果。首先，我国基金手续费用并不高，很多基金公司已经提供了互联网直销渠道来进一步降低手续费用；其次，我国并不存在基金避税的情况；最后，我国缺乏长期表现稳定的指数基金，无法真正通过计算机跟踪方式简单实现较高的收益。

第二，回归金融投资本质，避免同质化，发展差异化的服务或产品。尽管人工智能在我国金融行业的应用发展迅速，但市场做法大同小异，容易造成同质化并带来系统性风险，而类似的产品可能无法区分最终真正满足客户服务而失去客户黏性。例如大数据基金产品在诞生之际借助大数据噱头吸引了不少眼球，时值 2015 年牛市期间收益率也不错。随后各大基金公司联合互联网公司推出类似产品，在数据以及策略上却不加区分造成了同质化严重，从另外一个层面也加剧了市场的同涨同跌。从 2018 年的总体情况来看，这类基金在市场下滑期间表现也如出一辙，收益率不及优秀的主动性基金。未来金融业应该回归金融投资本质，从策略与建模入手，挖掘真正有意义的数据以支持投资模型，服务于有需求的人群。

第三，全面发展相应的配套措施，着重提升金融行业应用的金融科技的法律规定、投资者教育以及数据规范。金融科技在金融行业的发展是一项系统性工程，需要除产品与业务以外的法律、投资者教育以及数据规范共同辅助才能朝着更为健康的方向发展。首先，要从法律上做好规定以填补现有的空缺，设立对应的监管框架，引导其向正确的方向发展。其次，金融机构在发展产品的同时，要注重投资者适当性的培养，从理念上教育投资者选择适合自身情况的产品，在资产组合配置上追求风险收益平衡的长期投资策略。只有这样，才能真正达到客户的预期，提高客户黏性。最后，金融业公司在进行人工智能创新的同时应该尽早做到数据规范，避免由于数据规范后带来的业务冲击。

第四，监管端应继续探索监管科技的应用，以进一步提升应对金融人工智能带来的风险的能力。我国金融人工智能迅猛发展的同时，带来了更多风险，对监管端的要求也在不断上升。"区块链+监管科技"将成为推动金融监管的重要资源禀赋，区块链技术和大数据、云计算、人工智能等技术结合，将全方位转变传统金融监管的模式，这种新型的金融监管范式不仅影响合规端（金融机构），也会进一步影响监管端的发展。只有金融人工智能与监管科技的协同发展，才能实现金融人工智能行业的健康有序发展。

第二篇

绿色开放篇

第五章　中国绿色金融发展研究

引　言

发展绿色金融是近年来中国金融供给侧结构性改革的一大重点。"加快构建标准体系，确保绿色金融高质量发展""强化信息披露，提升绿色金融市场的透明度""深化国际合作，进一步凝聚绿色金融的全球共识"三个方面构成了我国新阶段绿色金融工作的重点内容[①]，这些重点内容与国家区域一体化发展和"一带一路"建设紧密相关。2017年年底启动的全国碳排放交易体系开启了我国碳金融发展新的篇章。新时期我国将加快构建绿色金融体系的步伐，绿色金融在多个方面都将实现新的突破。国家统一的绿色金融标准体系正在加快推进、绿色金融改革创新试验区试点经验将在国内推广复制，绿色金融发展的整体制度环境将逐步得到完善。本章系统梳理了中国绿色金融发展动态，总结对比了国外先进的发展经验，并在此基础上提出了促进我国绿色金融发展的对策建议。

第一节　中国绿色金融发展动态

从全国范围看，一年来各省市在推动绿色金融方面均出台了很多政策。总览我国2018年的绿色金融发展动态可以从京津冀协同发展、长三角区域一体化、粤港澳大湾区建设、长江经济带发展和"一带一路"建设这五大国家战略的角度，从战略全局概览2018年绿色金融领域的创新发展动态。

---

① 中国金融学会绿色金融专业委员会：《2018北京绿色金融国际论坛在京举行——将北京打造成为国际绿色金融中心》，2018年11月9日，http://www.greenfinance.org.cn/displaynews.php？id=2361。

一 京津冀绿色金融发展动态

(一) 北京拟在城市副中心设立国际绿色金融改革试验区

2018年7月30日,中共北京市委和北京市人民政府印发了《北京市关于全面深化改革、扩大对外开放重要举措的行动计划》,提出争取设立国际绿色金融改革创新试验区,创新发展绿色金融工具,允许境外投资者直接参与试验区内绿色金融活动。11月8日,在"2018北京绿色金融国际论坛"上,北京市副市长殷勇提出,北京要在城市副中心设立国际绿色改革试验区,创新发展绿色金融工具,积极引进绿色投资机构。同时,着力培育和建设绿色金融发展的长效机制,积极运用融资担保、财政贴息等政策工具引导,鼓励金融机构更多投向绿色金融产业。支持个人绿色投资基金发展,带动社会资本投资绿色企业。在重点领域积极推动环境污染相关保险,完善对高污染限制性的金融政策。[1]

(二) 天津推动绿色金融平台创新

1. 天津绿色供应链服务中心拓展合作范围

天津绿色供应链服务中心与气候债券倡议组织于2018年1月31日正式签署谅解备忘录,双方就海外绿色债券发行、绿色金融咨询、绿色培训等方面的合作达成一致意见,将共同为中国政府部门和企业提供专业绿色金融服务。亚太经合组织(APEC)绿色供应链合作网络天津示范中心是由2014年APEC领导人宣言正式批准建立的APEC绿色供应链合作网络首个示范中心,是APEC推动绿色供应链发展与互联互通、促进相关公共和私人合作的重要合作平台之一。天津绿色供应链服务中心是APEC绿色供应链合作网络天津示范中心的工作机构之一,旨在提供推动绿色供应链发展的一站式市场服务。[2]

2. 天津排放权交易所增资扩股

2018年1月31日,天津排放权交易所增资扩股协议在北京签约。中国石油天然气集团有限公司、蚂蚁金服集团、天津产权交易中心三家股东单位进行签约。天津排放权交易所引入蚂蚁金服作为新的股东,这既是对

---

[1] 刘双霞:《北京上半年绿色信贷占比15% 将建绿色金融改革试验区》,2018年11月8日,北京商报网,http://www.bbtnews.com.cn/2018/1108/273110.shtml。

[2] 亚太经合组织(APEC)绿色供应链合作网络天津示范中心:《天津绿色供应链服务中心加入气候债券倡议组织合作伙伴计划》,2018年5月17日,http://cn.apecgsc.org/xinwenzhongxin/xinwen/tianjinshifan/3504.html。

原有股权结构进一步优化升级，也反映出三方股东对于推进社会经济向绿色、可持续方向发展的共同意愿。①

（三）中央支持设立雄安绿色金融产品交易中心

《中共中央国务院关于支持河北雄安新区全面深化改革和扩大开放的指导意见》提出：积极创新绿色金融产品和服务，支持设立雄安绿色金融产品交易中心，研究推行环境污染责任保险等绿色金融制度，发展生态环境类金融衍生品。此前发布的《河北雄安新区规划纲要》明确雄安新区将建设成为绿色生态宜居新城区，营造优质绿色生态环境。雄安新区关于绿色发展和生态建设的规划，为绿色金融的创新发展提供了广阔的市场空间。

2018年12月25日《国务院关于河北雄安新区总体规划（2018—2035年）的批复》指出建设绿色低碳之城，要坚持绿色低碳循环发展，推广绿色低碳的生产生活方式和城市建设运营模式，推进资源节约和循环利用。确立水资源开发利用红线，以水定城、以水定人，实行最严格的水资源管理制度。建设海绵城市，构建集约高效可靠的供排水系统。优化能源结构，建设绿色电力供应系统和清洁环保的供热系统，推进本地可再生能源利用，严格控制碳排放。提高绿色建筑、节能相关标准，全面推动绿色建筑设计、施工和运行。构建先进的垃圾处理系统，全面推行垃圾分类，促进垃圾资源化利用。

二 长三角绿色金融发展动态

（一）上海发挥资本市场优势，服务国家战略和绿色发展

为进一步发挥资本市场力量服务国家战略和绿色发展，2018年上海证券交易所制定了《上海证券交易所服务绿色发展 推进绿色金融愿景与行动计划（2018—2020年）》（简称《愿景与行动计划》）。《愿景与行动计划》包括制定背景、上交所推进绿色金融工作的目标与原则及行动方案3个部分。其中，行动方案提出上交所拟从"推动股票市场支持绿色发展""积极发展绿色债券""大力推进绿色投资""深化绿色金融国际合作"和"加强绿色金融研究和宣传"5个方面，采取14项具体举措

---

① 《蚂蚁金服入股天津碳排放权交易所》，2018年2月1日，中国金融信息网，http://futures.xinhua08.com/a/20180201/1747363.shtml。

推进绿色金融发展。①

《愿景与行动计划》提出，推动股票市场支持绿色发展，强化上市公司环境信息披露，研究完善绿色债券标准和规则，支持符合条件的企业等主体发行绿色债券。发展绿色资产支持证券，支持企业发行募集资金专门（或主要）用于绿色项目的资产支持证券，支持绿色PPP项目资产证券化等计划。《愿景与行动计划》还提出了要加强与相关政府部门、绿色金融改革创新试验区政策对接和加强绿色证券指数的开发和维护等内容。②

绿色证券一般是指募集资金主要用于支持绿色产业项目的证券，包括绿色债券、绿色资产支持证券等绿色基础证券以及基于绿色基础证券的绿色指数与绿色基金产品等。上海证券交易所不断推动绿色证券的创新与发展，支持绿色企业上市融资，大力发展绿色债券市场，加快绿色指数产品创新，绿色债券上市挂牌数量和绿色指数数量均不断增加。

（二）江苏深入推进绿色金融，服务生态环境高质量发展

2018年9月30日，江苏省环保厅、财政厅、金融办和发改委等9个部门联合推出《关于深入推进绿色金融 服务生态环境高质量发展的实施意见》，提出包含信贷、证券、担保、发展基金、保险、环境权益等10大项33条具体措施。其中，在绿色证券方面，提出利用政府债券资金支持生态环境保护、支持符合条件的绿色产业企业上市和再融资、开展环境基础设施资产证券化、对绿色债券进行贴息等。在绿色担保方面，提出对为中小企业绿色信贷提供担保的第三方担保机构进行风险补偿、对为绿色债券发行提供担保的第三方担保机构给予奖励、建立中小企业绿色集合债担保风险补偿机制。③

2018年江苏省财政厅联合省环保厅与商业银行合作，推出了绿色金融产品"环保贷"。省级财政首期投入4亿元，将撬动银行资金80亿元。这款金融产品以财政风险补偿资金池为增信手段，引导合作银行为省内环保企业开展污染防治、环保基础设施建设、生态保护修复及环保产业发展等提供贷款。当发生偿贷风险时，由资金池和银行按差别化风险分担比例

---

① 上海证券交易所：《落实国家战略，共建生态文明——〈上海证券交易所服务绿色发展 推进绿色金融愿景与行动计划（2018—2020年）〉正式发布》，2018年4月25日，http://www.sse.com.cn/aboutus/mediacenter/hotandd/c/c_20180425_4518291.shtml。

② 中国金融信息网：《上交所发布绿色金融行动计划 推动股票市场支持绿色发展》，2018年4月26日，http://greenfinance.xinhua08.com/a/20180426/1758290.shtml。

③ 谢水旺：《江苏财政4亿风险补偿金如何撬动80亿银行"环保贷"》，2018年10月24日，《21世纪经济报道》，http://epaper.21jingji.com/html/2018-10/24/content_95115.htm。

共同承担，以解决环保企业贷款难、利率上浮较大等问题。①

"环保贷"在具体操作中由江苏省环保厅负责建立生态环境保护项目库，合作银行从中选择放贷项目。合作银行对项目库的项目，按照单一项目贷款余额不超过 2000 万元、贷款期限不少于 1 年不超过 5 年的要求进行放贷，贷款利率按照人民银行同期同档次基准利率上浮最高不超过 20%，同时抵质押率要优于同期商业贷款，且不得以任何形式提高或变相提高项目单位贷款条件和贷款成本。当发生偿贷风险时，由资金池和银行按照差别化风险分担比例共同承担。"环保贷"将企业环保信用评级与贷款利率挂钩，实行差别化运行管理。"环保贷"首期合作银行为兴业银行南京分行、江苏银行、中国民生银行南京分行。② 其中，江苏银行"环保贷"已经投放"环保贷"46 笔，涉及贷款总额 22.2 亿元，其中资金池风险分担总额 6.8 亿元。③

（三）浙江推进湖州市、衢州市绿色金融改革创新试验区建设

2018 年 3 月 6 日，浙江省推进绿色金融改革创新试验区建设领导小组办公室印发了《推进湖州市、衢州市绿色金融改革创新试验区建设行动计划》，明确了未来 5 年的工作任务、主要目标和责任单位，并配套制定了绿色项目清单、财政政策清单以及金融产品和服务清单，多措并举，精准务实，全面推进湖州市、衢州市绿色金融改革创新试验区建设。④

2018 年 6 月 12 日至 13 日，在浙江湖州举办的"绿色金融改革创新试验区建设座谈会"上，国家绿色金融改革创新试验区金融机构代表签署了《浙江、广东、江西、贵州、新疆五省（区）绿色金融改革创新试验区银行机构率先开展环境信息披露倡议》。湖州银行、衢州农商银行、广州银行、贵阳银行、九江银行和哈密市商业银行将率先开展环境信息披露。五省八地试验区地方政府代表签署《浙江、广东、江西、贵州、新疆五省（区）绿色金融改革创新试验区开展绿色项目数据库建设倡议》。在绿色金融改革创新试验区建设绿色项目数据库，可以让辖区内金融机构快速识别绿色项目，为国际国内资源对接金融服务提供平台，显著提高交

---

① 苏财轩：《江苏省首推"环保贷"促绿色发展》，2018 年 7 月 4 日，《新华日报》，http://industry.people.com.cn/n1/2018/0704/c413883-30126145.html。

② 韩东良：《将企业环保信用评级与贷款利率挂钩　江苏推出绿色金融产品"环保贷"》，2018 年 8 月 7 日，《中国环境报》，http：//greenfinance.xinhua08.com/a/20180807/1772369.shtml。

③ 《江苏银行承办 2018 国际生态环境新技术大会》，2018 年 10 月 23 日，http：//stock.jrj.com.cn/2018/10/23105225245210.shtml。

④ 《浙江省出台行动计划和三张清单　全面推进绿色金融改革创新试验区建设》，2018 年 3 月 6 日，中国金融信息网，http：//greenfinance.xinhua08.com/a/20180306/1751157.shtml。

易效率①。

（四）安徽争取获批第二批绿色金融改革创新试验区

安徽合肥正在积极申报国家第二批绿色金融改革创新试验区，试验区的定位是科技创新和绿色金融融合发展。国家第一批绿色金融改革创新试验区广东、浙江、江西、贵州、新疆五省（区）的建设侧重点不同。浙江两个城市重点探索"绿水青山就是金山银山"在金融方面的实现机制及创新绿色金融对传统产业转型升级等服务；广东侧重发展绿色金融市场；新疆着力探索绿色金融支持现代农业、清洁能源资源，充分发挥建设绿色丝绸之路的示范和辐射作用；贵州和江西探索如何避免再走"先污染后治理"的老路，利用良好的绿色资源发展绿色金融机制。② 合肥市具备战略性新兴产业自主创业优势、生态环境优势、地理区位优势和特色产业优势，具有申报建设绿色金融改革创新试验区的良好基础。③

三 粤港澳绿色金融发展动态

香港交易所是世界第五大绿色债券交易场所，也是中国离岸绿色债券的最大发行市场，占中国绿色债券海外发行总量的 37%。2018 年，在香港安排和发行的绿色债券总额达 110 亿美元，比 2017 年大幅增长 237%。除香港发行人外，大量中国内地及海外的机构也选择在中国香港发行绿色债券，额度总计达 90 亿美元，占比 83%④。随着粤港澳绿色金融建设的整体推进，香港的国际绿色金融中心定位、广州绿色金融改革创新试验经验以及澳门特色金融体系对绿色金融的支持，会产生叠加式协同效应，为大湾区发展提供金融支撑。

（一）广东推进广州市花都区绿色金融改革创新试验区建设

2017 年 6 月，广东省广州市绿色金融改革创新试验区正式获批。绿色金融改革创新试验区获批以来，广州积极推进和港澳地区合作，加强粤

---

① 姜楠：《绿色金融改革创新试验区发起环境信息披露和绿色项目数据库建设倡议》，2018年 6 月 13 日，http://greenfinance.xinhua08.com/a/20180613/1764724.shtml。

② 《合肥、兰州、南京等九市拟申报第二批试点 国家绿色金改创新试验区有望扩容》，2018 年 6 月 5 日，新华网，http://www.xinhuanet.com/fortune/2018-06/05/c_1122936224.htm。

③ 肖菁菁：《绿色金融体制建设：激发治污活力》，2018 年 3 月 13 日，《中国环境报》，http://www.cnenergy.org/hb/201803/t20180313_452289.html。

④ 陈然：《香港绿色债券市场报告首发布》，2019 年 2 月 28 日，人民网—人民日报海外版，http://hm.people.com.cn/n1/2019/0228/c42272-30906883.html。

港两地绿色金融合作已经纳入了第九次粤港金融合作专责小组议题。2018年1月香港亚洲金融论坛期间，广州专门举办了广州金融推介会，并在推介会上专题做了绿色金融改革创新试验区推介，鼓励引导港澳地区金融机构参与绿色金融产品创新、业务创新和服务创新，加强三地金融机构经验分享和业务合作，将绿色金融打造成为推动粤港澳大湾区实现绿色发展的重要力量。①

2018年5月5日，广东省政府发布了《广东省广州市建设绿色金融改革创新试验区实施细则》，从培育绿色金融组织体系、创新绿色金融产品和服务、支持绿色产业拓宽融资渠道、探索建设环境权益交易市场、加快发展绿色保险等10方面推出39条举措推进试验区建设②。

（二）香港定位国际绿色金融中心

2018年9月21日香港绿色金融协会成立。协会包括90家香港金融机构、环保企业、服务提供者和其他利益相关方，旨在动员行业资源和人才，推动绿色金融业务和产品创新，支持香港特区政府制定的绿色金融政策，助力香港打造国际绿色金融中心。香港正在营造绿色金融的发展环境，成立香港绿色金融协会是香港打造绿色金融中心的重要里程碑，将会进一步释放香港在绿色金融领域的市场潜力。香港绿色金融协会致力于香港打造国际绿色金融中心的目标，尤其是助力香港成为内地和"一带一路"沿线国家绿色投融资的重要平台。③

绿色金融是一项发展迅速的金融服务。香港特区政府正积极推进多项工作，以推动香港成为绿色金融枢纽。香港特区政府的措施包括推出1000亿港元的政府绿色债券计划、绿色债券资助计划，以及绿色金融认证计划等，吸引更多机构来香港利用香港市场为绿色项目融资。2018年上半年香港吸引了15笔绿色债券在香港发行，集资总额达到80亿美元。④

2018年5月31日，中国银行成功发行共14亿美元等值的债券，包括由香港分行发行的价值30亿港元的可持续发展债券，以及由伦敦分行发

---

① 广州市金融工作局：《绿色金融改革创新助推广州绿色发展》，2018年5月14日，http://www.gz.gov.cn/gzgov/s7121/201805/965e93536cd24928a71fbc749c011cf9.shtml。
② 《广东出台绿色金改创新试验区实施细则》，2018年6月4日，新华网，http://www.xinhuanet.com/energy/2018-06/04/c_1122931074.htm。
③ 张欢：《香港绿色金融协会成立》，2018年9月21日，http://www.xinhuanet.com/2018-09/21/c_1123468205.htm。
④ 陈茂波：《积极推动绿色金融发展》，2018年11月1日，纪念改革开放40年中国新一轮对外开放暨共建"一带一路"（香港）高峰论坛，https://www.news.gov.hk/chi/2018/11/20181101/20181101_193236_989.html?type=ticker。

行的 10 亿美元绿色债券。可持续发展债券募集的资金将主要用于对接清洁交通、清洁能源等绿色信贷项目，以及国家助学贷款、个人创业担保贷款等普惠金融项目，以推进绿色金融和普惠金融的发展，促进环境及社会效益。①

2018 年 9 月 21 日，香港证监会为促进香港绿色金融发展，公布了相关策略框架，明确证监会在该领域的首要工作是加强上市公司环境信息披露监管。根据最新公布的绿色金融策略框架，香港证监会要加强上市公司环境信息披露的一致性和可比性，尤其是与气候相关的风险和机遇。证监会也会探讨资产管理公司应以何种方式向投资者阐明，其在投资及风险评估的过程中如何及在何等程度上考虑环境准则。证监会还将通过提供符合国际标准的信息披露指引，致力确保在香港发售的绿色产品符合可信标准，借此开拓更多样化的绿色投资机会，包括上市绿色金融产品，以及非上市、交易所买卖、场外绿色金融产品。香港证监会未来会与香港交易所合作，共同探讨如何发展绿色金融产品，以及推动产品上市和交易，涉及的产品类别涵盖债券、指数及金融衍生工具等。②

（三）澳门推动特色金融体系建设助推绿色发展

澳门是中国与葡语系国家战略发展和商贸服务合作平台，推动大湾区城市共同拓展海外市场，助力大湾区"走出去，引进来"，为大湾区形成全面开放新格局提供服务。澳门的定位是"精准联系人"，打造连通内地企业与葡语国家间的金融及贸易桥梁。③ 2018 年 3 月 29 日，澳门特区政府贸易投资促进局与中国工商银行在澳门签署了《关于支持澳门特色金融发展的工作备忘录》。签署备忘录的主要目的是推动葡语国家资产交易平台建设，带动澳门和葡语国家各类机构参与"一带一路"建设，推动经贸投资合作，进一步宣传、推广及促进澳门特色金融体系建设。④

2017 年 12 月商务部与澳门特区政府签署的《CEPA 经济技术合作协议》中明确提出支持澳门发展特色金融，研究在澳门创建以人民币计价的证券市场、绿色金融平台等，促进跨境人民币资金双向流通机制及两地

---

① 《中行首发境外可持续发展港元债》，2018 年 6 月 4 日，搜狐网，https：//www.sohu.com/a/233934523_379935。

② 张欢：《香港证监会公布绿色金融策略框架》，2018 年 9 月 24 日，中国金融信息网，http://greenfinance.xinhua08.com/a/20180924/1778869.shtml。

③ 苏宁：《澳门如何融入粤港澳大湾区》，《人民日报》2018 年 9 月 27 日第 19 版。

④ 郭鑫：《澳门与工行签署工作备忘录推进特色金融发展》，2018 年 3 月 29 日，国务院新闻办公室网站，http：//www.scio.gov.cn/31773/35507/htws35512/Document/1626307/1626307.htm。

更紧密的金融合作,这些措施为澳门发展特色金融提供重要的政策支撑。① 澳门的特色金融是要从建设融资租赁市场和绿色金融交易体系等特色金融行业入手,为国家高铁、船舶、海洋工程、大型设备等行业提供"走出去""引进来"的金融平台,为绿色企业、绿色商品交易提供专业服务。②

四 长江经济带绿色金融发展动态

2018年4月26日习近平总书记在武汉主持召开深入推动长江经济带发展座谈会并发表重要讲话。7月12日,湖北出台了《关于创新绿色金融,支持长江经济带绿色发展的实施意见》,提出力争到2020年,实现全省绿色信贷余额增速高于各项贷款增速;绿色债券发行规模超过200亿元,绿色企业上市融资规模突破20亿元,绿色资产证券化规模快速提升;绿色保险服务水平不断提高,保险资金的覆盖面不断扩大。③ 8月8日,为深入贯彻落习近平总书记重要讲话精神,湖北省发布"湖北长江经济带绿色发展十大战略性举措",提出以长江经济带发展推动高质量发展。十大战略性举措包括:加快发展绿色产业;构建综合立体绿色交通走廊;推进绿色宜居城镇建设;实施园区循环发展引领行动;开展绿色发展示范;探索"两山"理念实现路径;建设长江国际黄金旅游带核心区;大力发展绿色金融;支持绿色交易平台发展;倡导绿色生活方式和消费模式。④

2018年10月26日国家发改委、生态环境部、农业农村部、住房城乡建设部、水利部会同有关部门印发了《关于加快推进长江经济带农业面源污染治理的指导意见》,强调:规范政府和社会资本合作,引导社会资本投向农业废弃物资源化利用、农村垃圾污水处理等领域。有效利用绿

---

① 澳门特别行政区经济财政司司长办公室:《梁维特日前在京会晤刘士余、潘功胜,加强金融民生合作,支持特色金融发展》,2018年10月18日,https://www.gov.mo/zh-hans/news/222618/。

② 中央人民政府驻澳门特别行政区联络办公室经济部贸易处:《澳门打造特色金融产业 发展融资租赁、财富管理》,2017年5月9日,http://mo.mofcom.gov.cn/article/ztdy/201705/20170502571872.shtml。

③ 刘天纵:《长江经济带绿色发展十大战略性举措解读》,2018年8月9日,湖北省人民政府网站,http://www.hubei.gov.cn/zwgk/zcsd/201808/t20180809_1328202.shtml。

④ 王贤:《湖北发布长江经济带绿色发展十大举措》,2018年8月9日,新华网,http://www.xinhuanet.com/politics/2018-08/09/c_1123247785.htm。

色金融政策，加大绿色信贷、绿色债券、绿色基金、绿色保险对农业农村面源污染防治的支持力度。按照市场化和商业可持续原则，在符合条件的地区探索开展绿色金融支持畜禽养殖废弃物处置和无害化处理试点。①

五 "一带一路"绿色金融发展动态

（一）推动"一带一路"投资绿色化

2018年11月30日，中英绿色金融工作组第三次会议在伦敦举行。会议期间共同发布了《"一带一路"绿色投资原则》。该原则在现有责任投资倡议基础上，将低碳和可持续发展议题纳入"一带一路"倡议，以提升投资环境和社会风险管理水平，进而推动"一带一路"投资的绿色化。该原则从战略、运营和创新三个层面制定了七条原则性倡议，包括公司治理、战略制定、项目管理、对外沟通，以及绿色金融工具运用等，鼓励投资企业自愿参加和签署。②

（二）推动国际绿色标准一致化

中国和欧盟拥有全球最大的绿色债券市场，促进两者兼容发展，对协调全球范围内的绿色金融标准具有重要意义。2018年12月4日中国金融学会绿色金融专业委员会与欧洲投资银行在波兰卡托维兹联合国气候大会期间联合发布了《探寻绿色金融的共同语言》第二版白皮书。新版白皮书对过去一年间中国与欧洲各自推动绿色金融和绿色金融标准化工作的进展情况进行了回顾和分析，并提出未来应在中欧绿色债券标准之间建立较为清晰的标准比对和转换机制的建议。此外，白皮书提出，将通过探索欧洲投资银行在中国资本市场发行绿色熊猫债券，强化白皮书成果的运用，为中国绿色债券市场国际化形成示范效应。③

（三）"一带一路"绿色发展国际联盟即将启动

在2017年5月举行的首届"一带一路"国际合作高峰论坛上，联合国环境规划署和中华人民共和国环境保护部共同倡议建立"一带一路"绿色发展国际联盟。截至2018年11月，已有80多家机构确定成为联盟的合作

---

① 《五部门印发加快推进长江经济带农业面源污染治理意见》，2018年11月1日，金融界网站，http://finance.jrj.com.cn/2018/11/01100725291955.shtml。

② 孙晓玲：《中英机构携手发布〈"一带一路"绿色投资原则〉》，2018年11月30日，新华网，http://www.xinhuanet.com/fortune/2018-12/01/c_1123793737.htm。

③ 于洋：《〈探寻绿色金融的共同语言〉新版白皮书发布》，2018年12月5日，人民网，http://world.people.com.cn/n1/2018/1205/c1002-30442918.html。

伙伴。"一带一路"绿色发展国际联盟主要由联合国环境规划署牵头，中华人民共和国环境保护部做支撑，致力于借助国际层面的平台，促进"一带一路"沿线国家在环境、生态、金融等方面的合作。[1] "一带一路"绿色发展国际联盟未来将在三个方面扮演重要角色：一是促进绿色金融发展，二是寻求制定适用于"一带一路"的基础原则和标准，三是充分发挥第三方作用，帮助沿线国家实现绿色发展。[2] 我国将在2019年启动"一带一路"绿色发展国际联盟[3]。

第二节 绿色金融改革创新试验区年度发展分析

一 绿色金融改革创新试验区的启动背景

在当前可持续发展的时代潮流下，我国正处于经济结构调整和发展方式转变的关键时期。我国提出了生态环境保护、生态文明建设、建设美丽中国等目标，要具体落实到支持环境改善、资源节约高效利用和应对气候变化的行动中，需要建立和完善我国的绿色金融体系。构建绿色金融体系，增加绿色金融供给，对我国加快建设环境友好型社会、推进环境治理、促进经济结构调整和发展方式转变有着重大的现实意义。

通过发展绿色信贷、绿色债券、绿色股票指数和相关产品、绿色发展基金、绿色保险、碳金融等金融工具，以及通过支持经济绿色化转型的一系列政策制度安排，健全和完善绿色金融体系，能够动员和激励更多的社会资本投入到绿色产业并有效地抑制污染性投资，从而达到加快经济绿色化转型、促进生态文明建设的目的。在达到这个目的的过程中，能够有力地促进环保、节能、新能源等领域的技术进步，培育新的经济增长点，有效提升经济增长潜力。

近年来，我国绿色金融发展加速，绿色信贷持续增长，绿色债券、碳金融等领域的创新探索不断涌现，环保、节能、清洁能源、绿色交通、绿

---

[1] 商务部对外投资和经济合作司：《"一带一路"绿色发展国际联盟将正式启动》，2017年7月3日，http://fec.mofcom.gov.cn/article/fwydyl/zgzx/201707/20170702602919.shtml。
[2] 高敬：《80多家机构成为"一带一路"绿色发展国际联盟合作伙伴》，2018年11月5日，新华网，http://www.xinhuanet.com/politics/2018-11/05/c_129986337.htm。
[3] 程婷：《生态环境部：2019年将启动"一带一路"绿色发展国际联盟》，2019年1月21日，中国一带一路网，https://www.yidaiyilu.gov.cn/xwzx/roll/77931.htm

色建筑等领域的项目投融资、项目运营、风险管理等绿色金融服务得到了越来越多的重视。但是，在信贷之外的绿色金融发展仍然较为薄弱，金融机构对绿色产业风险顾虑重重，设立绿色金融事业部的金融机构屈指可数，境外资本参与绿色投资的案例不多，环境权益抵质押融资、绿色股票指数和相关产品、绿色发展基金、绿色保险等金融工具探索仍嫌不足。2016年8月31日，中国人民银行、财政部、国家发改委、环境保护部、银监会、证监会、保监会印发《关于构建绿色金融体系的指导意见》[1]（以下简称《指导意见》）。为了更好地满足绿色产业发展多元化多层次的投融资需求，动员和激励更多的社会资本投入到绿色产业，《指导意见》提出了很多创新性的融资工具和激励约束机制。但是，构建和完善绿色金融体系是一个系统工程，《指导意见》的贯彻需要把握时机和进度，统筹兼顾，根据需要突出重点，有序探索推进，并需要部门、地方政府、金融机构和企业间的协作和配合。

我国幅员辽阔，不同地区在资源禀赋、发展阶段、产业结构等方面存在较大差异，绿色金融的发展方向及其发生作用的方式也应因地制宜。绿色金融改革创新试验区的建设，需要针对各地绿色发展的特色，因地制宜采取创新办法，才能对改善生态环境、资源节约高效利用以及生态文明建设产生更加积极的促进作用。[2] 一些区域的探索，比起全国一盘棋更加专注和有针对性，相关创新政策更容易落地。[3] 在试验区层面，地方的财税优惠、信贷贴息等具体政策便于进行探索，支持绿色金融改革的实惠且有针对性的措施便于落地。[4] 对于金融机构而言，发展绿色金融，在不破坏商业机制的同时承担社会责任，需要从客户定位、人员适应、资源配置、流程改造等多方面重新塑造可持续的商业模式。有些先进的体制机制需要通过部分地区的试点进行探索，积累经验，形成可复制、可推广的标准后，再在全国范围内辐射、推进，有利于健康平稳地发展。

---

[1] 中国人民银行、财政部、国家发改委、环境保护部、银监会、证监会、保监会：《关于构建绿色金融体系的指导意见》，2016年8月31日，国务院新闻办公室网站，http：//www.scio.gov.cn/32344/32345/35889/36819/xgzc36825/Document/1555348/1555348.htm。

[2] 张忱：《绿色金融试验区：改什么？试什么？》，2017年6月28日，新华网，http：//www.xinhuanet.com//money/2017-06/28/c_1121223911.htm。

[3] 《国务院部署五地建设绿色金融创新试验区》，2017年6月14日，新华社，http：//www.sohu.com/a/148968079_114988。

[4] 李延霞、吴雨：《我国将建设绿色金融改革创新试验区》，2017年6月14日，http：//www.gov.cn/zhengce/2017-06/14/content_5202609.htm。

二 绿色金融改革创新试验区的顶层设计

《指导意见》使得我国成为全球首个由政府推动并发布政策明确支持"绿色金融体系"建设的国家。从顶层设计出发,绿色金融已上升为国家战略。《指导意见》的出台,不仅为绿色金融体系的建设提供了指导,也为各种金融要素的配合提供了重要的政策依据。2017 年 6 月 14 日,国务院总理李克强主持召开国务院常务会议,决定在浙江、江西、广东、贵州、新疆 5 省(区)选择部分地方,建设各有侧重、各具特色的绿色金融改革创新试验区,在体制机制上探索可复制、可推广的经验,推动经济绿色转型升级。[①] 2017 年 6 月 23 日,中国人民银行等七部门联合印发了《浙江省湖州市、衢州市建设绿色金融改革创新试验区总体方案》《广东省广州市建设绿色金融改革创新试验区总体方案》《新疆维吾尔自治区哈密市、昌吉州和克拉玛依市建设绿色金融改革创新试验区总体方案》《贵州省贵安新区建设绿色金融改革创新试验区总体方案》和《江西省赣江新区建设绿色金融改革创新试验区总体方案》[②]。

绿色金融改革创新试验区方案是我国推动绿色金融体系发展的重大部署,标志着绿色金融体系地方建设进入了实质性的落地实践阶段。试点方案基本上吸收了《指导意见》的核心精神,在具体计划和推动措施安排上,综合考虑了各个区域的经济基础和地区特色。在全国层面的统筹考虑下,绿色金融改革创新试验区有利于调动和鼓励地方政府积极性,有利于落实《指导意见》的政策导向。5 省份 8 个试验区相对具有较强的试点积极性,同时在区位优势、经济发展水平、产业结构、资源禀赋、环境承载能力及绿色金融实践等方面有明显差异,从而使得试验区选择具有了差异化和代表性。

一方面,5 省份的试点目标基本相似,要求历时 5 年左右,探索建立绿色金融改革与经济增长相互兼容的新型发展模式,构建符合主体功能区定位的差别化绿色金融服务体系。基本建立多层次的组织机构体系、多元化的产品服务体系、多层级的支撑服务体系和高效灵活的市场运作机制。绿色信贷投放规模逐年上升,绿色贷款不良贷款率不高于小微企业贷款平

---

① 危昱萍:《国务院:5 省区建绿色金融改革创新试验区》,2017 年 6 月 15 日,网易财经,http://money.163.com/17/0615/05/CMUT3IEK002580S6.html。

② 陈果静:《5 省份 8 个绿色金融改革创新试验区总体方案出台》,2017 年 6 月 27 日,中国日报网,http://caijing.chinadaily.com.cn/2017-06/27/content_29901242.htm。

均不良贷款率，绿色保险覆盖面不断扩大，绿色债券发行初具规模，形成辐射面广、影响力强的绿色金融服务体系。切实推进试验区生态文明建设和绿色金融创新协调发展。同时，提高绿色金融领域新型风险识别能力，稳妥做好风险预警、防范、化解和处置工作，促进绿色金融持续健康发展，为全国绿色金融改革、推进经济建设和生态文明建设协调发展提供创新探索可复制、可推广经验。主要任务包括：培育发展绿色金融组织体系，创新发展绿色金融产品和服务，拓宽绿色产业融资渠道，加快发展绿色保险，夯实绿色金融基础设施，加强绿色金融对外交流合作，构建绿色金融服务主导产业转型升级发展机制，以及建立绿色金融风险防范机制，等等。同时，在保障措施上，加强政策协调、政策支持和人才保障。

另一方面，5省8地的试验区目标有不同侧重。广东侧重推动区域经济增长模式向绿色转型，以广州市花都区为核心，因地制宜，突出特色，合理设计符合实际需求的金融产品，探索创新金融支持新能源、新材料、生态农业等特色支柱产业的绿色转型升级模式。新疆着力探索绿色金融支持现代农业、清洁能源资源，充分发挥建设绿色丝绸之路的示范和辐射作用，探索绿色金融助推民族地区经济跨越式发展的有效途径，构建以生态文明建设为基础的绿色金融文化和价值体系，为全国绿色金融发展提供中西部示范样本；贵州探索绿色金融引导西部欠发达地区经济转型发展的有效途径，引导金融资源加大对节能减排、循环经济和生态保护的投入，形成支持绿色产业发展的资源配置体系，为试验区绿色产业发展提供新动力，形成市场主体持续推动绿色发展的良性循环，使绿色经济得到有效的金融资源，也是唯一肩负建设生态文明示范区战略使命的国家级新区；江西则意在加快推进建设国家生态文明试验区，构建区域性绿色金融体系运行模式，推动区域经济增长模式向绿色发展转型，探索绿色金融引导中部欠发达地区经济转型发展的有效途径，打造美丽中国"江西样板"。在浙江，按照各地主体功能区定位，结合资源、环境承载能力状况，科学探索切合地区实际的绿色金融发展模式。如湖州市侧重金融支持绿色产业创新升级，衢州市侧重金融支持传统产业绿色改造转型；浙江意在结合区域生态特点，围绕新能源产业优势和传统产业改造契机，率先探索绿色金融组织体系、产业规划、业务创新等各项改革。

三 绿色金融改革创新试验区的主要任务

(一) 培育发展绿色金融组织体系

绿色金融改革创新试验区普遍提出支持试验区法人银行和商业银行省级、地市级分行设立绿色金融事业部或绿色支行，在财务、人力资源等方面给予适当倾斜；允许当地符合条件的民间资本发起设立民营银行，重点支持地方生态环境建设和绿色产业发展；建立适用于试验区内银行业金融机构的绿色信贷实施情况关键评价指标，定期开展实施情况自评价，探索开展绿色银行评级；鼓励当地村镇银行创新绿色金融业务。[1] 对于投资绿色企业、产业和项目，支持成立股权投资基金、创业投资基金等私募基金；推进金融租赁公司、融资租赁公司等机构以及专业性中介机构等参与绿色金融业务。广东绿色金融改革创新试验区提出支持符合条件的汽车整车生产或销售企业发起成立汽车金融公司，开展新能源汽车金融业务。[2] 贵州绿色金融改革创新试验区、新疆绿色金融改革创新试验区提出将绿色银行评级结果作为银行业金融机构监管评级、机构准入、业务准入、高管人员履职评价的重要依据。贵州提出支持全国性金融机构设立后台服务中心，打造总行级数据处理中心、灾备中心等。江西绿色金融改革创新试验区提出支持赣江新区按程序设立村镇银行、金融租赁公司、基金管理公司、财务公司等金融机构。

(二) 创新发展绿色金融产品和服务

各试验区普遍提出积极研发能源效率贷款、节能减排专项贷款等绿色信贷产品；推进环保、节水、节能、清洁能源、清洁交通、绿色建筑、绿色矿山、海绵城市建设等领域的绿色信贷产品创新，加大对大气污染、土壤污染和水污染等防治的支持力度；鼓励开展绿色信贷资产证券化；探索主要污染物排放权、节能环保项目特许经营权、海绵城市建设政府和社会资本合作 (PPP) 项目收益权、绿色工程项目收费权和收益权等抵质押融资模式创新。广东提出审慎稳妥探索节能环保项目特许经营权、排污权和碳排放权等环境权益及其收益权的保障方式，使其切实成为合格抵质押物，进一步降低节能环保项目特许经营权、排污权和碳排放权等环境权益

---

[1] 陈果静：《5省份8个绿色金融改革创新试验区总体方案出台》，2017年6月27日，中国日报网，http://caijing.chinadaily.com.cn/2017-06/27/content_29901242.htm。

[2] 广东省人民政府办公厅：《广东省广州市建设绿色金融改革创新试验区实施细则》，2018年5月5日，http://zwgk.gd.gov.cn/006939748/201805/t20180516_765150.html。

抵质押物业务办理的合规风险；按照国家统一部署，根据投贷联动试点的条件和要求，争取纳入投贷联动试点地区，鼓励符合条件的银行业金融机构在依法合规、风险可控前提下开展投贷联动，加大对科技环保企业的金融支持力度。鼓励开展新能源汽车租赁等业务；围绕新能源汽车研发设计、生产、流通、消费等各个环节，积极引导金融机构开展新能源汽车金融产品创新，探索新能源汽车绿色消费贷款产品；支持银行业金融机构创新小型货运车辆节油技改贷款产品；支持汽车企业投资节油技术、开发新能源产品。贵州提出科学设计绿色信贷产品、创新绿色信贷抵质押担保模式，开展知识产权质押融资和应收账款质押融资业务；创新绿色惠农信贷产品，重点支持都市现代农业、有机生态农业、农村水利工程建设、农业生产排污处理等农业产业项目。江西提出积极发挥财政支持绿色金融业发展的政策作用，探索设立财政风险缓释基金、中小微企业转贷基金和中小微企业"政银保"联动产品。新疆提出推进适合生态农业、绿色矿业、分布式能源、可再生能源应用、绿色建筑、既有建筑节能改造等领域的绿色信贷产品创新；引导金融机构按照风险可控、商业可持续原则，严格落实风力、光伏、生物质能等清洁能源在技术研发、装备制造、电网建设、就地消纳、综合利用等环节有扶有控的差别化金融政策。浙江提出支持银行业金融机构发行以绿色信贷资产作为基础资产的证券化产品，改善资产负债结构，支持绿色企业发行资产证券化产品；鼓励和推广合同能源管理、合同节水管理和合同环境服务融资。

（三）支持绿色产业，拓宽融资渠道

各试验区普遍提出支持金融机构和大中型、中长期绿色产业项目投资运营企业发行绿色债券或项目支持票据，提升直接融资能力。支持发行中小企业绿色集合债，提高中小绿色企业的资金可获得性。积极推动符合条件的绿色企业在主板、中小板、创业板、"新三板"等多层次资本市场上市（挂牌）。鼓励优质企业利用资本市场融资，开展并购重组，推动产业绿色升级。开展天使投资，引导创业投资和私募股权投资支持以绿色项目为核心的企业发展。广东提出支持广州区域股权交易市场创建绿色环保板块。贵州提出探索发行绿色项目收益票据；探索建立试验区绿色企业上市培育和辅导机制，严格甄选、重点培育一批市场前景广阔、项目回报稳定、征信记录良好的优质绿色企业，充分利用资本市场平台拓宽融资渠道；推动大数据、高端装备制造、大健康新医药、现代服务业等优势产业企业在主板和中小板上市。江西提出围绕支持保护生态资源和绿色产业发展，建设赣江新区企业总部基地、基金小镇，为市场各参与方搭建绿色金融的综合服务平台提供融资支持。新疆提出充分利用新疆企业发行上市优先审核政策，推动试验区企业按照自身特点在主板、中小板、创业板、"新三板"等多层次资本市场上市或挂牌。浙江提出支持符合条件的绿色企业利用境内境外两个市场，以股票、债券等形式，场内上市和场外挂牌并举募集发展资金。

（四）稳妥有序探索建设环境权益交易市场

各试验区普遍提出探索科技资源交易与共享机制，促进技术创新和金融创新的融合，利用现有合格交易平台依法合规开展金融资产交易。鼓励金融机构通过资产证券化盘活有效资产，探索开展排污权、水权、用能权等交易，完善定价机制和交易规则，营造公开公平的交易市场环境，支持减排项目，降低减排成本，提高减排效率。广东提出审慎探索推动碳资产抵押贷款业务，以广东省粤科低碳发展基金为母基金，在试验区内引导社会资本设立碳基金，支持在花都区北部生态休闲带审慎探索试点开发碳汇项目；审慎探索推动碳资产抵押贷款业务；建立碳排放权资产评估咨询制度。积极推行碳排放配额、核证自愿减排量（CCER）、广东省省级碳普惠制核证减排量（PHCER）等碳排放权资产第三方评估制度，由专业性第三方评估机构出具评估咨询报告。建立碳排放权抵押评估信息系统、评估机构和评估专家库，制定评估争端解决机制。江西提出支持江西省光伏、风电等行业的企业纳入申请自愿减排项目；审慎研究探索赣江新区林业碳汇、绿色减排项目碳储量评估、碳盘查及相关数据体系建设。新疆提出积极支持试验区光伏、风电等行业企业争取申报自愿减排项目。审慎研究探索试验区林业碳汇、绿色减排项目碳储量评估、碳排查及相关数据体系建设。浙江提出审慎研究探索湖州市竹林碳汇、碳盘查及相关数据体系建设工作。

（五）加快发展绿色保险

各试验区普遍提出支持保险资金以股权、基金、债权等形式投资绿色环保项目，重点支持大型健康养老、医护等项目建设；全面推行环境污染责任保险，健全环境损害赔偿机制；创新绿色保险产品，支持科技保险、责任保险等保险创新产品先行先试，引导商业保险公司服务生态农业、清洁交通、新能源等相关绿色产业，积极开发绿色企业贷款保证保险产品，鼓励商业保险公司为绿色建筑提供风险保障，支持设立绿色保险公司或专营机构，提供特色保险服务，支持发展养老保险、健康保险、大病保险等。广东、浙江提出探索开展绿色企业贷款保证保险，在高风险环境领域按程序推动制定环境污染强制责任保险相关法律或行政法规，健全环境损害赔偿机制。广东提出结合广东省环境污染强制责任保险试点，探索将高污染、高环境风险企业投保环境污染责任保险情况，作为获得绿色信贷等金融服务的重要参考；引导银行业金融机构在金融服务中关注"两高"（高污染、高耗能）目录内企业投保环境污染责任险情况；引导商业保险机构开发针对生态农业等领域的绿色保险产品，推动传统农业向现代农业转型升级。贵州提出支持设立贵州绿色保险机构，加强新型绿色保险产品的设计与推广，强化绿色产业风险抵御能力，探索发展危险化学品安全责任险、场所污染责任保险、森林保险等业务。江西推动农业保险增品、提标、扩面，探索设立保险机构间交易市场。新疆推出风力（光伏）发电指数保险、首台（套）重大技术装备保险。浙江推出支持湖州市研究开发船舶油污损害责任保险产品；支持衢州市加快实施安全、环境污染综合责任保险项目，加快发展生猪保险等养殖业保险，建立养殖业保险与养殖业病死动物无害化处理联动机制，扩大覆盖范围。

（六）夯实绿色金融基础设施

各试验区普遍提出，依托全国信用信息共享平台，依法实现金融管理部门与环境保护、安全生产、工业和信息化等主管部门和保险行业协会等社会组织之间的信息共享，将企业污染排放、环境违规、安全生产、节能减排及绿色矿山建设等信息纳入全国信用信息共享平台和企业征信系统，建立覆盖面广、共享度高、时效性强的绿色信用体系，为金融机构开展业务提供服务。广东提出充分发挥广州企业信用自律组织的作用，加强部门协同，逐步建立守信激励、失信惩戒的信用环境；推动绿色评级、绿色股票指数与环境影响评估系统等绿色金融基础设施建设。贵州提出充分利用试验区大数据技术优势，加强金融管理部门与相关政府部门之间的信用信息共享，完善信息共享机制。江西提出完善区域性股权登记托管平台，建设金融数据服务平台，引进各类数据管理、灾备维护、资金清算、财务法务、资讯交互等中介机构，为金融业提供全方位保障服务。

（七）加强绿色金融对外交流合作

广东提出探索绿色金融市场交易机构与国外交易所成立合资公司，强化多边开发融资体系；加强与港澳地区合作，支持符合条件的港澳地区金融机构在试验区设立合资证券、基金、期货和保险公司，拓展绿色融资渠道；支持在全口径宏观审慎政策框架下开展跨境融资业务，允许金融机构和企业在符合宏观审慎管理制度的前提下从境外融入资金，稳步推进企业外债登记制管理改革；支持试验区外资企业的境外母公司或子公司按规定在境内银行间市场发行人民币绿色债券；支持港澳地区机构投资者按程序在试验区内参与绿色私募股权投资基金和绿色创业投资基金投资。浙江提出，积极引入绿色金融业务较为成熟的国际银行业金融机构，加强沟通交流，借鉴学习发达国家和国际知名银行业金融机构的绿色信贷政策、行业准则和绿色信贷产品创新模式；加强与国际绿色金融组织和机构在绿色金融创新领域的技术合作，聘请相关专家为试点工作提供决策咨询；支持符合条件的境外资金进入试验区设立机构，开展绿色项目投资。

（八）构建绿色金融服务主导产业转型升级发展机制

各试验区普遍提出：建立绿色金融服务平台和备选项目库，定期开展绿色企业项目的遴选、认定和推荐工作，完善信息披露机制，鼓励金融机构和绿色企业定期披露绿色金融项目环境和效益信息，建立服务绿色产业和绿色项目的行政事务绿色通道，完善绿色金融统计工作。广东提出为入库项目和企业提供绿色项目债发行、绿色信贷支持、基金投资、上市融资等服务；探索开展绿色企业、项目采购第三方环境效益认定服务；通过综合运用多种融资模式，重点支持新能源、节能环保企业开发新产品，降低单位能耗；支持新材料、装备制造企业通过技术改造，提高资源产出效率；支持航运航空、生物医药企业创新技术，减少污染物排放等，全面推动试验区战略性主导产业转型升级。新疆提出：优先将试验区风光电、煤炭清洁高效利用、高能效输变电系统、天然气储运及利用、工业企业节能减排改造、绿色矿山建设、清洁能源推广、绿色农业等项目纳入绿色项目库。浙江提出：支持湖州市太湖流域水环境综合治理、节水型城市建设、海绵城市建设及生态修复、绿色生态屏障建设、绿色矿山建设、长三角绿色农产品基地、新能源汽车产业、绿色生态城区建设、节能环保产业基地、绿色出行系统综合工程等绿色重点产业（项目）发展，促进资源要素向绿色产业（项目）流动，加快推进国家生态文明先行示范区建设；支持衢州市以衢州绿色产业集聚区为平台、以产业链整合为切入点，加快对传统化工行业的改造升级，带动区域产业结构优化，推动国家循环经济示范城市建设。

（九）建立绿色金融支持中小城市和特色小城镇发展的体制机制

新疆和浙江提出：推动中小城市和特色小城镇投融资体制机制创新；通过绿色信贷、绿色债券、政府和社会资本合作等模式支持中小城市环境综合治理，优化城市生产、生活和生态功能，促进产城融合综合改革；建立试验区与中小城市和特色小城镇建设综合改革联动机制，实现城乡集约、紧凑、高效、绿色发展。新疆提出：支持试验区推广建设被动式建筑和超低能耗建筑，发展以热电联产为主、以多种清洁能源和可再生能源为辅的供热方式。浙江提出：促进中小城市产业园区绿色低碳循环发展，推进园区实施循环化改造，着力打造湖州环保膜材料、高效节能电机等一批规模经济效益明显、综合竞争力强的节能环保产业集群；推动中小城市"绿色支付工程"建设，支持衢州市加快推进"智慧支付"试点进程，促进中小城市和特色小城镇金融服务绿色化。

（十）建立绿色金融风险防范化解机制

各试验区普遍提出：建立健全绿色金融预警机制，全面提升金融机构的风险控制机制，健全客户重大环境风险的内部报告制度和责任追究制度，明确信贷准入的环境标准和要求，提高绿色信贷的可操作性，提升金融机构、中介机构和企业对绿色金融产品，特别是信贷、债券等风险分析能力，严格监控大中型绿色项目的杠杆率和偿付能力等指标；督促金融机构开展环境和社会风险的压力测试；将绿色金融业务开展成效、环境风险管理情况纳入金融机构绩效考核体系；依法建立绿色项目投资风险补偿制度，通过担保和保险体系分散金融风险。

四 绿色金融改革创新试验区的计划实施情况

（一）广东省广州市绿色金融改革创新试验区

自《广东省广州市建设绿色金融改革创新试验区总体方案》发布以来，广东省广州市花都区认真落实总体方案的要求，确立了"绿色金融改革创新的试验田、绿色金融与绿色产业协调发展的示范区、粤港澳大湾区合作发展的新平台、'一带一路'建设的助推器"这四大定位，聚焦体制机制创新，突出绿色金融支持绿色产业发展，绿色金融改革工作取得了实质的成效。

截至 2018 年上半年，广州银行绿色贷款余额 2501.6 亿元，广州企业发行全省首单绿色企业债券和绿色中期票据合计 44 亿元；截至 2018 年 10 月底，花都区银行业绿色贷款余额为 116.71 亿元，占比从 2016 年年底的 7.3% 增长至 12.82%。广州大力推动环境污染责任险和安全生产责任险，探索开展了"蔬菜降雨气象指数保险"等特色保险产品创新，着力推进碳排放权抵质押贷款业务与林业碳汇试点。依托广东省中小微企业信用信息和融资对接平台，建设绿色金融产融对接系统，为全国绿色金融改革创新提供一批可复制、可推广的绿色金融发展经验。

1. 加强组织、人员和资金保障

在广东绿色金融改革创新工作领导小组的指导下，形成了政府部门协调联动、金融机构为主推进的工作机制，细化工作分工，明确部门任务。广东省、广州市、花都区成立了三级工作领导小组，出台工作规则，制定实施细则。花都区制定出台支持绿色金融和绿色产业发展的"1+4"配套政策文件。

探索在试验区设立服务绿色企业的现代绿色金融服务机构，建设绿色金融综合服务中心。依托广州绿色金融街，建设绿色金融综合服务中心，设立了政务服务分中心，工商、税务、人社、科工信等职能部门轮流进驻，为绿色企业提供包括工商登记、融资咨询、税务咨询、政策咨询等在内的一揽子服务。

花都区设立政府引导基金（花都基金），规模为2亿元，以及3只绿色发展基金，规模为41亿元，引导社会资本为区内绿色产业和项目发展提供资金支持。对符合条件的抵质押贷款安排绿色信贷补贴资金，降低控排企业和项目开发业主抵质押贷款成本。区财政根据损失金额的20%给予风险补偿，最高补偿100万元。

2. 体制机制创新

广州市花都区与香港品质保证局于2018年3月23日达成协议，双方开展绿色金融第三方认证的深度合作，香港品质保证局对项目和企业的"绿色"属性进行判断。出台《广东省广州市绿色金融改革创新试验区碳排放权抵质押融资试点方案》，完善市场化的环境权益定价机制，规范碳排放权抵质押贷款行为。

强化碳排放权抵质押融资业务的激励机制。运用好再贷款、再贴现等货币政策工具，引导金融机构创新开展碳排放权抵质押融资等绿色金融业务。将地方法人金融机构开展碳排放权抵质押融资等绿色金融产品创新情况纳入绿色信贷业绩评价，对业务开展良好的金融机构给予正向激励。建立碳排放权抵质押贷款财政贴息制度。根据《广州市花都区支持绿色金融创新发展实施细则》，对符合条件的碳排放配额、CCER、PHCER等抵质押贷款安排绿色信贷补贴资金，降低控排企业和项目开发业主抵质押贷款成本。

运用好再贷款、再贴现等货币政策工具，将地方法人金融机构开展林业碳汇试点等绿色金融产品创新情况纳入绿色信贷业绩评价，对业务开展良好的金融机构给予正向激励。构建风险补偿体系，用于补偿林业碳汇开发和交易过程因技术和政策风险等不可控因素造成损失的部分。花都区还通过建立常态化产融对接机制，每季度定期召开一次绿色项目产融对接会，在有融资需求的企业与金融机构之间搭建直接沟通交流的平台。

3. 培育发展绿色金融组织

在设立绿色金融专营机构方面，中国工商银行、中国银行、中国建设银行已将花都支行升格为绿色分行，中国农业银行花都分行也即将获批。广州银行、兴业银行、浦发银行已设立绿色金融事业部，中国建设银行在花都区设立全国首家绿色金融创新中心。

广东股权交易中心在绿色金融街设立绿色环保板，于2018年6月11日挂牌运营，挂牌企业50家，注册资本金规模约6.3亿元。截至10月底，已引进包括大业信托有限责任公司、广州碳排放权交易中心、南航保险经纪有限公司等金融机构、类金融机构、金融相关机构以及绿色企业共196家，注册资本金74.2亿元。

4. 发展绿色金融产品、业务和市场

广州市花都区公共汽车有限公司联合浦银金融租赁股份有限公司和电动车生产商，通过三方合作，设计出5年期银行基准利率下浮5%的一揽子综合融资租赁服务方案，实现331辆燃油公交车进行电动化置换，节约融资利息74.85万元。

广州碳交所碳配额现货交易量累计成交突破8000万吨，总成交额超过17亿元。依托广州碳交所开展的碳排放权抵质押融资业务不断创新，已有2家企业融资共260万元。在此基础上，广州探索碳排放权抵质押融资业务，发展基于碳排放权融资工具，建立碳排放权抵质押融资体系，拓宽企业绿色融资渠道，破解环境权益抵质押融资难题。

创新林业碳汇生态补偿模式，严格按照国家和广东省现有林业碳汇项目方法学进行开发。鼓励粤港澳大湾区金融机构和社会资本参与林业碳汇项目开发，探索林业碳汇减碳量交易使用置换、托管、抵押融资等碳金融工具，将森林资源转换为绿色资产并实施有效管理，鼓励交易所得资金作为精准扶贫款，专项用于支持当地绿色发展。

5. 探索建设环境权益交易市场

花都区梯面镇选取3万亩生态公益林开发碳普惠制核证减排量（PHCER）并成功交易，PHCER合计13319吨，最终成交价约22.72万元。花都区还开展碳排放权交易人民币跨境结算业务，为英国石油公司（BP）通过碳交易人民币专用存款账户（NRA）买入10万吨碳排放配额办理交易结算，金额约132万元。通过"碳排放权抵押+资产抵押+保险"方式，中国建设银行向一环保企业提供融资200万元；通过"碳排放权抵押"方式，中国建设银行向中国南方航空股份有限公司融资60万元。这也开创了国内首家航空企业利用碳排放权融资的先例。同时研究制定了《广东省广州市绿色金融改革创新试验区碳排放权抵质押融资试点实施方案》和《广东省广州市绿色金融改革创新试验区构建基于林业碳汇的生态补偿机制方案》，通过试验区先行先试并逐步推广上升为行业及国家标准。

6. 大力发展绿色产业

广州市花都区既有世界知名的皮革、珠宝产业等传统业态，同时也是广州重要的汽车生产基地和三大新能源汽车产业基地之一，产业结构具有较强代表性。无论是推动传统产业绿色化转型，还是加快绿色产业发展，对绿色金融都有很大的需求。花都区建设绿色金融街，打造产、融、研一体化的绿色金融与产业发展集聚区，对进驻企业投融资、项目运营、风险管理等方面提供金融服务，大力发展电子信息、新材料等高科技产业以及新能源汽车、智能装备等先进制造业。构建以新能源汽车、新材料、电子信息、空港经济、文化旅游等为主要内容的现代产业体系，加快建设绿色产业价值创新园区，在花都西部加快规划建设面积约10平方公里的绿色产业园区。推进广州北站综合交通枢纽建设，统筹推进高铁、地铁、城市轨道、高快速路网建设。全力推进公共交通绿色化，融资约3.71亿元，力争在2018年年底前全面实现区内公交电动化。

（二）贵州省贵安新区绿色金融改革创新试验区

获批绿色金融改革创新试验区以来，贵安新区积极推进多层次绿色金融体系、政策支持体系、产品创新和服务体系、风控体系、绿色标准认证体系建设。围绕绿色制造、绿色能源、绿色建筑、绿色交通、绿色消费五大领域，探索构建绿色金融"1+5"产业发展体系，建立绿色金融项目库，设立绿色金融补偿基金，绿色金融港的建设、体系建设和政策出台等方面得到进一步的完善[①]。

1. 加强组织、人员和资金保障

为扎实推进贵安新区绿色金融改革创新试验区建设和全省绿色金融发展，贵州省人民政府决定成立贵州省绿色金融创新发展工作领导小组，领导小组主要职责包括：贯彻落实国家和省关于构建绿色金融体系的各项决策部署；统筹协调推进贵安新区绿色金融改革创新试验区建设和全省绿色金融发展，加强与中国人民银行、财政部、国家发改委、环境保护部、中国银监会、中国证监会、中国保监会等国家部委的沟通衔接；研究制定贵安新区建设绿色金融改革创新试验区和推动全省绿色金融发展的任务分

---

① 郭晓莹：《贵州推进绿色金融改革创新 为开放发展融通商机》，2018年9月10日，中国新闻网，http://www.chinanews.com/cj/2018/09-10/8623052.shtml。

工；建立科学的绩效考核机制，定期跟踪工作落实情况，适时组织开展第三方评估。① 围绕以绿色金融改革创新推动供给侧结构性改革，推进多层次绿色金融体系、政策支持体系、产品创新和服务体系、风控体系、绿色标准认证体系建设，制定《贵安新区建设绿色金融改革创新试验区任务清单》《贵安新区绿色金融改革创新试验区建设实施方案》。

贵州省政府 2017 年出台实施了《贵州省金融业态发展资金管理办法》，计划每年划拨 3000 万元专项资金用于奖励省内金融机构的创新行为（2017 年实际使用奖励资金 1100 万元）。贵安新区于 2018 年 7 月印发实施了《贵安新区关于支持绿色金融发展的政策措施（试行）》，计划每年安排 5 亿元专项奖励资金用于支持试验区建设②。

发布《贵安新区绿色金融改革创新试验区建设实施方案》和《贵安新区关于支持绿色金融发展的政策措施（试行）》，分别从机构落户奖励、绿色金融人才奖励、绿色产业发展奖励、绿色上市奖励等方面明确了扶持奖励措施和标准，助推绿色产业发展。

贵安新区绿色金融港项目以绿色金融为主导产业，规划了高端研发区、国际人才社区、创智金融区、绿色金融文化岛、金融门户区等区域，通过植入文化、公共服务等功能，并结合山水景观格局，构建起极具贵安特色的绿色金融港区。贵安新区在绿色金融港的建设、体系建设和政策出台等方面不断完善。贵安新区绿色金融港管委会设立了综合技术创新部、绿色项目部、办公室和宣传部，明确职能分工，组织体系进一步完善③。

2. 体制机制创新

2018 年 9 月，贵安新区 13 家银行业金融机构组织召开了贵安新区绿色金融行业自律机制成立大会，各成员单位表决通过《贵州贵安新区绿色金融行业自律机制工作指引（暂行）》，共同签署了《贵州贵安新区绿色金融行业自律机制公约（暂行）》④。贵安新区绿色金融行业自律机制的成立，能够通过行业自律管理，规范、引导和监督市场主体有序开展绿色金融业务，通过机制建设规范引导标准制定和制度创新，加快贵安新区绿

---

① 贵州省人民政府办公厅：《省政府决定成立贵州省绿色金融创新发展工作领导小组》，2017年 7 月 18 日，http：//gzsrmzfgb.gzgov.gov.cn/show.aspx？id=12909。

② 中央财经大学绿色金融国际研究院：《贵州省贵安新区绿色金融改革创新试验区建设的调查》，2018 年 11 月 26 日，国际环保在线，https：//www.huanbao-world.com/qg/gui/62409.html。

③ 周远钢：《贵安新区绿色金融助力"绿色发展"》，2018 年 7 月 14 日，贵州省人民政府网站，http：//www.gzgov.gov.cn/xwdt/mtkgz/201807/t20180704_1398563.html。

④ 汪建华：《贵州省贵安新区绿色金融行业自律机制成立》，2018 年 9 月 12 日，金融界网站，http：//finance.jrj.com.cn/2018/09/12073025079551.shtml。

色金融改革创新试验区内绿色金融行业市场化进程。贵州省积极探索绿色金融、支持以大数据为引领的战略性新兴产业的有效模式，助推大数据和生态文明建设、绿色金融发展相结合。

3. 发展绿色信贷

绿色信贷业务快速发展，新产品、新模式不断涌现。绿色贷款规模快速上升，贵阳中心支行统计显示，截至 2018 年第二季度末，全省绿色贷款余额达到 1940.9 亿元，比年初新增 261.1 亿元，占同期本外币各项贷款余额的 8.4%。贵安新区绿色贷款余额约为 155.8 亿元，占全省绿色信贷余额的 8.03%，银行业金融机构承销的绿色资产支持证券规模为 10 亿元，证券类和保险类金融机构尚未在试验区内开展相关绿色金融业务。分项目看，绿色交通运输、自然保护、生态修复及灾害防控以及可再生能源及清洁能源等领域项目是绿色信贷支持的重点。

新型绿色信贷产品快速涌现。贵阳银行按照"项目优先、条件优化、价格优惠、权限放大、单列规模、加大激励力度、资本计量从优"的工作原则，建立了单列信贷规模、单列资金价格、单列风险管理指标、单列绩效考核、单列绿色金融产品、单列审批通道的绿色信贷"六单"管理机制，集中优势信贷资源，着力增强对绿色产业的融资支持。农业银行积极探索"信用担保+抵押后置"的创新模式，为贵安电子信息产业投资有限公司投建的富士康第四代绿色产业园项目提供了 10 年期 3 亿元的低息绿色贷款支持；中国邮政储蓄银行积极开展环境权益抵质押担保模式创新，推出了"排污贷"等新型绿色信贷产品，在全省累计发放贷款余额达到 5800 万元。

积极探索绿色债务融资工具，拓宽绿色产业融资渠道。贵阳市公共交通（集团）有限公司通过资产证券化（ABS）方式实现融资 26.5 亿元，募集资金全部用于新能源和清洁能源公交车辆购置和公交设施运营。贵州银行、贵阳银行分别申请发行 50 亿元和 80 亿元绿色金融债券，重点支持省内城市垃圾治理、节水节能、环境治理等领域的绿色项目。中国农业发展银行贵州省分行积极申请总行绿色金融债券募集资金，为铜仁等地的林业产业项目提供较低成本的信贷资金支持。中国建设银行总行与贵安电子信息产业投资有限公司签署了资产证券化项目合作协议，通过资产打捆、增信上市的方式，为该企业承销价值 10 亿元的绿色资产支持证券，为试验区绿色企业开展再融资提供了新的路径和方法。[①]

---

① 中央财经大学绿色金融国际研究院：《贵州省贵安新区绿色金融改革创新试验区建设的调查》，2018 年 11 月 26 日，国际环保在线，https://www.huanbao-world.com/qg/gui/62409.html。

4. 搭建绿色项目库

贵安新区坚持高起点统筹、高标准规划、高效率建设，积极打造绿色标准认证体系，创新金融产品，搭建绿色项目库。截至 2018 年 7 月，贵安新区立足全区优质项目资源，按照"区内先行、省内覆盖、辐射西南"的总体思路，已筛选 76 个项目纳入绿色项目库。

项目库中，贵安新区亚玛顿光电材料有限公司光伏扶贫贷案例、贵安电子信息产业投资有限公司（电投公司）分布式能源中心碳金融案例、贵澳农业科技有限公司绿色订单融资服务农业扶贫案例，是中国人民银行所需求的可复制、可推广的典型案例。电投公司分布式能源中心碳金融案例项目是贵州省第一例碳金融项目。电投公司绿色能源中心资产证券化案例，则成为中国人民银行在全国推广的绿色资产证券化融资首批典型案例。贵安绿色隧道数据中心碳资产核算典型案例符合碳减排的各种标准，在国内外碳金融市场上，都是典型的碳资产管理案例。①

贵安新区亚玛顿光电材料有限公司从贵州银行申请到 1 亿元光伏贷，解决项目建设期资金难题；贵安新区贵澳农业科技有限公司则从贵州银行获得 3000 万贷款资金，用于建设养殖设施，解决农业企业资产规模小、融资难的问题，助推农业现代化发展；电投公司与北京环境交易所成功签约后，其十个分布式能源中心的碳减排量，将在北京环境交易所挂牌出售，预计可带来上百亿元的收益。

5. 创新绿色金融产品

为缓解中小型绿色企业融资难、融资贵问题，丰富绿色保险产品品种，人保财险贵州省分公司推出绿色保险信贷"政银保"合作模式，探索政府、银行、保险公司相互合作、风险共担的模式，为绿色企业贷款提供兜底保障，以提高绿色企业获取银行信贷资金支持的效率。

"政银保"合作模式通过风险共担的市场化运作机制，能够大幅提升银行信贷资金供给与企业资金需求之间的衔接效率。一是通过为借款人提供贷款增信，协助有资金需求的绿色企业获得信贷资金支持；二是保险的介入，能够为银行分散坏账风险，并进一步为其拓展客户资源；三是通过政府建立风险保障基金池，倍数放大政府资金的使用效率。该模式尤其适合政府重点扶持的绿色产业争取银行信贷资源支持，能够有效缓解绿色企

---

① 任莉，《贵安新区绿色金融典型案例"惊艳亮相"》，2018 年 7 月 10 日，人民网，http://gz.people.com.cn/n2/2018/0710/c371796-31798162.html。

业贷款门槛高、放款银行风险高的现实困难①。

6. 绿色金融促进林业发展

贵州省出台《关于绿色金融助推林业改革发展的指导意见》，要求各级各有关部门和各金融机构不断创新金融产品与服务，通过提供林业全周期信贷产品、创新林业抵押担保模式、提升绿色金融助推林业改革发展服务能力等方法加大林业有效信贷的投入力度，通过支持绿色金融服务多元发展、引导基金加大对林业的投资力度、开展林业大招商活动等方式加快推进林业企业直接融资步伐。通过完善绿色金融助推林业改革发展服务平台、改进林权评估服务、优化林权流转登记流程、支持林权收储担保机构建设等途径，强化外部环境建设，确保各环节绿色金融服务合法、合规、简易、便捷。

(三) 江西省赣江新区绿色金融改革创新试验区

江西金融发展存在金融总量整体偏小、金融机构集聚效应不明显、新金融业态不丰富、金融市场活跃度不高、金融人才不足等问题。就绿色金融而言，体系设计存在短板，如碳行业产业链包括交易所、碳资产管理公司、第三方审定机构、清洁能源运营商等尚未形成。赣江新区作为全国首批五家、中部地区唯一的绿色金融改革创新试验区，不仅要为江西的绿色金融发展探路，更要为中部地区绿色金融兴起提供可借鉴的经验。

自 2017 年 6 月获批以来，江西省抢抓机遇、积极探索，着力建立绿色金融机制，创新绿色金融产品，扩大绿色金融供给，精心打造以绿色金融为特色的现代金融服务体系，试验区建设推进有力、成效明显②。

1. 加强组织、人员和资金保障

首先，绿色金融改革创新试验区建设写入了江西省委党代会报告、省政府工作报告，打造以绿色金融为特色的现代金融服务体系，明确了试验区"四三二一"的建设思路：四个重要定位、三个特色区域、两个基地、一个中心。其次，坚持政府引导、市场运作，充分发挥有效市场和有为政府的作用。再次，坚持问题导向，破解"三大难题"。通过制定标准，破解边界不清的难题；通过建立项目库，破解载体不足的难题；通过外引内建，破解人才短缺的难题。最后，坚持效果导向，抓好绿色机构聚集、绿色信贷投放、绿色市场培育、绿色保险创新、绿色机制建设"五大行动"。

---

① 人行研究局：《贵安、赣江新区绿色金融改革创新试验区特色案例》，2018 年 11 月 2 日，http://www.sohu.com/a/272860923_618575。

② 魏星：《纵深推进国家（江西）绿色金融改革创新试验区建设》，《江西日报》2018 年 7 月 18 日。

为确保政策落地落细落实，专门成立绿色金融改革创新工作领导小组，协调推进绿色金融发展中的任务，并将重点工作细化为 10 个方面共 60 项具体内容，分解到相关部门，建立台账，定期调度。与中国绿金委、中国社科院、欧洲货币机构投资者等建立了广泛联系，积极培育、引进高端绿色金融人才。

2. 体制机制创新

《江西省"十三五"建设绿色金融体系规划》《赣江新区建设绿色金融改革创新试验区实施细则》相继出台，形成了远中近期相结合和金融、财税、产业相融合的政策框架体系。为解决金融机构无法识别绿色企业、绿色项目的难题，赣江新区聘请第三方专业机构，参考了国际、国内的相关标准，结合赣江新区产业发展规划、地方产业政策，制定了《赣江新区绿色企业认定评价办法》《赣江新区绿色项目认定评价办法》。为提高企业环境信息透明度，赣江新区制定了《赣江新区企业环境信息披露指引》，降低企业信息的不对称。

江西省赣江新区加快环境信息披露试点工作，拟选择 5 家上市公司率先开展环境信息披露。同时，赣江新区通过联合赤道等第三方专业评估机构对 180 多个项目筛选认证，首批认定 30 个纯绿项目进入绿色项目库。

3. 集聚金融机构

新区成立以来，已聚集了近百家银行、证券、保险等传统金融机构以及交易场所、互联网小贷、基金等新金融机构，设立了江西人才服务银行、九江银行绿色金融事业部、恒邦财产保险绿色保险事业部等绿色分支机构，工行赣江新区支行等 7 家银行获批为全国首批绿色支行[1]。

4. 发展绿色金融产品、业务和市场

制定《绿色信贷工作考核评价及差别化监管暂行办法》。"固废贷"等绿色信贷产品出炉。绿色产业融资可得性有效提升。绿色信贷投放扩大，截至 2018 年 6 月末，全省绿色信贷余额比年初增长 18.5%，高于各项贷款增速 8.2 个百分点。截至 2018 年 12 月，全省绿色信贷余额已达 1764 亿元。绿色直接融资得到拓展，全省上市绿色企业达 10 家，在新三板挂牌绿色企业 36 家。省股权交易中心设立绿色板块，在全国率先通过区域性股权市场备案发行绿色私募可转债。在赣江新区设立绿色产城基金、新能源汽车基金、科技成果转化基金等各类绿色发展基金总计达到

---

[1] 刘佳惠子：《绿色金融助江西经济"点绿成金"》，2018 年 11 月 29 日，江西新闻网，http://jiangxi.jxnews.com.cn/system/2018/11/29/017245184.shtml。

500 亿元。建设了省级绿色产业项目库，首批入库项目达 248 个，其中赣江新区 26 个。

5. 促进绿色产业和金融融合发展

景德镇农商银行创新推广"公司＋基地＋农户"贷款模式，累计向浮梁县浮瑶仙芝茶业有限公司发放贷款 2.3 亿元，用于完善基础设施建设、设备改造升级和扩建茶园。同时，给予与公司合作的茶农大户、茶叶合作社提供流动资金贷款，解决茶农和茶叶合作社在种植、采摘茶叶中的资金需求。在农商行的大力支持下，该公司成为江西首批农业产业化龙头企业，下属紧密型茶园基地 3000 亩，辐射松散型茶园基地 5.5 万亩，年销售收入过亿元。

江西银行签署了购买 2 万吨乐安县 VCS 林业碳汇项目第一期减排量协议书，开创了省内碳自愿减排交易先河，为省内林业的可持续发展奠定了坚实的基础。为支持省内工业企业节能技术升级改造和促进绿色节能产业发展，江西银行积极创新担保方式，率先推出省内首个绿色金融产品——"绿色节能贷"。江西荣成机械制造有限公司在节能技改项目中，依靠江西银行节能贷款引进机器人设备，在减少原料消耗和废气排放的同时，产品质量和企业效益大幅提高。

（四）新疆维吾尔自治区哈密市、昌吉州和克拉玛依市绿色金融改革创新试验区

自新疆启动绿色金融改革创新试点以来，在自治区党委、政府的高位推动部署和各方的努力推动下，新疆不仅迅速建立健全了绿色金融改革创新的领导组织架构，完善了顶层政策设计和配套支持措施，制定了推进路线图，还在绿色金融体制机制和产品服务上开展了一系列卓有成效的探索和创新。在全国率先建设绿色项目库和绿色金融同业自律机制，破解了绿色金融服务对象不明确的难题，有效地促进了金融资源投向绿色领域。在绿色机构、绿色信贷、绿色债券、绿色保险等领域取得了长足进步，树立了绿色金融改革创新中西部示范样本。①

1. 加强组织、人员和资金保障

自 2017 年 6 月 23 日哈密市、昌吉州以及克拉玛依市被国家确定为绿色金融改革创新试验区以来，新疆制定了新疆绿色金融发展的总体要求、提出了优先培育绿色经济、激励金融机构创新、健全配套支持政策、完善

---

① 陈周阳、尹杨：《2018 绿色金融成果巡展走进新疆 助力绿色金改试验区》，2018 年 10 月 22 日，http：//greenfinance.xinhua08.com/a/20181022/1782284.shtml。

保障机制等 5 个方面的工作要求，提出了 28 项具体措施。

引入绿色金融智库，积极推动试验区与中国金融学会绿色金融专业委员会、中国投资协会绿色发展中心、国际绿色经济协会、中国腐殖酸工业协会、北京环境交易所等五大智库对接，达成了一系列战略合作协议，在农业、绿色制造、石化等传统产业的绿色转型和绿色化改造，以及循环经济、环境保护等新型绿色产业培育和发展、绿色金融创新等领域开展了积极合作。① 充分发挥政策性金融机构、商业性金融机构、股份类金融机构以及专业中介机构的互补优势，加快推进三个试点地区绿色金融专营机构建设，提高专业化服务水平。②

昌吉州出台《昌吉州建设绿色金融改革创新试验区实施方案》，提出从 2018 年起，连续 5 年，每年至少安排 2000 万元专项资金，用于绿色金融补贴、风险补偿和奖励，支持绿色金融改革创新。

2. 体制机制创新

自绿色金融改革创新试验区获批以来，新疆先后出台《关于自治区构建绿色金融体系的实施意见》《新疆维吾尔自治区哈密市、昌吉州和克拉玛依市建设绿色金融改革创新试验区实施细则（暂行）》，明确绿色金融发展的总体要求、工作目标和重点支持领域，提出了 28 条具体措施。同时制定金融、财政、产业、环保等方面的配套专项政策，其中中国人民银行乌鲁木齐中心支行出台《货币政策工具支持绿色金融改革创新试验区绿色经济发展实施细则（暂行）》，充分发挥再贷款、再贴现等货币政策工具的支持和引导作用，促进金融资源向绿色产业、绿色行业聚集。③ 2018 年 4 月 4 日，新疆建立绿色金融同业自律机制，选举国家开发银行新疆分行为主任委员单位，中国工商银行新疆分行、兴业银行新疆分行等为副主任委员单位，积极推动金融机构实施"绿色业务只升不降，非绿业务只降不升"的同业规范。

3. 建立绿色项目库

新疆 2018 年 1 月 17 日发布绿色金融改革创新试验区绿色项目库信息，截至 2018 年 9 月哈密市、昌吉州和克拉玛依市三个绿色金融改革创

---

① 王永飞：《新疆加快推进绿色金融改革创新试验区建设》，2018 年 6 月 5 日，http://www.xinjiang.gov.cn/2018/06/04/149618.html。

② 马腾跃、曹勇：《催生绿色金融"新疆经验"——访人民银行乌鲁木齐中心支行长郭建伟》，《金融时报》2017 年 8 月 22 日。

③ 陈周阳、尹杨：《2018 绿色金融成果巡展走进新疆 助力绿色金改试验区》，2018 年 10 月 22 日，http://www.xj.xinhuanet.com/2018-10/22/c_1123596876.htm。

新试验区共有 368 个纯绿项目纳入项目库。发布绿色项目库信息，不仅让新疆成为中国首个建设绿色项目库的绿色金融改革创新试验区，同时也为全国绿色项目库提供了规范的"新疆样本"。三个试验区建立绿色项目库，有助于探索出一套既符合中国特色又与国际标准接轨的绿色项目标准体系，有助于提供绿色保障机制，有助于调动地方政府的积极性，将推动绿色金融改革创新试验建设尽快取得实效。绿色项目库的建设可以为国际国内资源对接提供平台，也可以为激励机制、评估进展提供依据，可以解决泛绿问题以及提升参与机构的声誉。

绿色项目库的发布也促进了中国投资协会会员企业、金融机构与试验区企业面对面的对接，哈密市人民政府与中国能建南方分公司签署战略合作协议。同时，哈密市、昌吉州和克拉玛依市三个试验区的中国工商银行、中国农业银行、中国银行、哈密市商业银行等 14 家金融机构与 42 家企业共达成 14 项合作协议，签约总金额 189.97 亿元人民币，积极助力试验区绿色发展。①

昌吉州首批规模化绿色项目库通过绿色金融支持满足绿色项目的低成本融资需求，以绿色金融引领企业绿色转型，重点支持高质量发展选定的 18 类产业。2018 年年底，昌吉州金融机构对绿色项目库中的项目累计发放贷款达 80 亿元，主要支持工业节水环保、可再生能源和清洁能源及绿色交通运输项目。②

4. 发展绿色金融产品、业务和市场

中国人民银行乌鲁木齐中心支行积极推动各金融机构做好对接工作，为试点地区量身打造绿色金融服务，创新绿色信贷产品和服务，拓展绿色产业融资渠道，积极发展绿色保险。同时认真践行"大金融"理念，提供包括绿色信贷、信托、债券、保险、基金等在内的一揽子绿色金融服务，满足绿色化企业差异化、多元化绿色发展需求。

截至 2018 年 6 月末，新疆绿色信贷余额 1918.87 亿元，占各项贷款总额的 11.04%。其中，三个试验区绿色信贷余额 335.89 亿元，占各项贷款总额的 14.71%。新疆金融机构在绿色信贷、绿色债券、绿色基金等方面推出了一系列创新产品，构建多元化产品服务体系，创新引领绿色发展。昆仑银行发行 1 亿元绿色金融债券，乌鲁木齐银行主承销全国首单 1

---

① 孙亭文：《新疆发布绿色金融改革创新试验区绿色项目库信息》，2018 年 1 月 17 日，中国新闻网，http://www.chinanews.com/cj/2018/01-17/8426782.shtml。

② 曹勇、冯瑶：《点绿成金：新疆昌吉州绿色金融改革创新见成效》，2018 年 12 月 11 日，中国金融新闻网，http://www.financialnews.com.cn/qy/qyjj/201812/t20181211_151006.html。

亿元绿色债权融资计划；试验区13家单位投保环境污染责任保险；昌吉州与兴业银行成立了30亿元的"花儿昌吉"基金，哈密市人民政府与中国能源签订了100亿元的产业发展基金合作协议，克拉玛依市成立了昆仑银行卓越绿色产业投资引导基金，并成立了昆仑银行绿色支行。截至2018年4月末，三个试验区共有上市公司8家。

5. 促进绿色产业和金融融合发展

新疆提出了"一个核心，双轮驱动，三大布局"的总体思路。"一个核心"是指以绿色低碳技术作为经济绿色化改造的核心；"双轮驱动"就是改造传统产业和培育新兴绿色技术产业两大战略；"三大布局"就是依托主体功能区划分，把城市化地区、农产品主产区以及重点生态功能区作为新疆经济绿色化改造的主要载体。一年来，三个试验区坚持"两手抓"，一手抓经济绿色化改造，一手抓金融服务创新。

中国农业银行昌吉分行为昌吉州努尔加城镇供水项目提供融资贷款，为解决昌吉市城镇供水缺口难题提供了绿色金融支持。得益于中国建设银行阜康支行绿色金融的持续支持，阜康产业园在全疆率先启动"气化园区"建设，实现了清洁能源替代，降低阜康区域能耗，实现资源的高效整合。中国工商银行昌吉分行成功为特变电工有限公司办理线上供应链电子保理业务首笔提款，实现了线上电子供应链业务新突破，开辟了全疆线上供应链融资业务新渠道，实现货币政策工具支持绿色金融改革创新试验区新突破。昌吉州成功办理新疆首笔2亿元绿色支农再贷款业务，成为货币政策工具在新疆绿色金融改革创新领域运用的又一新突破。同时，该州建立了100亿元新能源产业基金，首期10亿元已到位，打破了企业融资难、融资贵的瓶颈。为进一步降低企业融资成本，在中国人民银行昌吉中心支行的指导下，当地金融机构通过再贷款支持的绿色项目利率实行再贷款利率加3个百分点，使央行低息政策性资金优惠切实传导至绿色项目主体，绿色项目真正实现了低成本融资。[①]

（五）浙江省湖州市、衢州市绿色金融改革创新试验区

为贯彻落实《浙江省湖州市、衢州市建设绿色金融改革创新试验区总体方案》的精神，大力探索推进浙江绿色金融发展，浙江省推进绿色金融改革创新试验区建设领导小组办公室印发《推进湖州市、衢州市绿色金融改革创新试验区建设行动计划》，明确了未来5年的工作任务、主

---

① 盖有军、刘茜：《新疆昌吉州绿色金融守护青山绿水》，2018年8月24日，http://xj.people.com.cn/n2/2018/0824/c188514-31973998.html。

要目标和责任单位,并配套制定了绿色项目清单、财政政策清单以及金融产品和服务清单,多措并举,精准务实,全面推进湖州市、衢州市绿色金融改革创新试验区建设。①

湖州市自 2017 年 6 月 23 日获批建设绿色金融改革创新试验区以来,围绕打造"湖州样本、湖州模式"的目标要求,在绿色金融体制机制、制度标准、激励政策、产品服务等方面打出了一系列创新组合拳,绿色金融统计制度、"绿贷通"融资服务平台、绿色银行监管评价等 25 项工作实现了全国首创。② 衢州按照高起点谋划,高标准建设,以"顶层设计+基层探索"为指导思想,以"标准+产品+政策"为改革突破口,以"绿色+特色"为创新理念,以"体系建设+产品创新"为抓手,多方多点发力创造出多项有全国影响力的成果。

1. 加强组织、人员和资金保障

把组织机制作为推动绿色金融发展的重要保障;把绿色机构作为绿色金融改革创新的重要基础。衢州各级政府、各家金融机构及企业充分凝聚共识,齐心合力,打下绿色金融改革的坚实基础;政府充分发挥与金融机构、企业的协同机制,公私联动,形成以绿色金融推动绿色发展的强大合力③。

湖州紧紧抓住先行先试的重要机遇,率先出台试验区建设实施方案,率先编制绿色重点项目、绿色金融产品、扶持政策、重点任务"四张清单",建立区县、部门及金融机构"三位一体"考核机制,出台了 25 条绿色金融政策意见,发展绿色经济、培育绿色金融逐渐在全市各界达成共识。④ 湖州市政府出台绿色金融 25 条政策,每年投入财政资金 10 亿元。

2. 体制机制创新

浙江在绿色金融标准体系方面加大探索力度。湖州始终坚持"制度先行"的理念,紧盯改革重点领域和关键环节,在绿色标准制定、绿色金融统计、绿色银行评级和绿色企业评价等方面,研究制定"管长远、治根本"的制度文件和工作机制,形成了可复制、可推广的经验模式。

---

① 《浙江省出台行动计划和三张清单 全面推进绿色金融改革创新试验区建设》,2018 年 3 月 6 日,中国金融信息网,http://greenfinance.xinhua08.com/a/20180306/1751157.shtml。
② 陈栋:《〈长三角城市绿色金融竞争力报告〉发布,湖州综合评分位列第一》,《湖州日报》2018 年 12 月 3 日。
③ 衢州市绿金办:《朱从玖一行来衢调研绿色金融改革创新试验区建设工作》,《衢州日报》2018 年 12 月 9 日。
④ 衢州市金融办党组理论学习中心组:《打造绿色金融改革创新的"湖州样板"》,《湖州日报》2018 年 12 月 25 日。

湖州市研究建立区域绿色企业和项目认定评价系统。实施绿色金融清单制管理，通过制定绿色项目清单、安排金融机构与列入清单的绿色项目有效对接，提高金融机构服务绿色金融发展的精准性。

衢州市建立工作组织机制不遗余力。成立绿色金融工作领导小组，并设立绿色金融综合组、银行组、保险组等6个工作组，建立工作联络员机制。完善考核评价机制。将绿色金融改革创新工作纳入市委市政府考核指标体系。修订《衢州市银行业金融机构考评奖励办法》，将银行业金融机构推进绿色金融工作的进展和成效纳入政策评估、评价及监管体系。建立绿色金融重点工作定期通报制度。同时，编制《衢州市"十三五"绿色金融发展规划》，突出规划引领作用。[①]

3. 发展绿色信贷

2018年以来，湖州市银行机构18.75%的贷款增量来自绿色信贷，法人银行基于绿色信贷的利润占利润总额的比重达到20.2%，绿色金融成为商业银行新的业务增长点。在绿色金融规模合理较快增长的同时，绿色金融风险得到有效管控，金融生态环境持续向好，金融业运行总体稳健。湖州银行积极推进绿色化改造，成为首批中英环境信息披露试点金融机构，截至2018年3月末，湖州银行绿色贷款余额75.92亿元，不良贷款率为0。

衢州市创新绿色信贷模式，选取处于衢州绿色产业集聚区的中国银行衢州经济开发区支行试点绿色金融专营支行，建立绿色信贷名单制和"三优一限"管理机制，发挥信贷资金的引导作用，开办衢州市排污权抵押贷款，创新设立"绿色资金风险池"项目[②]，推进金融支持绿色PPP项目。银行业金融机构在绿色信贷准入要求中纳入企业环保等级、能源消耗、污染气体排放、垃圾污水处理等绿色指标，截至2018年3月末，衢州银行业绿色贷款不良率为0.29%，远低于全市整体1.58%的水平。

4. 丰富绿色金融产品和业务

浙江大力丰富绿色金融产品和业务，把绿色信贷作为推动企业转型升级的重要途径；把绿色保险作为提高社会治理水平的重要手段；把绿色证券作为驱动绿色产业发展的重要引擎；把绿色基金作为完善企业治理机制

[①] 缪宏、耿国彪、陈子昂：《探索绿色金融改革创新　助力衢州绿色发展》，2017年3月28日，人民网，http://leaders.people.com.cn/n1/2017/0328/c357524-29173099.html。

[②] 同上。

的重要载体。① 湖州市促进绿色金融与普惠金融协同发展,率先开展了农村综合产权抵质押贷款试点,创造了"整村授信"等惠农金融模式,打造了"美丽乡村贷""两山农林贷"等创新信贷产品。湖州积极探索绿色贷款服务方式和管理模式创新,发布了《绿色融资主体分类贴标试点工作方案》,力争通过三年的努力,实现全市银行机构融资主体绿色分类贴标全面推进,金融资源绿色化、差异化配置机制基本建立,金融对绿色产业、企业和项目的支持全面提升。②

5. 产融融合模式创新

湖州市绿色金融资源配置、信贷投向、融资结构更加绿色化和实体化,绿色信贷余额占比达到 22.9%,制造业贷款余额同比增长 11.6%,"两高一剩"行业贷款同比下降 16.7%。在绿色金融的有力支撑下,湖州市经济发展稳中有进,绿色转型取得积极进展。战略新兴产业、高新技术产业、装备制造业增加值占规模工业比重达到 31.3%、47.8% 和 26.1%,同比分别提高了 2.3 个、5 个和 0.3 个百分点。金融助力生态环境改善展现了新作为,在绿色金融的积极助推下,连续多年获得美丽浙江考核优秀市,国家"水十条"13 个考核断面全部达标。③ 在绿色金融的创新支持下,湖州市成功创建浙江省唯一的"国家现代农业产业园",农业现代化发展水平综合评价实现浙江省"五连冠"。

衢州积极创新各种模式,多项工作成为全国首创——金融支持传统产业转型升级的巨化模式、支持畜禽粪污无害化处理的开启模式、生猪保险的龙游模式、食品安全责任险的柯城模式及"安环险"、电动自行车保险、高龄老人意外险、精准扶贫险等绿色保险衢州模式。④ 衢州市各金融机构运用发行公司债、企业债、定向增发、产业投资基金、专项建设基金、PPP 项目融资等多种方式支持巨化集团加快绿色改造,加大环保投入,建设成为国家循环经济教育示范基地,形成金融与实体经济相互支撑、良性互动、绿色发展的良好态势。

---

① 王继红:《加速打造国家绿色金融改革创新试验区的"衢州模式"》,2018 年 7 月 26 日,浙江在线,http://zjnews.zjol.com.cn/zjnews/qznews/201807/t20180726_7864972.shtml。
② 人行研究局:《湖州市率先开展绿色融资主体分类贴标试点工作》,2018 年 10 月 30 日,http://www.sohu.com/a/283386343_120057223。
③ 衢州市金融办党组理论学习中心组:《打造绿色金融改革创新的"湖州样板"》,《湖州日报》2018 年 12 月 25 日。
④ 王继红等:《加速打造国家绿色金融改革创新试验区的"衢州模式"》,《衢州日报》2018 年 7 月 26 日。

五　绿色金融改革创新试验的经验总结

据中国人民银行不完全统计,截至 2018 年 3 月末,浙江、广东、江西、贵州、新疆五省区绿色金融改革创新试验区绿色贷款余额已达到 2600 多亿元,比试验区获批之初增长了 13%,高于同期试验区各项贷款余额增速 2%。在总量扩大的同时,绿色信贷资产质量保持在较高水平,五省区试验区绿色贷款不良贷款率为 0.12%,比试验区平均不良贷款率低 0.94%。[①]

五省区绿色金融改革创新试验区继续稳妥有序推进各项试点工作,不断探索完善市场激励约束机制,政策支持体系不断细化,激励措施进一步落实,绿色信贷、绿色债券、绿色保险、绿色基金等多种绿色金融产品和服务创新活跃,绿色金融的商业可持续性有效提升,绿色金融市场化改革取向更加坚定。同时绿色金融有效推动试验区产业转型和升级,有力支持实体经济发展,绿色金融改革创新试验区建设已经初见成效,形成了一批可复制、可推广的经验。

(一) 改善体制机制

推进项目库、绿色信息披露和绿色评级机制建设,引入第三方评估组织参与绿色认证,为金融机构制定绿色金融产品定价和风险管理提供决策依据,为产融对接创造平台。[②] 试行绿色金融行业自律机制,[③] 为全国层面推广积累可复制、可推广的经验。一方面,通过行业的自律管理,形成有效的自我规范和自我监督,促进绿色金融业务有序开展,促进绿色金融健康发展;另一方面,通过机制建设、规范引导、标准的制定和自主创新,政策制定者和监管部门有了得力抓手,推动相关政策和监管的有效落地。

(二) 落实政策支持

通过设立专项资金、落实风险补偿等方式加强绿色金融资金保障。安排初始绿色发展专项资金,从业务开展奖励、经营贡献奖励、人才奖励及

[①] 彭扬:《绿色金融改革创新试验区建设初见成效》,2018 年 6 月 12 日,http://economy.caijing.com.cn/20180612/4469200.shtml。

[②] 人行研究局:《2018 年一季度各试验区绿色金融改革创新工作情况》,2018 年 10 月 13 日,http://www.greenfinance.org.cn/displaynews.php?id=2337。

[③] 人行研究局:《广州市绿色金融改革创新试验向纵深推进》,2018 年 9 月 18 日,http://wemedia.ifeng.com/90539946/wemedia.shtml。

补贴等方面定向支持绿色金融发展。定向安排再贷款、再贴现资金对参加绿色保险、安全生产和环境污染综合责任保险的企业给予资金支持。开展绿色金融业务的金融机构按其损失金额的一定比例给予风险补偿，对绿色贷款中的不良贷款进行了及时分析和总结，推进风险补偿落实到位。推动绿色金融人才队伍建设，提供人才保障。试验区通过制定绿色金融人才奖励政策等手段积极引进专业人才，在购房、落户、子女入学等方面给予支持，[1] 成立绿色金融讲习所，建立绿色金融专家学者师资库，为绿色金融改革创新提供人才队伍和决策咨询支撑[2]。

（三）促进绿色产业和金融融合发展

绿色融资产品和服务的创新满足市场的多样性和多维度的需求。对于纯粹公共产品，由财政资金、公共资金承担资金需求。对于有一定的投资回报、能够进入商业化运作的领域和项目，经过绿色金融的精细组织实现商业化或准商业化运作。对短期的绿色投资项目，以银行信贷为主设计产品服务体系。对于中长期现金流相对稳定的绿色项目，应用债券市场融资。对高成长性风险相对较高的绿色项目，利用私募股权基金或直接上市融资。

在符合市场化经营条件的领域，绿色投资的商业回报稳步增长，绿色金融业务在助推经济绿色发展目标的同时，金融机构的业务回报率有效提升。在外部性显著、半公益性质的绿色行业，通过产品工具和商业模式创新，金融支持的可持续性不断增强。

通过发展碳金融产品和相关衍生品，培育各类环境权益融资工具和市场，形成合理的环境权益定价机制和回报机制，提升企业节能减排的内在动力。绿色金融推动资源要素的供给向高效率、低污染的方向倾斜，通过资源的再分配效应，刺激企业充分融入绿色发展中，推动传统产业的绿色化改造转型和新兴绿色产业的培育发展，同时，产业的转型升级和实体经济的发展意味着更加丰富的优质绿色项目涌现，也带来绿色金融自身的健康发展和增长空间。

（四）推进绿色金融标准体系建设

在五省区绿色金融改革创新试验区建设过程中，从绿色项目库建设着手，率先探索绿色项目的认定标准和边界，形成了一套可执行的绿色项目

---

[1] 罗仕：《广州出台高层次金融人才支持办法，金融领军人才可获百万安家补贴》，2018年10月16日，http://www.sohu.com/a/259729198_119778。

[2] 银监会浙江监管局：《湖州银行业"四化"举措助力绿色智造试点先行》，2018年9月4日，http://www.cbrc.gov.cn/zhejiang/docPcjgView/814C8C76C1BB4526966CC569D004A6EF/06.html。

库标准体系，并在绿色金融产品服务标准、绿色信用评估认证标准、环境信息披露标准、信息统计和数据共享标准等领域都进行了不同程度的探索，为全国层面构建绿色金融标准体系提供了有益的经验借鉴[①]。

（五）加强风险防范机制

绿色金融试验区普遍在健全责任追究制度、建立绿色项目投融资风险补偿机制、构建企业环境信息披露平台和绿色信用评价体系等方面开展探索。通过绿色金融政策、法律与制度设计，使得绿色金融活动外部性内生化，从而从根本上避免"漂绿""泛绿"风险。通过健全责任追究制度，加强对"骗补"或"滥发"的处罚和约束，通过绿色项目投融资风险补偿机制，针对社会资本发出绿色积极信号。企业环境信息披露平台和绿色信用评价体系有利于明确绿色金融扶持对象，有助于绿色项目识别，有效规避企业"洗绿"风险。同时，金融机构加强绿色金融能力建设，绿色金融业务流程涵盖了环境与社会风险管理，提升全面风险管理能力，排除或化解潜在的风险项目，降低业务违约率。

六 绿色金融改革创新试验的问题和展望

（一）绿色金融改革创新试验中存在的问题

绿色金融改革创新试验工作存在绿色金融标准不统一、配套支持政策不完备、绿色金融可持续发展能力不足、绿色金融基础设施滞后等问题。

1. 绿色金融标准不统一

当前绿色信贷、绿色债券标准不统一，绿色保险标准不明确，绿色金融业务操作指引不详尽，金融机构对绿色金融认识存在差异。中国人民银行研究局牵头成立了绿色金融标准工作组，各地也在同步建设相关标准，或通过建立绿色项目库的形式探索标准问题。但是这些工作存在进度不合预期和标准之间不统一的问题，影响了金融机构对绿色金融产品和服务的定价及业务拓展。例如绿色金融债券支持项目目录与绿色贷款统计项目目录存在一定程度偏差：归属于绿色贷款统计项下的"节能环保服务类项目"和"采用国际惯例或国际标准的境外项目"并未纳入绿色金融债券支持项目目录，这可能会造成金融机构在使用债券募集资金过程中，难以将资金投放至上述两类绿色项目，间接提高了这两类项目的融资门槛。

---

① 陈雨露：《加大绿色金融产品和服务创新》，2017年6月16日，凤凰网，http://news.ifeng.com/a/20170616/51264385_0.shtml。

业内建议结合五省区试验区特点，中国人民银行牵头会同国家发改委、证监会等相关部门与绿色金融机构和绿色企业协商，加强与国家层面的绿色金融标准衔接，尽快统一绿色金融相关标准，[1] 探索开展绿色金融标准化体系建设，逐步完善绿色金融产品和服务标准。

2. 配套支持政策不完备

现有宏观审慎信贷规模调控机制对发展绿色信贷业务的激励不足。金融机构在优先发展绿色信贷业务、加大对绿色产业融资支持力度的同时，并没有被允许适当增加信贷规模总量。现行再贷款政策对绿色贷款无额外优惠支持。由于没有支持绿色信贷业务的专设再贷款，无法获得像支农支小再贷款模式那样优惠利率的资金支持。现行绿色贷款统计制度不利于中小法人金融机构扩大绿色信贷业务。支农支小的市场定位造成各机构投放的大量个人（含农户）和企业贷款难以按照现行统计标准划归在绿色贷款项下，难以获得金融管理部门的相关优惠政策支持。

现行财税政策的激励机制亟待完善。绿色金融发展初期具有很强的外部正效应，收益难以弥补成本，需要财税政策精准发力，激励金融机构开展更多的绿色金融业务。目前，财政部门尚未出台对金融机构投放绿色贷款和发行绿色金融债券的利息补贴措施及金融机构创新绿色金融业务的风险补偿、分担措施及税收优惠。税收优惠方面，根据现行税收管理规定，没有对金融机构开展绿色金融业务有任何引导性的倾斜。

经济不发达试验区财政资金相对困难，产业结构不合理，绿色经济发展相对落后，对绿色金融的担保增信、财政奖补、风险补偿等支持力度有限。比如，对确有发行绿色债券需求但自身盈利能力不足的企业缺乏突破性的支持政策，导致非金融企业绿色债券发行规模偏小。[2]

3. 绿色金融可持续发展能力不足

部分试验区发展理念滞后，发展方式转变较慢，绿色资源的开发利用限制在原有模式，发展绿色金融的动力相对不足。目前五省区试验区企业发行的绿色债券占当地信用债发行规模的比例仅为 0.95%，低于全国平均水平。贵安新区辖内绿色企业多为新建创新型企业，普遍存在历史经营数据缺失（不足 3 年）、缺少有效担保机制和合格抵押品等问题，获得银行信贷资金支持难度较大。新疆试验区内产业结构比例不协调，重化工业

---

[1] 人行研究局：《绿色金融改革创新试验区建设座谈会观点摘要》，2018 年 11 月 20 日，中国金融信息网，http://greenfinance.xinhua08.com/a/20181120/1786198.shtml。

[2] 同上。

特征明显，短期内推动产业结构转型和升级、实现绿色化改造存在一定困难①。

4. 绿色金融基础设施建设滞后

绿色金融信息采集与整合力度不足。试验区在绿色金融信息获取方面仍较为困难，信息不对称问题较为严重。例如，广州地方政府政务信息采集与共享机制不尽完善，信息更新不够及时、覆盖面有限，难以为金融机构开展绿色金融创新提供有力的信息支持。绿色金融第三方服务机构在试验区普及度不高，第三方机构建立的绿色项目和绿色企业评估方法尚未在试验区全面推行。在试验区未来建设过程中，如何更好地体现第三方机构的专业价值的问题亟待解决。

目前绿色金融机构在预判企业绿色融资需求时仍存在沟通机制不通畅、融资需求统计数据不健全等问题，金融机构难以通过有限的信息和数据来预判企业的绿色资金需求，因此不能制定具有针对性的绿色金融产品。由于信息不通畅，金融机构难以及时准确地掌握企业绿色资金需求。

（二）对绿色金融改革创新的展望

1. 将试验区的优秀经验和做法在全国范围内推广

将试验区探索的可复制、可推广的经验，上升到制度层面，并在全国开展推广工作，包括：（1）以绿色项目库建设为抓手，推动标准体系建设。这些在绿色金融产品服务标准、绿色信用评估认证标准、绿色金融信息披露标准、绿色金融信息和统计数据共享标准等领域的探索，将为在全国层面施行提供有益的经验借鉴。（2）立足市场化原则，推动绿色金融可持续发展有效路径。试验区在坚持市场化和商业可持续前提下，推动绿色金融支持实体经济的商业模式创新，这些试点工作将为在全国层面创新绿色金融产品服务、建立绿色金融市场化激励约束机制、综合利用国内国外两个市场资源提供有益的参考。（3）构建绿色金融正向激励机制和风险防范机制。部分试验区以绿色信贷纳入 MPA 考核为抓手，积极探索绿色信贷业绩考核办法，相继建立绿色金融风险预警机制，初步形成以资本约束为核心的市场化风险防范机制。②

在试验区开展绿色金融改革创新以来，出现很多典型经验和优良做法，也有向全国推广的意义。比如，部分试验区积极建立绿色信贷财政贴

---

① 人行研究局：《绿色金融改革创新试验区建设座谈会观点摘要》，2018 年 11 月 20 日，中国金融信息网，http://greenfinance.xinhua08.com/a/20181120/1786198.shtml。

② 陈雨露：《以新发展理念为指导　深化绿色金融改革创新试验区建设》，2018 年 7 月 2 日，中国金融信息网，http://greenfinance.xinhua08.com/a/20180702/1767336.shtml。

息和风险补偿机制，对开办绿色业务的金融机构提供财政贴息和风险补偿，大大增强了绿色金融的市场吸引力。又如，部分试验区构建业务管理系统、统一绿色信贷统计标准、推进环境效益抵质押融资和环境权益抵质押融资工作、推进绿色金融支持清洁供暖和大型养殖场废弃物无害化处理工作。

2. 加快构建绿色金融支撑体系

构建绿色金融标准体系，打通体制、机制的痛点，推动绿色金融地方标准升级为国家标准。构建起绿色金融信用体系，打造、评价、监管、运用一体的信用信息的共享平台，构建起绿色金融联动服务体系，营造最优营商环境，构建金融风险防控体系，完善检测防控系统。创新绿色金融产品供给保障，创新绿色信贷、绿色保险、绿色基金、绿色直融、绿色支付的金融模式，为产业发展和社会治理提供强有力的资金保障。在绿色金融标准制定、积极推动绿色金融信息系统建设、完善金融机构开展绿色金融业务的考核评价机制、筹备绿色金融改革试点现场交流会等方面加快推进。

加快论证构建绿色信贷业务管理体系等试点工作。完善金融机构开展绿色金融业务的考核评价机制。完善绿色金融绩效纳入宏观审慎评价体系（MPA）的相关制度，将五省区试验区内的地方法人金融机构的绿色信贷绩效纳入 MPA。建立针对金融机构开展绿色金融业务的激励约束机制，提升金融机构开展绿色金融产品服务创新的积极性，进一步释放绿色信贷支持实体经济的潜力，优化绿色信贷宏观审慎评估。

积极推动绿色金融信息管理系统建设。在五省区试验区积极推进绿色金融信息管理系统建设，构建统一的绿色金融信息"评价、监管、应用"体系，培植和增进企业、个人的绿色金融信用信息价值，为金融机构开展绿色金融产品定价和风险管理提供更好的依据。[1]

3. 各个试验区未来计划

广东省将广州市绿色金融改革创新的经验在全省推广，并在全面加快改革创新的基础上，进一步突出广东特色。一是紧紧抓住粤港澳大湾区建设的战略机遇，统一相关标准，把香港和澳门的资金、市场优势与广东的项目产业优势紧密结合起来，密切绿色金融合作；二是紧紧围绕制造业为主的实体经济的融资需求，运用大数据、云计算、区块链等金融科技，开

---

[1] 人行研究局：《2018 年一季度各试验区绿色金融改革创新工作情况》，2018 年 10 月 15 日，http://greenfinance.xinhua08.com/a/20181015/1781296.shtml。

发绿色、共享的金融产品和服务，助力产业经济绿色发展；三是依托国家级绿色金融改革创新试验区和金融中心城市建设，在跨境金融、国际交流等领域"走出去"和"请进来"，推动实现更高水平的对外开放。①

贵州将成立绿色金融交易所，通过绿色金融港的资金聚合能力，盘活绿色开发项目，助推绿色发展，并出台一系列措施，从绿色业务开展奖励、绿色金融人才引进奖励机制、机构落户奖励等方面为绿色金融发展提供政策支持。利用财政贴息等方式支持金融机构提供更多绿色金融产品和服务。打通贵安新区绿色金融供给端和绿色项目需求端，基本建立完备的绿色金融标准认证体系、多元化绿色金融产品和服务体系、多层次绿色金融组织机构体系、多层级绿色金融支撑体系、健全的绿色金融风险防范化解体系和高效灵活的市场运作机制。到 2020 年，贵安新区绿色信贷余额达到 300 亿元，力争达到 500 亿元；绿色债券规模累计达到 50 亿元，力争达到 100 亿元；绿色基金规模达到 100 亿元，力争达到 200 亿元；绿色保险覆盖面不断扩大，形成辐射面广、影响力强的绿色金融综合服务体系，推动贵安新区绿色资源资本化和经济社会绿色转型发展。②

江西紧紧围绕国家生态文明试验区建设总体要求，聚焦关键环节，积极先行先试，着力推动江西省绿色金融改革创新向纵深发展。要加快制定绿色项目标准，建立环境信息共享平台，筑牢绿色金融发展基础。要着力推动绿色金融创新，综合运用绿色信贷、绿色债券、产业基金、绿色保险等产品和工具，满足多元化绿色金融需求。要不断健全绿色金融体制机制，通过建立考核激励、环境权益交易和风险防范化解等机制，努力打造江西绿色金融改革创新特色品牌，积极为全国提供可复制、可推广的实践和经验。

浙江省衢州市将加强多方协同，用立法解决当地绿色发展难题；将绿色企业（项目）、统计等相关地方标准升级为省级标准乃至全国标准；加强"衢州经验"在全省的推广，进一步提升试点效果，最终实现市场力量、政府力量、社会正能量的融合，共同推进绿色金融发展。③

---

① 《绿色金融成果巡展走进广州　助力推广绿色金改花都经验》，2018 年 12 月 11 日，中国金融信息网，http：//greenfinance. xinhua08. com/a/20181212/1788890. shtml。
② 贵州贵安新区管理委员会：《贵安新区绿色金融改革创新试验区建设实施方案》，2018 年 12 月 17 日，http：//www. gaxq. gov. cn/zwgk/xxgkml/zcwj_43799/xqwj/201809/t20180920_3568933. html。
③ 衢州市绿金办：《朱从玖一行来衢调研绿色金融改革创新试验区建设工作》，《衢州日报》2018 年 12 月 9 日。

第三节　国际碳基金经验借鉴及我国政策性碳基金发展

全国性的碳排放交易体系已经在发电行业启动，中国碳市场建设需要金融领域的有力支持。本节对世界银行、亚洲开发银行和欧洲投资银行共21个碳基金进行分析，总结了开发性金融机构系列碳基金的7个政策着力点，结合我国未来碳排放交易抵消机制的设计方向，提出了建立8个类别碳基金，构建中国政策性碳基金体系的规划建议。8类碳基金包括示范性碳基金、地方履约性碳基金、清洁能源碳基金、生态碳基金、人居环境碳基金、循环经济碳基金、扶贫碳基金和"一带一路"碳基金。

2017年12月19日，国家发改委发布了《全国碳排放权交易市场建设方案（电力行业）》，以电力行业为突破口率先启动了全国碳排放交易体系。在中国推动建设本国碳市场之前，欧洲排放交易体系（EUETS）是世界上最大的碳市场。欧盟利用联合国清洁发展机制（CDM）降低其履行《京都议定书》的成本，欧洲排放交易体系内的控排企业可以使用CDM项目产生的核证减排量（CER）来抵消其一定比例的碳排放，此类机制称为碳抵消机制。与CER有关的基于项目的市场发展得益于国际开发性金融机构系列碳基金的推动，这些碳基金从不同的角度推动和保障了项目市场的发展和完善。

以开发性金融机构为依托设立的具有政策性意图的碳基金在本质上是政策性碳基金。我国碳排放交易体系启动后，国内的温室气体自愿减排交易体系将承担类似CDM之于欧盟的作用，我国温室气体自愿减排交易项目产生的中国核证减排量（CCER）也将发挥类似CER的作用。《国家应对气候变化规划（2014—2020年）》明确提出了探索建立基于项目的自愿减排交易与碳排放权交易之间的抵消机制。借鉴国际开发性金融机构利用碳基金支持CER项目市场的经验，构建我国政策性碳基金体系支持CCER项目市场发展，是金融领域支持我国碳排放交易市场发展和完善的重要途径。

一　国际开发性金融机构碳基金体系

世界银行、亚洲开发银行和欧洲投资银行目前共有21个碳基金，分别代表了全球性视角、亚洲地区视角和欧洲视角，也代表了不同的政策目标：世界银行的碳基金主要支持《京都议定书》机制和全球可持续发展，亚洲开发银行的碳基金主要支持亚洲发展中国家可持续发展，欧洲投资银行的碳基金主要支持欧洲国家企业降低减排成本。

（一）世界银行碳基金

世界银行共有16个碳基金，分为两类。第一类基金是支持《京都议定书》机制的10个碳基金；第二类基金支持2012年后未来碳市场发展的6个碳基金。第一类基金包括原型碳基金、社区发展碳基金、生物碳基金、荷兰清洁发展机制基金、荷兰欧洲碳基金、意大利碳基金、丹麦碳基金、西班牙碳基金、欧洲碳基金、伞形碳基金，这些基金共同组成了世界银行针对《京都议定书》履约期的碳基金组合；第二类碳基金包括碳伙伴基金、森林碳伙伴基金、市场准备伙伴基金、发展扶持碳基金、森林土地环境可持续发展行动基金（生物碳基金第三期）、试点拍卖碳基金，这些基金共同组成了世界银行针对后京都议定书时期的碳基金。其中，生物碳基金同时包含在两组基金之中，该基金第一和第二期围绕《京都议定书》履约期展开，第三期围绕2012年之后的项目市场发展。

（二）亚洲开发银行碳基金

亚洲开发银行有3个碳基金。其中，1个碳基金是针对《京都议定书》时期的碳基金，即亚太碳基金，支持向亚洲开发银行发展中国家成员国开展的清洁发展机制项目进行投资；1个是针对特定技术领域的碳基金即碳捕捉和封存基金；还有1个针对2012年之后CDM项目的碳基金即未来碳基金。

（三）欧洲投资银行碳基金

欧洲投资银行是欧盟成员国所有的欧盟银行，总部位于卢森堡。欧洲投资银行与其他国际金融机构合作，建立了4个政策性碳基金，分别是与欧洲复兴开发银行合作建立的多边碳信用基金，与世界银行合作建立的欧洲碳基金，与德国复兴信贷银行合作建立的碳采购基金，以及与其他国际金融机构和国家合作建立的后2012碳基金，前3个是针对《京都议定书》履约期的碳基金。

二 国际开发性金融机构系列碳基金的政策着力点

国际开发性金融机构系列碳基金在推动项目市场发展方面有着不同的政策着力点（见表5-1）。本章把世界银行、亚洲开发银行和欧洲投资银行21个碳基金归类为7个大类，分为示范性碳基金、买方碳基金、区域碳基金、扶贫碳基金、生态碳基金、培育碳基金和未来碳基金，总结为7个方面的政策着力点。

表5-1　　　　国际开发性金融机构系列碳基金的政策着力点

政策性碳基金功能分类	碳基金	政策着力点
示范性碳基金	世界银行：原型碳基金	市场初期的示范和引领：示范性碳基金出资方构成；示范投资两种《京都议定书》机制项目；在多个国家进行示范；在多种项目类型上示范；在促进可持续发展方面进行示范引领
买方碳基金	世界银行：荷兰清洁发展机制基金、意大利碳基金、荷兰欧洲碳基金、丹麦碳基金、西班牙碳基金、伞形碳基金和欧洲碳基金 欧洲投资银行：碳采购基金	帮助《京都议定书》发达国家缔约方履行强制减排责任；项目市场上不同类型的碳信用对于履约方来说就是等价的
区域碳基金	亚洲开发银行：亚太碳基金； 欧洲投资银行：多边碳信用基金； 世界银行：荷兰欧洲碳基金*	帮助特定区域发展中国家，或转型国家实施减排项目
扶贫碳基金	世界银行：社区发展碳基金、发展扶持碳基金	支持在贫穷国家或地区开展项目；解决贫困人口的能源匮乏问题，尤其是对贫困国家和地区的规划类项目的支持
生态碳基金	世界银行：生物碳基金、森林碳伙伴基金	专注于造林、减少毁林和森林退化、土壤修复和可持续森林管理领域；支持REDD+机制
培育碳基金	世界银行：碳伙伴基金、市场准备伙伴基金； 亚洲开发银行：碳捕捉和封存基金；	培育规划类活动，解决该类活动买家不足的问题；培育和扶持专门的技术；支持那些尚未建立碳减排市场机制的国家和地区，建立市场化碳减排机制
未来碳基金	世界银行：试点拍卖碳基金； 亚洲开发银行：未来碳基金； 欧洲投资银行：后2012碳基金	减少未来不确定性给市场带来的阻滞，率先承担不确定风险，担当买家的角色，为项目业主减低风险

注：荷兰欧洲碳基金既属于区域碳基金，也属于买方碳基金。
资料来源：作者编制。

（一）示范性碳基金在项目市场初期的示范和引领

1. 出资方的构成

原型碳基金作为世界银行的第一个碳基金，在基金出资方的构成上提供了示范。该基金由6个国家政府和17家企业组成，加拿大、芬兰、挪威、瑞典、荷兰和日本共6个国家政府都是《京都议定书》规定的有强制履约责任的缔约方。参与出资的17家企业分属电力、能源、石油、贸易和金融行业。其中能源电力或石油类企业12家，这些企业在碳交易初期迫切需要了解参与项目市场的途径和方法，原型碳基金为这些参与方提供了在实践中学习的机会。

2. 示范投资两种《京都议定书》机制项目

原型碳基金对联合国的清洁发展机制和联合履约机制项目均进行了示范性的投资，在该基金所投资的24个项目中，有16个清洁发展机制项目和8个联合履约机制项目。在项目市场发展初期，这两种机制对于市场参与者来说都是需要从头开始熟悉的新机制。

3. 在多个国家进行示范

原型碳基金投资项目的分布非常广泛，其中包括13个发展中国家（括巴西、智利、中国、哥伦比亚、哥斯达黎加、捷克、危地马拉、匈牙利、印度尼西亚、摩尔多瓦、菲律宾、南非和乌干达），4个东欧转型国家（保加利亚、拉脱维亚、波兰、罗马尼亚）。

4. 在多种项目类型上进行示范

原型碳基金投资的项目类型覆盖了水电、风电、地热能、生物质、能源配送效率、煤层气、固废管理、造林、甲烷减排、工业气体和工业能效等，这些类型的项目大多是该类项目在当地的早期项目之一，具有率先示范的积极意义。例如，该基金投资了哥伦比亚第一个风电项目、东亚地区第一个商业性风电项目、乌干达的第一个由碳金融支持的项目等。原型碳基金为很多项目提供了关键支持，并向各利益相关方示范了碳基金支持项目发展的作用。

5. 在促进可持续发展方面进行示范引领

各种项目类型本身在促进东道国所在地区可持续发展贡献方面有区别，例如风电项目和固废管理项目从不同的层面促进了项目当地的可持续发展。原型碳基金则示范了直接促进可持续发展的方法。例如基金支持的智利水电项目在提供绿色电力能源的同时，项目方还进行了18公顷的再造林活动，给当地偏远乡村修建了2座桥和1条新路；基金支持的哥斯达黎加水电站项目，项目方投入资金增加当地森林植被、改善水源质量和促进生物多样性，提供了新的就业机会和修建了新公路设施。

（二）买方碳基金帮助强制减排的国家和企业降低履约成本

世界银行的荷兰清洁发展机制基金、意大利碳基金、荷兰欧洲碳基金、丹麦碳基金、西班牙碳基金、伞形碳基金，欧洲投资银行与德国复兴信贷银行合作建立的碳采购基金，欧洲投资银行和世界银行合作建立的欧洲碳基金，这些基金是典型的旨在帮助《京都议定书》发达国家缔约方履行强制减排责任的碳基金，是以低成本采购碳信用为主要目的的买方碳基金。

买方碳基金注重减排量规模大的项目，上述 8 个政策性碳基金追求的是满足基金参与方政府和企业的强制减排履约需要。基于此种需要，项目市场上的碳信用对于履约来说是等价的。这类政策性碳基金扮演了摘取"低处的果实"的角色，即优先选择那些项目实施成本低而减排量规模大的项目。该系列碳基金首先投资了早期的工业气体减排项目（HFC-23 和 N2O），后来又投资了大量的甲烷减排项目，诸如固废管理、工业废水处理、煤层气项目以及后期的风电和水电项目等。

（三）区域碳基金帮助特定区域发展中国家实施碳减排项目

1. 亚太碳基金针对亚洲开发银行发展中国家成员国

亚太碳基金针对亚洲开发银行发展中国家成员国开展的清洁发展机制项目进行投资，撬动发达国家的资金帮助亚洲和太平洋地区的能源发展。亚太碳基金服务亚洲地区主要依靠两条标准来约束可投资的项目：一是项目需要在亚洲开发银行发展中国家成员国内实施，且属于清洁发展机制项目；二是项目获得了亚洲开发银行的贷款、股权投资、融资担保，或者获得第三方融资支持的同时得到了亚洲开发银行碳市场计划的技术支持。

2. 多边碳信用基金支持中欧和中亚国家项目

多边碳信用基金从中欧和中亚购买碳信用，基金投资项目来自以下国家：阿尔巴尼亚、亚美尼亚、阿塞拜疆、白俄罗斯、波斯尼亚和黑塞哥维那、保加利亚、克罗地亚、捷克、爱沙尼亚、格鲁吉亚、匈牙利、俄罗斯、哈萨克斯坦、塞尔维亚、吉尔吉斯斯坦、拉脱维亚、立陶宛、马其顿、摩尔多瓦、蒙古国、黑山、波兰、罗马尼亚、斯洛伐克、斯洛文尼亚、塔吉克斯坦、土库曼斯坦、乌克兰和乌兹别克斯坦。

3. 荷兰欧洲碳基金支持乌克兰和波兰国家项目

荷兰欧洲碳基金与荷兰清洁发展机制基金不同，荷兰欧洲碳基金投资的是联合履行机制项目，项目所在国家是乌克兰和波兰。其中，基金投资波兰的项目有两个：一个是由 11 个 2 兆瓦的风电机组构成的风电项目，另一个是 8.5 兆瓦焦炉煤气发电项目；基金投资乌克兰的项目也有两个：一个是水电站各种陈旧设备的升级和设施翻新，另一个是与西班牙碳基金联合投资的阿尔切夫钢铁厂技术和设备现代化改造项目。

（四）扶贫碳基金帮助贫困国家和贫困人口从碳金融中受益

1. 社区发展碳基金的扶贫功能

清洁发展机制项目从开始论证到真正签发碳信用，要面临很多不确定性。世界上的最贫困国家和地区往往存在政治风险，或者法律制度不健全，项目实施风险偏高。清洁发展机制的设计初衷是在帮助发达国家实现减排目标的同时，能够促进发展中国家的可持续发展。但是，由于资本追求安全和低成本的特点，世界上最不发达国家和地区反而不容易得到碳金融资本的投入。世界银行的社区发展碳基金就是帮助在最不发达国家或者发展中国家贫困地区实施清洁发展机制项目。该基金所投资的 24 个项目涉及的国家包括中国、孟加拉国、肯尼亚、印度、尼泊尔、乌干达、阿根廷、洪都拉斯、摩尔多瓦、巴基斯坦、秘鲁、菲律宾、卢旺达、塞内加尔和也门共 15 个国家。在项目类型上，该基金偏好投资那些与改善当地居民生活有关的项目，尤其重视解决贫困人口的能源匮乏问题。例如，该基金在洪都拉斯、肯尼亚、尼泊尔、巴基斯坦和秘鲁投资的小水电项目帮助改善当地居民的用电问题；在孟加拉国投资太阳能利用项目，在当地不通电地区免费为当地居民安装太阳能系统；在孟加拉国投资制砖厂炉窑能效改善项目，改善当地环境和增加就业岗位；在尼泊尔投资沼气池项目，帮助当地农民利用农业沼气改善厨房卫生条件；在阿根廷投资垃圾填埋场项目，帮助数千人居住的贫民窟空气改善；在中国国家级贫困县湖北省建始县投资水电站项目，提供了 1500 个就业机会，还为乡村修建道路、翻修小学、培训村卫生所人员、培训农民生猪养殖技能等。在肯尼亚投资的地热能项目，为当地建设了医疗中心，协助解决居民供水难问题，并为小学建设了宿舍。

2. 发展扶持碳基金，聚焦贫困人口的能源匮乏问题

世界银行的发展扶持碳基金致力于帮助世界上最贫困国家从碳金融中获益。该基金于 2011 年启动，主要关注贫困人口的能源匮乏问题。基金投资了撒哈拉以南非洲地区的八个项目，项目涉及类型包括家用沼气池建造、发放节能灶、乙醇炉灶、离网可再生能源和乡村电气化等。该基金旨在推动清洁发展机制的受益范围向世界上最不发达国家拓展，尤其注重推动规划类清洁发展机制项目的开展。

（五）生态碳基金支持生态环境治理

生物碳基金和森林碳伙伴基金是专注于造林、减少毁林和森林退化、土壤修复和可持续森林管理领域的两个生态碳基金。其中生物碳基金已经

发展了三期基金。生态脆弱地区往往也是贫困地区，生物碳基金开展的项目同时也具有扶贫功能。在贫困地区的退化土地上植树造林以及修复耕地的项目，有助于改善当地农户的生存状况。生物碳基金第三期进一步聚焦森林土地环境的可持续发展，发展可持续农业，增加森林碳汇储存能力。

森林碳伙伴基金是为了推动一个旨在推动联合国气候变化框架公约中的保护森林的机制（该机制简称为REDD+），是各国努力减少毁林和森林退化的排放量，促进养护、可持续森林管理和加强森林碳储存的一种机制。该基金包括两个子基金，分别是准备基金和碳基金，准备基金支持参与该基金的发展中国家发展"REDD+"方面的能力，碳基金在参与准备基金的国家中投资符合"REDD+"规则的减排项目。

（六）培育碳基金支持新机制和新技术发展

具备培育功能的碳基金包括碳伙伴基金、碳捕捉和封存基金、市场准备伙伴基金。其中碳伙伴基金主要是培育联合国清洁发展机制框架下的规划类活动。规划类清洁发展机制项目是由零散的减排活动组成的，相对普通的清洁发展机制项目，规划类活动开发过程更复杂、更耗时，同时规划类活动的总体减排规模不大。对于用来履行自身强制减排义务的企业来说，规划类活动的项目吸引力有限，碳伙伴基金的政策意图就是解决该类活动买家不足的问题，以弥补市场力量的缺失，培育和支持此类项目活动的开展。

与碳伙伴基金培育和扶持一种机制相比，碳捕捉和封存基金培育和扶持的是一个专门的技术——碳捕捉与封存。该技术是一项能让人类继续使用化石燃料同时又降低碳排放的技术，但该技术的应用前景存在不确定性，扶持该技术的进一步试验性应用是专项基金的政策意图。

与前两个培育和扶持机制和技术的碳基金相比，市场准备伙伴基金培育和扶持的是碳排放交易体系本身，该基金支持那些尚未建立碳减排市场机制的国家和地区，建立市场化碳减排机制。培育参加该基金的相关方增强发展碳市场机制的能力并最终建立碳市场机制是该基金的政策着力点。

（七）未来碳基金减少未来的不确定性

未来碳基金的政策着力点是减少未来不确定性给市场带来的阻滞。尤其是在面对"后京都议定书"时期，很多已经启动的项目或者将启动的碳减排项目，在原机制下其减排量存在市场价值，但未来充满不确定性。在市场买家普遍观望的情况下，未来碳基金率先承担这种不确定性风险，担当买家的角色，为项目业主降低风险。亚洲开发银行的未来碳基金、欧洲投资银行的后 2012 碳基金都是此类政策意图。世界银行的试点拍卖碳基金采用了一种金融创新，使用了看跌期权，也是一种消除项目业主顾虑的工具性设计，政策意图也是帮助市场参与主体对未来不确定性进行管理。

三 建立我国政策性碳基金体系的必要性

（一）初期市场参与主体不熟悉碳抵消机制的规则体系

抵消机制框架下的项目市场是一个规则体系复杂的市场，这与碳排放配额市场有很大不同。减排项目所产生的减排量要成为合规的"核证自愿减排量"需要一个相对复杂且专业化的过程。国内自愿减排项目从开发准备到最后产生可交易的碳信用要经过七个步骤：项目设计、项目审定、项目备案、项目监测、项目核查与核证、减排量备案和减排量交易。在我国碳市场建设初期，让多数碳排放控排单位直接面对抵消机制的项目市场不现实。如果控排单位只在最后的减排量交易步骤参与这类碳信用的交易，则这类碳信用就会变成由工业企业以外的中介和金融机构全部主导，这不利于碳信用价格的平衡，碳信用有过度金融化的可能。因此，碳排放控排单位需要在一定程度的引领和示范情况下参与项目市场。

（二）项目市场未来存在较多政策方面的不确定性

抵消机制因其规则的复杂性很容易导致市场预期的不稳定，市场参与主体往往因为对未来缺乏信心而选择观望。以正在启动的绿色电力证书市场为例，国家能源局未来要求燃煤发电企业通过购买绿色电力证书完成可再生能源发电指标；国家发改委推动的全国碳市场建设要求燃煤发电企业按照要求减少碳排放，燃煤发电企业可能需要在项目市场上购买 CCER 来完成减排任务。那么，燃煤发电企业购买了绿色电力证书，是否还需要购买碳信用？如果燃煤发电企业在碳排放交易市场上购买了绿色电力类的CCER，是否还需要购买绿色电力证书？这些政策方面的不确定性增加了企业参与项目市场的困难。相关企业可以通过参与特定领域的碳基金，从而避免直接面对政策不确定性。

（三）碳排放控排企业缺乏管理项目风险的有效手段

合规减排项目在完成最后的减排量备案流程之前的市场是碳信用一级市场，CCER 已经获得官方备案之后的市场是碳信用二级市场。碳信用一级市场和二级市场之间往往存在足够的价差，二级市场的价格相对较高但已经不存在项目实施风险，且可以在交易所内交易；一级市场的价格相对较低但项目实施风险尚存，且属于场外交易，项目风险需要买卖双方各自承担。碳排放控排企业在直接参与碳信用一级市场的情况下，由于其自身专业能力缺乏、风险管控能力有限，加之市场初期各种法规和制度的不完善，控排单位很难有效控制项目风险。

（四）发挥政策性金融功能，促进可持续发展

我国碳排放交易抵消机制强调和强化了核证减排量（CER）用于碳抵消的作用，增加重点排放企业履约的灵活性，降低重点排放企业履约的成本。但是抵消机制把用于抵消的不同地域和不同类型产生的中国核证减排量（CCER）视为无差别的。CCER 在项目类型间定价无差别，也即风电、水电、太能发电、造林、垃圾填埋气等类型的项目所产生的 CCER 对于抵消控排企业的碳排放而言是等效的。但事实上不同项目间对可持续发展的贡献差别很大，如果既接受 CCER 无差别的制度设计，又要激励项目对可持续发展的贡献，必然要对政策性金融产生需求，由政策性金融引导社会资本向更符合可持续发展要求的项目倾斜。项目市场初期买方力量不足，项目在区域和类型方面发展也会不平衡，尤其需要开发性金融的示范引领和扶持作用，吸引和培育更多的金融机构和社会力量参与项目市场。

（五）开拓项目市场国际化途径和储备碳信用

与国内相比，在国际上实施碳抵消机制项目的规则复杂程度要更高，东道国的政策、法律、经济和人文环境都会对碳信用一级市场产生影响。我国碳抵消机制的国际化路径应以"一带一路"区域为核心，尤其是先行把我国无偿捐献节能减排类产品的项目开发成抵消机制项目。这种国际化路径需要由政策性金融引领，通过率先探索和垂范才能形成一条比较清晰的抵消机制国际化路径。另外，无论是国际还是国内，市场上的过剩碳信用都需要政策性金融工具发挥作用，通过及时从市场收购或向市场投放碳信用，缓解极端的市场供求状况，稳定市场。

四　系列政策性碳基金的总体规划建议

在借鉴国际开发性金融机构碳基金的经验的基础上，结合我国未来碳抵消机制的发展方向，建议由国家开发银行、中国农业发展银行、地方性金融机构和丝路基金等单位发起设立包括八个类别的系列政策性碳基金：

一是示范性碳基金，示范项目减排、传播知识和引导社会资本；二是地方履约性碳基金，降低控排企业履约成本；三是清洁能源碳基金，推动清洁能源新技术应用；四是生态碳基金，促进生态修复和土壤治理；五是人居环境碳基金，与国家乡村振兴等战略协同；六是循环经济碳基金，推动"城市矿山"项目；七是精准扶贫碳基金，帮扶贫困地区促进解决区域发展不平衡，为东西部结对帮扶提供金融纽带；八是"一带一路"碳基金，拓展我国碳排放交易市场辐射的国际范围，推动碳市场国际化。

（一）示范性碳基金

示范性碳基金依托国家开发银行发起设立，并由国家碳交易主管部门、地方政府职能部门及大型控排企业及地方政府共同参与组建。示范性碳基金的作用在碳市场建设的初期非常重要，它可以起到两个方面的作用：一是可以集合基金的参与方，给它们边做边学的机会，基金参与方通过参与基金并获得相应份额的碳信用或者收益，增加对碳金融操作的熟悉程度。示范性碳基金的示范性首先是示范给基金参与方，一般来说很多基金参与方就是主要排放企业，通过参与示范性碳基金，这些主要排放企业可以更好地理解碳金融。

二是示范性碳基金可以在某些新的减排方法方面，以及因各种原因社会资本不愿意参与的项目类型上起到示范作用。这种示范主要依靠示范性碳基金作为政策性碳基金，带领社会资本进入一些相对陌生的领域。示范性碳基金在示范引领的过程中，也可以把对项目审批流程和相关政策的不足之处反映给政府相关部门，以利于及时对政策进行修正和调整。

（二）地方履约性碳基金

地方履约性碳基金依托地方金融机构发起设立，并由地方政府、行业组织或行业龙头共同参与组建，以服务和引导控排企业为目的，降低区域或行业控排企业减排成本。帮助地方控排企业履约是此类碳基金的主要政策着力点，在运作上此类碳基金偏好减排量大、减排成本低的项目。地方履约性碳基金作为规模性的买方，可有效地降低参与企业的购买成本。控排企业通过参与此类基金，不仅可以大幅度降低控排企业购买碳信用的成本，也可以降低控排企业独立参与项目市场的风险。控排企业自行在碳市场购买碳信用时，其交易对手如果不履约或者减排项目本身违反了环境完整性，那么控排企业面临的投资风险就很大。而地方性碳基金通过投资减排项目组合，并发挥特定领域的专业能力和政策把握能力，大幅度降低了个别项目风险带来的影响。

(三) 清洁能源碳基金

清洁能源碳基金依托国家开发银行发起设立，并由国家能源局、清洁能源领域大型企业集团和地方政府共同参与组建。清洁能源的可再生能源电力领域在政策上有一定的不确定性，我国即将推行的可再生能源电力配额制度与碳排放交易体系中的可再生能源电力项目 CCER 如何衔接，这一问题在政策上有一定的不确定性，清洁能源碳基金作为政策性碳基金可以在市场缺位的情况下，继续推动相关项目的开展，保证各类可再生能源项目的连续性。生物燃料领域发展困难多，技术和政策都有改善的空间，清洁能源碳基金可以优先支持该领域技术示范项目，并为行业发展政策的制定提供实践依据。煤层气领域在项目产权、开发成本等方面存在诸多障碍，有赖于政策性碳基金进行探索。生活能源领域的项目规模偏小，但受益民众数量多，社会资本只在履行社会责任的范畴参与此类项目，清洁能源碳基金可以为此类小型项目提供有力支持。

(四) 生态碳基金

生态碳基金依托农业发展银行发起设立，并由农业农村部、生态环境部、国家林业和草原局及大型企业集团共同参与组建。该基金是以促进特定项目类型实施为目的，特定的项目类型包括荒山造林、矿山修复、竹子造林和土壤治理等。这些类型的项目的实施往往具有特定的困难，例如在目前我国的生态补偿标准的情况下，很多造林碳汇项目的投资价值不高，项目本身还有很多的不确定性。同时此类项目的专业性强，与国家和地方相关政策关联度大，社会资本进入该领域存在一定的顾虑。生态碳基金可以带动社会资本进入该领域，增强社会资本对项目能够如期履约并交付碳信用的信心。

(五) 人居环境碳基金

人居环境碳基金依托中国农业发展银行发起设立，并由农业农村部、生态环境部和环境领域大型企业集团等单位共同参与组建。垃圾、粪污和污水处理领域的无害化和资源化在国家的各个地区的发展完善程度不同，城市和乡村的发展差别很大，人居环境碳基金可以平衡这种差距，并在乡村振兴和农村人居环境整治方面发挥重要作用。城市垃圾厂填埋气处理方面的项目规模一般较大，产生的减排量比较多，容易得到社会资本的追捧。但中小养殖场的畜禽粪污处理则规模偏小，项目实施成本和难度高，人居环境碳基金可以优先支持那些规模小、实施难度高的项目，包括污水处理领域甲烷回收的新技术示范项目，可以由人居环境碳基金优先支持。

(六) 循环经济碳基金

依托国家开发银行发起设立，并由生态环境部、工业和信息化部和大型企业集团等单位共同参与组建循环经济碳基金。资源循环利用领域的项目实践偏少，而我国已经进入电子垃圾等含金属资源的固废可回收的高峰期，相关产品和设备都开始进入大量报废的阶段。城市固废中的材料回收、电子垃圾中的金属回收和提取以及农业废弃物用作生产加工原材料等领域需要大量技术创新，项目本身的内部报酬率一般会低于正常的可商业化水平，循环经济碳基金支持资源循环利用项目，可以促进新技术的商业化应用，支持开发利用"城市矿山"。

(七) 精准扶贫碳基金

精准扶贫碳基金是以帮扶贫困地区，致力于促进解决区域发展不平衡的碳基金。在各种减排项目类型中，有一些特定的项目具有减排量小、操作成本高的特点，但同时受益民众数量大，具有明显的精准扶贫功能。例如，帮助贫困地区的养猪农户每户建立沼气池的项目，在减少甲烷排放的同时，具有显著的精准扶贫功能；帮助大熊猫生态保护区的贫困人口建造节柴灶，以减少熊猫栖息地的林木砍伐，促进水土保持。这样的项目具有典型的精准扶贫功能。但不具备减排的规模经济性，往往不能得到社会资本的投入。精准扶贫碳基金作为政策性碳基金所扮演的功能就是要解决市场机制不能解决的问题，精准扶贫碳基金是以政策性金融的方式，通过碳市场实现对精准扶贫的推动。具体说，精准扶贫碳基金可以由国家和地方两个层面各自组建。

1. 国家精准扶贫碳基金

国家精准扶贫碳基金依托国家开发银行发起设立，并由国务院扶贫开发领导小组办公室、农业农村部和部分大型企业集团等单位共同参与组建。国家层面的精准扶贫碳基金以政策性金融的方式，通过示范和引领，撬动全国范围内领域广泛的社会资本进入贫困地区投资减排项目。

2. 东西部协作扶贫碳基金

依托地方金融机构发起设立，并由地方政府和地方大型企业集团等单位共同参与组建东西部协作扶贫碳基金。在东西部结对帮扶层面，东部省份可以向辖区碳排放控排企业募集资金，由东西部结对政府共同参与成立地方性碳基金，专门在结对帮扶贫困地区投资减排项目。这类地方性碳基金可以充分利用东部地区的资金和西部地区的项目资源，一方面降低东部地区企业单独投资西部项目的风险，另一方面在碳市场启动初期给东西部地区相关方提供边做边学的机会。

(八)"一带一路"碳基金

依托丝路基金发起设立，由国际发展合作署和部分大型企业集团等单位共同参与组建的"一带一路"碳基金，主要投资于"一带一路"沿线国家符合中国碳市场原则性规定的减排项目，让这些项目进入中国碳市场。依托"一带一路"推动我国碳市场国际化，既是我国参与全球环境治理的重要途径，也是提高我国碳市场国际话语权的有效手段；既有利于借助绿色金融推动"一带一路"建设，也有利于我国先行制定涉及"一带一路"沿线国家碳金融领域的国际规则。"一带一路"碳基金是以拓展我国碳排放交易抵消机制国际化范围的主题基金。丝路基金、中非基金、亚投行和金砖国家新开发银行参与的项目，以及气候变化南南合作领域的项目可以作为"一带一路"主题碳基金的项目来源。

五 系列政策性碳基金的保障政策建议

(一) 及时制定政策性碳基金管理办法

制度建设是保障政策性碳基金发挥政策效果的基础，要求及时制定碳基金管理办法，并明确政策性碳基金的管理部门。政策性碳基金与普通碳基金的区别在于我国对可持续发展，以及引导社会资本投入可持续发展领域的开发性金融作用更加重视。因此，政策性碳基金具有一定的公益性。政策性碳基金在某些领域要扮演先行者和开拓者的角色，在商业上要承担政策不确定性风险，因此政策性碳基金是风险承担者。这需要在财政税收方面要把政策性碳基金与普通碳基金区分开来，同时在风险补偿方面，政策要有一定的兜底作用，为政策性碳基金提供一定的保障。

(二) 鼓励银行等金融机构在绿色金融方面与政策性碳基金开展务实合作

政策性碳基金所参与的项目均符合绿色金融方面的要求，也是《能效信贷指引》所要求的合规项目。建议修订能效信贷方面和绿色金融领域的政策，鼓励金融业参与和支持政策性碳基金，实现绿色金融政策对政策性碳基金业务的全兼容，对政策性碳基金提供最大限度的金融支持。政策性碳基金投资的项目需要绿色信贷在项目初期的融资支持，银行绿色金融业务支持的一些项目也可以得到政策性碳基金的投资，银行等金融机构与政策性碳基金开展紧密的务实合作，共享项目信息和风险评估数据，实现合作共赢。

(三) 建立由多边金融机构参加的"一带一路"碳基金工作协调机制

作为对"一带一路"碳基金运作的保障,建议成立国家层面的"一带一路"碳基金工作协调机制,成立由国家发改委、生态环境部、丝路基金、亚洲基础设施投资银行、金砖国家新开发银行、中非发展基金等机构联合组成的"一带一路"碳金融协调推进委员会,促进"一带一路"碳基金与这些多边融资机构的协作,共同推进中国碳金融体系标准在"一带一路"地区落地生根。

第六章　上海绿色金融市场与产品发展研究

引　言

伴随可持续发展理念与绿色发展道路的深入探索，绿色金融实践应运而生。从 1974 年首家"生态银行"开始运行到 1992 年"金融行动机构"（UNEP FI）成立，从 1997 年《京都议定书》的签订到 2003 年"赤道原则"的设立，信贷、证券、保险等传统金融产品被赋予越来越多的绿色属性，能源使用、生产技术也受创新金融制度引导不断增加绿色维度，绿色金融体系在全球层面得到了广泛的推动。中国一直以积极的姿态应对环境与气候变化，绿色金融实践展现出巨大的爆发力。2016 年年底，21 家主要商业银行的绿色信贷余额达 7.51 万亿元；贴标绿色债券发行规模超过 2000 亿元；设立并在基金业协会备案的绿色基金共 265 只；超过 6 万家企业投保环境污染责任保险，碳排放权质押融资等众多绿色金融产品也实现了零的突破[1]；2017 年，五大绿色金融改革创新试验区设立。上海虽未进入首批绿色金融试验区名单，但凭借其优越的金融资源条件，各种绿色金融市场与产品也纷纷开花结果，为地方绿色金融体系的建设与完善提供了可供借鉴的经验与教训。本章对上海绿色信贷市场、绿色债券市场、绿色基金市场和绿色保险市场四个细分市场发展历程、现状、存在的问题进行全面分析，并针对性地提出了促进上海绿色金融发展的对策建议。

---

[1] 中国人民大学重阳金融研究院、生态金融研究中心：《全球旗手：中国绿色金融发展评估》，2018 年。

第一节　上海绿色信贷市场发展分析

一　绿色信贷的发展历程

绿色信贷也被称为可持续融资或者环境融资，主要指商业银行等金融机构利用信贷工具引导金融资源推动绿色经济发展。自 20 世纪 60 年代起，欧洲、美国、日本等发达国家和地区开始面对经济迅猛发展带来的环境恶化问题，可持续发展理念逐渐兴起并得到广泛认可，致力于推动绿色发展的绿色信贷应运而生。1974 年，联邦德国的"生态银行"作为全球首个政策性环境银行正式成立运营，主要针对绿色项目发放优惠贷款。1989 年，美国成立非营利性可持续发展倡导组织（CERES）[①]，发表并启动了针对环境行为标准的 Valdez（维尔第斯）原则，为赤道原则的制定奠定了基础。2002 年，国际金融公司和花旗银行等联合起草著名的赤道原则（The Equator Principles，简称 EPs）[②]，旨在推进项目融资中环境风险与社会风险评估实现明确化、标准化、可操作化，为金融机构调查、评判、管理两类风险提供指南。2006 年与 2013 年，赤道原则又经过两轮修订，充实了适用范围，提升了执行标准，被越来越多金融机构自愿采纳。截至 2017 年，已有 37 个国家的 92 家金融机构接受赤道原则作为绿色信贷业务准则，大大推动了绿色信贷的国际化发展。我国自 2007 年开始推进绿色信贷业务，2007 年 5 月发布的《关于落实环境保护政策法规防范信贷风险的意见》首次提出绿色信贷的应用方式与应用范畴，引导银行业金融机构将环境和社会可持续发展纳入信贷决策，加强银行业务风险管理。

二　上海绿色信贷市场发展现状

随着《绿色信贷指引》等相关绿色信贷政策的陆续出台，我国绿色信贷进入全面发展期，资产质量较好，环境效应显著，成为我国绿色金融中规模最大、发展最成熟的部分。目前，我国绿色信贷主要包括：节能环

[①] 关于 CERES 更详细的介绍，可以参见 https://en.wikipedia.org/wiki/Ceres_(organization)。
[②] "赤道原则"官方网站：http://equator-principles.com/。

保项目及服务贷款;① 战略性新兴产业中的节能环保、新能源、新能源汽车三大类贷款。② 本报告以上海地区法人层次内资银行——交通银行、浦发银行、上海银行与上海农商银行的绿色信贷业务界定上海绿色信贷市场,探讨近年来上海绿色信贷市场发展的现状特征与存在的问题。

(一) 绿色信贷总体规模持续增长

作为国内首屈一指的金融中心,上海具有金融体系健全、政策规划明确等优势,在绿色信贷发展中也取得了积极进展。根据相关数据统计③(如图6-1所示),2016年上半年至2017年上半年,上海辖区内银行绿色信贷余额从2056亿元增长至2420.67亿元,绿色信贷总规模持续增长。与此同时,绿色信贷不良贷款率则由0.20%下降至0.12%④,绿色信贷质量得到明显改善。

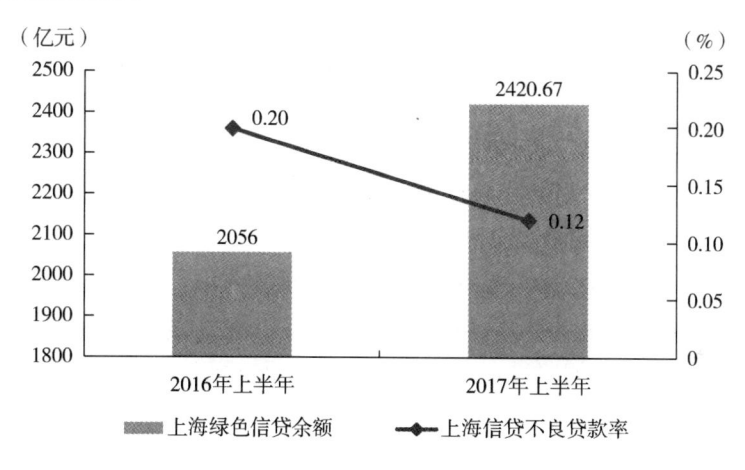

图6-1 上海绿色信贷余额与不良贷款率情况

2014—2017年,交通银行、浦发银行、上海银行的绿色信贷余额都实现了不同程度的增长。而上海农商银行绿色信贷规模相对较小,2017年的信贷余额相对2016年有轻微下降(如图6-2所示)。

---

① 包括绿色农业开发项目,绿色林业开发项目,工业节能节水环保项目,自然保护、生态修复及灾害防护项目,资源循环利用项目,垃圾处理及污染防治项目,可再生能源及清洁能源项目,农村及城市水项目,建筑节能及绿色建筑项目,绿色交通运输项目,节能环保服务,采用国际惯例或国际标准的境外项目共12类项目。
② 《中国银监会办公厅关于报送绿色信贷统计表的通知》(银监办发〔2013〕185号)。
③ 数据来源于《Q27节能环保项目及服务贷款情况统计表》。
④ 上海银监局官方网站,http://www.cbrc.gov.cn/shanghai/docPcjgView/0B2FE86546AF433B998A3E68DC8CDE85/600111.html。

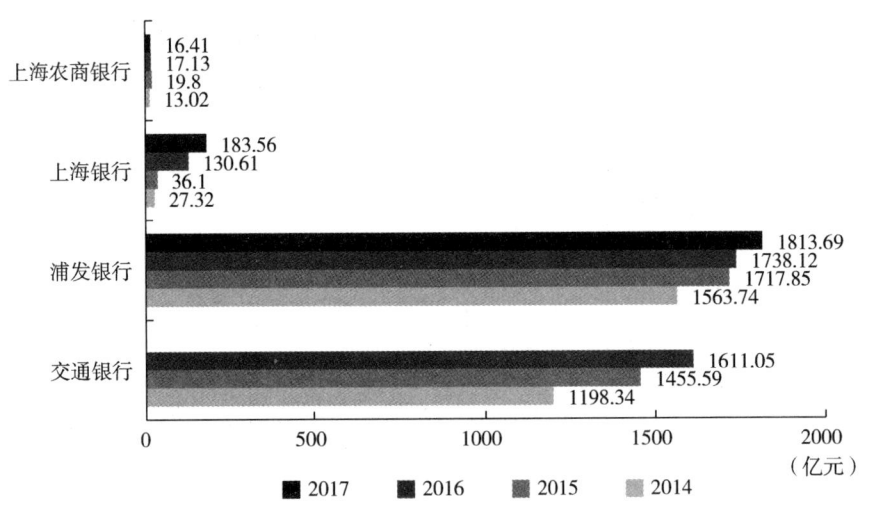

```
上海农商银行  16.41
              17.13
              19.8
              13.02

上海银行      183.56
              130.61
              36.1
              27.32

浦发银行      1813.69
              1738.12
              1717.85
              1563.74

交通银行      1611.05
              1455.59
              1198.34
```

■ 2017　■ 2016　■ 2015　■ 2014

图 6-2　上海地区部分内资商业银行绿色信贷余额

资料来源：各银行社会责任报告。

(二)"两高一剩"行业贷款压降显著

在有保有压、严控"两高一剩"行业贷款的政策背景下，上海银行业逐步退出"两高一剩"行业，相关贷款规模持续压降显著，商业银行贷款结构的绿色化程度不断提升。如图 6-3 所示，就"两高一剩"行业贷款的规模占比数据而言，浦发银行呈现出明显的逐年下降趋势，交通银行占比虽在 2016 年有所回升，但 2017 年已重新展现出下降势头；就"两高一剩"行业贷款余额而言，浦发银行 2017 年余额相对 2016 年下降 55.29 亿元，上海农商银行相对下降 10.52 亿元，而上海农商银行高耗能、高污染行业存量退出额度在 2015 年、2016 年、2017 年分别为 0.45 亿元、1.11 亿元、0.96 亿元，退出额度在近年来明显提升。

(三) 绿色信贷创新能力不断强化

近年来，上海银行业金融机构有效融合绿色信贷需求侧投入周期长、轻资产等特点，不断拓展绿色信贷服务范畴、大力推动绿色信贷产品与服务创新工作，目前已经在以下五个领域取得了突出的成绩。

1. 能效融资创新

能效融资是商业银行等金融机构针对能源需求端提供信贷资源，以支持绿色产业提高能效和资源综合利用。上海银行业金融机构探索形成的能效金融业务模式已成为最为成熟的绿色信贷产品之一，主要包括以下三个方面：一是合同能源管理收益权质押融资。2016 年 6 月，中国工商银行、

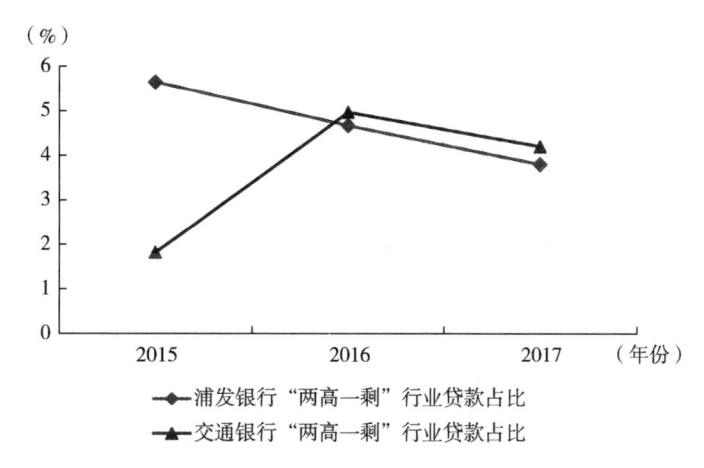

图 6-3 浦发银行和交通银行的"两高一剩"行业贷款占比

资料来源：各银行社会责任报告。

中国银行、上海银行等 10 家商业银行打造了以节能减排收益权作为质押标的投融资创新模式，大力支持上海工业园区绿色化改造融资计划。二是合同能源管理保理融资。借款人可以将优质能源管理项目的未来收益权转让给银行，以此获得金融服务。浦发银行针对宝钢节能技术有限公司"750 高炉汽轮机冷却塔节能改造项目"的未来收益权提供保理业务就是典型案例，该项目实施后冷却塔风机节电 20.1%。三是与国际金融机构共担信贷风险损失、推进节能转贷款等。如上海银行推出专门针对小企业能效融资的"IFC 小企业绿色能效贷"（CHUEE），通过借款人向 IFC（国际金融公司）支付一定风险分担费用，由 IFC 进行 50% 的风险共担；浦发银行积极参与世界银行建筑节能转贷款项目，至 2017 年共获得 2000 万美元竞争性额度，为"世界银行—长宁区建筑节能和低碳城区建设项目"提供资金支持。

2. 清洁能源融资创新

清洁能源融资是银行业金融机构针对能源供应端清洁能源利用提供信贷资源。比如兴业银行上海分行与政府合作，首次推出集群式营销清洁能源替代项目融资（如表 6-1 所示），如上海市发改委、财政局与银行联合打造"阳光贷"项目融资，为分布式光伏发电提供项目融资，截至 2017 年已有交通银行、上海银行、兴业银行、北京银行为 7 家企业提供"阳光贷"业务；中国工商银行上海市分行大力支持清洁能源项目，2017 年年末在可再生能源及清洁能源项目贷款余额达 10 亿元，降低标准煤

12.79万吨，减少二氧化碳当量31.72万吨，节约用水2.37百万吨；华夏银行上海分行推出光伏贷业务，向分布式光伏发电产业链中的小微企业提供融资服务。

表6-1 兴业银行上海分行集群式营销清洁能源替代项目融资基本情况

产品名称	集群式营销清洁能源替代项目融资
风险分担机制	与政府合作；专户监管
贷款额度	最高300万元
贷款期限	短期
借款人资质	各区锅炉改造牵头部门《燃煤锅炉改造清单》内小微企业
资金用途	企业实施清洁能源替代项目购买替代锅炉、支付排管工程费等相关费用
担保方式	信用贷款
还款资金来源	市、区两级政府清洁能源替代专项资金补贴

资料来源：兴业银行网站。

3. 排放权融资创新

排放权融资是银行业金融机构为环境治理端提供的信贷资源。比如浦发银行创新性地以借款人有偿取得的排污权为抵押标的，向借款人提供全方位的融资支持；中国农业银行上海分行制定《中国农业银行上海分行节能减排收益权保理业务管理办法（试行）》，推出节能减排收益权保理业务，帮助企业减排。

4. 碳金融创新

碳金融创新主要指针对碳排放权及碳减排交易提供的信贷资源，主要包括碳排放权抵押产品和碳保理融资两大类。2011年年底国家发改委批准正式在北京、天津、上海、重庆、湖北（武汉）、广东（广州）、深圳7省市进行碳排放交易试点。由于传统金融产品难以满足碳交易融资需求，在此背景下，金融机构积极进行产品创新，考虑到碳排放权产品标准化、交易流程规范化等特征，以碳排放权作为抵押标的进行放贷，比较典型的是核证自愿减排量（CCER）质押贷款产品。表6-2是上海银行针对上海宝碳发放的全国首单中国碳交易市场CCER质押贷款，通过对CCER进行合理定价，既帮助企业解决融资问题，又拓展了银行业务范围，是碳资产标准化融资业务的成功探索和创新。

表 6-2　　　　　　　　上海银行 CCER 质押贷款基本情况

产品名称	CCER 质押贷款
借款人资质	上海宝碳新能源环保科技有限公司（简称上海宝碳）
项目类型	风电、水电
碳资产定价	以 7 家碳交易市场碳配额价格的加权平均价作为基准价格，并按照 70% 质押率折算
贷款额度	500 万元
担保方式	单纯以 CCER 为质押
第三方服务	上海环境能源交易所提供 CCER 冻结、解冻等工作

资料来源：根据相关资料整理。

5. 绿色供应链融资创新

绿色供应链融资创新主要指针对绿色供应链上的各类企业提供的信贷资源。绿色供应链的企业共同体往往采用"1+N"模式，1 为核心企业，规模大、信用高、实力强。大量借助自身某项优势加入绿色供应链产业分工的上下游企业为 N，规模小、信用低、实力弱，难以获得金融服务，因此利用核心企业信用为上下游企业增信是绿色供应链融资的重要创新之处。比如浦发银行的首个国内建筑节能融资产品就是利用核心企业江森自控集团的信用，为其下游客户提供融资服务，最终形成亚洲开发银行—浦发银行—江森自控集团三重效应（如表 6-3 所示）。

表 6-3　　　　　　亚洲开发银行（ADB）建筑节能融资基本情况

产品名称	"亚洲开发银行（ADB）建筑节能融资"
风险分担	ADB 提供风险分担机制
项目总金额	6 亿元
借款人资质	购买江森自控集团（JCI）建筑节能设备和总承包服务的酒店、医院、学校、连锁商业、其他商业和公共事业单位等
担保方式	JCI 提供履约保函

资料来源：根据相关资料整理。

（四）绿色信贷管理逐渐完善

上海绿色信贷市场规模、结构与内在创新能力的不断优化依赖于外部管理制度的不断完善。近年来，上海从发展规划、组织框架、信贷流程、客户分类等方面逐步完善了绿色信贷管理体系，主要体现在：一是明确绿色信贷发展战略。浦发银行在 2017 年 10 月制定《绿色金融发展规划》，指明绿色信贷战略发展方向；交通银行发布《关于进一步加强绿色信贷工作的通知》，全面深化绿色信贷风险内涵与管理外延。二是完善组织框架。浦发银行成立社会和环境风险管理工作领导小组和专门的绿色金融团队；上海银行成立绿色信贷部门；兴业银行上海分行成立分行环境金融中心，加大对绿色金融产品专业化支持力度。三是加强流程管理。交通银行将绿色因素全面融入信贷管理流程，严格准入机制，建立环境、社会风险"一票否决制"；浦发银行将绿色因素融入到贷前调查、放贷审核、贷后监控等各个流程以及前、中、后台各个业务部门。四是实施客户分类管理。招商银行上海分行对信贷客户实施绿、蓝、黄、红"四色"分类管理，分别对应环境友好型、环保合格型、环保关注型与环保缺失型贷款。通过对信贷客户的分类、精细化管理，该行环保黄色贷款和环保红色贷款余额为 0，环保绿色贷款和环保蓝色贷款业务余额和比重持续上升；中国工商银行上海分行对绿色信贷实施客户分类和非项目类贷款分类，主要包括环境友好类、环境合格类、环境观察类和环境整改类四类十二级。

三 上海绿色信贷产品的典型案例分析

上海绿色信贷市场发展过程中培育了一系列创新绿色信贷产品，大大推进了信贷资源配置的绿色化程度，为绿色信贷市场的发展壮大提供了内在动力。上海市分布式光伏"阳光贷"是其中比较典型的创新产品。

（一）上海市分布式光伏"阳光贷"的基本情况

2015 年 12 月，上海市发改委与财政局共同推出分布式光伏"阳光贷"，以对接分布式光伏产业发展中的融资需求，构建与新能源产业发展需求相适应的绿色金融服务体系。"阳光贷"的基本原则为：优势互补、融合创新、政府引导、市场运作、先行先试、逐步完善。经过一定时间的运行后，2016 年 8 月，上海市发改委与财政局进一步完善了"阳光贷"的担保工作体系、项目准入资质、贷款银行资质、贷款额度等。上海市分布式光伏"阳光贷"基本情况如表 6 - 4 所示。

表 6-4　　上海市分布式光伏"阳光贷"基本情况

产品名称	阳光贷
借款人资质	在上海注册的中小企业在本市投资建设的分布式光伏项目（以就近开发利用为主）
项目准入	贷款企业或其上级控股公司成立一年以上
贷款银行	承诺优惠利率，并且与上海市中小微企业政策性融资担保基金管理中心[①]签署相关合作协议
公共服务管理平台	由第三方行业服务机构上海市节能减排中心负责搭建项目管理、监测平台，构建协调机制，并统一受理材料
风险分担机制	银行尽职追责后的坏账，由上海市中小企业融资担保专项资金承担90%，银行承担10%。其中，上海市中小企业融资担保基金部分中，市财政、区财政分别按照60%、40%分担
贷款额度	单笔额度不超过项目投资的70%，单个公司担保贷款余额不超过2000万元
贷款期限	1年期、3年期和5年期三种期限类型项目贷款
贷款费用	包括支付给银行的贷款利率和支付给担保公司的担保费用。贷款利率原则上为中国人民银行基准利率，视项目情况利率可以上浮，但上浮最高不超过15%；担保费年费率为1%
担保方式	担保主体为上海市中小微企业政策性融资担保基金管理中心。贷款人将项目设备抵押给担保公司，补贴、电费等未来收益权质押给担保公司。企业实际控制人承担个人无限连带责任
担保风险控制	年担保代偿率（即年担保代偿额/年度解除担保额）原则上不超过5%
信用管理机制	将项目实施、还款情况与质量和信用档案挂钩，项目实施、还款情况好的企业进入"白名单"，给予政策倾斜；项目实施、还款情况不好的企业进入"黑名单"，在全市公共信用平台上记上不良信用记录，从而在以后的融资活动上受到限制

---

① 上海市中小微企业政策性融资担保基金管理中心是"阳光贷"项目的担保机构，其于2016年6月正式成立，初始50亿元资金来源以市、区财政为主，并接受银行捐赠或赞助等资金。此担保基金为政府性担保基金，体现政策性导向，重点支持上海市创新型、科技型、"专新特精"型、"新三板"、上海股权托管交易中心科技创新板、E板挂牌企业、战略性新兴产业、关系国计民生的教育、医疗健康等领域的中小微企业，提供融资性担保、再担保、债券及集合票据发行担保等服务。

(二)"阳光贷"的创新之处

作为清洁能源融资的创新型产品,"阳光贷"的创新之处主要体现在两个方面：

一是运作模式的创新。"阳光贷"参与主体包括上海市各区县财政局、上海市中小微企业政策性融资担保基金管理中心、市节能减排中心、市电力公司、商业银行和企业。企业在项目备案后首先向市节能减排中心提出申请；市节能减排中心进行评审并将推荐意见、材料交由银行、担保公司；银行进行贷款审核并将相关材料递交担保公司，担保公司进行担保审核并征求区、县财政意见，签订担保合同；银行收到担保公司的担保后与企业签订贷款协议，分期拨付贷款。企业通过项目验收、办理抵押手续后方能收到尾款，市电力公司将质押的电费、项目补贴等未来收益直接打到银行账户，归还贷款。"阳光贷"具体的运作模式如图6-4所示。

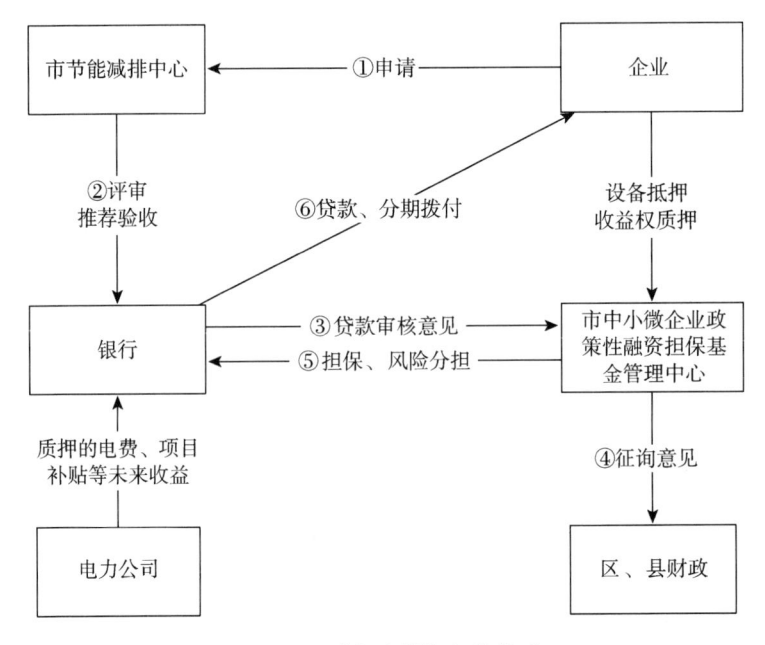

图6-4 "阳光贷"运作模式

二是风险管控体系的创新。贷前阶段：贷款进行严格的准入，上海市节能减排中心、银行、担保公司层层审核；区、县财政提供意见，以力保从源头上控制风险。贷中阶段：市电力公司直接将质押的电费、项目补贴等未来收益打到银行账户，确保还款来源，避免违约风险的发生；款项分批发放，项目验收、办理抵押手续后企业才可以得到尾款，这样可以确保专款专用，确保还款来源；市节能减排中心分布式光伏在线监测平台对项目进行实时监测，可以对有关情况及时跟踪反馈，并及时给出解决方案。贷后阶段：如若发生违约，控制人承担无限连带责任，企业进入"黑名单"，这会极大增加企业的违约成本，降低违约发生的概率；上海市中小企业融资担保专项资金和银行按照90%、10%的分担比例共同承担风险。

（三）"阳光贷"对上海绿色信贷创新发展的启示

一是应充分考虑绿色产业需求的特征，提供更精准的绿色金融服务。"阳光贷"是解决分布式光伏产业融资需求的创新信贷产品，就光伏产业而言，其具有前期投资大、回收周期长、成本高于现有能源、高度依赖政策和政府补贴等特征。自2013年开始，国家能源局及上海市先后出台多项促进光伏产业发展的支持政策，促进了光伏产业的极大发展。但是2018年5月，国家发改委、财政部、国家能源局等联合发布"531"新政，对光伏产业"去补贴"，也导致光伏产业进入低迷期和波动期。为应对"531"新政，上海市积极进行政策修正，优化扶持方式，坚持补贴力度。在诸多扶持方式中，上海是国内唯一指定分布式光伏贷（"阳光贷"）相关政策的地区。"阳光贷"充分考虑光伏产业特点，可以精准地解决中小企业的融资问题。

二是应充分发挥政府的引领和放大作用。新能源产业的融资需求巨大，仅仅依靠财政补贴难以满足光伏产业发展的巨大资金缺口，"阳光贷"充分发挥了财政的杠杆作用，通过行业融合、政银合作和机制创新，有助于引导金融机构将信贷资源投入到风险相对高的中小型光伏企业。经过实践中的不断调整和优化，已吸引到上海银行、北京银行、兴业银行、交通银行四家银行参与"阳光贷"。

四 上海绿色信贷市场存在的问题

上海绿色信贷市场为促进我国绿色金融体系与绿色经济转型做出了突出贡献，但在快速发展中也存在以下问题。

（一）绿色信贷激励机制不足

商业银行以实现利润最大化为最终目标，只有绿色信贷能够带来足够的收益时，才能内生为商业银行的自觉行为。但是现阶段，很多金融机构将绿色信贷视作履行社会责任，自愿采纳赤道原则等绿色信贷国际规则约束的商业银行数量远远低于其他国家，上海辖区内内资银行也尚未接受赤道原则。这是绿色信贷激励机制不足的体现。就激励机制具体表现而言：

一是政府的激励不足。上海市政府虽然高度重视绿色发展，在顶层规划设计文件中都明确表示鼓励、支持绿色信贷发展，但是具体的支持细则、法律法规保障体系等方面仍有待具体落实与部署。二是市场激励不足。许多绿色产业投资周期长、投资金额大、不确定性高，高度依赖国家的产业扶持政策和国家财政补贴。同时，技术风险、市场风险和政策风险以及缺乏足够抵押品，导致商业银行为其提供金融服务的风险与收益严重不对称。

（二）绿色信贷产品类型有限

上海对公领域的绿色信贷产品创新较为活跃，已形成比较丰富的品类，但是对私领域的绿色信贷产品相比于国际绿色信贷市场仍较为缺乏，难以满足家庭或者个人的绿色投融资需求。国际市场对私领域的绿色信贷产品已涉及绿色信用卡、绿色住房抵押贷款、环境友好型产品贷款等类型（如表6-5所示）。而我国对私绿色金融产品仅限于绿色信用卡，目前主要包括兴业中国低碳信用卡、光大绿色零碳信用卡和农行金穗环保卡。根据兴业银行公布的绿色信用卡数据，绿色信用卡发卡的绝对数量呈现持续增加趋势，但是占信用卡总发卡量的比例仍较低，如图6-5所示。上海的绿色信用卡业务始于2014年中国银行推出的上海绿色账户卡，该卡可以建立市民参与垃圾分类的专属绿色诚信档案，奖励绿色积分用于奖品兑换，以此鼓励市民参与垃圾分类活动。2018年3月中国银行又借助长宁区"参与垃圾分类，助力扶贫公益"主题活动开创"绿色＋金融＋公益"模式，将绿色账户积分兑换范围扩展到扶贫产品，进一步推动了绿色账户卡的发展。但是"政府热、市民冷"仍然是对私领域绿色信贷产品发展不可回避的问题。

表6-5　　　　　　　　　　国外对私绿色信贷产品汇总

类型	主要产品	主要内容
绿色信用卡	巴克莱银行呼吸信用卡	客户购买环保产品时，可以享受利率、额度、还款期限等各方面的优惠政策；银行将此业务利润的一半投入到环保中
	气候、绿色信用卡	个人"碳中和"
绿色住房抵押贷款	结构化节能抵押产品	将节能指标纳入住房抵押贷款评估体系
	生态家庭贷款	银行为申请人提供免费的二氧化碳低效服务、家用能源评估服务等绿色环境评估服务

续表

类型	主要产品	主要内容
环境友好型产品贷款	节能设备贷款	绿色通道贷款优惠
	电池动力汽车贷款	
	太阳能设备贷款	
	绿色建筑贷款	

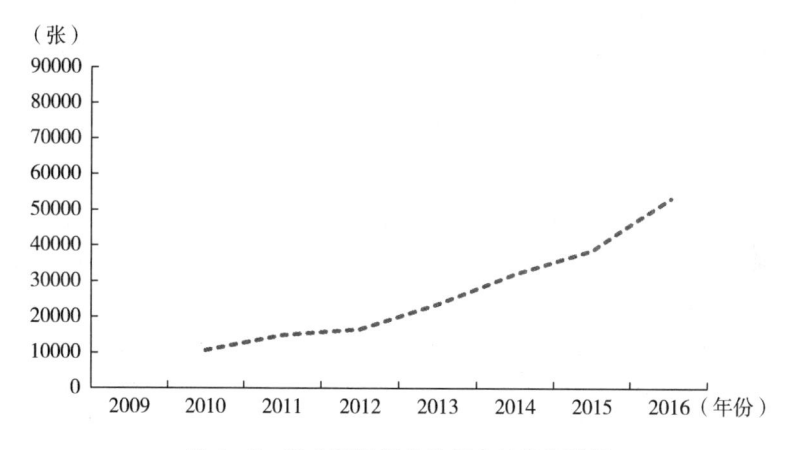

图6-5 兴业银行绿色信用卡的发行数量

资料来源：国泰安数据库。

（三）绿色信息披露机制滞后

目前，我国绿色信息披露制度建设，无论是披露方法、披露内容还是强制程度，都与国外绿色信息披露机制存在较大的差距。具体而言，我国《绿色信贷指引》以及上海绿色信贷相关政策中对绿色信贷业务的披露要求大多只是笼统描述，缺乏定量披露方法及细化指标设计，且披露自愿性较强、约束力较弱。而绿色信贷的国际通行准则在各方面都有更好的表现，如赤道原则对赤道金融机构的交易数量、交易类型及相关数据信息披露设定了具体披露方法，TCFD工作组也明确建议从公司治理、战略、风险管理与发展目标进行分类，并就每一大类设定了详细的子类型。赤道原则、GRI等通行准则也都属于自愿接受的行业准则，未对任何公众和法人设定权利义务。但伴随国际绿色金融的发展，这些准则的市场影响力不断增强，逐渐成为业内默认的基本准则，也增强了披露准则的强制力与约束力，大大提升了国外企业绿色信息披露质量。

五 推进上海绿色信贷市场发展的对策建议

伴随上海经济转向高质量发展，绿色信贷蕴含着巨大的发展空间。针对上海绿色信贷市场发展中存在的突出问题，从以下三个方面提出推进上海绿色信贷市场发展的对策建议。

（一）构建多层次的绿色信贷激励机制

完善绿色信贷激励机制，增强金融机构开展绿色信贷的内生动力，才能够真正实现绿色信贷市场的可持续发展。为了构建全方位的绿色信贷激励机制，一是推动完善绿色信贷的法律法规体系，明确绿色信贷在环保法律体系中的地位，提升绿色信贷的社会认知度；进一步落实商业银行绿色信贷业务实施制度及监管细则，明确绿色信贷业务中各个机构及部门的权利义务，以及在绿色项目融资中资格审核、风险管理、信息披露、贷后监管等流程和相关人员的法律责任。二是要进一步完善与绿色信贷业务发展相匹配的财税制度，灵活运用财政补贴、贷款贴息、税收优惠等财税杠杆手段，加大对环保产业、绿色制造业等的支持力度，提升绿色融资的市场需求。三是加大绿色信贷政策倾斜力度，通过适当延长绿色信贷周期、增加绿色信贷贴息，帮助银行寻找优质企业及绿色项目，降低商业银行等金融机构开展绿色信贷的各类成本，提升绿色信贷的市场收益，推动绿色信贷市场进一步发展。

（二）打造全方位的绿色信贷产品创新路径

上海正在大力培育生态经济，上海银行业应该以此为契机，依托金融中心的绝对优势，紧紧围绕服务实体经济的根本目标，积极开展绿色信贷产品与服务的差异化、全方位创新工作，提升绿色信贷的口碑和影响力。一是厘清上海地区乃至全国绿色产业的多元化融资需求，在现有绿色信贷产品序列基础上，针对各自战略重点与资源禀赋设计绿色信贷产品与服务的发展专案，确定绿色信贷产品创新开发的具体方向与发展规划；二是鼓励商业银行根据自身条件积极通过信托、证券、基金、金融租赁等传统产品或其组合满足绿色融资需求，提高商业银行融资工具的综合性运用能力与融资服务方案的支持力度；三是拓展绿色信贷产品业务类型，以合理的方式引导个人客户的绿色需求，发展绿色信用卡、绿色消费贷款、绿色理财产品等对私绿色创新产品；四是加强商业银行之间绿色信贷创新行为的合作，针对上海生态经济发展目标，共同构建涵盖绿色信贷产品、绿色融资方案、绿色金融辅助服务在内的多层次、综合性的绿色信贷体系。

(三) 健全强制性的绿色信息披露制度

针对我国及上海地区绿色信息披露制度约束性弱、披露方法笼统等问题，建立健全强制性、高质量的绿色信息披露制度十分必要。一是明确绿色信息披露的责任主体；二是根据不同主体确定具体的绿色信息披露标准、披露内容与披露方法，制定详细的指标体系，拓宽绿色信息统计的深度与广度，提高绿色信息核心内容的强制性披露要求，为绿色信贷风险评估、信用评级等提供可靠依据；三是构建绿色信息披露主体间的协调机制，充分应用现代互联网技术建立综合性的绿色金融信息披露平台，加强绿色信贷相关参与方的信息沟通；四是加强绿色信息披露方面的国际合作，强化信息披露制度建设的技术支撑；五是明确绿色信息披露制度的建设步骤，银行业金融机构是信息披露做得最为完善的机构之一，绿色信息披露可以率先从银行业金融机构做起，银行业可以尽量完善地披露贷款客户的环境信息，以此倒逼企业完善环境风险管理和绿色信息披露。

第二节 上海绿色债券市场发展分析

一 绿色债券的发展历程

绿色债券在普通债券功能与特征的基础上纳入了绿色效益因素，是为了应对全球日益恶化的气候环境变化而产生的创新型金融产品。气候债券倡议组织（CBI）将绿色债券界定为狭义与广义两种统计口径，前者仅指贴标绿色债券，所筹资金全部投向"气候债券分类方案"所认定的项目或资产；后者则包括所有与保护环境相关的债券工具。

全球首只绿色贴标债券由欧洲投资银行（EIB）于 2007 年发售，募集资金被限定于可再生能源和能效项目。之后，伴随公众生态环保意识的日益觉醒，发达国家主流投资者对绿色债券的认同度与需求量不断增长。欧洲复兴银行等多边机构纷纷推出了以生态、环保为主题的绿色债券，2013 年之后国际绿债市场进入爆发式增长阶段。根据相关统计，2013 年全球绿色债券发行规模为 147 亿美元，而 2018 年已经达到 1007 亿美元[①]，5 年间增长了近 7 倍，绿债发行方主体逐渐由国际金融机构转向企业，绿债个人投资者投资需求占比也日益上升。与此同时，绿色债券的指导性规则逐渐成形，国际资本市场协会（ICMA）50 余个金融机构在 2014 年共

---

① http://chuneng.bjx.com.cn/news/20180918/928743.shtml.

同制定并公布《绿色债券原则》,包含了绿债项目评估、资金管理及信息披露等内容;随后气候债券倡议组织也在 2015 年推出《气候债券倡议》(*Climate Bonds Initiative*) 机制,明确界定贴标绿色债券的验证机构与流程,推动了国际绿色债券市场的规范化发展。

我国绿色债券市场相较于国际市场起步较晚,但是发展迅速。2015 年央行和国家发改委相继推出绿色债券指导意见,同年绿色债券开始进入海外市场。2016 年 1 月,兴业银行、浦发银行分别获准发行绿色金融债,正式拉开绿色债券境内发行的序幕。2017 年我国境内发行贴标绿色债券 113 只,发行规模 2083.8 亿元;境外发行绿色债券 5 只,发行规模约合 428.34 亿元。2017 年中国发行绿色债券占全球总规模的 32.16%,连续两年占据全球市场首位。上海作为中国首屈一指的金融中心,金融市场体系完善,近两年为推动中国绿色债券的持续发展贡献了巨大力量。

二 上海绿色债券市场的发展现状

2016—2018 年,上海辖区内共有 6 个发行人发行了 17 只绿色债券(见表 6-6)。其中,2016 年累计发行 6 只绿色债券,发行规模 830 亿元,且 6 只绿色债券的发行主体均为金融机构。2017 年,累计发行 7 只绿色债券[1],发行规模 234.84 亿元。2018 年,累计发行 4 只绿色债券,发行规模 25.08 亿元。上海绿色债券市场表现出以下五个特征。

(一) 发行主体结构趋于多元化

2016 年上海绿色债券市场的发行主体仅限于银行,呈现绿色金融债一家独大的产品结构特征,2016 年累计发行绿色金融债 800 亿元,占全部绿债规模的 96.39%。2017 年和 2018 年,融资租赁公司和非金融实体作为发行主体首次进入上海绿色债券市场。从公司属性而言,上海绿色债券市场的发行主体覆盖面越来越广,已经涉及公众企业、国际机构、中央国有企业、地方国有企业与合资有限责任公司等类型。从图 6-6 可以看出,伴随绿色债券市场的逐步完善,越来越多类型的发行主体对发行绿色债券的积极性显著提升。

---

[1] 如表 6-6 所示,中电投融和融资租赁有限公司在 2017 年发行绿色资产支持证券。站在发行人角度,不同偿还顺序的资产支持证券属于一笔融资,但是站在投资人角度,不同级别的债券是不一样的,代码、偿还期限、利率、评级等皆不同,为了后续更好地分析上海绿色债券的特征,我们把它们看做是不同债券进行统计。

表6-6　上海绿色金融产品发行概况（2016—2018）

证券代码	证券简称	发行年度	债券分类	发行总额（亿元）	发行人中文名称
1628001.IB	16浦发绿色金融债01	2016	金融债	200	上海浦东发展银行股份有限公司
1628007.IB	16浦发绿色金融债02	2016	金融债	150	上海浦东发展银行股份有限公司
1628012.IB	16浦发绿色金融债03	2016	金融债	150	上海浦东发展银行股份有限公司
1628021.IB	16交行绿色金融债01	2016	金融债	100	交通银行股份有限公司
1628022.IB	16交行绿色金融债02	2016	金融债	200	交通银行股份有限公司
163001.IB	16新开发绿色金融债01	2016	国际机构债	30	新开发银行
081761007.IB	17融和绿色ABN001优先A1	2017	资产支持证券	5.69	中电投融和融资租赁有限公司
081761008.IB	17融和绿色ABN001优先A2	2017	资产支持证券	9.69	中电投融和融资租赁有限公司
081761009.IB	17融和绿色ABN001优先A3	2017	资产支持证券	2.0072	中电投融和融资租赁有限公司
081761010.IB	17融和绿色ABN001优先B	2017	资产支持证券	1.373	中电投融和融资租赁有限公司
081761011.IB	17融和绿色ABN001次级	2017	资产支持证券	6.0792	中电投融和融资租赁有限公司
131706006.IB	17融和融资GN002	2017	中期票据	10	中电投融和融资租赁有限公司
1728019.IB	17交通银行绿色金融债	2017	金融债	200	交通银行股份有限公司
131800002.IB	18融和融资GN001	2018	中期票据	10	中电投融和融资租赁有限公司
143518.SH	G18临港1	2018	公司债	6.5	上海临港经济发展（集团）有限公司
143519.SH	G18临港2	2018	公司债	3.5	上海临港经济发展（集团）有限公司
150659.SH	G18安租1	2018	公司债	5.08	平安国际融资租赁有限公司

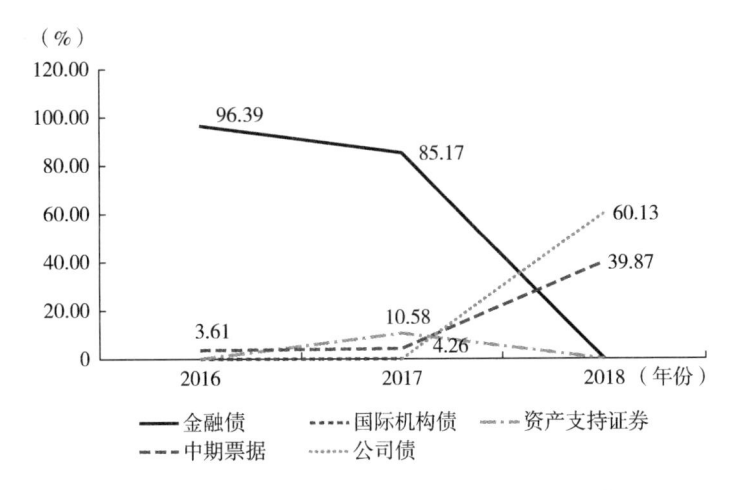

图 6-6　上海各类型绿色债券发行规模占比趋势

资料来源：WIND 数据库、中国金融信息网。

（二）绿债产品创新持续增强

上海金融机构在绿色金融产品创新中起到重要引领作用，在绿色债券市场发展中起到先导作用，并积极推动绿债产品创新持续增强（见表 6-7）。2016 年 1 月，浦发银行发行境内首单绿色金融债券，拓展了绿色债券类型范畴。此次发行规模 200 亿元，超额认购倍数达到 2.02 倍，反映了市场对绿色金融债的旺盛需求；2016 年 7 月，新开发银行发行 30 亿元人民币绿色债券，作为首单多边开发机构绿色熊猫债，认购倍数高达 3.1 倍；2016 年 11 月，交通银行发行境内绿色金融债券；2017 年 11 月，中电投融和融资租赁有限公司发行 10 亿元 3 年期中期票据和"纯双绿"资产支持票据，开创了境内融资租赁公司发行绿色债券的先河，拓展了绿色金融债券发行主体和品种；2018 年 3 月，上海临港经济发展（集团）有限公司发行共计 10 亿元的绿色公司债券，这是上海首次由非金融企业发行绿色债券，也是交易所首单以绿色建筑为标的绿色债券。由此可见，上海绿色债券市场带动了近年来中国绿色债券的快速发展，而其绿债产品的创新能力无疑是市场发展中最为重要的引擎。

（三）绿债信用管理水平领先

2016—2018 年上海发行的 17 只绿色债券中，12 只获得 AAA 级债项评级，占比高达约 71%（如图 6-7 所示）。这一方面源于上海绿色债券市场的发行主体主要为国有控股企业和国际多边开发金融机构；另一方面归功于上海绿色债券高水准信用管理。绿色债券发展的关键是要确保募集

表6-7   2016—2018年上海绿色金融产品创新

证券简称	发行人名称	创新之处
16浦发绿色金融债01	上海浦东发展银行股份有限公司	境内首单绿色金融债券
16交行绿色金融债01	交通银行股份有限公司	国有五大商业银行境内首单绿色金融债券，在国内机构中首单获得穆迪最高等级的绿色债券评估GB1
16新开发绿色金融债01	新开发银行	首单多边开发机构绿色熊猫债
17融和融资GN002	中电投融和融资租赁有限公司	首单融资租赁公司绿色债券
17融和绿色ABN001	中电投融和融资租赁有限公司	首单基础资产和募投项目均为绿色项目的"纯双绿"资产支持票据
G18临港	上海临港经济发展（集团）有限公司	上海首单非金融企业绿色债券，交易所首单以绿色建筑为标的绿色债券

资金真正投入到绿色项目，实施第三方独立认证能够确定项目绿色程度并监督募集资金流向，帮助投资者深入了解项目的绿色等级、资金流向、信息披露真实性、环境效益以及产业政策符合性，提高绿色债券的公信力。但目前第三方认证并未进行强制。在这一背景下，2016年和2017年我国境内绿色债券接受第三方独立认证的比例分别为83%和67%，国际绿色债券接受第三方独立认证的比例为60%左右，而上海绿色债券全部接受了第三方独立认证，远远高于全国水平和国际水平，这有效增加了上海绿色债券产品的公信力和透明度（见图6-8）。

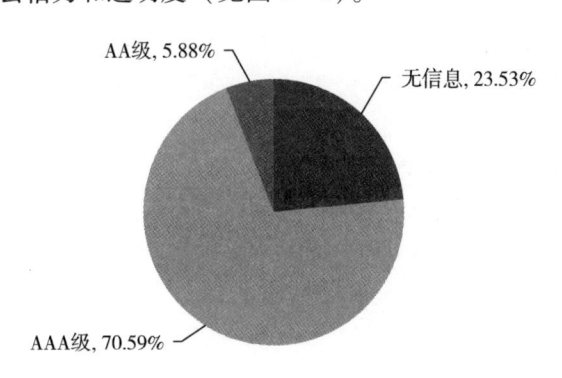

图6-7   上海绿色债券债项评级级别占比

AA级, 5.88%
无信息, 23.53%
AAA级, 70.59%

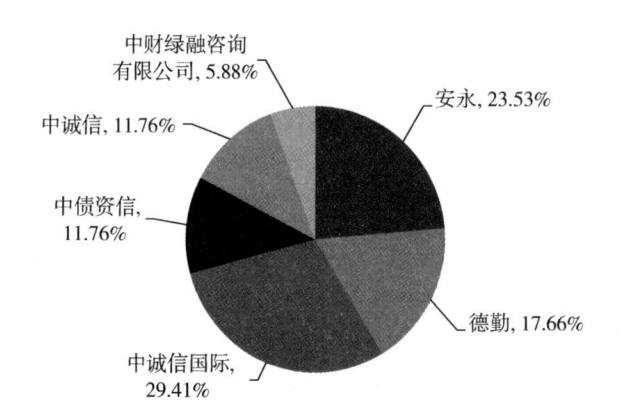

图 6-8　上海绿色债券第三方独立认证机构占比

（四）绿色债券平均期限较短

鉴于绿色项目建设往往具有长周期特征，国际绿色债券期限通常较长。但是，目前上海绿色债券主要为 3 年与 5 年的中期债券，平均期限明显短于国际平均水平。2016 年，上海绿色债券市场发行了 2 只 3 年期绿色金融债券和 4 只 5 年期绿色债券。2017 年，上海绿色债券市场首次出现 1 年期以下的短期债券，中电投融和融资租赁有限公司发行的 2017 年度第一期绿色资产支持票据中，优先 A1 级债券的期限为 0.43；除此之外，还发行 2 只 3 年期绿色债券，2017 年市场中期债券的数量占比为 85.71%，短期债券的数量占比为 14.29%。2018 年，上海绿色债券市场则分别发行了 3 年、4 年、5 年的中期绿色债券。鉴于绿色融资需求的长期特征，上海绿色债券市场需要尽快推出长期债券，以更好地解决绿色项目的期限错配问题。

（五）募集资金投向符合绿色标准

绿色债券募集资金的投向，需要满足相应的绿色标准。具体而言，绿色金融债、绿色公司债、非金融绿色债务融资工具适用于由中国金融学会绿色金融专业委员会编制的《绿色债券支持项目目录》，绿色企业债适用于国家发改委《绿色债券发行指引》。由于统计区间内上海发行主体尚未发行企业债，上海绿色债券的发行皆依照《绿色债券支持项目目录》的规定。

表 6-8 绿色项目分类

一级分类	二级分类
1. 节能	1.1 工业节能、1.2 可持续建筑、1.3 能源管理中心、1.4 具有节能效益的城乡基础设施建设
2. 污染防治	2.1 污染防治、2.2 环境修复工程、2.3 煤炭清洁利用
3. 资源节约与循环利用	3.1 节水及非常规水源利用、3.2 尾矿、伴生矿再开发及综合利用、3.3 工业固废、废气、废液回收和资源化利用、3.4 再生资源回收加工及循环利用、3.5 机电产品再制造、3.6 生物质资源回收利用
4. 清洁交通	4.1 铁路交通、4.2 城市轨道交通、4.3 城乡公路运输公共客运、4.4 水路交通、4.5 清洁燃油、4.6 新能源汽车、4.7 交通领域互联网应用
5. 清洁能源	5.1 风力发电、5.2 太阳能光伏发电、5.3 智能电网及能源互联网、5.4 分布式能源、5.5 太阳能热利用、5.6 水力发电、5.7 其他新能源利用
6. 生态保护和适应气候变化	6.1 自然生态保护及旅游资源保护性开发、6.2 生态农牧渔业、6.3 林业开发、6.4 灾害应急防控

资料来源：中国金融学会绿色金融专业委员会编制的《绿色债券支持项目目录》。

上海发行的绿色债券中，除了中电投融和融资租赁有限公司发行的两笔中期票据，其他绿色债券均对募集资金用途做出说明。就绿色金融债而言，上海绿色金融债的募集资金全部用于《绿色债券支持项目目录》规定的绿色产业项目，其中浦发银行要投向第 2 大类"污染防治"、第 3 大类"资源节约与循环利用"等类别；新开发银行的"16 新开发绿色金融债 01"初期项目重点关注第 5 大类"清洁能源"以及国际资本市场协会（ICMA）《绿色债券原则》"可再生能源""污染防治和控制"项目；交通银行的"17 交通银行绿色金融债"明确要加大第 3 大类"资源节约与循环利用"等类别的信贷支持。就非金融债而言，中电投融和融资租赁有限公司投向第 5 大类"清洁能源"项下"5.1 风力发电""5.2 太阳能光伏发电"和"5.4 分布式能源"三个类别，上海临港经济发展（集团）有限公司主要投向第 1 大类"节能"项下"1.2 可持续建筑"，平安国际融资租赁有限公司投向第 5 大类"清洁能源"项下"5.1 风力发电""5.2 太阳能光伏发电"。综上所述，上海绿色债券募集资金主要投向"清洁能源""资源节约与循环利用""污染防治""节能"等项目，这些项目既有长期而稳定的现金流入和清晰的预期收益，又有可预期的环境效益，能较好地兼顾环境绩效和财务收益双重目标。

三 上海绿色债券市场发展中的问题

(一) 市场持续发展缺乏内生动力

上海发展绿色债券的重要驱动力在于政策的支持和引导。2015年12月中国人民银行在银行间债券市场推出绿色金融债券品种，2016年1月浦发银行即发行境内首单绿色金融债券，可以看出上海银行业对金融政策的响应速度非常之快。而被称为绿色债券元年的2016年，上海绿色债券发行额占全国的42%，位居全国第一，排名第二、第三的福建和北京分别占25%、21%，上海绿色债券发行规模在全国遥遥领先。但是2017年和2018年，上海绿色债券发行的绝对规模和相对占比均大幅度下降，上海推进绿色债券持续发展的市场动力尚未形成，而参与到绿色债券发行中的上海机构绝对数量较少，也进一步说明绿色债券的商业可持续性尚未形成，更多的市场主体还缺乏参与绿色债券市场的自觉性与积极性。

(二) 绿色债券发行成本具有明显差距

为了鼓励绿色债券发行，发达国家绿色债券的平均年化利率仅为3%左右，发行绿色债券的成本优势较为明显。但是上海市场绿色债券发行成本因发行主体不同而存在较大的差距（如表6-9所示），银行业金融机构发行的绿色债券成本较低，平均票面利率水平为3.14%，基本达到发达国家水平，而非银行业企业发行的绿色债券的票面利率水平明显较高，并不具有成本优势，对发行主体经济效益目标的实现存在较大影响，这无疑也降低了非银行企业发行绿色债券的积极性。

表6-9　　　　　　　上海绿色债券的利率成本　　　　　单位：%

证券简称	票面利率
16浦发绿色金融债01	2.95
16浦发绿色金融债02	3.2
16浦发绿色金融债03	3.4
16交行绿色金融债01	2.94
16交行绿色金融债02	3.25
16新开发绿色金融债01	3.07

续表

证券简称	票面利率
17 融和绿色 ABN001 优先 A1	5.5
17 融和绿色 ABN001 优先 A2	5.58
17 融和绿色 ABN001 优先 A3	5.7
17 融和绿色 ABN001 优先 B	6.77
17 融和绿色 ABN001 次级	—
17 融和融资 GN002	5.9
17 交通银行绿色金融债	4.29
18 融和融资 GN001	6.21
G18 临港 1	5.28
G18 临港 2	5.28
G18 安租 1	6.08

（三）绿色债券筹资用途尚存质疑

市场主体的多元化趋势推动了绿色债券市场的快速发展，也带动更多不具有绿色属性的通过"洗绿"行为进入绿债市场融资，背离绿色债券市场发展的初衷，引发了部分投资者对绿色债券的质疑。中国绿色债券市场洗绿行为频发，一是因为绿色债券发行具有绿色通道。在流动性偏紧的环境下，某些企业的融资需求难以通过其他渠道满足，因此即使绿色债券发行成本不理想，为了获得融资，仍然进入这个市场。二是因为我国绿色债券市场的评价机制不完善，难以真正对绿色债券项目进行独立而专业的评价、跟踪、监督，给予发行主体更多的可乘之机。目前，上海绿色债券市场虽然大部分主体公开募集资金投向，具有较高的信用管理水平，但在缺乏完善的评价监督机制的背景下，市场质疑的阴云也会对上海绿色债券未来的发展产生一定的影响。

四 上海绿色债券市场发展中的对策建议

针对上海绿色债券市场发展存在的突出问题，从以下三个方面提出进一步推进上海绿色债券市场未来发展的对策建议。

（一）完善绿色评估机制，提升绿债的商业可持续性

"绿色属性"是绿色债券区别于普通债券的最大特征。从《绿色债券支持项目目录》到《绿色债券发行指引》，我国绿色债券指导原则中指明

的适用范围和支持重点都显示出绿债发行范围相对较大，涉及的行业领域较为复杂。规范绿色项目评估机制，进一步完善第三方绿色认证，有助于挖掘绿色债券发展新动力，加强绿债的商业可持续性。一是借助上海金融中心优势，培育专业能力高、国际影响力大的第三方绿色认证机构，出具独立的"绿色认证报告"，客观评估绿色项目，有效评价项目绿色效益，增强绿色债券透明性，吸引更多投资者进入市场。二是在有效认证基础上，拓展并引导绿色项目投向，比如绿色建筑产业，风、电、光伏等新能源产业，水环境治理等污染防治产业，新能源汽车等清洁交通产业，都是上海绿色债券发行后续的动力。三是进一步创新绿色债券产品设计，通过金融创新降低投资绿色项目的风险，提高收益率，确保商业目标的实现，进而达到经济效益和环境效益的统一。

（二）健全激励约束机制，拓展绿色债券主体范畴

综合应用财政金融等多元化手段，健全绿色债券的激励约束机制，有助于拓展绿色债券主体范围，加大绿色债券发行的引导力度。一是综合使用债券贴息、税收优惠、基金注资、投资补助、担保增信等各种财政工具，支持绿色项目实施与绿色债券发行，进一步降低实体企业发行绿色债券的融资成本，引导更多绿色投融资需求实现有效对接；二是灵活应用降低风险资产占用、推动"债贷组合"增信、设立绿债担保基金等多种金融手段，吸引更多绿色债券的潜在参与主体，推动更多资金流向绿色债券市场。

（三）完善绿色债券信息披露机制，专户管理募集资金

为了确保绿色债券项目真正流入到绿色项目，完善绿色债券信息披露机制是实现制度约束的关键环节。一是尽快构建统一的绿色债券信息披露标准，规定发行人定时披露时间、披露形式以及披露的具体内容。伴随绿色信息披露机制的逐步完善，应逐渐细化披露项目的投资细节及资金投入情况的披露要求、建立预期环境效益的定性与定量指标体系等。二是加强国内外机构合作，加强不同层面机构间绿色债券事宜的沟通与协调，建立绿色债券数据库，共享绿色债券信息，规避因信息隔阂带来的绿色项目投资运营识别及信息披露成本的增加。三是在加强各参与主体绿色信息披露要求的基础上，通过专项台账或专户管理等方式，即要求发行人设立独立的资金账户用于收付绿色债券项下的募集资金，加强对募集资金使用方向、后期资金流向追踪等的管理力度，降低"洗绿"或虚假申报的可能性，强化绿债的"绿色属性"，提高市场的信任程度。

第三节　上海绿色基金市场发展分析

一　绿色基金的发展历程

绿色基金也称为绿色投资基金，是在社会责任投资（Socially Responsible Investing，简称 SRI）的基础上发展而来，是专门针对节能减排、污染防治、新能源、新材料等绿色项目设立的专项投资基金。绿色基金的种类有很多，从投资标的看，可以分为股权投资基金、创业投资基金、证券投资基金、基金专户、其他投资基金等。

伴随 20 世纪六七十年代环保运动的持续深入，首只纳入环境因素考核标准的绿色投资基金——Calvert Balanced Portfolio A 于 1982 年在美国面世。英国也于 1988 年推出了自己的绿色投资基金——Merlin Ecology Fund。但是之后直到 21 世纪，伴随各国环境污染不断恶化及可持续发展理念备受重视，美国等发达国家市场才相继出现更多 SRI（社会责任投资）将生态环境因素纳入基金筛选指标体系，从而促使企业不断提高对环境的重视程度，绿色基金由此进入高速发展阶段，其资产增速大于金融市场其他资产的平均增速，有效带动美日欧等发达国家社会经济生态效率的提高。

我国的绿色基金发展起步较晚，但市场潜力较大，发展势头迅猛。自《关于构建绿色金融体系的指导意见》明确支持设立各类绿色发展基金，国内多个省份逐渐建立起省级绿色发展基金或环保基金，很多地级市也在大力推动绿色基金建设进程，民间资本与国际机构等积极参与设立绿色基金。绿色投资者信心得到极大提振，截至 2017 年第三季度末，以环境（E）、社会（S）和公司治理（G）为主体的社会责任投资基金已达 106 只。

二　上海绿色基金市场的发展现状[①]

（一）上海绿色基金发展迅猛

本书将上海绿色基金界定为基金管理人的注册地在上海的节能环保、绿色基金。根据《中国绿色金融发展报告 2017》相关数据统计可知，

---

① 上海绿色基金的数据来自《中国绿色金融发展报告 2017》。

上海绿色基金发展以 2015 年为界分为两个阶段。2015 年以前，上海绿色基金发展平稳且数量少；2015 年之后上海绿色基金开始迅速发展；2016 年上海绿色基金的数量更是迅猛增加。这与我国绿色基金的整体发展情况一致，2016 年一系列标志性事件带动绿色基金的起飞：2016 年 1 月，中国人民银行与英格兰银行共同成立 G20 绿色金融研究小组；2016 年 8 月，《关于构建绿色金融体系的指导意见》明确支持设立绿色发展基金；2016 年 9 月，绿色金融首次被写入 G20 峰会公告。中国做的这一系列努力释放出绿色投资的积极信号，市场也迅速做出反应，中国绿色金融市场进入快速发展轨道，上海绿色基金市场也在 2016 年迎来数量上的重大突破。

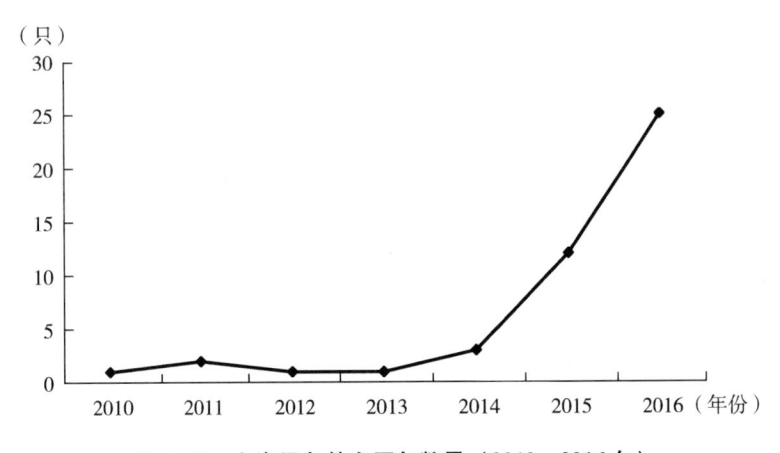

图 6-9　上海绿色基金历年数量（2010—2016 年）

（二）上海绿色基金类型结构较为单一

从基金类型而言，上海绿色基金中股权投资基金占了 71.11% 的比重，这与我国绿色基金的类型占比一致，也与绿色产业的特征一致。绿色产业中的一般项目比如污水处理项目、垃圾焚烧项目等，投入资金大，属于重资产行业，需要有一定市场地位的大型央企、国企的介入，股权投资基金投资到有一定收益基础、优质现金流基础的非上市企业，有助于这些企业做大做强，形成一定的市场集中度。其他投资基金占比为 20%，这些基金的投资对象包括某个或某些环保公司的保理资产收益权、供电业务收益权、委托贷款。在其他投资基金中，收益权类产品占据高达 89% 的比重，这与收益权类产品正成为其他类管理人发展的重点是一致的。创业投资基金的比重是 4.44%，这个比重明显偏低，也进一步反映了初创阶段的企业在重资产的环保行业很难形成技术优势和优质现金流，难以得到绿色基金的青睐。

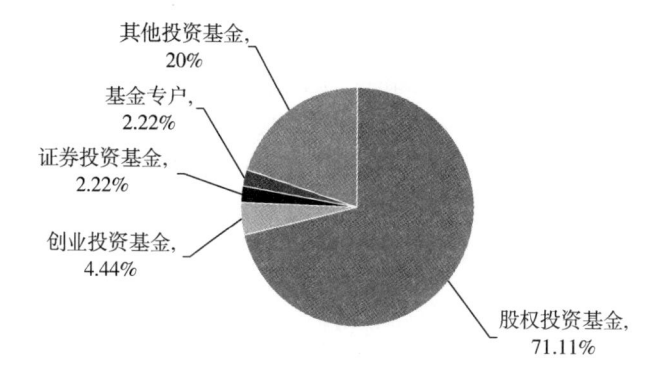

图 6-10　上海各种绿色基金类型比重

注：图中数据经过四舍五入处理，会计为≠100%。

（三）上海绿色基金投资领域趋于多元化

上海绿色基金的投资领域包括环保产业、清洁能源产业、节能产业。投资占比如图6-11所示。其中，环保产业主要包括固体废弃物综合利用产业、土壤修复产业、大气产业、水务产业、环境监测产业等。清洁能源则主要包括水能、生物能、太阳能、风能、地热能等。节能产业主要是指为节约能源资源提供技术基础和装备保障的产业。

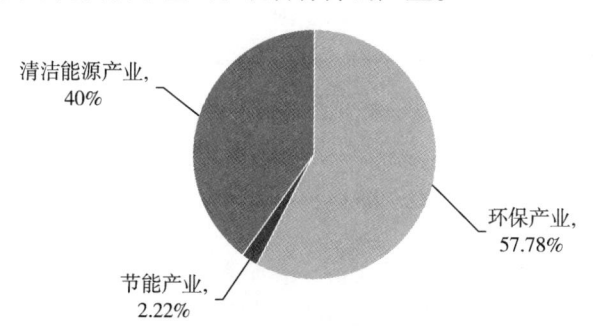

图 6-11　上海绿色基金各投资领域比重

三　上海绿色基金发展中存在的问题

（一）创业投资基金占比偏低

2014年，上海进一步提出建设具有全球影响力的科技创新中心，形成"四个中心"与科创中心的联动机制。这一目标的实现依赖于科技与金融的深度融合，依赖于创业投资基金对初创期技术企业的高度重视和持续投入，同样的道理适用于初创期绿色企业。伴随绿色产业的持续发展，环境基础设施建设的产能逐渐饱和，优质竞争者又在不断进入这个领域，未来企业想要在绿色产业具有一定的竞争优势，需要有核心技术和稳定现金流。颠覆性技术创新往往发生在初创期企业，但初创期企业缺乏稳定现金流将技术变为市场和实际竞争力，创业投资基金在初创期企业成长过程中发挥关键催化作用。但是，上海绿色创业投资基金的比重仅仅占 4.44%，这个比重明显偏低。上海在吸引创业投资基金人才方面的经济激励和软环境建设方面，已经悄然被深圳和北京超过，这限制了上海绿色企业的爆发性潜力与活力，也制约着上海向世界科技创新高地迈进。

（二）绿色发展目标尚不明确

绿色基金需要投资总额的 60% 以上投资在绿色环保领域，但绿色基金在判断某个环保绿色项目是否具有投资价值的时候，仍然主要关注该绿色企业上涨行情给基金带来的利润回报，关注企业利润等财务性指标，从而面临绿色发展目标与金融趋利性的矛盾，面临经济效益、环境效益、社会效益不能兼顾的矛盾。而反观发达国家的绿色基金发展历程，发达国家的绿色基金将绿色指标纳入投资分析过程和绩效考核指标，强调绿色投资是企业主动履行社会责任、规避社会风险的必然选择，强调绿色投资蕴涵金融创新的巨大机会，这一点正是中国绿色投资基金和上海绿色基金需要去填补的方面。

（三）绿色投资的理念尚未形成

与发达国家绿色基金伴随环保运动自下而上产生不同，上海绿色基金的发展很大程度上是依靠政府的支持，自上而下发展，绿色投资的理念尚未完全形成。一是对于绿色基金而言，尚未形成自下而上的绿色投资商业化发展之路；二是对于投资者而言，更加关注财务绩效，对环境风险调整后的绩效并不敏感；三是对于资本市场而言，"绿色有效性"不足，企业的优良绿色表现不一定正向反映在定价中，而当环境污染事件发生时，企业股价并不必然下降，甚至还出现股价上升的反常情况，资本市场对绿色企业的激励机制和对环境污染企业的惩罚效应都明显不足。

四　上海绿色基金市场发展的对策建议

（一）培育壮大创业投资基金

一是要完善落实保障措施。加大金融政策、财税政策的引导支持，尤其是对于基础性绿色技术创新与开拓性、颠覆性绿色技术创新，给予足够的激励政策。二是要夯实人才基础，加大对创业投资基金人才的培养和引进，既要发挥上海高校和科研机构资源优势，建立服务上海创业投资基金发展的、具有国际影响力的人才基地，培养优秀创新人才，也要加大对人才的引进力度。相较于北京依托强大的国家资源优势、深圳依托持续的资金投入优势，上海对风险投资管理运营人才的落户政策不断优化，比如满足本市创业投资机构的合伙人或副总裁及以上的高级管理人才，且已完成在上海投资累计达 3000 万元条件可以直接落户，这对创业投资管理人才向上海聚拢、扎根上海起到重要推动作用。与此同时，应该进一步与资金投入政策、软环境建设相结合，才能真正让人才留得住，在激烈的人才竞争、城市竞争、科技竞争中保持领先地位，并向龙头地位迈进。

（二）积极培育绿色投资理念

通过培育绿色投资理念，全面激发市场对绿色投资的需求，拓展绿色基金发展空间。一是全面开展绿色投资教育。通过投资论坛等形式，全面传播责任投资理念，引导更多投资者尤其是机构投资者关注绿色投资，从而在资本市场上形成自我强化的力量。二是以绿色"一带一路"建设为契机，通过在全球绿色市场的投资实践强化对绿色投资的认知。伴随"一带一路"投资绿色化成为共识，将有越来越多的政府、国际金融机构、国际组织加入到这个市场，共同推进"一带一路"投资绿色化建设。上海应成立致力于"一带一路"环境改善的绿色基金，学习先进经验，在实践中巩固绿色投资理念。三是以市场机制引导绿色投资理念。比如引导机构投资者"用手投票"，投资符合绿色发展理念的项目或公司，对公司不符合绿色发展理念的行为施加影响，以此引导越来越多的企业重视绿色发展。

第四节　上海绿色保险市场的发展分析

绿色保险可以从两个层面界定。狭义而言，绿色保险是指以被保险人环境污染引致的赔偿或治理责任为保险对象的环境污染责任保险。广义而言，绿色保险涉及一切与环境风险管理有关的保险计划。绿色保险的内涵是非常广义和丰富的，不局限于环境责任险，任何积极实践低耗、高效并且带来经济效应和环境效应统一的保险活动，都属于绿色保险的内涵。

伴随 2014 年保险业"新国十条"的出台，《上海市人民政府贯彻〈国务院关于加快发展现代保险服务业的若干意见〉的实施意见》正式提出建设上海国际保险中心，上海保险业成为全国保险业改革创新的引领者。

根据 2017 年 9 月发布的"全球金融中心指数（GFCI）"保险业排行榜，上海在保险业分类指数排名中位列全球第一。上海在绿色保险发展方面积累了诸多成功经验。

一 上海环境污染责任险的发展研究

（一）上海环境污染责任险的发展历程

上海环境污染责任保险可以追溯至 2007 年，伴随《关于环境污染责任保险工作的指导意见》的出台，上海成为首批试点城市。2007 年年底推出由华泰保险公司承保的"场所污染责任保险"。2008 年，危化品安全责任保险借《关于本市开展危险化学品安全责任保险试点工作的实施意见》发布之际展开试点工作，这一险种涉及第三方人员和财产伤害、清污费用等，保费低、保障广、机制完善。2010 年内河船舶油污责任险在上海首创，该险种保费低、赔付高、保障广、具有共保体提供的最高为 500 万元的应急基金。2013 年《关于开展环境污染强制责任保险试点工作的指导意见》发布，上海成为试点城市。但是在 2014 年 4 月修订的《中华人民共和国环境保护法》中，并没有出现"强制"二字，而是表述为"国家鼓励投保环境污染责任保险"，上海环境污染责任险的发展之路并不顺畅。

（二）上海环境污染责任险发展中遇到的问题

从 2016 年全国数据看，在所有的责任险中，环保污染责任险保费仅占据 0.75%。如同全国环境污染责任险发展的遇冷困境，上海在发展环境污染责任险的时候，也遇到了诸多困难。

1. 政策体系尚不健全

由于环境污染责任险具有高风险的特点，发达国家在推进环境污染责任险时对投保和承保均有强制性要求，并建立完善的激励与惩罚机制。但是我国发展环境污染责任险的法律和政策基础薄弱。在上位法没有设立强制条款的背景下，上海环境污染责任的相关法律和政策体系的完善面临诸多挑战。

2. 投保企业缺乏热情

纯商业性环境污染责任险设立驱动力不足。一是企业存在侥幸心理。事前认为污染事件的发生概率低，事后又认为可以躲过或者以较小代价承担环境污染带来的损害。二是企业规模小，利润单薄，投保会给企业带来额外的成本。三是很多环境污染责任险保费和赔付率并不能吸引投保企业。四是上海近年来未有重大环境污染事件发生。

3. 保险公司参与数量有限

保险公司难以对企业环境风险进行有效评估和管理，参与的保险公司数量过少。究其原因，一是因为参与环境污染责任险的企业多存在重大环境风险污染源，风险较大，与保险业的大数法则相悖。二是因为环境污染防治的专业性和复杂性，增加了企业环境风险程度判断的复杂性。现行的做法是依托环境损害鉴定机构加鉴定人模式，但这个模式的鉴定技术也比较初级。

（三）上海环境污染责任险发展的对策建议

1. 完善环境污染责任强制保险的法律体系

2017年发布的《环境污染强制责任保险管理办法（征求意见稿）》，对强制投保范围、保险责任范围、条款、费率、风险评估、赔偿、罚则等都做了十分完善的规定，试点十年的环境污染强制责任保险有望迎来新的突破。作为在保险领域一直处于引领地位的上海，应该以此为契机，出台配套政策和细则，完善环境污染责任险法律法规和政策体系。尤其是比如对于涉及公众利益的环境污染领域，可以先行先试，通过政府引导，逐渐使其具有强制性。

2. 保险公司助力企业降低环境风险

环境污染责任险推出的主要目的是防患于未然，除了突发性环境风险，更多的环境污染是渐进性的，体现在企业的日常生产中。保险公司在企业承保后，为了降低赔付的概率，同时也是为了达到经济利益和环境责任的统一，可以启动相关机制增强企业防范环境风险的能力，比如对企业进行环保培训、利用专业性对投保企业进行环境监测和监督，真正实现环境污染责任险改善环境的目的。

3. 提高第三方机构鉴定评估能力

根据最新的《环境污染强制责任保险管理办法（征求意见稿）》，直接损失和渐进损失都被包括在环境污染事件中，这给保险公司损失鉴定能力带来巨大挑战。未来可以培育具有专业技术体系的独立第三方机构，负责对环境污染事件的直接损失、间接损失、精神损害等进行全方位的鉴定。

二 上海气候保险的发展研究

气候保险又被称为天气保险、气象保险。主要包括两种形式，一是损失补偿性保险，是以被保险人因为气候灾害引致的损失为保险对象。二是指数保险，主要通过数学建模将一个或多个气象条件对投保标的之损害指数化，每个指数对应一定的投保标的产量和损益，当一段时间内某一风速、某一降水量、某一温度等气候表现触发赔付条件时，保险公司无须进行核损，即按照约定的标准进行赔付。指数保险解决了传统气候保险核损困难、理赔时间长、逆向选择和道德风险等问题，并且由于合同的标准化，流动性强，可以通过资本市场进行风险分散。基于此，这也是上海绿色保险创新最为活跃的领域。

（一）上海气候保险的发展历程

在气候保险方面，上海一直在全国处于引领地位，上海保险业积极根据市场需求情况，推出多样化气候保险产品。上海气候保险借助《关于做好保险业应对全球变暖引发极端天气气候事件有关事项的通知》迈入改革创新的新征程。2007年4月，安信农业保险股份有限公司在上海南汇等4个区试点推出天气指数保险——西甜瓜梅雨强度指数保险，标志着我国指数保险产品的正式落地。2014年7月，上海率先在本市9个郊区、县进行"露地种植绿叶蔬菜气象指数保险"的试点，投保农作物为"夏淡"期间生产的绿叶蔬菜。2016年露地种植绿叶菜气象指数保险的保费收入达到287万元，承保面积2.4万亩，赔付金额157万元。2016年8月，上海嘉定区马陆镇开始进行"葡萄降水量指数保险"的试点，若降水超过约定值，葡萄种植户将获得赔付。每亩最高保险保障为1万元，由嘉定区、马陆镇两级财政进行补贴。截至2017年3月10日，已为嘉定区961亩的葡萄提供保障。2015年上海推出蜜蜂气象指数保险，2016年在浦东新区试点承保990箱，每箱保险金额400元。

（二）上海气候保险的实践案例

1. 基本情况

表6-10列出了上海露地种植绿叶蔬菜气象指数保险实践的基本情况。

表6-10　　上海露地种植绿叶蔬菜气象指数保险基本情况

名称	露地种植绿叶蔬菜气象指数保险
保险标的	"夏淡"期间尚未投保蔬菜种植保险的露地青菜、鸡毛菜、米苋、生菜、杭白菜
保险责任	当实际日平均温度高于保险条款约定的日平均温度或者累计降水量高于保险条款约定的累计降水量的时候，触发保险赔付
投保对象	投保对象包括蔬菜生产龙头企业、农民专业合作社、种植大户等。2亩以上的绿叶菜种植散户由所在镇、村统一组织投保

续表

名称	露地种植绿叶蔬菜气象指数保险
投保时段	5 天
保险金额	保险产量（亩均产量的70%）乘以单位生产成本
保险费	保险金额乘以10%保险费率
保费补贴标准	70%的财政补贴。米苋、生菜、杭白菜的2017年项目补贴计划不超过80万元
理赔方法	根据温度差、降雨量差，划分为不同区间，每个区间设定不同的赔偿比例，赔付金额最高为保险金额的50%

资料来源：根据上海市农业委员会、上海市财政局印发的《2017年度露地种植绿叶蔬菜气象指数保险实施方案》进行整理。

2. 创新之处

上海率先将指数保险运用在蔬菜领域，是落实中央1号文件"完善农业保险制度，探索开展天气指数保险试点"以及《国务院办公厅关于金融服务"三农"发展的若干意见》的积极实践。有助于提高上海市蔬菜种植保险覆盖率、农民收入增加、农业可持续发展。

3. 启示

一是充分发挥各级财政作用。气候指数保险的投保对象是农户，他们对气候变化的责任小，负担能力低，高水平的补贴会让农户负担得起、愿意负担。二是充分考虑到对农业生产、农民增收产生不利影响的各个不利因素，保险责任包括温度和降水量两个方面，保障更为全面。三是该保险标准化程度高。基于此，此保险在全国具有复制和推广价值。比如，2017年苏州也推出"露地蔬菜气象指数保险"。

（三）上海市气候保险发展的"安信"模式

2004年3月，上海安信农业保险股份有限公司（简称为安信农保）被批准筹建，这是我国首家农业保险公司。2004年9月，安信农保正式成立，作为我国政策性农业保险制度的试点，它担负着用专业化风险管理手段运作农业保险业务的重要历史使命。

农业保险被普遍认为是风险大、盈利小的高难度业务。为了探索发展新路，安信农保在推动上海农业保险品种创新上做了诸多有益探索。在指数保险方面，安信农保一直是引领者。2007年4月，安信农保试点推出全国首个气象指数保险：西甜瓜梅雨强度指数保险。2014年7月，安信农保试点推出全国首个露地种植绿叶蔬菜气象指数保险，被评为农业部创新技术项目。2016年8月，安信农保在嘉定区试点"葡萄降水量指数保险"。安信农保的诸多有益探索，显示了"政府扶持推动、市场化运作"的经营模式的成功性。这种模式的优点在于：一是由政府提供资金支持，二是可以通过其他商业保险的盈利弥补政策性保险业务可能带来的亏损。

三 上海绿色产业保险的发展研究

（一）上海绿色产业保险的发展历程

上海绿色产业保险主要集中在新能源产业、绿色农业、绿色航空、新经济几个方面。

第一，新能源产业方面，为支持新能源产业发展，上海推出充电桩综合保险业务，包括充电桩财产保险、充电桩充电安全责任保险两部分，保额最高分别为1万元、3万元。推出太阳能辐射指数保险、风力发电指数保险。这两款保险以太阳能发电受影响最大的风险因子即太阳辐射、风力发电受影响最大的风险因子即风力作为测量指数，为企业经营稳定性提供保障。

绿色农业保险方面，首先，通过价格类保险促进农业产业升级。具体的品种包括绿叶菜、生猪、鸡蛋、对虾等在内的价格保险。其次，通过贷款保证保险完善上海农业融资体系。上海保险业为合作社、家庭农场、农业龙头企业等提供贷款保证保险，大力促进这些新型农业经营主体的发展。最后，通过收入保险试点为新型农业生产主体提供保障。2016年在浦东新区、松江区以种植面积为基础开展试点，覆盖两区新型农业生产主体的1.9万亩水稻和1000亩小麦。在试点成功的基础上，2017年二期试点新增嘉定、崇明和金山三区。

第二，绿色航空方面，民用大飞机市场是继高铁之后中国大力打造的高端制造业支柱，上海保险业为助力国产大飞机C919成功首飞，为C919首飞、系统实验、机载系统集成各阶段提供43.3亿元保障。

第三，新经济方面，上海创新性推出共享单车保险产品，首批承保车辆超过10万辆。建立全国首个共享单车共保体，保障范围惠及上海22家共享单车企业。

（二）上海绿色产业保险发展中遇到的问题与展望

上海绿色产业保险在新能源产业、绿色农业、绿色航空、新经济等方面做了有益尝试和探索，在全国绿色产业保险方面处于引领地位。但是由于长期以来，绿色保险的内涵囿于环境污染责任险、气候保险，甚至很多文件、文章将绿色保险等同于环境污染责任险，这使得我国绿色产业保的覆盖范围亟待进一步扩大。从发达国家的经验看，大量的绿色保险产品分布在绿色汽车、绿色建筑等领域，不仅保险产品是绿色的，也重视引导绿色生产、生活方式。比如绿色汽车领域，保险公司会给购买新能源汽车的用户一定幅度的保费优惠，购买汽车后，如果更多地采用绿色出行方式、驾驶里程少于平均值，也会再得到保费优惠；绿色建筑方面，保险公司会给购买绿色建筑的投保人一定幅度的保费优惠，房屋受损后，如果采用绿色建筑材料修复房屋，也会再得到保费优惠。如此，通过经济激励促使人们环保理念的内生形成。这对上海发展绿色保险带来重要启示，伴随我国绿色发展、绿色金融体系构建进入重大机遇期，绿色保险业迎来重大发展期，上海保险业应该充分挖掘新的绿色保险产品，促使绿色保险深入人们的生产、生活，助力人们将对环境改善的巨大需求转换为现实行动。

第七章　上海数字经济发展研究

引　言

近年来，数字经济在国民经济中的作用不断增强，各国纷纷出台鼓励、扶持数字经济发展的政策举措。英国为了鼓励数字经济持续健康发展，于 2010 年 4 月制定并颁布了《数字经济法 2010》，将音乐、游戏、电视、广播、移动通信、电子出版等产业列入了数字经济的范畴。澳大利亚政府于 2015 年 7 月成立数字化转型办公室，并先后颁布了《2015—2018 数字经济战略》和《澳大利亚数字经济升级》报告等，将数字经济视为促进经济发展、提高国际地位、抓住科技潮流的必然选择。2016 年杭州 G20 峰会上，中国政府首次将数字经济列为 G20 峰会的一项重要议题，与各成员国签署了《二十国集团数字经济发展与合作倡议》，为世界各国和城市更好地把握数字化带来的机遇指明了新方向。上海作为中国改革开放的排头兵，已走在中国区域数字经济发展的前列。本章将综合分析国内外数字经济的发展趋势以及上海数字经济发展现状、存在的问题和面临的挑战，为中国数字经济转型提供上海经验。

第一节　全球数字经济发展特征与趋势

一　全球数字经济发展特征

数字经济以信息通信技术为基础，依赖于互联网、移动通信网络、物联网等实现交流与合作的数字化，从而促进经济发展与社会进步。夏炎等[1]认为

---

[1] 夏炎、王会娟、张凤、郭剑锋：《数字经济对中国经济增长和非农就业影响研究——基于投入占用产出模型》，《中国科学院院刊》2018 年第 7 期。

数字经济不仅包括信息通信技术产业，还应包含互联网金融、影视、电子出版、游戏等产业以及物流运输、公共服务等所有可以被数字化技术所影响的领域。通过信息通信技术与其他领域的深入融合，数字经济主要包括基础型数字经济和融合型数字经济两大组成部分。基础型数字经济也称为数字产业化，体现为信息通信产品或服务的生产和供给，通常指电子信息制造业、信息通信业、互联网业、软件服务业等；融合型数字经济也称为产业数字化，指传统产业由于运用数字技术所带来的绩效提升，其新增产出构成数字经济的重要组成部分。[1]

考虑到数字经济在技术、市场、服务、产业、政策等多个核心要素上具有区别于农业经济和工业经济的特征[2]，本章基于以往的研究，系统地总结数字经济运行所呈现出的特征如下。

（一）数字经济是继农业经济、工业经济之后的更高级经济阶段

数字经济具有鲜明的时代特征，信息的零边际生产成本、快速复制和传播等特征颠覆了农业经济和工业经济的一些固有理念，例如，在农业经济和工业经济时代，生产要素具有独占性和排他性。[3] 数字经济与农业经济、工业经济的基本差异在于，从生产要素来看，相对农业社会的土地、工业社会的资本和能源，数字化的知识和信息上升为关键生产要素。[4] 从生产工具来看，传统工业经济中的电动机和制造装备等能量转换工具，被信息所改造，成为具有感知、传输、处理、执行能力的智能工具，以及智能工具组合而成的智能制造生态系统。从基础设施来看，在数字经济中除了传统的铁路、公路等交通基础设施外，高速、泛在、融合的网络基础设施成为经济社会运行不可或缺的重要支撑。

（二）数据成为稀缺的资源

在农业经济中，最稀缺的资源是劳动力；在工业经济中，最稀缺的资源是资本；而在数字经济中，信息技术使得资本的稀缺性降低，具有创新精神的人力资本在市场资源配置中的作用不断凸显。在此背景下，创新性人才比以往任何时候都重要[5]。信息是数字经济中的一个基本生

---

[1] 鲁春丛：《发展数字经济的思考》，《中国信息安全》2018年第3期。
[2] 张晓：《数字经济发展的逻辑：一个系统性分析框架》，《电子政务》2018年第6期。
[3] 刘蕾、鄢章华：《"互联网+"背景下产业集群"零边际成本"趋势及其发展策略研究》，《科技进步与对策》2016年第19期。
[4] 邬贺铨：《互联网的新机遇 数字经济新动能》，《互联网天地》2017年第1期。
[5] 张雪玲、焦月霞：《中国数字经济发展指数及其应用初探》，《浙江社会科学》2017年第4期。

产要素，在零边际生成成本和网络效应的作用下，数字经济会呈现要素回报递增的规律，回报递增将带来领先者"恒久领先、大者愈大"的新趋势①。

（三）数字经济的开放、互联、共享等特征带来了普惠性

普惠性指的是大多数人或企业能够参与社会经济活动并分享经济发展成果。② 依托于互联网、物联网和通信技术，数字经济开放、互联、共享等特征给人类带来的财富和福利的增长贡献巨大，更重要的是这些财富和福利的增长将惠及更多的人群。③ 数字经济借助平台型企业撮合交易，尽可能地兼顾每个人，给每个人的经济行为提供比历史上任何一个时期都要大的自由度。

（四）平台型企业成为数字经济的价值枢纽

在图书、电子产品、智慧零售、互联网金融等领域，平台型企业如雨后春笋般涌现。④ 截至2018年7月，中国上市的B2C平台型企业市值超过了28984亿元。另外，传统企业也在向平台型企业转型。例如，微软将其IT技术优势与社交平台融合，打造了互联和智能的职场社交生态系统。类似的，建筑机械企业三一重工正在大力构建工业互联网平台，该平台目前已接入23万台设备，能够实时采集5000多个运行参数，通过大数据分析实现了精准预测、精准营销等商业模式的创新。

与传统企业的经营方式不同，平台型企业借助于互联网技术，通过构建合理的策略（如价格策略）将交易的双方吸纳到平台中，并促成它们之间的交易实现价值共创。⑤ 以往的研究基于生态系统的视角，强调了平台型企业采取开放式的策略，能够提升平台的生命力和竞争力，实现供应链上下游企业的共建共赢。例如腾讯的程序开发平台通过开源策略，增强了平台的吸引力，目前已有500万的开发者入驻。⑥

（五）数字技术促进线上线下一体化

传统行业正在加快数字化、网络化转型，用数字技术打造供应链服

---

① 司晓、孟昭莉、王花蕾、闫德利：《数字经济：内涵、发展与挑战》，《互联网天地》2017年第3期。
② 理由：《数字经济体：普惠2.0时代的新引擎》，《IT经理世界》2018年第10期。
③ 鲁春丛、孙克：《繁荣数字经济的思考》，《中国信息界》2017年第2期。
④ 王娜：《基于互联网的平台型企业商业模式创新研究述评》，《科技进步与对策》2016年第22期。
⑤ 同上。
⑥ 彭本红、鲁倩：《平台型企业开放式服务创新的风险成因及作用机制》，《科学学研究》2018年第1期。

务。例如互联网巨头纷纷开拓线下新领地，大规模向实体经济扩展。①
2018 年 4 月，京东 CEO 刘强东强调优化供应链效率，将电商与现代物流和实体零售结合在一起，打造线上线下一体化新零售。另外，传统行业也在积极从线下向线上延伸，拓展新的利润点。传统行业的价值创造和市场竞争都在线下完成，容易受到地理空间的约束，导致供应链效率低下。在数字经济时代，运用日益成熟的数字技术，越来越多的企业在线上实现采购、下单、配送、结算等活动，从而重建了供应链生态体系，持续提升了供应链效率。② 例如华为手机在流通领域，通过线上线下融合，重塑了手机零售模式。线上交易消除时空界限，释放长尾需求，线下交易丰富用户感知，提升用户体验。线上线下融合的新零售聚合两种优势，满足用户多样化多层次需求。

（六）数字经济时代产业融合加剧

产业融合在数字经济的发展中会更深、更广，最终会使传统的产业边界逐渐淡化③。数字经济对产业渗透与融合是有一定顺序的，这在发展中国家变得尤为明显，这与一个国家原有的工业体系的发达程度与发育水平相关，也与传统产业对信息及时性、准确性、完整性的需求有关。在中国传统产业信息化的进程中，传媒、零售、通信、批发、物流、金融、制造、能源、农业等产业将逐步迈上数字经济的列车。数字经济与产业的全面融合将带来生产方式的根本改变，工业经济下的产业边界清晰，重视对资源的占有、产业链上的分工，然而数字经济却淡化了产业边界，并通过重构产业价值链促成产业转型升级④。

（七）数字经济需要适应性的新规则体系

数字经济对经济社会带来了创新与效率的提高、选择的多样化、人的充分发展等正面影响，但如同人类在历史上经历的所有经济制度一样，数字经济也会带来负面影响，例如财富向数字技术优胜者集中、客户面临隐私泄露的风险、网络信息安全治理困难加剧等。⑤⑥ 为了应对这些挑战，需要在技术创新、金融政策、数据治理和监管等方面构建符合数字经济特

---

① 陈道志、李宇红：《传统零售企业线上线下一体化电商模式构建》，《现代商业》2014 年第 9 期。
② 张琳：《零售企业线上线下协同经营机制研究》，《中国流通经济》2015 年第 2 期。
③ 马建堂：《数字经济：助推实体经济高质量发展》，《新经济导刊》2018 年第 6 期。
④ 曹正勇：《数字经济背景下促进我国工业高质量发展的新制造模式研究》，《理论探讨》2018 年第 2 期。
⑤ 曹伟：《论数字经济时代的软件版权保护技术》，《特区经济》2007 年第 8 期。
⑥ 黄震：《区块链数字经济急需加强风险管理》，《金融经济》2018 年第 7 期。

点的法律法规。①

二 全球数字经济发展趋势

随着全球数字经济的不断发展，数字经济在体系重构、动力变革、范式迁移等三方面出现了新的发展趋势。

（一）数字经济正在经历体系重构

数字经济向实体经济的渗透使得传统的生产主体、生产对象、生产工具和生产方式正在发生深刻的改变。② 首先，生产主体正在由生产者向"生产者+消费者"转变。随着客户对产品的定制化需求越来越高，越来越多的客户要求参与到产品生产过程中。③ 例如，家具生产行业通过高效的组织数字化信息，从批量生产向定制化生产转变，大大节约了资源。其次，生产对象也从功能单一的产品演变为智能互联的产品。例如，苹果公司生产的智能手表可以与手机、电脑和智能家居设施互联，以实现对人体健康、家电设备的监控。再次，数字技术使得传统的生产工具逐步向智能工具转变。例如，包括3D打印、机器人在内的智能生产装备正在快速涌现。进一步的，传统的工业生产方式也在向工业4.0生产方式改变。④ 传统的生产方式是每条流水线独自生产，但是在工业4.0背景下，每条流水线能够在互联网的支持下实现生产流程的自行优化。最后，生产地点抛开了传统的集中化限制，正在走向分散化，跨部门、跨组织、跨地域的协同生产正在成为新的潮流。⑤

（二）数字经济正在迈向动力变革

腾讯CEO马化腾说：在数字经济时代，以互联网为基础的数字平台，将成为像水、电一样的基础设施，成为所有个人和组织的基本需求。以互联网为基础的数字平台的本质是，通过数字技术将知识信息数字化，同时借助于互联网联通不同领域的知识信息，进而以大数据驱动管理决策，不断优化资源的配置效率，全面提升全要素生产率，激发经济创新活力、发

---

① 黄震：《区块链数字经济急需加强风险管理》，《金融经济》2018年第7期。
② 陈醒：《中国数字经济发展呈现明显的省域差异》，《国际融资》2018年第4期。
③ 张雪、张庆普：《知识创造视角下客户协同产品创新投入产出研究》，《科研管理》2012年第2期。
④ 张曙：《工业4.0和智能制造》，《机械设计与制造工程》2014年第8期。
⑤ 刘晓云、赵伟峰：《我国制造业协同创新系统的运行机制研究》，《中国软科学》2015年第12期。

展潜力和转型动力，培育基于数据驱动的新动能。[①] 例如，银行通过与平台型企业合作，共享电子商务平台上的客户数据，然后通过大数据技术发掘银行的潜在客户，进而实现营销模式的创新。[②] 类似的，中国最大的机床制造商沈阳机床厂采用了智能车间管理系统后，直接由生产任务计划员将生产任务派发给机台，代替了原先通过人对人的传递生产任务，从而节省了中间的管理过程，效率提高近30%。由此可见，数字化的信息正渗透到生产和服务的各个环节，极大地改变了生产要素、运营方式、商业模式等，成为驱动企业运营和经济发展的新动力。

（三）数字经济正在引领范式迁移

数字经济的发展，使得数据成为关键的生产要素。物理世界中的生产制造过程、经营管理、客户行为等活动都被以互联网为基础的数字平台所记录，从而使得人类能够对物理世界中的数据进行采集、整理、存储、分析和应用。在此背景下，人类认知世界的方法也从传统的理论推理、实践验证向仿真模拟和大数据分析转变。大数据分析的相关研究倾向于将大数据分析看成是一种对数据科学的思考和探索的新范式，而非一种技术。[③][④] 这类研究将大数据分析定义为对类型多样、内容分散的海量数据进行分析，找出数据行为模式、相关关系等对决策有用的分析范式[⑤]。通过大数据分析，人类可对未知世界和行为进行预测，从而有利于丰富人类对客观世界的认识，大型超商基于大数据分析模型，通过对客户消费的海量数据进行分析，从而能够根据客户的偏好，对客户实现菜单式、精准式营销策略。

第二节　中国数字经济发展现状

一　中国数字经济发展总体特点

（一）数字经济增长迅速、规模优势初显

中国数字经济规模自2013年超过日本之后，一直位居全球第二位，

[①] 宋远方、冯绍雯、宋立丰：《互联网平台大数据收集的困境与新发展路径——基于区块链理念》，《中国流通经济》2018年第5期。
[②] 宋首文、郑天游、柴若琪：《互联网+银行：传统商业银行模式的新突破》，《新金融》2015年第6期。
[③] 李金昌：《从政治算术到大数据分析》，《统计研究》2014年第11期。
[④] 官思发、孟玺、李宗洁、刘扬：《大数据分析研究现状、问题与对策》，《情报杂志》2015年第5期。
[⑤] 同上。

并且数字经济增速位居全球首位，与排名第一的美国差距在不断缩小。但是数字经济总体规模与全球首位的美国（已超 10 万亿美元）差距仍较为明显。2017 年，中国数字经济总量达到 27.2 万亿元（人民币，下同），同比增长 20.3%；数字技术从业人员达 1.7 亿人，占总就业人数的 22.1%。① 图 7-1 对比了中国与美、英、日的数字经济规模，显示中国数字经济发展态势良好，呈现快速上升趋势，且发展潜力巨大。

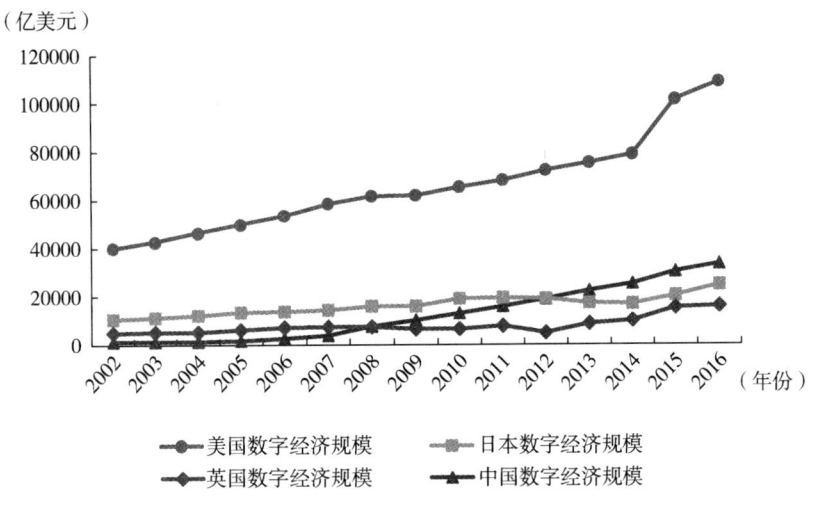

图 7-1　中国与美、英、日数字经济规模对比

资料来源：《2017 中国数字经济发展报告》。

图 7-2 进一步展现了中国与美、英、日的数字经济占 GDP 比重，其中，中国数字经济占 GDP 比重明显低于美、英、日，这说明数字经济在中国国民经济中的重要作用尚未完全发挥出来。尽管中国数字经济占 GDP 比重不高，但增速相对于主要国家优势明显。未来几年，中国数字经济占比将有望逼近美、英、日的平均水平，数字经济在推动中国经济社会发展、构建全球竞争优势中的作用将愈发明显。

（二）数字经济占比与贡献呈"双高"态势

自 2002 年以来，中国数字经济增速一直高于 GDP 增速。尤其是 2011 年后，中国 GDP 增速逐年放缓，而数字经济的增速却连续走高，与 GDP 增速的差距逐渐拉大，因此中国数字经济占 GDP 比重持续上升。截至 2017 年中国数字经济占 GDP 的比重达到了 32.9%，同比增长 2.6

---

① 《2017 中国数字经济发展报告》，中国信息化百人会，2018 年 3 月。

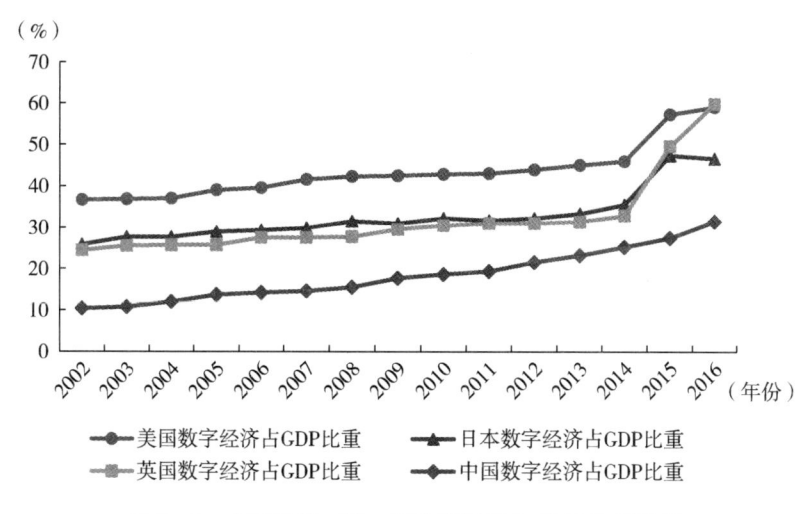

图 7-2 中国与美、英、日数字经济占 GDP 比重比较

个百分点（如图 7-3 所示），这表明数字经济已经成为中国经济增长的新动能。

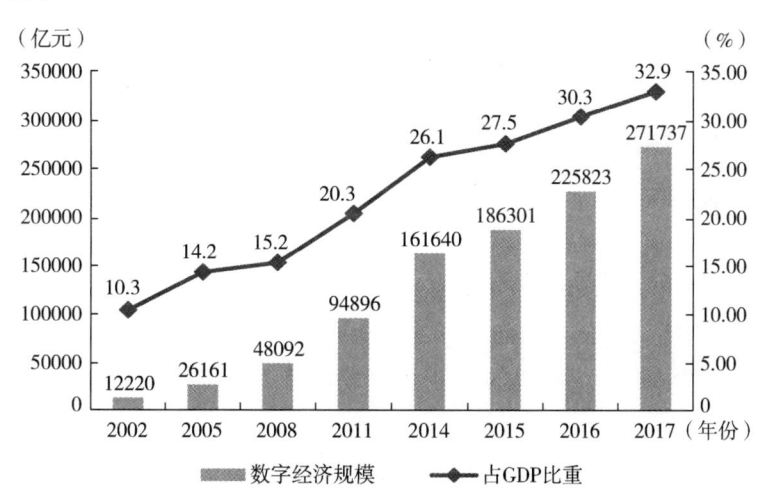

图 7-3 中国数字经济规模及占 GDP 比重

资料来源：课题组根据网络公开信息整理。

除了占 GDP 比重，中国数字经济对 GDP 增长的贡献率也在不断增长。2017 年，中国数字经济对 GDP 增长的贡献率达到 55%，虽然比 2016 年 58.7% 的贡献率略低，但从图 7-4 可以看出，在中国实体经济增速持续放缓的背景下，数字经济增速逆势而上，呈现出加速增长的态

势，在直接创造价值收益的同时，也可以通过降低实体经济运行成本、提升全要素生产率等方式，间接对 GDP 增长做出贡献。因此，数字经济在国民经济中的地位不断提升，已成为国家经济稳定增长的重要引擎。

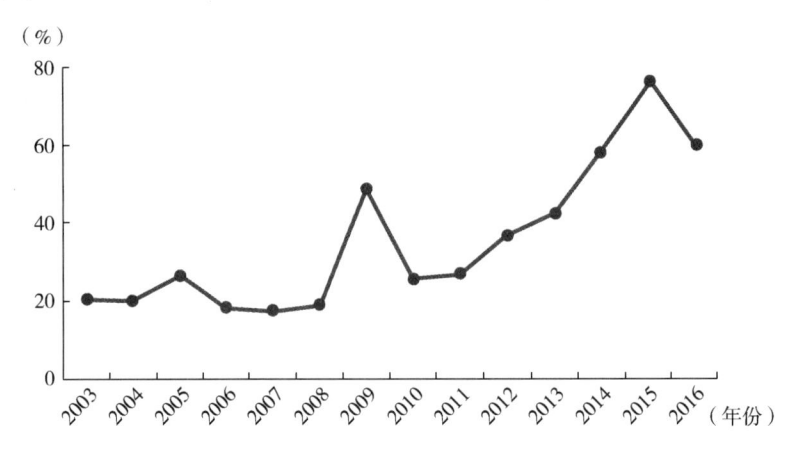

图 7-4　中国数字经济对 GDP 的贡献率

资料来源：《2017 中国数字经济发展报告》。

（三）基础型数字经济增势稳定

基础型数字经济的增长趋势与宏观经济发展趋势大体相似。以 2017 年为例，中国电信业务收入达到 1.26 万亿元，同比增长 6.4%；其中，互联网业务收入 5489 亿元，同比增长 26.7%，占行业收入比重由 2016 年的 38.1% 上升至 2017 年的 43.5%，成为电信行业发展的主导力量。[①] 规模以上电子信息制造业增加值同比增长 13.8%，比工业平均水平高出 7.2%[②]；软件和信息技术服务业共完成软件业务收入 5.5 万亿元，同比增长 14.2%[③]。

（四）融合型数字经济成为新的增长引擎

中国数字经济的结构演进分成两个阶段（见图 7-5）。第一阶段是 2002—2006 年，二者同步发展，在数字经济中的比重大体相当。第二阶段是 2007 年以后，基础型数字经济经过前期的发展之后，已经较为成熟，

---

① 《2017 年通信业统计公报》，中华人民共和国工业和信息化部，2018 年 2 月。
② 《2017 年电子信息制造业运行情况》，中华人民共和国工业和信息化部，2018 年 2 月。
③ 《2017 年软件和信息技术服务业主要经济指标表》，中华人民共和国工业和信息化部，2018 年 11 月。

同时也为融合型数字经济的发展创造了有利条件。所以，在这个阶段，融合型数字经济依托于中国大量传统产业转型升级的需求，在数字经济中的比重逐年增大。2016 年，中国基础型数字经济占比仅为 22.8%，而融合型数字经济在数字经济中的比重已高达 77.2%。

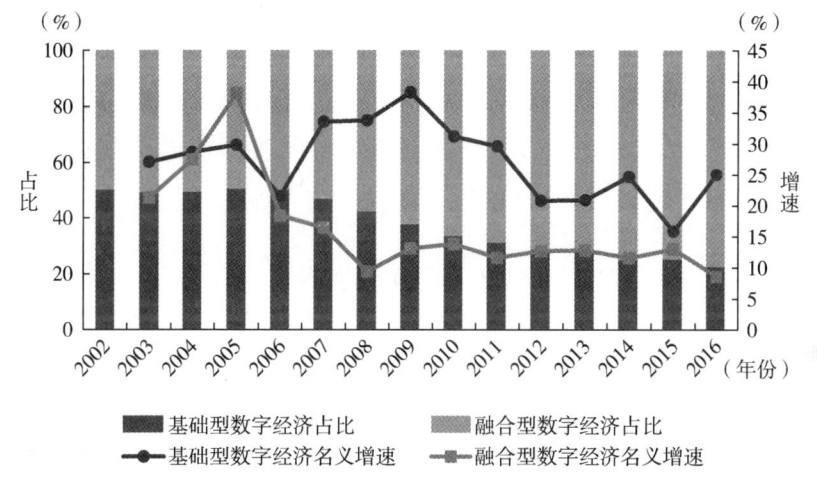

图 7-5 中国数字经济结构及增长比较

1. 物联网成为新热点

物联网指基于互联网以及信息传感设备，将人或物品连接成巨大的分布式网络，从而实现人或物品信息的识别、定位、监控和管理。[①] 根据中国经济信息社发布的数据，截至 2017 年，中国物联网市场规模约为 1.2 万亿元，年增长率约为 25%，其中 11 家物联网上市企业 2017 年的收入超过了 4800 亿元，创历史新高。目前，物联网在工业 4.0、智慧城市、智慧汽车、智能家居等行业应用较为迅速[②]。例如，伴随着物联网产业链的运营，2017 年智能家居行业的市场规模超过了 900 亿元，同比增长 50%。另外，物联网作为工业转型过程中的核心技术，也正在推动"工业 4.0"的实现。

2. 互联网金融蓬勃发展

互联网金融的本质是基于大数据的、以互联网平台为载体的金融服务，这其中既包括通过互联网创新传统金融业务，也包括依托互联网创新

---

① 刘锦、顾加强：《我国物联网现状及发展策略》，《企业经济》2013 年第 4 期。
② 《2017—2018 年中国物联网发展年度报告》，中国经济信息社，2018 年 9 月。

而产生的新兴金融业务。①② 《2013 年中国货币政策执行报告》将互联网金融的内涵总结为：传统金融机构、新型金融机构和电商企业依托于大数据处理能力，以互联网平台为载体提供的信贷、融资、理财、支付等一系列金融服务③。例如 P2P 网络借贷（如人人贷）、众筹融资（如淘宝众筹）是互联网平台上最常见的两种金融中介业务创新。据统计，2017 年中国网贷平台达到 1931 家，网贷交易额超过了 11.7 万亿元；众筹平台也有 209 家，众筹金额达到 220 亿元。④ 另外，随着中国网络购物市场的规模进一步攀升，2017 年的支付业务和支付金额分别达到了 2867.47 亿笔和 143.26 万亿元，同比增长 74.95% 和 44.32%。⑤

3. 公共服务向数字化加速转型

为了保障和改善民生，优化公共资源的配置，中国政府大力构建社会事业数字化服务体系。一是中央政府以信息化工程牵头，来推进各领域公共服务信息化的发展。例如，教育领域的教育信息化系统——三通两平台建设，目前全国中小学互联网接入率达到 85%，优质网络教育资源覆盖全国 6.4 万个教学点，网络师生空间开通 4200 万个，教育资源共享平台年访问超过 5000 万人次，资源下载超过 3000 万次⑥。另外，社保领域也正在向网络化、数字化方向转变。广西、安徽、吉林等省份积极探索电子社保网络，以实现医保卡的异地结算。二是各地政府以"互联网+"为抓手创新改革政务服务体系，基于互联网平台简化政务服务流程和服务模式，提高为群众办事的效率。例如，在"一网通办"方面，各省市陆续完善网上政务大厅，鼓励群众在线办理各类公共服务事项。⑦ 三是互联网、水电、银行、电信企业与政府的合作愈加紧密，纷纷推出移动终端惠民公共服务平台，提供网上查询、网上缴费、故障申告等服务。据统计，全国政府部门开设的政务民生微信公众号已超 10 万个，覆盖全国 31 个省份，能够提供新闻、税务、城市生活等 800 余项服务⑧。

---

① 周宇：《互联网金融：一场划时代的金融变革》，《探索与争鸣》2013 年第 9 期。
② 李鑫、徐唯燊：《对当前我国互联网金融若干问题的辨析》，《财经科学》2014 年第 9 期。
③ 李扬：《完善金融的资源配置功能——十八届三中全会中的金融改革议题》，《经济研究》2014 年第 1 期。
④ 《中国互联网发展报告 2018》，中国互联网协会，2018 年 8 月。
⑤ 同上。
⑥ 唐杰英：《数字化变革下的中国数字经济——基于数字经济边界及测度的视角》，《对外经贸》2018 年第 9 期。
⑦ 孙克：《数字经济时代大幕开启》，《世界电信》2017 年第 3 期。
⑧ 电子政务理事会：《中国电子政务年鉴 2017》，社会科学文献出版社 2018 年版。

二 中国数字经济发展地域对比

(一) 数字经济规模地域差异明显

由图 7-6 可知,2016 年数字经济规模排名前 5 位的省份是广东、江苏、山东、浙江和上海。结合 2008 年各省数字经济规模发现数字经济发展有 3 个特征。

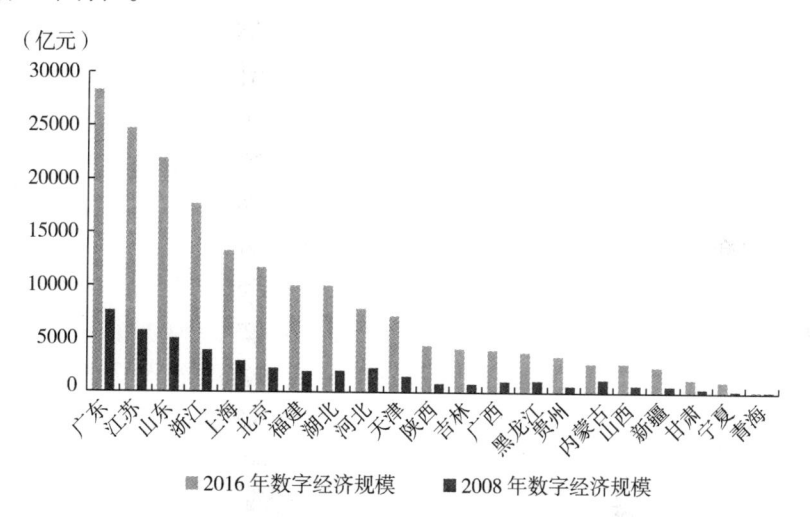

图 7-6 2008 年和 2016 年部分省份数字经济规模

资料来源:《2017 中国数字经济发展报告》。

1. 数字经济规模在稳步增长中差距呈扩大趋势

各省数字经济保持良好增长态势。以 2016 年为例,广东、江苏、山东 3 个省份数字经济规模已超过 2 万亿元;浙江、上海、北京数字经济规模超过 1 万亿元。与 2008 年相比,各省数字经济规模均呈现不同程度的增长,其中增长幅度最大的 5 个省份为广东、江苏、山东、浙江、上海,增长幅度最小的 5 个省份为山西、新疆、甘肃、宁夏和青海。省际数字经济规模差距在拉大,如广东与青海的数字经济规模差距,已从 7503 亿元 (2008 年) 扩大到 26670 亿元 (2016 年)。

2. 数字经济规模呈阶梯状分布

按照 2016 年部分省份数字经济规模大小,可将全国部分省份划分为四个梯队:第一梯队包括广东、江苏、山东、浙江、上海、北京 6 个省份,数字经济规模均在 10000 亿元以上;第二梯队包括福建、湖北、河北、天津 4 个省份，数字经济规模在 6000 亿元至 10000 亿元；第三梯队包括陕西、吉林、广西、黑龙江、贵州、内蒙古、山西、新疆 8 个省份，数字经济规模在 2000 亿元至 6000 亿元；第四梯队包括甘肃、宁夏、青海 3 个省份，数字经济规模在 2000 亿元以下。[1] 各省数字经济规模呈现自东向西逐级递减趋势。第一梯队均为东部沿海省份，这些省份不仅是信息通信技术产业大省，也是传统产业发达的强省，以信息资本投入传统产业带来的增长份额也较大；第二梯队集中在东部和中部省份，福建、湖北、河北、天津等地信息通信技术产业规模较大，河南等地虽不是信息通信技术产业大省，但传统产业发展聚集，使得数字经济总量跻身于第二梯队；第三梯队省份散布于中部、东北和西南地区；第四梯队省份主要集中于西北地区。

3. 短期内各省在梯队间和梯队内有小幅调整

首先，各梯队之间的数字经济规模差距相对较大，同一梯队内数字经济规模差距相对较小。2016 年，北京与福建、天津与陕西、广西与黑龙江分别是四个梯队的"分水岭"省份，后一梯队第一名与前一梯队最后一名数字经济规模的差距分别达到 1529.94 亿元、2759.59 亿元和 851.42 亿元。其次，2015—2016 年，各省份数字经济规模全国排名在所属梯队间和梯队内都有小幅调整。与 2015 年相比，2016 年北京由第二梯队跃升至第一梯队，重庆、天津由第三梯队跃升至第二梯队，山西由第三梯队降至第四梯队。

（二）数字经济占 GDP 比重地域差异明显

1. 各省数字经济占 GDP 的比重有不同程度提升

2008 年和 2016 年中国部分省份数字经济占 GDP 比重情况见图 7-7。2016 年数字经济占 GDP 比重排名前 5 位的省份为：上海、北京、天津、浙江、福建。不难发现，2008—2016 年部分省份数字经济占 GDP 比重明显提升。其中，上海、北京、天津、浙江、福建 5 省份数字经济占比增加幅度较大，陕西、青海、山西、甘肃和内蒙古 5 省份数字经济占比增加幅度偏小。

2. 数字经济 GDP 占比阶梯分布特征明显

从 2016 年部分省份数字经济占 GDP 比重梯级分布情况来看，上海、北京数字经济占 GDP 比重已超过 40%，分别为 45.3% 和 44.4%，另有天津、浙江、福建数字经济占 GDP 比重也超过 30%，青海、山西、甘肃、

---

[1] 陈醒：《中国数字经济发展呈现明显的省域差异》，《国际融资》2018 年第 4 期。

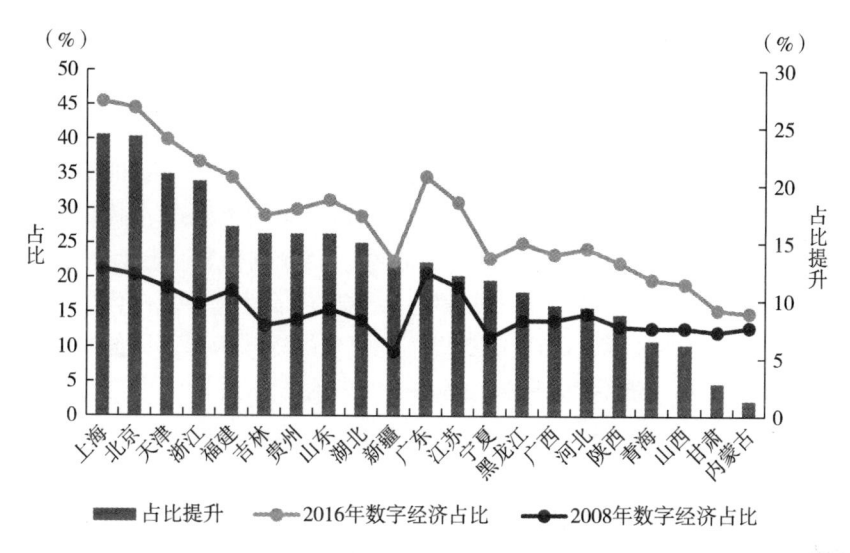

图 7-7　2008 年和 2016 年部分省份数字经济占 GDP 比重及占比提升

资料来源：《2017 中国数字经济发展报告》。

内蒙古等少数中西部省份数字经济的 GDP 占比低于 20%，其余大部分省份数字经济占比介于 20%—30%。

综上所述，中国数字经济规模和 GDP 占比都在稳步增长，但是在增长过程中呈现显著的地域差异：东部地区由于经济基础、资源禀赋等优势，数字经济规模和 GDP 占比都明显高于西部地区，因此，中国数字经济规模和 GDP 占比呈现明显自东向西的阶梯状分布。未来基础型数字经济稳步推进，融合型数字经济的增长引擎作用进一步凸显。

第三节　上海数字经济发展现状

一　上海数字经济总体发展情况

（一）上海数字经济发展配套政策陆续出台

2017 年 3 月，中国首次将数字经济写入《政府工作报告》，强调要继续推动和加强"互联网＋"的发展，让企业和老百姓充分从数字经济的发展中受惠。同年 10 月，党的十九大报告正式将建设"网络强国"和"数字中国"作为国家的重要战略。在国家持续发展数字经济的决心驱动和政策的引导下，包括上海市在内各省市陆陆续续出台了鼓励数字经济及相关产业发展的相关政策和指导意见。

纵观上海市近三年（2016—2018 年）数字经济的相关政策，不难看出，上海市配套政策主要围绕数字经济、"互联网＋"、智能制造、智慧政务等相关议题展开，其关注点主要集中在三个方面：

一是数字化产业的发展，包括在云计算、大数据、人工智能等新技术产业的竞争中脱颖而出。例如，2016 年和 2017 年的上海市《政府工作报告》明确提出，要大力投资和开发物联网、大数据分析、云计算、人工智能等新技术；并进一步推广物联网、大数据、云计算等新一代信息技术的应用，逐步完善信息基础设施建设，构建包括社保卡、市民健康服务在内的信息化平台。随后 2018 年的上海市《政府工作报告》更是积极筹划建成大数据综合试验区，引领大数据分析技术的商业应用。同年 11 月，上海市经济和信息化委员会也跟进颁布《上海市推进新一代信息基础设施建设，助力提升城市能级和核心竞争力三年行动计划（2018—2020年）》，寻求积极建成全市覆盖的信息通信网络以及高效的信息交换中心，并着力推广智慧城市、大数据分析的应用。

二是政府数字化水平提升，即通过数字化应用提高政务服务水平、改善营商环境、增强社会治理能力。以电子商务产业为例，2016 年 6 月上海市政府颁布了《中国（上海）跨境电子商务综合试验区实施方案》，该方案为了促进电子商务产业的发展，力争通过 2—3 年的改革，构建起线上交易、线下支撑的服务体系，并打造市场环境规范、政府服务高效、产业特色明显的跨境电商运营中心。类似的，上海市政府于 2016 年 2 月颁布的《推进"互联网＋"行动实施意见》，也强调要利用上海发展互联网的优势，落实"互联网＋"政策方针，创立有利于互联网创新的制度环境。2018 年，上海市政府在年度《政府工作报告》中更是强调，要推进物联网、智慧城市建设，搭建公共服务信息平台，如建设智慧学习、智慧旅游等信息化应用平台。

三是借助数字化技术助力其他产业转型升级，提升全要素生产效率。2017 年 1 月，上海市政府颁布了《关于本市加快制造业与互联网融合创新发展的实施意见》，该意见为实现重点制造产业与互联网融合的关键环节的突破，构建有利于传统制造业与互联网融合的政策环境提供政策支持。为了进一步落实同年 2 月颁布的《上海市工业互联网创新发展应用三年行动计划（2017—2019 年）》，强调积极推进工业互联网的应用，搭建各类信息服务平台，推动 6 类重点产业的互联互通改造，包括战略型新兴产业、传统优势制造业、生产性服务业等两化融合基础较好、带动效应较大的产业。另外，上海市经济和信息化委员会也相继推出了《2017 年度上海市工业互联网创新发展专项资金支持项目指南》，重点支持电子信息、装备制造与汽车、生物医药、航空航天、钢铁化工、都市产业等制造业，促进制造业向智能化、数字化、网络化转型升级。上海市政府于2018年7月颁布的《上海市工业互联网产业创新工程实施方案》正式提出，上海正在积极落实工业互联网"533"创新工程，力争在2020年之前，成为国家级工业互联网创新示范城市，并且带动长三角地区世界级先进制造业集群的发展。

(二) 上海数字经济总体发展速度高于 GDP 增速

图 7-8 展示了上海市 2013—2017 年 GDP 总量及其增长速度，其中，2017 年 GDP 总量为 30134 亿元，同比增长 6.9%。相对于 GDP 的增长，上海市基础型数字经济和融合型数字经济规模成长速度更快。以 2017 年为例，信息服务业实现了 2179.02 亿元的增加值，同比增长 15.0%。电子商务领域的交易规模为 24263.6 亿元，同比增长 21.0%。其中，B2B 市场交易规模为 16923.4 亿元，同比增长 17.2%，占电子商务交易总体规模的 69.7%；网络购物交易额 7340.2 亿元，同比增长 31.0%，占电子商务交易总体规模的 30.3%。

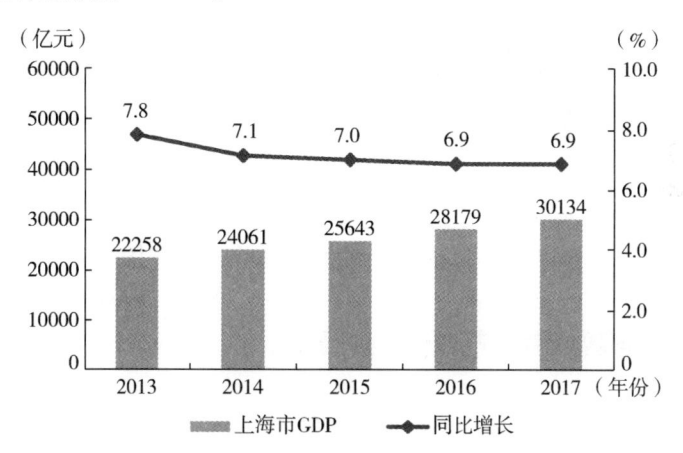

图 7-8 2013—2017 年上海市 GDP 及其增长速度

资料来源：课题组根据网络公开信息整理。

在公共服务领域，上海发布实施了全国首部地方综合性信用法规《上海市社会信用条例》，积极建设社会信用体系。截至 2017 年年底，已建好公共信用信息平台 23 个，这些平台全年对外提供查询 3906 万次。

上海还先于全国其他城市，积极推广智慧城市建设，实现物联网全市覆盖。此外，上海市于2018年5月率先建设了国内首个5G测试站，并进行了行业应用测试。

（三）上海数字人才结构不断优化

数字技术与传统行业的深度融合，不但促进了不同行业的跨界融合，也催生出新的业态，导致数字经济的发展对高水平人才，尤其是数字人才的需求不断加深。因此，众多学者们和企业家不断呼吁，政府需要制定数字人才战略、重视加强数字人才的培养。在此背景下，清华大学经济管理学院互联网发展与治理研究中心、上海科学技术政策研究所、全球领先的职场社交平台领英，于2018年10月联合发布了《长三角地区数字经济与人才发展研究报告》。该报告针对长三角地区的高水平人才的就业状况、就业特点、流动规律等因素进行分析，认为长三角地区的信息通信业、制造业、公司服务业、消费品业、金融业高水平人才尤其是数字人才的数量占总就业人数的比重最高。这些人才普遍学历较高，35%以上的人具有硕士及以上学历，近30%具有海外教育背景。[①]

报告还指出（如图7-9所示），从人才流入/流出比看对高水平人才吸引力强的城市是上海、金华、宁波，对数字人才吸引力最强的城市是杭州、上海、苏州。上海市相对于区域内其他城市，其高水平人才的行业分布较为均衡，信息通信业和制造业是高水平人才最为集中的两大行业，且数字化人才的比重也较高。特别是区域内的其他城市通常是吸收高级职位人才而输出初级职位人才，但上海却是更多地吸引初级职位人才，输出高级职位人才。由此可见，上海对于高级职位人才的培养起着十分重要的作用，为其他城市的人才结构优化提供了重要的支撑作用。

二 上海数字经济重点发展行业

（一）跨境电商行业

跨境电商是指不同国家的个人或企业，通过电商平台进行交易、结算等，并通过跨境物流运输商品、完成交易的一种贸易活动。[②] 中国跨境电商快速成长，正在逐渐替代传统国际贸易。2017年中国跨境电商规模达到7.6万亿元，同比增长20.6%，占进出口贸易总额的27.4%。

[①] 《长三角地区数字经济与人才发展研究报告》，长三角数字经济与人才发展高峰论坛，2018年10月。

[②] 庞燕：《跨境电商环境下国际物流模式研究》，《中国流通经济》2015年第10期。

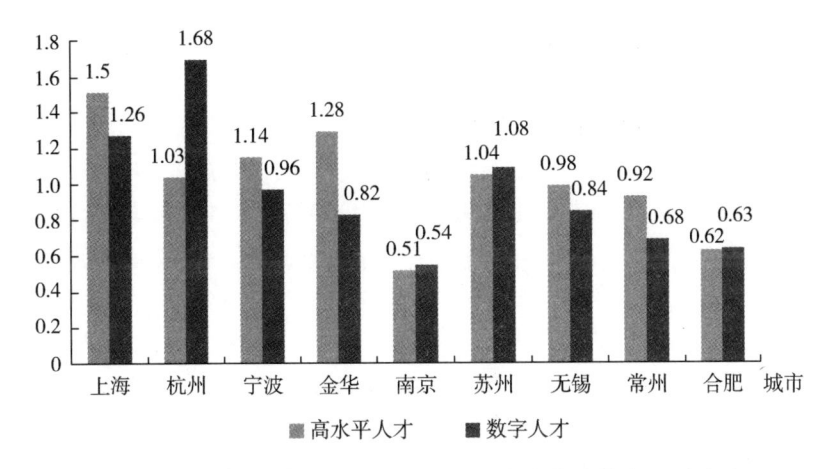

图 7-9　长三角部分城市高水平人才和数字人才的流入/流出比

资料来源：《长三角地区数字经济与人才发展研究报告》。

国内知名电商智库——电子商务研究中心于 2018 年 7 月发布了《2017 年度中国城市跨境电商发展报告》。该报告对全国 13 个跨境电商综合试验区进行了评估，评估结果显示，上海在跨境电商交易额上次于深圳、广州、杭州、宁波、郑州，排名第六。[①] 据统计，上海目前拥有的跨境电商企业超过 1034 家，提供跨境支付的金融服务企业 26 家，提供跨境物流服务的企业 96 家。2017 年全年进口订单数量为 1643.7 万单，同比增长 45.2%；涉及的进口金额为 36 亿元，同比增长 66.3%。其中，直邮进口模式 535.4 万单，保税进口模式 1108.3 万单，分别同比增长 144.8% 和 21.4%；直邮进口金额 16.2 亿元，保税进口金额 19.8 亿元，分别同比增长 89.6% 和 51.1%。

（二）互联网金融行业

为了完成 2020 年基本建成国际金融中心及全球科创中心的目标，上海正在大力推广和落实互联网与金融的融合，以期建立高效的金融服务体系。《2017 年上海网贷白皮书》统计显示，2017 年前 9 个月，上海网贷平台的成交额超过 1800 亿元，比 2016 年同期增长了 165%；其中，有 7 家平台的成交额超过了 100 亿元，占总体金额的 88.8%。[②] 这说明经历了网贷平台的行业规范性整顿后，网贷交易有向正规大平台集中的趋势。另外，这些网贷平台的平均服务费也由 2017 年的 5.9% 降至 2018 年的 3%

---

① 《2017 年度中国城市跨境电商发展报告》，电子商务研究中心，2018 年 7 月。
② 《2017 年上海网贷白皮书》，第八届上海金融信息服务业年度峰会，2017 年 12 月。

左右，进一步体现了上海的网贷平台正在向普惠性方向发展。在互联网众筹领域，截至 2017 年，全国众筹平台有 27 家位于上海，数量居全国第三，仅次于北京的 57 家和广东的 43 家。上海众筹平台融资金额为 31.25 亿元，也排名全国第三，仅次于北京的 54.84 亿元和浙江的 50.65 亿元。另外，在供应链金融领域，正出现电商平台和传统企业加速融合、积极布局供应链金融的趋势。例如，金光集团、真如投资、中惠集团投资 1 亿元，用于提升道口贷的供应链服务效率和金融风险防控。

总体而言，相对于全国其他城市，上海市互联网金融行业呈现市场规模平稳提升，各种业态均衡发展，行业规范逐步健全，全国市场占比逐步扩大等特点，主要表现为：（1）互联网金融市场交易和投融资活动比较活跃；（2）互联网金融的各种业态较以往更为齐全；（3）行业规范较全国其他城市更为领先；（4）金融服务创新投入大、创新成果突出。

（三）物联网行业

上海正在大力推动物联网行业的试验和商业应用，并推动物联网产业向纵深方向发展。2017 年 6 月、8 月和 12 月，陆续举办了国际物联网技术与应用展览会、中国物联网安全峰会、全球物联网峰会等相关会议。上海也在积极打造各类物联网科创平台，例如上海临港经济发展（集团）有限公司正在全力打造可以链接国内外科研资源，集实验、检测、人才培养等服务功能为一体的物联网平台，助力上海市科创企业成长、创业人才交流和产业人才培养等。上海市政府于 2017 年 7 月基本建成"市民云"平台，该平台为上海市民提供个税申报、医保账户险、交通违章查询、出入境办事等 56 项应用功能，目前注册用户数量已经超过 660 万人。

截至 2017 年，上海市基本实现物联网全市覆盖。全市千兆光纤到户覆盖总量达 405 万户，比上年年末增加 375 万户。家庭光纤用户数达到 579 万户，比上年年末增加 64 万户。家庭宽带用户平均接入带宽超过 100M，固定宽带用户平均可用下载速率达 20.52M。第四代移动通信网络（4G）用户数达到 2388 万户，比上年年末增加 515 万户。[1] 同步开展 5G 关键技术研究和外场试验。开展 i-Shanghai 服务优化升级，完成原有 1400 处场所从 2M 到 10M 的普遍提速，按新标准新增 600 处场所，累计开通 2000 处。

（四）网络游戏行业

在数字出版几大板块中，上海网络游戏发展速度领跑全国，在全国游

---

[1] 上海市统计局：《2017 年上海市国民经济和社会发展统计公报》，2018 年 3 月。

戏产业中举足轻重。上海市 2017 年网络游戏市场规模为 569.3 亿元，同比增长 24.6%，占全国市场的 28.3%、占全球市场的 8.3%。其中，客户端游戏、移动端游戏、网页游戏的市场规模分别为 188.4 亿元、253.9 亿元和 127 亿元，同比增长分别为 3.3%、99.5% 和 -13.7%。上海 2017 年网络游戏企业有 1670 家，同比增长 60.9%，占全国总数的 18.9%。[①]

上海市积极推进一系列有利于网络游戏行业成长的政策。例如，上海市出台了有关数字游戏的管理办法，为游戏出版、网络文化、创意文化企业制定了一系列具体的行业标准细则。另外，上海市进一步精简了游戏申报材料，提高了审批工作效率，同时持续加大监管力度，规范行业秩序。上述政策举措的落实，尤其是游戏审批效率的提高，使得上海在游戏出版方面极具优势，不仅服务了现有游戏企业，更是吸引了国内外大批游戏企业纷至沓来。[②] 政策落实和制度创新，使上海网络游戏销售收入、移动游戏占比逐年增长，网络游戏出口贸易增长趋势明显；VR 成为游戏创业创新的新亮点，不少 VR 游戏团队应运而生，行业自主研发热情与能力进一步提升。

三　上海数字经济典型企业案例分析

信息通信技术已经渗透至供应链金融、保险、电子存证等上海市各行业，并为信息通信技术的应用落地和推广起到了很好的示范效果。本小节将介绍供应链金融、互联网保险、社会服务、食品溯源、医疗健康和数字版权六个行业中的典型企业案例。

（一）供应链金融案例——万向区块链股份有限公司

供应链金融是金融服务机构将核心企业和上下游供应商联系在一起提供灵活运用的金融产品和服务的一种融资模式，能够为上下游供应商注入资金，为核心企业带来新的收入来源，对整个供应链条的高效运转有重要意义。当前，供应链金融发展过程中面临上下游供应商融资难、各个参与方信任机制建立、资金端风控成本居高不下等问题。区块链技术能够在多个参与方之间建立强大的信任机制，实现供应链体系的信用穿透，提高资金的利用率，解决企业融资难题。

万向区块链股份有限公司基于 BCOS 平台，打造"区块链 + 供应链"

---

① 伽马数据：《2017 上海游戏出版产业数据调查报告》，2018 年 7 月。
② 何向莲：《上海数字内容产业贸易竞争力分析与思考》，《编辑学刊》2018 年第 4 期。

金融平台，专注于企业供应链，服务于汽车产业核心企业的金融产品，提供供应链应收账款融资的高效解决方案。在这个平台上，供应商可根据与主机厂之间的购销贸易生成应付凭证，应付凭证可在各级供应商间进行流转或用于向金融机构融资，依托主机厂优良信用背书，解决融资难题。汽车主机厂则可以获取生产制造之外新的经济收入来源，还可以了解自己的整个供应链条，增加整个供应链网络弹性。而对于金融机构来说，该平台则可以帮助它们拓展新的业务。由于区块链具有不可篡改的技术特征，其记录的各级供应商之间的合同、发票、物流等信息都是真实有效的，更便于了解真实贸易中的各个环节，从而开发供应链中的"长尾客户"，解决供应链中多级供应商融资难、融资成本高的问题。

（二）互联网保险案例——众安保险

众安保险作为中国首家互联网保险公司，在行业内率先应用区块链技术增强电子保单的信息安全。该公司研发了区块链电子保单管理系统，使得电子数据可通过钛存证（众安区块链电子存证产品）加密存储。哈希指纹通过智能合约在众安联盟区块链上存证，获得由具体司法鉴定中心颁发的区块链存证证书，杜绝篡改伪造风险，提升企业数据安全等级。一旦产生纠纷，用户可从联盟链中的司法鉴定、审计、公证、仲裁机构随时取证。数据在全链条每个节点都有存证，增强了可信度。仲裁机构可直接从其运维的节点中获取和验证数据，把存证数据视为直接证据，提升后续法律服务流程效率。众安保险已采用区块链存储技术处理健康险电子保单21.27万份，涉及保费收入3736.36万元。目前，众安保险基于区块链的纯电子化诉讼财产保全责任保单已获得法院认可：2018年5月24日，北京市房山区法院认可并接受众安保险开具的基于区块链的电子保单和电子保函。

（三）社会服务案例——长江养老保险股份有限公司

上海保交所与长江养老保险股份有限公司以跨机构的年金转移接续为切入点，创建了企业年金转移接续平台，目前已完成了技术验证和主要功能开发，通过该互联网平台完成了触发转出自动转入的企业年金接续业务。该平台可以连接受托人、账管人、托管人、投管人等多个主体，打破了多个主体之间的"信息孤岛"，实现互联互通。在充分保护各方敏感信息的基础上，不仅大幅减少了线下通知、提升了业务效率，同时也实现了历史转移信息的可追溯性。以企业年金的转移接续为例，委托人的转出申请可以实时上链，并通过智能合约自动完成转入申请操作，形成以客户为中心的业务闭环。该应用系统将原有的30多个工作日的转移接续业务作业，降低到几个工作日便可以完成；平台标准化服务大幅降低各年金管理机构的开发及管理成本；另外，利用加密技术建立的信任机制，既保障了数据安全，又保障了信息对业务参与方的公开透明，解决了传统复杂的对账问题。

（四）食品溯源案例——上海中信信息发展股份有限公司

当前的溯源产业处于初级阶段，乱贴溯源码、低价出售信息溯源码等扰乱市场秩序的行为层出不穷。这些行为既让消费者深受其害，又加大了监管部门查处难度。传统溯源系统多采用中心化存储模式，系统中的参与方基于自身利益，往往对不利信息进行删除或者篡改，使得整个溯源流程失效。溯源体系涉及食品生产、加工、流通和消费等环节，企业多选择平台化的方式作为支撑，前期的投入大，产出慢，导致企业的积极性较低，自有溯源平台的建设和发展相对缓慢。

上海中信信息发展股份有限公司依托在食品追溯行业累积的项目建设经验，按照标准统一和信息互通的要求，采用物联网、大数据、云计算等先进信息技术，搭建"基于区块链的食安追溯云平台"，从根本上提升了追溯体系的深度、宽度、精准度和透明度，实现了食品"从农田到餐桌"的全品类、全区域、全覆盖、全流程溯源监管，进而打造"源头可溯，环节可控，去向可查，人员可管，风险可防，安全可靠"的新一代食品安全追溯体系。平台已于2018年8月3日正式上线运行，已有用户1000余家，为上海本地及全国的食用农产品和食品生产经营企业用户提供SaaS服务，并为上海市首批6家外延蔬菜生产基地建立了蔬菜全程追溯系统，有效保障了供沪蔬菜质量安全。

（五）医疗健康案例——雷盈信息科技

传统医疗面临"信息孤岛"、患者数据隐私保护、数据安全等问题，并且随着生活水平的提高，日益增长的个性化监控管理需求得不到满足，医疗生态发展缺乏可持续的商业模式。通过区块链技术，能够实现医疗信息的可靠存储、可追溯管理、不可篡改、有效因素保护、行业生态内部的有序可控的价值利用，为区块链上所有参与者创造和分享价值。雷盈信息科技基于区块链技术打造可控医疗数据互联互通交换系统。首先，基于行业的联盟链实现区域医疗系统内的数据交互，采取部分去中心化的实现方式，从各医院数据节点中选出管理中心节点，由管理中心统一对节点的加入和退出进行授权；利用分布式账本的写入、访问权限控制，对各医院节点的写入权限收归内部控制；读取权限可以按照需求有选择地对外开放，并且保留了区块链多节点运行的通用结构，并由特定机构进行内部数据管理和审计。其次，针对跨机构、跨平台的安全数据共享问题，利用联盟链可以实现联盟与地方卫计委、疾控中心、国家卫计委等各方对于网络访问权限的共享，而不会对数据安全性和完整性造成威胁，实现可控的数据互联互通。

针对"多点执业""分级诊疗"医改政策及医生个体在多个医疗机构间流动作业的需求，雷盈信息科技联合医生集团领军机构"张强医生"联合打造基于区块链的医生诊疗服务可追溯系统，采用区块链技术记录医生的行医行为，以时间线串联事件内容。通过建立相应的体系，进行多维度评估，为医生建立"一份可信的成绩单"，使医生在医疗机构间，横向或纵向流动时有可信、可追溯的参考标准，提高自身价值。趣医网发布了《医疗健康区块链技术白皮书》，旨在构建开放、平等、安全的基于区块链技术的智慧医疗链，携手合作伙伴共创多方共赢的稳定生态环境。

（六）**数字版权案例——上海七印信息科技有限公司**

互联网的快速发展为数字内容传播提供捷径，大量文字、图片、音视频、创意等内容以数字化形式放到了互联网上，却也让数字内容侵权变得更为容易，侵权行为隐蔽且较难追责，成为数字内容企业及个人创作者的痛点，更阻碍了市场的快速健康发展。如何优化传统的确权、交易与维权方式，迎合互联网市场发展大方向，保障数字内容创造者权益，成为亟待研究和解决的问题。

上海七印信息科技有限公司基于区块链技术打造了原本链，并在此之上形成了版权保护和交易平台，通过区块链、公钥加密和可信时间戳等技术，为原创作品提供原创认证、版权保护和交易服务。用户为内容发布者和内容消费者，该平台提供了原创者提供版权证明、查询文章的原始内容、作者和版权信息、帮助渠道与作者建立联系等功能服务。平台具有四大优势：区块链建立信任、多重保障、实时监测、法律维权。区块链技术保证认证信息一经写入就不可篡改，实现版权信息存证、溯源；整合国家公证处、可信时间戳、数字签名技术，共同认证原创，保证原创的公信力；"鹰眼"系统进行实时全平台侵权监控，"磐石"系统自动完成对侵权证据的固化保全；与多家专业律师事务所无缝对接，拥有多种维权方案，对侵权行为付诸法律手段。

第四节　上海数字经济发展面临的问题与挑战

一　企业经营方面

（一）融资渠道不足

由于数字经济行业是一个朝阳行业，大部分企业都处于初创期。上海市在网络游戏、数字出版等行业有着大量的中小企业，这些中小企业自有资金比较有限，因此融资需求非常大。以数字动漫行业为例，从内容创意到变成能够展现在观众面前的作品，中间过程需要大量的资金投入。虽然上海市政府对数字动漫行业有一些资金支持，但由于该类型企业众多，导致政府的资金投放过于分散、针对性也不够，因此上海市的动漫企业仍然陷于融资困境。例如，上海市对中小企业创新的补贴一般不超过 80 万元，这种扶持力度很难使该类企业摆脱困境[①]。位于张江国家数字出版基地的简简公司主营业务是文化创意，主要通过漫画来描绘白领的生活，但由于资金不足而举步维艰。除了得不到足够的政府资金支持，数字经济企业由于多为中小企业，固定资产偏少，主要以无形资产为主，因此也难以获得银行的抵押贷款。而由于民间资本对数字经济行业了解不多，加之融资成本过高，所以数字经济企业的直接和间接融资渠道都非常狭窄，从而无法获得能够满足其发展需求的资金支持。

（二）经营成本较高

虽然上海作为国际大都市，是国家尤其是长三角地区经济发展的龙头，但上海的地租、房租、房价、工资水平以及一些基础设施的使用费用等非常高，导致数字经济企业的经营成本较高，从而一部分企业外流，例如，阿里巴巴搬到了杭州，天翼视讯传媒迁到了浙江。

（三）基础研发能力不足

目前上海市数字经济企业的自主研发能力有限、技术落后。例如，落户上海的国际级软件企业、研发中心还很少；很多技术、设备被外国竞争对手垄断；企业与外界的协同创新活动也很少，没有形成完善的产学研合作创新体系。这些问题都会阻碍上海数字经济企业走向国际化。

---

① 牛盼强、陈德金、杨柳：《上海数字内容产业发展现状剖析》，《华东经济管理》2012 年第 10 期。

二　产业发展方面

(一) 产业融合动力不足

在促进产业融合方面，目前数字经济发挥的作用还比较有限。一方面，囿于信息技术的初始投入和追加投资成本大、回报周期长等因素，传统产业利用数字技术的动力仍显不足；另一方面，大量运用数字技术的新兴产业体量偏小，对经济增长支撑作用有限。[1] 例如，为了建设智慧城市，上海市对数据的价值、数据给城市发展带来的贡献有着深刻的认知，对于数据基础建设格外重视。虽然上海市正在着力推进政务信息系统互联和公共数据信息平台建设，但目前还有相当一部分城市数据基础设施不够完善，数据开放共享的实际落地情况并不理想。

(二) 产业结构优化不足

从三大产业来看，数字经济在第三产业中发展较为超前，而在第一产业和第二产业中发展则相对滞后。从生产端与消费端来看，目前数字经济投入主要集中于生活消费与服务领域，例如在线医疗、教育等，而生产领域的技术和资源投入相对不足，数字经济应用于研发创新与生产制造等核心环节的程度与发达国家相比还存在较大差距[2]。例如，占比排名第一的是移动数字内容，为39.0%，网络游戏占比为32.5%，排名第二，而其他网络服务（如数字学习、数字动漫、数字视听、数字出版等）所占比重仅为17.0%。另外，靠近消费者的行业信息化建设投入较大，例如，零售、文娱、金融等行业数字化程度较高，但是存在资源过于集中的现象；而包括政府和制造业在内的依托行政资源推动的行业，数字化程度却较低。

(三) 人才缺口仍然巨大

尽管当前上海市数字人才规模正在稳步扩大，但在数字信息技术领域、行业融合发展及跨界监管等领域，从理论到实践层面都亟须新型专业化人才队伍[3]。仅从人工智能、大数据等尖端技术领域来看，当前全球人才缺口都较大，而绝大多数人才仍在美国，中国人才缺口难以匹配数字经济的快速实践。据公开资料显示，中国大数据人才缺口达1400万人，人

---

[1] 毕凯军、张志昂：《用好数字经济新动能　助力上海高质量发展》，《上海企业》2018年第10期。

[2] 同上。

[3] 刘娟、叶青青：《数字经济时代的四维思考》，《杭州科技》2018年第5期。

工智能领域人才缺口达 500 万人，但是包括上海市高校在内的国内高校相关专业和课程的教育尚处于起步阶段。以上海市为例，目前上海市只有 13 所高校开设了与人工智能相关的专业，因此，现阶段上海高校培养的大数据、人工智能等领域的人才还远远无法满足市场需求。

三　政府治理方面

（一）传统的管理体制与数字经济跨界融合发展的态势不相适应

数字经济的产业范畴面广量大、门类繁杂，相关贸易统计制度尚未建立，监管部门要履行好对外经济贸易统计和运行情况的监测分析并提出政策建议的职能，难度较大。例如，互联网、电信网与有线电视网的"三网融合"正在成为全球趋势，但这却给原来互不相关的电信和广电两个行业管理体系出了一个大大的难题。随着数字技术的创新日新月异，很多创新的业务范围变得难以界定，无法认定属于哪个监管部门负责统计，导致监管真空。例如，货物统计可以依靠海关统计，服务贸易统计可以依靠外管局统计，而数字贸易统计对口哪个监管部门却成了难题。

（二）鼓励数字经济新兴业态发展的机制建设有待增强

由于数字技术与传统行业的融合打破了传统行业的边界，不同产业的资源需要整合。例如，数字内容的生产商和网络运营商需要进行协同创新。不同产业相关资源的整合需要市场机制的完善、政府相关部门的协调及相关平台建设，但目前上海市在资源整合与运营方面的投入还很不充分。以数字出版领域为例，上海推出了盛大文学的云中书城，与竞争对手（如淘宝书城）相比，平台的规模较小、运营模式也过于单调，很难发挥规模经济效应。另外，一些公共服务部门虽然掌握了大量的公共信息资源，但对社会开放的程度不高，导致上海数字经济产业平台建设的滞后[1]。

（三）政府治理的高效性、个性化、精准化仍有待增强

中国已经成为共享出行、互联网金融等新兴数字经济形态的创新前沿阵地和应用主阵地，这就要求中国各级政府应加强对数字经济新兴业态的研判和引导，既要看到新兴业态引领创新对经济可持续发展的正向推动作用，又要前瞻性地预见新兴业态可能带来的负面影响，这就要求

---

[1] 牛盼强、陈德金、杨柳：《上海数字内容产业发展现状剖析》，《华东经济管理》2012 年第 10 期。

政府治理要更加高效、个性化、精准化。

第五节　上海数字经济发展思路与对策

一　总体思路

关于技术创新与经济增长之间的关系，多西等于1992年引入了"技术经济范式"这一理论框架来解释技术进步主要通过关键生产要素、市场对技术的需求以及技术应用的制度环境三因素影响企业和产业的经济产出[1]。首先，关键生产要素指的是广泛传播的技术、重要的基础设施等。在数字经济中，关键生产要素表现为数据信息、数字技术、综合信息基础设施等。其次，市场对技术的需求指只有适应市场需要的新技术，才能持续获得市场份额，成为企业和产业追逐的对象。在数字经济中，传统产业对数字经济的需求是决定数字经济能否快速增长的决定因素。按照行业分类维度，本报告将其分为工业、农业、服务业及公共服务对于数字经济的需求。最后，技术应用的制度环境指完善的制度环境对新技术的发展至关重要。考虑到制度具有降低交易成本、提供激励机制、为经济提供服务、为实现合作创造条件等基本功能，制度在技术创新中的作用巨大。例如，上海市政府各类补助扶持项目、政府资助项目对于高技术企业的发展提供了巨大的扶持和激励作用。由此可见，上海市要发展数字经济，就必须大力落实和推广各项改革和保障措施，建立起良好的制度环境，从而推动数字技术创新、数字技术与传统行业深度融合以及新产业、新业态的持续发展。

基于上述"技术经济范式"理论框架，结合当前上海市数字经济发展的重点任务，本书将上海市数字经济发展的总体思路概括为"一基四柱三保障"（如图7-10所示）："一基"指新的要素基础，包括数字技术创新能力，数据、数字人才等生产要素，网络基础设施演进升级等。"四柱"指工业、农业、服务业、公共服务的数字化转型。工业数字化包括工业数字化转型的基础、工业企业数字化转型能力、工业企业数字化转型服务支撑等。农业数字化包括农业生产方式、经营方式、管理方式的网络化、智能化，农业精准化、集约化发展等。服务业数字化包括生产性服务业数字化，以及生活性服务业数字化创新等。公共服务数字化包括数字公

---

[1] 多西等：《技术进步与经济理论》，经济科学出版社1992年版。

共服务供给模式创新，数字公共服务均等化等。"三保障"包括市场保障、治理保障、发展保障。

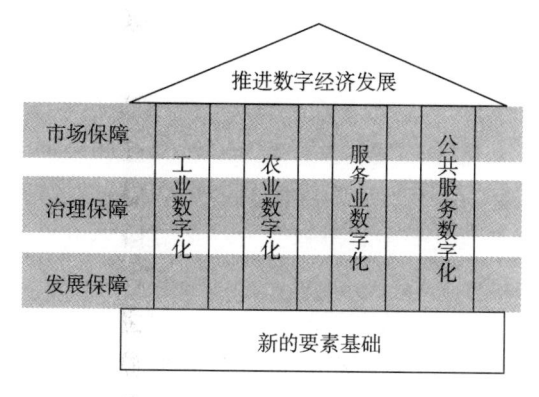

图 7-10 数字经济发展的总体思路框架

二 促进上海数字经济发展的对策

基于上述数字经济发展的总体思路，上海市应该积极统筹构建"四个体系"，着力部署"八个方面"，力争实现上海市数字经济的全面发展。

（一）统筹构建"四个体系"，实现数字经济全面发展

1. 构建数字经济创新体系

依托数字化技术创新，塑造技术、产业、管理全面创新的格局。激发创新主体活力，构建各类主体广泛参与、线上线下结合的开放创新网络。优化创新体制，打造国家科技基础设施和创新资源开放共享平台，优化数字经济创新成果保护、转化和分配机制。

2. 培育数字经济产业体系

大力扶持包括信息通信业在内的基础型数字经济产业，同时推广数字技术与农业、工业和服务业的融合，并构建相关产业的公共服务平台以支撑产业资源的整合。加强数字经济的商业模式、运作模式和服务模式等创新，形成网络化、集群化协作的格局，从而构建开放的数字经济产业生态体系。

3. 完善数字经济市场体系

加快完善数字经济市场体系中的要素，例如扶持培育数据交易市场，健全数字技术交易市场，强化资本市场对数字经济发展的支撑。大力拓展国际市场，充分利用两个市场、两种资源，推动数字经济走出去，树立国

际优势。加快形成包容有序的市场秩序，清除市场壁垒，支持新业态新模式创新发展，维护线上线下公平竞争环境。

4. 强化数字经济治理体系

发挥治理体系改革牵引作用，正确处理政府和市场关系，建构整体、协同、系统的数字经济治理格局。着力解决"治理主体是谁"的问题，构建多层次、多元化的治理主体；着力解决"治理主体间关系"问题，构建边界清晰、分工协作、平衡互动的治理结构；着力解决"用什么方法治理"的问题，构建运用大数据、云计算等数字技术的治理手段；着力解决"保障治理有效运转"的问题，构建政策、法律、监管三位一体的治理制度。

（二）着力部署"八个方面"，促进政策措施落地生根

为了促进数字经济的规划得以实现，上海市需要着力部属以下"八个方面"的政策措施。

1. 夯实信息基础设施

因为互联网、大数据、云计算等诸多数字化产业以及智慧城市的建设，都需要底层的信息基础设施为载体，例如，政府和一些行业已经产生并持续产生海量的数据信息，这些海量的数据信息必须依赖于大型机房来储存。因此，加快建设信息基础设施，有助于促进信息资源的整合，从而打通经济发展的信息命脉。上海市政府需要着力优化城市网络覆盖，推动水电、交通网络的改造，打造绿色智能的城市基础设施。

2. 有效利用数据资源

根据国际数据公司《数据宇宙》报告显示，全球数据量每年以40%以上的速度增长，预计2020年将超过40ZB。在数字经济时代，这些数据不但量大而且覆盖面广，渗透在经济社会的各行各业。因此，上海市要善于发掘和利用数据资源背后隐藏的深刻规律，突破大数据关键技术，更好地服务于行业和社会的需求。为了更有效地利用数据资源，上海市还要着力提高数据开放共享的程度，防止"数据孤岛"现象的产生，推动建立数据信息平台，促进数据资源的交易，并强化制度设计，制定相应的数据交易法律法规，来规范数据交易行为。

3. 加强技术创新力度

以5G、大数据、云计算、人工智能等为代表的数字技术创新，将为所有产业转型升级提供新动能，进一步驱动数字经济和实体经济的增长。因此，上海市在信息技术革命的历史机遇面前，要着力加强大数据、云计算、物联网、区块链等前沿技术的创新，攻克核心电子器件、高端芯片等

薄弱环节，突破人工智能、工业互联网等交叉领域，从而带动群体性重大技术变革。

4. 培育壮大新兴产业

为了加强新技术、新标准、新体系的产业应用，上海市一方面要健全产业体系，完善优惠政策等，例如，构建以工业互联网平台为核心的产业生态体系，推进关键技术产品及解决方案的设计；或重点引进一批高端的信息技术企业，并辅以配套相应的服务机构。另一方面，要扩大升级有效需求，释放信息消费潜力，例如，发挥政府的杠杆作用，加强和引导对重点领域的信息技术创新和应用投资。

5. 改造提升传统产业

为了推动新技术、新模式在传统行业中的应用，上海市需要着力打破企业的边界，推动新技术、新设备和服务的共享。例如，要积极推进工业数字化的转型，通过打造数字化的服务平台提供智能生产解决方案，深入推进工业数字化转型。另外，加大物联网等新技术的开发和应用，提升农业生产流程的智能化水平；加大网络宽带的覆盖，提高农业生产的网络化水平。进一步提升服务业数字化供给能力，构建大数据分析、供应链金融等信息服务平台，提升服务业的服务质量和效率。

6. 优化布局产业结构

考虑到上海市在长三角一体化发展中的龙头地位，上海市要利用自身产业数字化水平较高、信息消费规模大等优势，着力优化数字经济各产业的布局，助推长三角地区建设世界级信息技术产业集群。例如，上海市要依托长三角地区的联动，发挥人才、技术等协同优势，推动包括人工智能、物联网、集成电路等在内的重点领域产业链的深度融合，加快建设包括高端软件、智能硬件等在内的制造业创新中心。

7. 优化公平竞争机制

在现代数字技术飞速发展的同时，在线医疗、车联网、互联网金融等领域的安全事件频发，因此，网络信息安全也得到了学术界和实践界的重视。上海市需要在新形势下，破解如何推动信息技术创新和网络安全协同发展这一难题。一方面，上海市需要加强网络安全技术的开发和应用。例如，区块链技术具有可追溯性和不可篡改性，在数据交换的过程中会起到非常重要的隐私保护和信任作用。另一方面，上海市要健全市场机制，例如，破除互联网行业壁垒和垄断、惩罚互联网不正当竞争行为、打击网络违法犯罪行为，并且加强正面的网络宣传和交易监管。

8. 创新政府治理模式

在数字经济时代，数据治理的内容非常复杂，因为它涉及数据开发、数据架构管理、文件和内容管理等所有环节。上海市政府首先需要建立起大数据思维，培养用数据管理、用数据决策、用数据驱动创新的文化理念。例如，完善各类公共服务信息平台，建立跨部门数据资源交换共享的长效机制，从而提高政府的数据治理能力。其次，要避免政府陷入全能型数据管制的角色，厘清政府在公共数据治理中的边界，建设多元治理体系以及与利益相关者的合作机制。

（三）强化各种保障措施

第一，大力支持传统产业开发和应用数字技术，促进创新链和产业链的深度融合、科技和产业的联动发展。一是鼓励传统产业利用数字化知识和技术进行业务模式的创新。建议政府通过类似于2010年以来实施的电子商务"双推"工程，设立各类资助项目、扶持基金和优惠政策，鼓励传统产业根据自身需求主动研发或应用现代化信息技术，实施数字化转型，实现其技术、产品和服务等全面创新。二是要为中小企业进行数字化创新提供足够的技术支持。建议由市经济信息化委、市科委牵头，建立起创新资源的共享平台和信息服务平台，完善相应的知识产权保护和转化机制，提供为中小企业科技创新服务的融资政策，从而鼓励中小企业广泛参与数字化创新活动。三是要加快推进软件开发、集成电路、高端芯片、智能硬件等创新中心的建设，鼓励产学研的协同联动、整合不同产业的创新资源，从而提升上海市在前沿技术研发和产业化方面的竞争优势。四是依托长三角区域一体化发展，合理布局新一代信息技术产业链，发挥区域融合联动的优势，加快打造世界级的数字经济产业集群。

第二，着力构建完善的产业体系，推动数字经济红利不断释放。一是建议市经济信息化委、市发改委牵头尽快制定上海市数字经济产业发展规划，契合上海市经济发展的目标和重点，全面规划深入应用数字技术的产业体系。二是建议加快建设网络宽带、物联网、工业互联网等数字化基础设施，并积极推动互联网与传统行业的深度融合，拓展数字经济发展的空间。三是要加快完善各类产业和政府的公共信息服务平台，打破企业边界，支持不同领域的数据共享、增进企业和产业间的数据应用合作，从而在市场中发挥优化数据资源的配置作用。四是要大力鼓励商业模式、生产模式、服务模式、管理模式创新，构建开放型生产组织体系，形成网络化、集群化的协同分工格局，培育成熟的数字经济产业生态体系。

第三，加快引进培养数字经济重点领域的跨界融合人才，为数字经济发展提供执行力支撑。一是建议各产业要以数字化创新为抓手，坚定推进与行业发展相适应的数字经济人才体系建设。例如，引进高端基础研发人才、培养应用型创新人才、培训熟练的产业工人等，促使人才梯队保持充裕、平衡、立体的状态。二是建议政府加强现代信息技术领域的人才招聘和管理，从而实现对大数据的有效治理、防止劣质数据对政府决策的影响，以及引导和规范公众的网络参与。三是上海市高校和科研机构要加强在现代信息技术领域的学科建设和师资队伍，形成一批具有创新思维的专业人才队伍，同时也为上海市乃至长三角地区的数字经济各产业培养能够跨界管理的复合型人才。

第四，助力实体经济转型，建立风险防控体系。一是建议政府从制度上完善数字经济市场监管体系。例如，合理界定企业的权责边界、健全企业的市场退出机制、完善社会监督举报机制、强化金融风险预警机制等，从而保障数字经济能够健康地持续发展。二是建议政府加强信息安全技术的开发和应用。例如，可以借鉴其他城市的金融监控系统的技术经验，加强对互联网金融风险的技术分析；或者推动成立相关的技术研究中心，加强对非对称加密、共识机制、智能合约等关键技术的投资开发，以及对相关技术企业进行培育。

第五，完善相关法律法规，提升政府治理和监管能力。一是建议要正确认识政府在数据市场中的作用，界定政府在数据治理和监管过程中的作用边界。例如，可形成分工协作的多主体治理机制。二是政府在数据治理和监管中可采用硬实力和软实力并施策略。例如，通过政府信息化平台的建设，加强政府各部门之间的合作，实现政府各部门数据资源的共享，提高数据治理的效率；也可以通过网络的正面宣传来规范和引导互联网不健康竞争行为。三是建议政府加快完善相应的法律法规。数字技术与传统行业的深度融合催生出很多新兴的业态，现有的法律法规已无法规范其市场运行秩序，因此上海市政府需要参考国内外相关法律以及自身发展的特点，制定为数字经济各行业提供更好服务、创造良好发展条件的法律法规。

第三篇

普惠共享篇

第八章　数字普惠金融发展现状、趋势及风险研究

引　言

　　近年来，数字化和普惠金融二者有机融合，拓宽了金融服务范围，消除了传统金融机构地域上和时间上的限制，有效地解决了普惠金融服务"最后一公里"的问题，使得一些金融欠发达地区或者收入不高的人们能够平等地享受到金融服务，从而为普惠金融的可持续发展提供了新的思路，其重要性和可行性在国内外已形成基本共识。2015年12月31日，国务院印发《推进普惠金融发展规划（2016—2020年）》，把推动普惠金融发展提到了国家战略层面，经过这么多年的摸索，我国的普惠金融呈现服务主体多元、产品服务多样、服务覆盖面较广等特点。然而，数字普惠金融服务为社会经济带来福利的同时，整个数字普惠金融行业泥沙俱下、鱼龙混杂，出现了一些乱象，客户资金管理混乱、风险提示不充分、信息披露不完善、平台安全性不足等问题时有发生。特别是在中国金融监管的模式下，对数字普惠金融的发展监管存在严重的滞后性。监管的空缺带来了巨大的风险，严重损害金融消费者利益，给投资者造成了巨大的损失，影响社会稳定。因此，本章将针对数字普惠金融的发展现状、趋势和风险展开分析。

第一节　数字普惠金融的发展现状

　　数字普惠金融实质上是以数字化方式提供的普惠金融服务，因此，本节从传统的普惠金融出发，对数字化普惠金融的发展背景、发展历程等进行梳理。

一　数字普惠金融的发展背景

数字普惠金融体系是随着数字技术的发展，为解决传统金融体系遇到的发展瓶颈及普惠金融的内在要求等问题而发展起来的。

（一）传统模式的发展瓶颈

传统经济理论认为，资本越少其边际回报率越高，然而在实践中，由于风险的不确定性、信息不对称、交易成本、抵押物的缺乏等原因，使得传统的资本边际回报曲线发生了变化，这也是普惠金融得以发展的经济学的基本原理。

当今，全世界范围内把微型金融作为发展重点，希望5至10年间能够有全面、革命性的发展，但微型金融在其发展的40多年中，发展速度并不理想。据哈佛大学研究，全世界有贷款需求的家庭约6亿户，而目前微型金融的微型信贷业务仅覆盖了1.5亿户家庭，占比约25%，还有近75%的有贷款需求的家庭没有被满足。

传统发展模式遇到的发展瓶颈，是微型金融企业的双重绩效目标。需要同时实现企业的商业利益和社会利益是非常难的，追求企业利益最大化，贷款利率就要高，但贷款成本越高社会效益就越低，这是一对矛盾。这对矛盾成为制约微型金融整个行业发展的最大阻力。对于低收入群体来说，融资难、融资贵是一个很大的问题，如果不仅能够获得资金，而且获得的资金是能够负担得起、甚至是廉价的，就可以实现双重绩效目标。普惠金融的风险识别、信用记录和数据获得等成本都非常高，传统普惠金融通过定期访问客户、线下高密度的网点接触低收入弱势群体，可以实现商业效益与企业效益的统一。但这种形式的做法，要真正实现双重绩效目标，传统普惠金融模式还有一段很艰难的路要走。

（二）普惠金融的内在要求

随着普惠金融概念在全世界范围内普及，人们渐渐认识到，普惠金融有着广阔的外延，它不仅为那些资本弱势群体提供曾经无法获得的金融服务，也为一般人群提供更为广泛、便捷和廉价的金融服务。

普惠金融需要具备4个内在要求——可获得性、可负担性、全面性和商业可持续性。可获得性是指客户可以不受时空的限制，当有需求时可以随时随地享受金融服务。可负担性是指金融服务的价格以每个人都可承受的价位为有金融需求的人服务。全面性是指金融面向大众群体服务，无论是从未受过银行服务的群体，还是已经享受服务但服务范围有限的群体；

全面性也指金融业务的全面，不仅包括基本的金融业务，如开设银行账户、转账汇款、信贷，还包括更高一级的保值增值服务、保险保障需求。商业的可持续性是指普惠金融应当是一个市场化的行为，应当自给自足，摆脱政府补贴。传统的普惠金融在实践中难以同时满足这4个内在要求，因此，世界范围内普惠金融的成功案例很少、可推广性不强。普惠金融要想得到长久的发展，需要寻找新的出路。

（三）"数字化"技术的快速发展

目前，"数字化"技术的快速发展，包括移动互联、云计算、大数据、区域链、生物识别以及人工智能，等等，这些技术在普惠金融方面均有极大的应用空间，使得传统金融遇到的发展瓶颈和传统普惠金融的内在要求能得到相应的满足和解决。

1. 移动互联网与普惠金融

移动互联网的普及是当前数字普惠金融开展的基础。移动互联网使人们利用移动终端，通过互联网可以连接外界，也使人们在使用移动互联网服务时不自觉地留下了很多个人行为信息。根据 Quest Mobile 的统计，2017 年中国移动互联网月活跃设备总数稳定在 10 亿台以上，截至 2017 年 12 月末，这一数据达到了 10.85 亿台，用户人均单日使用时间为 236.8 分钟（3.9 小时）。传统的金融机构在提供金融服务时，需要派出员工实地收集客户信息或主动寻求客户，再做出决策和定价，服务成本很高。而移动互联网的出现为金融企业接触客户和收集客户信息开辟了另一条渠道。大数据、云计算、人脸识别、人工智能等技术在数字普惠金融领域的应用均建立在移动互联网的基础上。

2. 大数据、云计算与普惠金融

大数据具有数量过于庞大而无法通过传统数据软件工具进行处理的特点，这决定了处理大数据和分析大数据需要采用全新的工具，这个工具就是云计算。

云计算的特点是，它使计算分布在大量的分布式计算机上，而非本地计算机或远程服务器中，将庞大的处理过程分散成无数个小的过程。用户可以付费使用这些资源，根据需要访问计算机或存储系统，云计算在执行其需求后再将结果反馈给用户。"云"计算的规模可以相当庞大，比如 Google 云计算已经拥有 100 多万台服务器，阿里云计算有数十万台服务器，并且"云"的规模可以动态延伸，以满足应用和用户规模增长的需要。云计算可以支持用户在任何位置、使用各种终端获取应用服务。

大数据和云计算让银行与客户之间的交易信息成为可以利用的有效资

源，对客户信息的分析更加全面、科学、便捷、有效，为实现数字普惠金融奠定了基础。比如，银行在与个人、企业进行业务交往过程中掌握了大量碎片化的信息，大数据模型能够将这些信息有效整合。同时个人自身还带有消费习惯、社交习惯等客观信息，企业客户也有生产、销售、经营、供应链、财务等各方面的信息，通过云计算对这些信息进行处理，可以为银行是否对客户提供服务、提供什么样的服务做出决策判断。具体而言，大数据和云计算对数据普惠金融的推动作用主要体现在三个方面（见图8-1）。

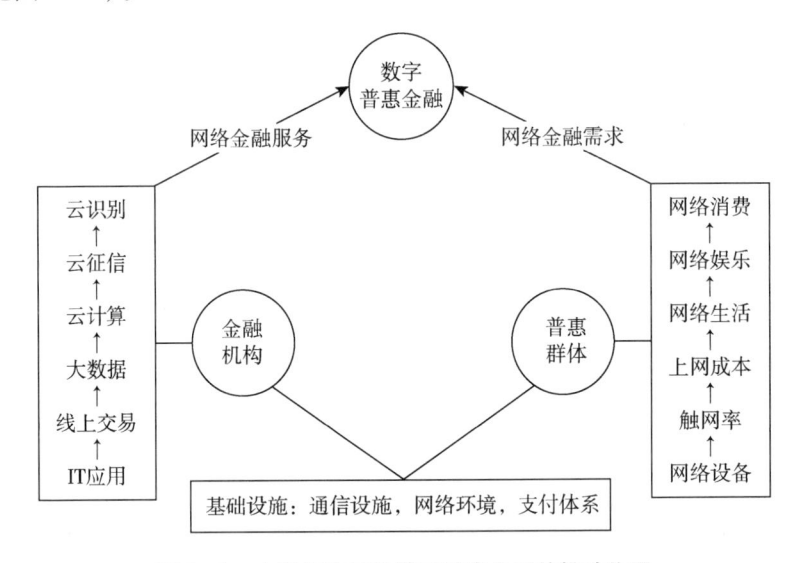

图8-1 大数据和云计算对普惠金融的推动作用

第一，成本降低。普惠金融服务的提供机构根据大数据模型进行决策，大大降低了服务成本，对客户进行尽职调查的人力成本以及相关的交通成本大幅缩减。更深远的意义是，大数据和云计算改变了普惠金融服务的成本结构，使得新增的普惠金融模式（包括传统金融机构的普惠金融服务）相应改变，大数据和云计算进而必将成为普惠金融发展的最重要的技术支撑。

第二，提升客户服务体验。客户获得普惠金融服务将更加便捷，大数据和云计算把原本复杂烦琐的信贷审批流程降低至分钟级别。目前大部分基于互联网建立的银行、小贷公司决定是否提供贷款的时间都在1小时以内，快的仅需要几分钟，大大优化了客户的使用体验。此外，在大数据和云计算的帮助下，机构将为客户定制更加个性化的普惠金融服务，而不再是传统金融机构标准化的服务方案。

第三，避免人为的道德风险。大数据和云计算在普惠金融上的作用可以贯穿贷前决策、贷款定价以及贷款风控的整个过程，首先，通过计算机模型计算出来的结果是客观的，避免了人为的道德风险；其次，在定价方面，大数据基于广泛数据计算出来的定价会更加精准；最后，在风险控制上，大数据实时跟踪收集客户数据，发现异常，可以及时预警。

3. 生物识别与普惠金融

目前比较常见的、已经应用或有应用价值可以用于身份验证的生物识别技术主要有指纹识别、人脸识别、虹膜识别、声纹识别等。

2014 年香港中文大学做的一项研究结果表明，在国际公开人脸数据库 LFW 上，彼时人脸识别算法的准确率（99%），已经超过了肉眼识别（97.2%），先进的生物识别技术应用于互联网身份论证领域，能够实现更高的安全性与用户体验。

2015 年 5 月，国家质量监督检验检疫总局、国家标准化管理委员会联合发布了《中华人民共和国国家标准批准发布公告》，其中《安全防范视频监控人脸识别系统技术要求》（以下简称"标准"）的国家标准获批，标准的设立为人脸识别在金融、安防等关键领域的应用确立了基础。2015 年 5 月，《中国人民银行关于银行业金融机构远程开立人民币账户的指导意见（征求意见稿）》正式明确了"柜台开户为主＋远程开户为辅"的原则，并且要求银行在实施远程开户时，能够提供权威机构的报告，证明其技术手段能够识别存款人的真实性、身份证件的真实性、存款人意愿的真实性表述。2015 年 12 月，《中国人民银行关于改进个人账户服务　加强账户管理的通知》提出开户申请人可在柜台、自助机具、电子渠道开立三类银行账户。由此金融机构和科技公司在政策准许的情形下开始应用生物识别技术进行身份验证，不仅像蚂蚁金服、微众银行这样依托于互联网的金融机构将刷脸应用于远程身份验证的环节，而且中国工商银行、平安银行、包商银行等传统金融机构也开始在网点或 APP 客户端应用生物识别技术。

传统金融行业面临的一系列的发展困境和数字化技术的大发展和相应产品的出现，促进数字普惠金融的发展。

二　数字普惠金融的发展历程

数字普惠金融是对普惠金融的深化，是将数字技术赋予普惠金融。要理清数字化普惠金融的发展进程,就要从普惠金融的发展进程出发。

(一) 小额信贷阶段

最初的普惠金融是从小额信贷为主的微型金融模式发展起来的。1980年,在印度尼西亚、孟加拉国等国家和地区,出现了以非营利组织牵头的微型金融模式,而且经过几十年的发展,积累了丰富的经验,如大家熟悉的格莱珉银行等。到 2000 年以后,一些微型金融开始上市,如印尼人民银行、康帕图银行等。国际金融组织对微型金融有较高的认可度,在资本市场上估值也很高,甚至出现了一些专门针对微型金融的投资基金。

(二) 普惠金融发展初级阶段

到了 21 世纪,人们在世界范围内达成共识,作为脱贫手段,金融业务不断拓宽,从单一的小额贷款衍生出储蓄、支付、理财、保险等金融新产品。微型金融通过提供额外的金融服务,提高了自己的绩效。

在微型金融的基础上,普惠金融体系要做的不单单是扶持贫困、低收入群体,而更多的是惠及大众。因此,2005 年联合国正式提出建立普惠金融体系的概念。

普惠金融是一种包容性金融,目的是服务平等和大众化,不分贫贱,让各种类型的金融机构加入进来。2005 年,我国也正式进入了普惠金融的大发展阶段;2013 年,党的十八届三中全会做出《中共中央关于全面深化改革若干重大问题的决定》,文件第一次把普惠金融列入金融市场体系;2015 年的《政府工作报告》对普惠金融给出了更全面的定义。普惠金融的大门自此全面向公众打开(见表 8-1)。

表 8-1　　　　　　　　普惠金融的服务对象

服务对象	金融服务难点	所需重要金融服务
农户特别是偏远地区的农村贫困人口、创业农民、小养殖户等	居住距离远,生产效率较低,难以获得基本的银行服务和银行贷款	结算和储蓄账户、银行卡、贷款
中小微企业	企业的规模一般较小,很难从传统的金融机构获得融资	贷款
特殊人群(城镇低收入人群、困难人群、创业大中专学生、残疾劳动者等)	收入水平较低、没有抵押物,难以获得银行业务	贷款、保险业务

(三) 数字化普惠金融阶段

近 10 年来,随着数字化技术的飞速发展和应用日渐成熟,数字普惠金融模式引起广泛关注。在定义中，"数字"就是指"数字化"，是计算机、通信、移动互联、大数据、云计算等一系列相关先进技术的统称。

数字普惠金融可以大幅度地降低金融服务的门槛，降低金融成本，提高服务效率，提高商业可持续发展。总而言之，数字化为普惠金融装上了一双翅膀，将金融服务带到全球的每一个角落，特别是以前的金融服务盲区。

2016年，二十国集团（G20）财长和央行行长会议通过了数字普惠金融高级原则，鼓励各国制订数字普惠金融计划。数字普惠金融已经成为全球普惠金融的发展趋势。

三 数字普惠金融的作用

随着数字技术在金融领域的应用和快速发展，金融服务和产品深深地嵌入到人们的日常生活，带动和促进数字普惠金融的发展。依靠数字技术与互联网平台，金融机构实现了交易成本的降低，实质性地缩短了时空距离，扩大了金融的服务范围，降低了金融门槛，使中小企业和农民等金融弱势群体享受到金融服务的便利，进而促进普惠金融的发展。

（一）数字普惠金融极大地提高了金融服务的效率

依据国务院发布的《推进普惠金融发展规划（2016—2020年）》，普惠金融是指基于机会平等和商业的可持续性原则，以可负担的成本为有金融服务需求的社会群体提供适当、有效的金融服务，也就是说，普惠金融就是大众化的金融，是让普通老百姓都能享受到金融服务。这相较于以往金融服务仅面向精英阶层，普惠金融则是向金融弱势群体伸出了橄榄枝，它的服务对象有小微企业、农民、城镇低收入人群、贫困人群、残疾人和老人等过去无法享受金融服务的群体。随着数字技术和产品的不断发展和进步，POS（多功能终端）机、短信支付、扫码支付，特别是互联网金融等模式的出现，极大地加快了金融行业的发展步伐，更为普惠金融的发展提供了充足的养分，极大地提高了普惠金融的使用效率。

（二）数字普惠金融丰富了金融行业的业务体系

以大数据、云计算、移动互联等数字技术为依托的普惠金融的发展大大地提高了金融企业的服务能力。金融企业利用海量的用户数据可以深入挖掘用户的金融需求，绘制用户画像，发现潜在需求用户，结合用户需求设计个性化的金融产品和服务内容。金融企业运用移动互联技术可以给用户提供"每时每刻"和"无处不在"的便捷的金融服务，提高用户满意度。而且，云计算、指纹识别、人脸识别、语音识别等技术，保证了用户在使用金融产品时的资金安全和信息安全。这些技术和产品的发展也直接拓宽了金融行业的业务体系，具体表现在以下几个方面。

1. 支付业务

传统的金融支付方式一般为现金支付，但随着数字技术的不断发展，出现了 POS 机支付、短信支付、网络支付、移动终端支付等多种支付方式。现在人们只要有一部手机，在保证手机有电、有网络的情况下，即使口袋空空，照样可以走大半个中国。

2. 融资业务

数字技术的发展扩宽了信贷业务的办理渠道，从以往的银行网点形式拓宽到网络平台，催生出大量网络借贷交易平台（如拍拍贷、口袋网）和网络小额贷款公司（如网商银行）。此外，针对中小微企业的网络股权众筹平台，这种形式从某方面解决了中小微企业融资难、融资贵的问题，支持中小微企业的发展，支持创新创业，同时也扩大了投资者的投资范围。

3. 理财业务

数字技术的发展，使得传统理财业务的"长尾客户"——普通群众也能享受到便捷优质的理财服务，理财服务不再是高净值客户的特权。余额宝是微型理财成功的典型代表，传统金融机构也积极推出面向中小客户群体的银行理财产品，以应对竞争冲击，使大众理财产品体系不断丰富与完善。

4. 保险业务

数字技术也快速应用到保险领域。传统的保险机构及新型数字化保险机构的设立，不仅提高了保险服务的可触达性，使得更多潜在客户成为现实客户，而且其设计的新型互联网保险产品更加适合"小额"销售，满足了低收入群体的保险保障等更高级的金融需求。

5. 信用评分业务

大数据、云计算、机器学习、人工智能等技术的运用，使得互联网用户的海量数据分析成为可能。在对数据分析的基础上，可以得出该用户的"全息画像"，进而使得信用评分成为可能。数字化信用评分对于降低信息不对称等具有重要意义，同时也是支付、融资等其他数字化业务的重要基础之一。

（三）数字普惠金融降低交易成本

数字普惠金融依托互联网提供的服务，大大缩短了业务流程，降低了交易成本，有效提高了金融服务的效率。据测算，一家标准的物理网点的成本通常接近 200 万元人民币/年；互联网金融利用技术优势，在覆盖同样人群的时候，成本要低得多，边际成本趋近于零。

表 8-2　　　　　　　传统银行信贷业务与蚂蚁微贷业务对比

项目	传统银行、小贷公司	蚂蚁微贷
客户实际年化利率成本	15%以上	6.7%
单笔信贷成本	2000 元	2.3 元
审批周期	最快 3 天	最快几分钟
不良贷款率	2%—3%	>1%

从表 8-2 中可以看出，传统信贷模式下单笔信贷的操作成本可能高达 2000 元，而蚂蚁微贷单笔授信的操作成本仅有 2.3 元。数字技术在信用评分领域的应用加大了征信业的竞争，蚂蚁金服充分挖掘阿里巴巴集团三大平台上卖家的售货数据，根据其行为特征统计其信用评分，评判其信用额度，为其提供小额贷款服务，使得这些在过去通过传统渠道难以获得贷款的用户可以便捷地获得贷款，同时操作成本大幅度下降，也缩短了审批周期，蚂蚁微贷仅需要几分钟就可以完成贷款程序。

（四）数字普惠金融降低服务门槛，扩大服务范围

数字普惠金融借助于互联网平台，降低了金融服务门槛，使得金融服务逐渐向大众群体蔓延，扩大了普惠金融服务的覆盖范围。

1. 推动解决中小企业融资难题

中小企业占我国企业总数的 98%以上，但中小企业融资难一直是难以解决的问题。数字技术利用大数据风控模型，实现了贷款融资的程序化管理，最大限度地降低了人工干预，降低了成本，在一定程度上解决了传统金融机构由于成本较高而没有动力向小微企业贷款的难题。

2. 扩展金融服务的边界，促进农村金融发展

农村金融一直是我国金融体系中的薄弱环节，传统的农村金融服务主要依赖于金融机构物理网点的柜台服务，且主要以农村信用合作社为主，其他金融机构在农村的发展并不理想。数字技术基础设施和技术的发展，新兴互联网金融机构在农村业务的布局使得越来越多的农民享受到金融服务，互联网支付业务、互联网保险业务、产业链金融服务等针对"三农"的金融业务大大满足了农村居民的金融需求。

自 2015 年开始，网商银行陆续试点推出面向农村客户的纯信用贷

款——"旺农贷"系列产品。京东在 2015 年全面启动农村电商"3F 战略",即工业品进农村战略（Factory to Country）、生鲜电商战略（Farm to Table）和农村金融战略（Finance to Country）。除阿里、京东这两家电商巨头以外,其他有影响力的特色电商也在农村布局市场,如中国家电零售巨头苏宁集团旗下的苏宁易购在全国推出"特色馆"。与此同时,还推出了"企业贷款""任性付"和"苏宁众筹"三大金融产品,帮助农村企业融资和推动农村消费,创新农产品销售渠道。

（五）促进金融产业发展

1. 倒逼传统金融业转型升级

信息技术推动了新兴互联网金融机构崛起,倒逼传统金融机构转型升级,产生"鲶鱼效应"。支付宝、余额宝等"宝宝类"理财产品及其他新兴的 P2P、众筹等网络金融平台的出现,由于其便捷性、灵活性、低门槛和相对高收益性,深受大众喜爱,这导致了大量资金从银行流出,活期存款锐减,迫使传统金融机构加大业务创新力度,推出多样化、灵活性的理财产品,打造智能化、人性化的服务,同时对业务金融进行大规模的升级改造。信用卡、网上银行、手机银行等新型工具的出现,促使金融机构转向无纸化、数字化结算。

表 8-3　　　　信息技术对银行业的创新支持（部分）

时间	创新业务	采用的核心技术
20 世纪 50 年代	信用卡	磁条
20 世纪 60 年代	后台业务自动化系统（ATM）（自动柜员机）	电话、机电一体化技术
20 世纪 70 年代	POS 机、SWIFT 系统	计算机技术
20 世纪 80 年代	家庭银行、顾客在线服务系统	计算机技术
20 世纪 90 年代	网上银行	互联网
21 世纪初	手机银行、数字银行	互联网、移动通信技术等
2010 年以来	数字货币、供应链金融等	互联网技术、区块链技术

2. 改变原有金融业态,促进金融交易脱媒

传统金融模式下,信息存在极大的不对称性,而信息在金融市场中起着举足轻重的作用。数字技术的发展则大大改善了这一局面,其在金融领域的普及应用具有天然的平台经济性质,搭建了一个透明、高效、便捷的金融交易通道。再者,传统金融行业在追求利益最大化时采取的是"嫌贫爱富"的商业模式，重视中高收入群体，特别是高净值人群和大型企业的金融需求。而数字普惠金融立足于服务占市场大多数的中小微企业、普通大众和弱势群体，从源头上扩大了金融服务的覆盖面。

表 8-4　　　　　部分银行推出的互联网金融平台/产品

金融机构	时间	平台/产品	定位
中国建设银行	2010 年 12 月	建行手机银行	国内首家推出手机银行，银行功能及产品的全覆盖服务
兴业银行	2013 年 12 月	钱大掌柜	互联网综合理财平台，金融机构线上产品发布渠道
中国工商银行	2015 年 12 月	e-ICBC	全新的互联网金融产品，多渠道多场景覆盖的金融生态圈
招商银行	2015 年 3 月	招联金融	线上金融消费产品，主打小额信贷和消费分期
广发银行	2015 年 6 月	广发有米直销银行	互联网金融超市，覆盖多场景的金融需求

（六）推动金融改革

1. 加速利率市场化

数字普惠金融以理财、信贷、保险为主要服务手段，这些业务领域为金融市场提供了大量的流动性的金融产品。由于庞大的长尾群体客户和便利的数字技术，大大加快了货币在市场上的流通速度，同时也冲击着传统金融机构的存贷款利率结构，客观上促进了利率市场化的进程。

2013 年中国人民银行宣布放开对贷款利率的管制，这标志着贷款利率的市场化。利率市场化是实现金融资源市场化配置的重要条件，也是我国经济体制改革的重要内容。但贷款利率市场化仅仅是利率市场化的一部分，还需要存款利率市场化。

数字技术发展加速了利率市场化的步伐。借助数字技术手段，普惠金融以互联网为渠道与货币基金市场建立连接，通过平台效应减缓信息不对称，打通了资金供给方与资金需求方，以及不同市场间的信息渠道和资金渠道，模糊了金融业的物理边界，使用户可以将少量、"碎片化"的闲置资金以灵活的方式投资货币市场基金。如支付宝联合天弘基金推出的余额宝、腾讯与易方达基金合作推出的理财通、天天基金推出的活期宝等。2014 年年初数字普惠金融理财产品 7 日年化收益率高达 6.74%，而当时的活期存款利率仅为 0.35%，显然，数字普惠金融的理财产品冲击着传统金融行业的存款业务。

2. 促进数字货币的发展

随着数字技术在金融领域的应用和发展，货币形态也发生了巨大的变化，电子货币逐渐取代纸币，成为重要的支付手段。当前在支付领域，出现了电子银行、第三方支付、电子货币、虚拟货币和数字货币，这些电子货币的出现和发展大大减少了实际交易中纸币的使用次数。依托电子银行和第三方支付平台，用户实现了商场支付、城市服务（如电费、水费、燃气费等）的缴费功能、转账功能、理财功能等，覆盖了居民衣食住行各个领域。

目前，中国人民银行已经推出了依托区块链技术的真正意义上的数字货币的发展规划，未来的数字货币将以更低的成本、更高的效率和更大的便利性而逐渐取代纸币。

第二节　数字普惠金融的国内外发展趋势

世界银行在 2018 年 4 月发布了《2017 全球普惠金融指数报告》（以下简称《报告》），《报告》调研了 144 个国家和地区近四年普惠金融的发展概况，主要从账户、支付、储蓄、借贷和财务应变能力五个方面展开，并说明了数字支付所引发的数字技术的发展是促进普惠金融发展的重要力量。《报告》认为通过数字化将现有的现金消费人群吸纳到金融体系中，可以促进普惠金融的大力发展。尤其是发展中国家在数字技术发展中潜力巨大。例如，政府通过直接将工资养老金等发放到银行账户的方式，直接使全球正规使用金融服务的成年人增加 1 亿，其中有 9500 万均在发展中国家。在过去四年的时间里，发展中国家使用数字技术进行金融活动的比例从 57% 上升到 70%。

同时《报告》指出普惠金融主要面临以下三个方面的问题：首先，差异广泛地存在于不同地区和国家以及普惠金融的使用者之间，例如男性和女性之间存在 7.42 个百分点的差别；收入水平不同的国家和成年人之间也分别存在 28.40% 和 13.31% 的差异。其次，全球无金融账户的成年人人数占比很高，高达 17 亿人，其中基本上分布于中国、印度、孟加拉国等发展中国家。最后，拥有账户人口中有 19.25% 为金融账户的非活跃用户，在过去一年都未进行过银行存取款活动。

综上所述，普惠金融的发展离不开数字技术的进步，同时也是经济活动的现实需求,特别是小微业务发展的需求。首先小微业务开展模式基于人海战术,但是人力成本不断增加,这直接导致了小微业务的发展受限。其次小微业务风险识别能力有限,导致小微业务发展缺乏充足的资金支持。在这种情况下仅仅依靠数字技术的发展,将无法实现风险识别等问题的有效解决。但是随着数字技术的发展,区块链、大数据、云计算等技术也不断进步,普惠金融得以进一步发展。数字普惠金融适应了商业银行等金融机构及小微业务的发展,而且随着技术的不断进步,数字普惠金融的发展则会惠及更多方面和更多地区。

一 国际发展趋势

近十几年来,普惠金融已经得到了有效发展,世界各国开始扩大金融机构的服务范围,增加对原体系外或服务欠缺的群体提供相应的金融服务,而且在具体的实践过程中产生了很多好的方法和经验,随着数字化技术的不断进步,数字普惠金融的发展优势日益凸显。据此,本书从国际数字普惠金融的发展现状和趋势进行分析。

通过梳理发现,数字普惠金融发展过程中优势比较明显的国家有美国、英国、日本和中国四个国家,在各种数字普惠金融产品中发展比较有代表性的三类金融服务为支付、P2P 和在线证券三种。基于此,从宏观层面选择美国、英国和日本的支付、在线证券及 P2P 进行分析。

(一) 移动支付服务

移动支付节约了大量人力成本,通过线上操作即可实现现金的收支,而且可以普及各种人群、各个区域,大大解决了传统金融行业依托线下网点实现服务覆盖的难题,从而体现了数字普惠金融的优势和特性。通过表 8-5 可以看出,美国 18 家支付公司中,电子支付占比最高,多达 7 家,其次是 5 家信用卡和预付卡支付,最后是其他支付和服务。

表 8-5　　　　　美国 18 家支付公司基本情况　　　　　单位:人

序号	公司名称	主营模式	员工人数
1	Vantiv	电子支付	3526
2	TSS	电子支付	11500
3	Global Payments	电子支付	8760
4	Euronet Worldwide	电子支付	6200

续表

序号	公司名称	主营模式	员工人数
5	The Western Union	汇款服务	10700
6	Cardtronics plc	ATM 金融服务	1734
7	ACI Worldwide	电子支付	4111
8	VeriFone Systems	支付硬件（POS 机）	5900
9	American Express	信用卡	56400
10	Mastercard Incorporated	信用卡	11900
11	Visa	信用卡	14200
12	Blackhawk Network	礼品卡、预付卡	3191
13	Green Dot Corporation	预付卡	974
14	PayPal Holdings	网络支付	18100
15	Square	移动网络支付	1853
16	WEX Inc.	支付、运输金融服务	2600
17	FleetCor Technologies	支付（服务汽车行业）	7100
18	EVERTEC	交易处理、收单	1650

资料来源：《数字普惠金融：全球趋势与中国实践报告》。

根据 18 家支付公司的特征及获取的相关财务资料，对移动支付进行分析发现，该行业具有从业机构业务差异较大、资产规模相对集中、营业收入集中度高和行业整体风险相对可控的特点。

（二）在线证券服务

在线证券业务具有和移动支付业务类似的特点，即无须建立大量的线下销售网点，通过线上实现证券服务，节约相关人力和线下网点成本的同时，还能更多更好地覆盖以前线下网点无法到达的客户群。这样不但扩张了业务群体，而且可以丰富业务范围。根据日本证券业协会的统计数据，证券行业共 15 家开展在线交易的公司愿意披露信息，分别是 Matsui 证券、Monex 证券、kabu.com 证券、SBI 证券、Daiwa 证券、日本证券、Nomura 证券、Marusan 证券、Mito 证券、Rakuten 证券、SMBC Nikko 证券、Naito 证券、IwaiCosmo 证券、Mizuho 证券和 GMO CLICK 证券。

同时根据日本证券业协会提供的相关数据可以发现，这 15 家在线证券公司的用户覆盖了日本 2016 年年底 17.1% 的人口，托管金额高达 65244 亿人民币，且前五名的在线证券公司增长率高达 11.7%，实现了 7649 亿人民币的增长。这说明在线证券具有巨大的市场需求和发展潜力。

通过分析发现，日本的在线证券行业主要具有以下特点：账户变动季节性强、低谷过后开始复苏、市场份额相对分散等。

（三）P2P 行业

P2P 在解决小微企业借贷的问题上是一个有效的途径，有利于降低小微借贷难、融资渠道欠缺的问题，解决了小微企业融资难问题。通过 P2P 降低借款的单笔固定成本和风控成本，弥补了银行成本收益的不足。

英国的 P2P 发展很好地满足了小微企业的借贷需求。2017 年的第三季度个人借款余额为 4.4 万元人民币，已占到企业借款余额的 1/8。从投资端看，2017 年第三个季度投资余额为 19.6 万元人民币，小微投资性质明显。由此可见英国的 P2P 行业在数字普惠金融的发展中为小微业务的发展提供了重要助力。

英国的 P2P 行业已经纳入了政府的监管范围，据英国的 P2P 金融协会所披露的排名前 7 的会员单位的公司信息和财务报表可以发现，在 2017 年的第三个季度，这排名前 7 的会员单位的贷款发放情况和余额分别为 640.7 亿元人民币和 264.4 亿元人民币，其中投资者和借款人数量均比较庞大，分别高达 13 万余人和约 25 万户，其中 7 家中的 5 家尚未为个人借款提供服务，另外 2 家则只为个人借款客户提供服务（见表 8-6）。

表 8-6　　　　2017 年第三季度末英国 TOP7 网贷统计数据

单位：人（家），亿元人民币，%

公司名称	投资人	借款人	累计放款额	占比	贷款余额	占比	业务类型
Folk2Folk	980	445	15.8	2.50	9.5	3.60	企业贷款
Funding Circle	65422	39538	245.6	38.30	130.1	49.20	企业贷款
Landbay	2469	304	5.3	0.80	5.1	1.90	企业贷款
Lending Works	3345	8523	6.4	1.00	4	1.50	个人贷款
Market Invoice	315	2690	107.4	16.80	2.3	0.90	企业贷款
Thincats	2182	448	22.8	3.60	9.8	3.70	企业贷款
Zopa	59945	194865	237.5	37.10	103.6	39.20	个人贷款
合计	134658	246813	640.8	100	264.4	100	

注：因四舍五入，合计数可能不等于 100。
资料来源：《数字普惠金融：全球趋势与中国实践报告》，2018 年。

综上所述，美国、英国和日本的相关数字普惠金融行业发展态势良好，发展前景广阔，整体后劲十足，未来可期。但是也存在一定的问题，例如美国的支付行业和英国的 P2P 行业的行业集中度较高；日本的在线证券行业的发展回暖和平稳问题等均为数字普惠金融发展带来了很大的不确定性。

从相关企业的财务报告和披露的数据来看，相较于成熟的数字普惠金融行业的业绩发展稳定，可持续性高，新兴的行业则在经营过程中面临着较大的经营风险和监管风险，行业发展的可持续性也需要新兴行业的不断摸索和前行才可探查，存在较大的不稳定性。

二 国内发展趋势

国内数字普惠金融的发展日益迅速得益于两方面的因素。首先是国内商业银行在发展过程中遇到了瓶颈和困难，依托自身的发展无法摆脱困难，这是以商业银行为代表的传统金融机构所面临的共性问题。其次是致力于普惠金融的非传统金融机构面临着人力成本提高等问题，且业务发展过程中很多问题需要新的商业模式使其得以升级。数字惠普金融的兴起得益于传统金融行业的发展不力和普惠金融自身金融科技水平的提升。

(一) 现实基础及现状

1. 现实基础

《推进普惠金融发展规划（2016—2020 年）》，将普惠金融定义为：立足机会平等要求和商业可持续原则，通过加大政策引导扶持、加强金融体系建设、健全金融基础设施，以可负担的成本为有金融服务需要的社会各阶层和群体提供适当、有效的金融服务。中国普惠金融发展经历了公益性小额信贷、发展性微型金融、综合性普惠金融、创新性互联网金融四个阶段（见表 8 - 7）。

表 8 - 7　　　　　　　中国普惠金融的主要发展阶段

发展阶段	标志性事件	主要特征
公益性小额信贷（20 世纪 90 年代）	1993 年，中国社科院农村发展研究所在河北易县建立了中国首家小额信贷机构——扶贫经济合作社，以改善贫困户的经济状况和社会地位	小额信贷的主要资金来源是个人或国际机构的捐助以及软贷款，致力于改善农村地区的贫困状况，体现普惠金融的基本理念

续表

发展阶段	标志性事件	主要特征
发展性微型金融（2000—2005 年）	中国人民银行提出采取"一次核定、随用随贷、余额控制、周转使用"的管理办法，开展基于农户信誉，无须抵押或担保的贷款，并建立农户贷款档案，农户小额信贷得以全面开展	随着该时期再就业和创业过程产生的大量资金需求，正规的金融机构开始全面介入小额信贷业务，形成了较有规模的微型金融体系，为促进就业和改善居民生活做出了贡献
综合性普惠金融（2006—2010 年）	2005 年中央"一号文件"明确提出有条件的地方，可以探索建立更加贴近农民和农村需要、由自然人或企业发起的小额信贷组织	小额信贷组织和村镇银行迅速兴起；银行金融服务体系逐步将小微企业纳入服务范围；普惠金融服务体系提供包括支付、汇款、借贷、典当等综合金融服务，并有网络化、移动化发展趋势
创新性互联网金融（2011 年至今）	余额宝等新型互联网金融产品为广大群众提供了互联网支付、互联网借贷以及互联网理财等丰富多样的金融服务	互联网金融得到迅速发展，形成了所谓"以第三方支付、移动支付替代传统支付，以 P2P 信贷代替传统存贷款业务，以众筹融资代替传统证券业务"的三大趋势

资料来源：焦瑾璞、黄亭亭、汪天都、张韶华、王瑱：《中国普惠金融发展进程及实证研究》，《中国人民银行工作论文》2015 年第 2 期。

在创新性互联网金融阶段，互联网的发展催生出金融科技的进步，使得金融科技与普惠金融快速融合，产生了数字普惠金融的快速发展。目前，数字普惠金融能够很大程度上优化主流金融机构在金融服务过程中的服务质量并降低了服务成本，而且惠及范围宽泛。其突破空间局限、便捷资源配置及低成本的特点使数字金融在普惠金融的四阶段发展过程中以绝对优势占据主流地位。

随着 2016 年 G20 峰会的召开，通过缔结数字普惠金融的"国际公约"——《G20 数字普惠金融高级原则》，该"高级原则"成为全球推广数字普惠金融的行动指南，宣布开始进入"数字普惠金融"时代。中国的数字普惠金融的发展所取得的成果及国际地位也日益凸显。

2. 发展现状

相较于国际数字普惠金融的发展，国内的发展侧重于移动支付和信贷方面，聚焦于第三方支付行业及 P2P 行业。传统的金融机构加快推进各自网上银行的开发和使用，并不断丰富和完善线上银行的产品和服务。这解决了偏远地区线下网点覆盖难度大的困难，同时也降低了服务成本。

除了传统金融机构以外，微信和支付宝等线上支付平台也在原有支付业务的基础上推出网上银行和网上金融机构，例如腾讯的微众银行、阿里巴巴的蚂蚁金服，在一定程度上弥补了传统银行的不足，并通过多种途径启发用户数字普惠金融意识。对于信贷行业而言，P2P 是近几年发展迅速的新兴业态，利用技术的发展，使得贷款人和借款人二者之间依托线上平台实现资金的流动，这是数字普惠金融的一种有效实施方式和实践途径。但是 P2P 在发展过程中过于粗放，在监管和风险管控方面仍需进一步探索。接下来就移动支付和 P2P 两个方面的发展现状进行具体分析。

（1）移动支付

移动支付行业的发展主要从两个体系展开，第一个是以商业银行为主的银行支付体系，里面包含了商业银行和银行业金融机构；第二个是非银行支付体系。根据两个体系的不同特点可以发现我国移动支付行业主要体现为以下四个方面的特点。

第一，中国人民银行支付体系提供支撑功能。银行支付体系和非银行支付体系均具有巨额的成交量，该成交量依托于中国人民银行建设运营的小额批量支付系统和网上支付跨行清算系统等。首先，通过分析数据可以发现中国人民银行处理的业务量超出了银行支付和非银行支付体系处理的业务量之和，中国人民银行处于核心地位。其次，以商业银行为主体的银行支付体系的业务量之和处于中国人民银行支付体系和非银行支付体系二者之间，在数字普惠金融的发展中起着关键作用。最后是非银行支付体系，业务量最少，但是主要处理的是额度较小的业务，且交易次数遥遥领先。作为数字普惠金融的末端，主要侧重于中小微企业的支付业务和个人的支付业务，是数字普惠金融的践行者。总而言之，支付体系的三个层次均在移动支付中发挥着各自的作用并取得了一定的成就，其中中国人民银行是中心，银行支付体系是主干，非银行支付体系是末梢。

第二，交易量持续增加，单笔交易金融逐步下降。随着第三方支付技术的发展和应用，移动支付的普及率大大增加，被广泛应用在生活的各个方面。从而促使交易的总量不断增长，但是因为普及范围广，用户使用更加频繁，从而促使单笔交易数额下降，越来越多的用户倾向于使用电子货币而非现金，可见移动支付方面的数字普惠金融成果显著。

第三，数字普惠金融的牌照发放力度增加。目前在金融机构的牌照发放中对普惠金融的相关金融机构的牌照有所倾斜，但是集中性比较明显，主要体现在经济发展较发达的地区获得的牌照数量较多。但是由于移动支付可以实现跨区域的服务，所以对于偏远地区和欠发达地区仍可以获得数字普惠金融的服务。同时为了防止恶意竞争，一般机构都具有两张子牌照。这对数字金融的发展提供了有利的条件。

第四,支付宝和微信在数字普惠金融中的发展潜力巨大。支付宝最开始便以第三方支付的形式成立和运营,在经历了十几年的发展以后业务范围越来越广泛,覆盖区域越来越多,特别是贫困地区。用户数量方面,2017 年支付宝用户达 5.2 亿户,移动支付占比达 82%;商户端,2017 年支付宝覆盖了全国 4000 多万个小商家,累计接入了 36 个境外国家和地区的数十万商户。业务范围方面,超过 30 个城市公交、地铁支持支付宝支付;2 亿多用户在办理社保、交通、民政等 12 大类的 100 多种服务时,可使用支付宝。在贫困地区覆盖率方面,在 832 个国家级贫困县和连片特困地区县中,蚂蚁金服服务了 795 个,为其提供支付、信贷等服务。微信作为后起之秀,在经历近五年的发展后,用户数量大增,而且作为中国最大的社交网站,客户稳定且活跃度高。多数用户通过微信进行线下支付,这使得微信 2017 年的增长量相较于 2016 年增加了 280%。作为中国支付的两大主力机构,在未来将为数字普惠金融的发展提供巨大推动力。

(2) P2P

随着互联网的发展和技术的进步,P2P 发展迅猛,在各地特别是经济发达地区遍地开花,但是随之也出现了很多庞氏骗局,直接导致社会信任度下降,风控问题迫在眉睫,政府在监管上也面临较大困难。

P2P 作为互联网金融发展中的一种重要金融业态,对数字普惠金融的发展起着促进作用。随着国家对金融风险的整治力度加大,P2P 的发展受到了一定的影响,但是 P2P 的发展更加规范。通过零壹财经的不完全统计,截至 2017 年第三季度,中国累积上线的 P2P 平台达到 5358 家,正常运营的 P2P 平台为 30% 左右。总体而言,中国的 P2P 行业呈现出市场集中度不高、贷款额度小、借款主体个人化的特点。

首先,市场集中度不高有利于数字普惠金融的发展,在 P2P 行业的发展中未出现一家或是几家独大的情况。截至 2017 年,排名前 10 的企业在全行业的占比只有 25%,贷款余额仅占全行业的 8%,并在 2018 年有所下降,排名前 100 的企业的贷款余额仅占行业总额的 33.5%。

其次,贷款额度比较小,贷款的投向倾向于中小微企业和个人,而且更倾向于个人贷款。从累积的贷款额和贷款余额及贷款的发放对象而言,个人贷款的比例持续增长,这体现了贷款主体的普惠性。

最后,借款人的小额借款人群增加。单笔借款额度下降,借款额度以小额为主,而且借款笔数增加,借款人呈现越来越明显的普惠性。

(二) 发展特征及趋势

数字普惠金融相较于传统金融行业，其服务对象更全面，覆盖范围更广。受多种因素影响，我国商业银行主要的服务对象为大型企业，或者具有较多固定资产的企业，这对于大部分中小微企业来说，从银行方面解决融资难的问题难度很大，尤其是一些轻资产的新兴技术公司。在这种情况下，随着互联网和金融科技的发展，数字普惠金融的发展得以崛起，它满足了中小微企业的资金需求并能够使其获得相应的金融服务，跨区域跨行业的金融服务变成现实。

相较于传统金融机构，数字普惠金融的参与机构更加多元化和多层次，产品和服务也更加丰富和完善。提供数字普惠金融的机构包括三个主要机构，首先是银行金融机构，其次是非银行金融机构，最后是协会及合作社等合作性质的机构。不但覆盖了中国农业银行、中国邮政储蓄银行，也包括了P2P、保险、消费金融等公司，还涵盖了农村信用合作社等合作机构。这些机构不但提供传统的存贷款业务，还提供线上理财、保险等业务。

1. 发展特征

（1）数字普惠金融的可获得性更高

数字普惠金融的可获得性主要体现在以下三个方面：首先是技术的发展，现有的互联网发展、金融科技的突起及通信服务的不断优化，大数据、云计算和区块链技术的发展使得数字普惠金融已经突破了空间的限制，用户无论身处何地，只要有网络便可获取金融服务。其次是金融服务衍生而出的信用体系将会更加完善，通过金融服务而产生的金融数据，结合相关技术为个人和企业的征信提供凭证和依据，从而可以进一步推动数字普惠金融的发展，那么可达性和可获得性也会逐步提高。最后是传统金融机构服务范围以外的客户可以在数字普惠金融发展过程中享受到本应该享受到的金融服务，而且通过网络平台实现面对面融资。

（2）数字普惠金融的覆盖范围更广

数字普惠金融的覆盖范围更广得益于硬件和软件的发展。首先是移动通信的技术不断完善，偏远地区仍然可以实现手机上网业务；其次是互联网的快速发展，越来越多地区可以实现网络的覆盖和便利的使用；最后是相关应用场景的落地，比如网上银行、线上融资及商业模式的更新均有利于数字普惠金融的实现，从而使得其能够扩大用户覆盖范围，实现普惠金融的进一步发展。

（3）数字普惠金融的金融成本低

数字普惠金融的金融成本低主要体现在以下两个方面：首先是节省了

物理网点和人力资源的成本。传统金融机构需要依托于实体营业网点实现金融服务，并且配备相应的场地、设备和人力，由此服务成本将大大提高，尤其是偏远地区由于基础设施等相关条件的限制，相应的服务成本更高。然而数字普惠金融通过互联网和金融科技，线上即可实现金融服务的完成，无须构建线下实体网点，大大节省了相应的服务成本。其次是风险管理成本也得到了大大降低，传统金融服务的业务范围的风控主要通过银行内部或银行之间的用户数据实现资质审查，但是对于其他渠道的相关数据获取困难，风控成本和效果都有很大的上升空间。数字普惠金融可以依赖于网上交易数据及相关的计算机技术实现数据挖掘，形成用户的征信报告，这些报告能够准确地衡量出企业的信用情况及关联关系，降低信息收集成本及线下审核等风险。

2. 发展趋势

（1）宏观政策制度支持力度加大

数字普惠金融的监管政策将会不断完善。国家对数字普惠金融发展态度是提倡并肯定了数字技术在推动数字普惠金融中的重要作用。通过 2016 年出台的《国务院办公厅关于印发互联网金融风险专项整治工作实施方案的通知》可以看出，国家重视数字普惠金融发展过程中的监管问题，规范数字普惠金融的发展，推动数字普惠金融的良性发展，其中对穿透式监管进行了强调。随着国家政策的支持力度不断加大，未来数字普惠金融的发展将日益规范化和完善，发展也会越来越好。

国家大力扶持征信体系的发展和完善。国家致力于构造全面的信用体系，随着现有金融科技的发展，相关的技术已经日益成熟，互联网基础设施的建设也在逐步完善，线上征信系统也在逐渐发展，例如芝麻信用等，个人信用体系逐步构建起来。在此基础上，随着国家扶持力度的加大，民间信用体系的成功构建将大大推动数字普惠金融的发展。

（2）数字普惠金融与数字化技术的融合度加强

现有的数字普惠金融的发展得益于传统金融机构的自我变革和互联网公司业务扩张，虽然看起来数字普惠金融在如火如荼地进行，但是均在表层加以扩展，例如扩大覆盖面，降低运营成本等，数字化技术和数字普惠金融还须进一步的融合和发展，随着技术和资本的可得性逐步提高，未来的数字经济将融入到普惠金融的流程中去。

首先是用户身份的识别。现有的用户识别技术突破了原有的指纹识别、人脸识别等技术，通过虹膜识别技术等更高层次的识别技术的发展使得网络安全问题得以不断提高，未来用户身份识别将实现数字化。

其次是优化用户匹配。用户的网上行为和上网时间从某种程度上即反映了用户的现实需求和潜在需求。通过用户的网上痕迹，借助金融科技实现用户画像，使得金融服务能够更好地挖掘、发现和满足用户的需求，实现和用户更好地匹配。同时也提高了金融服务的效率和效果。

再次是数字化技术的风险控制。用户的线上数据可以为金融机构提供用户的特征、信用及投资偏好等信息，通过精准匹配后，用户和投资者之间可以完成有效的对接，结合大数据风控可以大大降低违约的概率。

最后是智能检测和修正。因为数字普惠金融存在大量的数据，依靠人为检测和修正基本上不可能，所以需要依托数字化技术来进行智能检测和修正，逐步提高金融服务的成功率。

(3) 数字普惠金融供应商大有可为

首先，数字普惠金融的巨大发展潜力使得其牌照甚为抢手，例如第三方支付已获得牌照的企业，其本身的牌照就具有巨大价值，很多大企业在发展数字普惠金融的过程中，受制于监管力度的不断加大，牌照的审批日益困难的影响，不惜高价购买牌照。

其次，数字普惠金融的公司本身便蕴藏着丰富的数据资源，又称数据金矿。在大数据不断发展和完善过程中，数据资源将变成具有巨大价值的财富，通过开展大数据业务或者建立大数据公司均可有所作为，而且在金融创新过程中可以优先尝鲜。

最后，除了数字普惠金融业务已经有所发展的供应商外，随着技术的进步和创新的不断凸显，越来越多的新供应商将产生，届时将会衍生出更多的细分市场和创新空间，未来数字普惠金融的发展将会为供应商提供更多的机会和财富。

(三) 发展模式及经验

数字普惠金融的发展主要来源于传统金融机构和新兴的互联网金融机构，这两大主体的互相合作推动了数字普惠金融的发展，同时也得益于互联网和相关技术的基础设施的发展。在促进数字普惠金融发展中，传统金融机构具有风险控制、客户认证、产品设计等多个方面的优势，但是由于经营模式和运营机制的束缚，使得其在发展数字普惠金融过程中很难快速适应市场的需求，提升自身的效率、产品和服务。新兴的互联网金融机构在产品和服务创新及产品设计方面都发展迅速，但是风控、客户认证等方面具有明显的劣势，所以通过数字化的发展和技术进步，实现二者的融合能够进一步推动传统金融机构的发展升级及互联网金融机构的风控。

1. 发展模式

中国数字普惠金融的发展是吸收国外发达国家和发展中国家普惠金融发展的优势，融合"移动金融"和"金融科技"的优势，再结合中国自身的特点和发展优势，形成具有中国特点的数字普惠金融的"综合模式"，具有"服务群体全方位、金融产品多层次、发展路径跨越式"的特点。"全方位""多层次"为针对不同用户开发的不同的数字普惠金融产品，主要有面向城镇低收入人群农户的传统型、面向所有人群和企业的综合型。"路径跨越式"体现中国数字普惠金融虽然发展时间晚，发展长度短，但是发展速度快，有望实现弯道超车。相信"中国模式"可以在中国国情的基础上，依托国际发展经验，实现全民及企业的综合、快捷、便利和低成本的金融服务，达到全方位、多层次的普惠金融。

根据不同的客户特点，可以将这种多层次的普惠金融体系分为三类，具体如表8-8所示。

表8-8　　　　　中国数字普惠金融的发展模式分类及其特征

项目	面向城镇低收入人群的传统普惠金融服务	面向农户的传统普惠金融服务	面向所有人群和企业的综合型金融服务
客户特征	单个客户服务成本相对较低、客户数字化程度高	单个客户服务成本较高、客户数字化程度低	客户接受新鲜事物速度快，有综合理财需求，但是单笔金额小
数字普惠金融环境	城镇地区数字普惠金融基础设施良好，数字征信体系相对完善	农村地区数字普惠金融基础设施薄弱，数字征信体系处于发展初期	缺乏大量的征信数据，但通过社交网络、交易平台等能积累大量数据
业务模式	技术与数字驱动，"纯线上+数字征信+大数据风控"模式已初步形成	依托网点与人工服务，"互联网金融+基层党组织+精准扶贫"模式正处于探索期	"大数据征信+大数据风控+大数据精准市场分析"的综合性金融服务
代表性金融机构	传统金融机构：城市信用社；科技金融公司：蚂蚁金服、腾讯金融、百度金融、京东金融等	传统金融机构：中国邮政储蓄银行、农村信用社；新型金融机构：村镇银行、小贷公司、资金互助社；科技金融公司：蚂蚁金服、腾讯金融、百度金融、京东金融等	科技金融公司：蚂蚁金服、腾讯金融、百度金融、京东金融等

2. 发展经验

（1）依托移动货币实现数字普惠金融

移动货币的发展主要在发展中国家取得了巨大发展，这是因为发达国家本身的金融体系发展完善，而且在金融创新方面需求较弱、推广难度大。中国的移动支付发展迅猛，基本上在传统金融体系尚未完全覆盖和普及的时候，移动支付已经得到了广大民众的接受和频繁使用。移动货币可以依托移动支付，实现网上的线上交易和线上金融服务，蚂蚁金服等互联网金融机构的成立也为数字普惠金融的发展提供了助推力。

(2) 通过金融科技提供全方位的金融服务

金融科技是数字普惠金融发展的支柱和主要条件，数字化很大程度上是依托金融科技而实现，大数据、云计算和区块链技术的发展为金融业务的开展及金融信息的深度处理和数字化提供了技术支撑。所以中国数字普惠金融的发展借力金融科技打造具有中国特色和中国力量的数字普惠金融是中国发展数字普惠金融的必然选择。

(3) 多方力量共同推动数字普惠金融发展

数字普惠金融的发展需要良好的发展环境、成熟的金融科技及完备的基础设施和生态体系。所以数字普惠金融的发展首先得益于政府的大力支持，通过出台相关政策法规、构建适合数字普惠金融发展的有利环境并鼓励相关技术的发展和公司的创新。其次得益于传统金融机构需要突破原有运营机制和发展模式，基于现有金融发展现状，通过技术等途径实现升级，并运用自身优势推动数字普惠金融规范健康发展。最后得益于金融科技公司不断加强技术研发和技术应用场景的规划，不但考虑商业化，同时也着眼于未来数字普惠金融发展的趋势强化技术开发。

三　数字普惠金融的国内经典案例——蚂蚁金服

(一) 公司简介

蚂蚁金服起步于 2004 年成立的支付宝。阿里巴巴成立之初致力于 B2B 业务，为了推动业务的发展，构建了支付宝平台，通过支付宝为阿里巴巴的 B2B 贸易业务提供支付和担保。支付宝成立于 2004 年，经历了十几年的发展，支付宝的业务已经从最开始的技术和数据业务逐步发展到支付业务，并扩展到金融服务和金融科技方面，业务范围越来越多样化，金融服务越来越丰富，金融层次越来越多元。

在支付宝的发展过程中，基于应用场景不断完善自己是其一贯的选择。首先是阿里巴巴和淘宝的成立，为了推动交易的正常进行，支付宝应运而生；但是应用场景仅限于支付，平台仅限于电商平台，涉及阿里巴巴、淘宝、天猫，竞争力薄弱。支付宝在这个过程中突破原有自身的定义，开始着眼于功能和产品的优化，逐步扩展业务范围，首先脱离仅对企业内平台提供支付服务，增加相关城市服务；其次扩展业务场景，突破原有的纯线上消费场景。

在这个过程中，2013年支付宝迎来了转型的关键一步，余额宝的推出使得支付宝在金融服务领域做出了尝试，而且获得了巨大成功。用户可以将账户里的闲散资金放入余额宝，并获取高出银行同期存款的利息，而且可以直接用于支付等消费行为，短时间吸纳了大量的资金。在此基础上，随着余额宝的不断发展，支付宝用户的理财意识被唤醒，也进一步推动了相关理财产品的开发。

随后在2014年蚂蚁金服成立，从最开始的支付平台转换为一站式零售金融生活的入口，打造一个开放、便捷和共享的金融服务平台，并通过芝麻信用构建一个共享的信用平台。通过平台为全球的消费者和中小微企业提供有效的金融服务，实现数字普惠金融的发展，并在2015年及2016年实现A轮和B轮的融资。

通过2004—2018年的发展，如今的蚂蚁金服旗下众多品牌齐头并进，用户不断攀升，在国内占据龙头地位，并在推动金融机构的转型升级方面不断做出努力，为践行"互联网推进器"使命不断朝前发展。蚂蚁金服的公司重要历史事件一览如表8-9所示。

表8-9　　　　　　　　　蚂蚁金服重大历史事件一览

时间	事件
2004年	支付宝正式成立
2005年	支付宝与招商银行、中国工商银行战略合作；提出"你敢用，我敢赔"的口号，推出"全额赔付"制度
2007年	支付宝用户数达到5000万；支付宝联合中国建设银行、中国银行拓展海外业务
2008年	支付宝公共事业缴费服务正式上线；支付宝注册用户数突破1亿
2009年	支付宝正式推出手机支付服务
2010年	支付宝创新的"快捷支付"推出，大幅度提升支付成功率
2011年	支付宝获得央行颁发的国内第一张《支付业务许可证》（又称"支付牌照"）
2013年	支付宝与天弘基金合作推出"余额宝"，在金融领域迈出关键性一步；阿里巴巴作为发起人之一设立了"众安保险"，成为第一家网络保险公司
2014年	蚂蚁金服正式成立，网商银行获批
2015年1月	芝麻信用正式面世，成为结合后台技术、数据，衡量个人信用、提高风控水平的关键部门

续表

时间	事件
2015年7月	2015年7月，蚂蚁金服完成120亿元A轮融资
2015年9月	入股国泰产险；完成对Paytm两轮投资，开启国际化进程
2016年	完成45亿美元的B轮融资
2017年10月	蚂蚁金服ATEC大会首次举办，披露蚂蚁金服面向未来的技术布局——"BASIC"战略
2018年2月	阿里巴巴宣布入股蚂蚁金服，持股33%
2018年4月	阿里巴巴与蚂蚁金服全资收购饿了么，进一步完善生态圈布局

资料来源：蚂蚁金服官网，安信证券研究中心。

（二）蚂蚁金服独有的金融生态圈

1. 产品：爆款层出不穷

蚂蚁金服推出的多款产品在社会上都取得了很热烈的讨论，并且很多产品广受消费者的欢迎。例如支付宝作为蚂蚁金服的主打产品，其带来的流量和数据巨大，已成为用户不可或缺的第三方支付工具。并且在世界上也占据领先地位，在B2B平台及B2C和C2C平台有广泛应用，远超PayPal，成为世界最大的第三方支付平台。

除此以外余额宝更是一经推出就吸引了大量的用户，并在社会上得到了广泛的讨论，最初的年化大于6%的收益聚集了大量社会闲散资金，并在一定时期内对传统金融机构的存款业务产生了一定的冲击。而且其具有客户数量多、平均每笔数额小的特点，成为数字普惠金融的有效应用，作为中国大众消费者财富管理的启蒙者，开启了中国开放式基金和财富管理的发展，在其后涌出了大量的理财APP。

另一爆款是蚂蚁花呗，在中国实体信用卡仍在进一步发展的情况下，蚂蚁金服推出了蚂蚁花呗，为年轻用户特别是不具备申请信用卡，但是又有提前消费需求的长尾用户提供了信用消费的机会，而且2017年其用户就突破了银行信用卡用户，并由此衍生出一系列的应用场景，为市场提供了更多消费需求，为推动消费增长做出了一定的贡献。

2. 牌照：满足监管需求

在蚂蚁金服的发展过程中，对牌照的需求也越来越多，所以在发展中不断补齐牌照，在满足监管的同时为新业务的发展提供了空间，目前主要的牌照有四类：支付的相关牌照、财务管理的相关牌照、微贷牌照和保险牌照。这些牌照为蚂蚁金服未来在金融领域的发展奠定了良好的基础。

3. 平台：财管微贷保险

蚂蚁金服不断完善和优化金融服务平台，致力于打造开放、共享的金融服务，在该平台的发展中，依托支付宝，发展财富管理、保险、信贷、信用等多元化业务，满足用户在日常生活和资金往来中的金融服务需求。

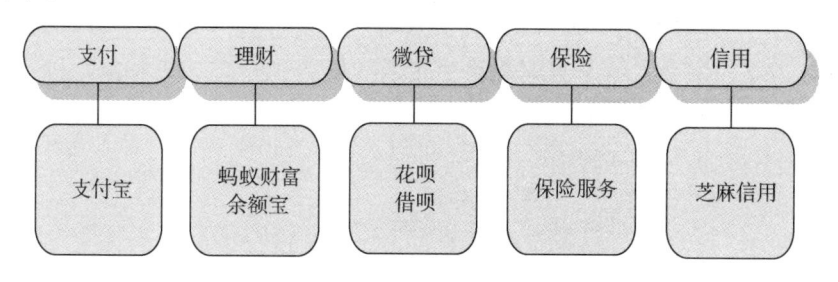

图 8-2　蚂蚁金服构建综合金融服务平台

资料来源：安信证券研究中心。

（三）数字普惠金融与社会责任

首先为小微企业和个人消费者提供平等的金融服务。传统金融机构倾向于服务于市场中 20% 的客户，这类客户规模大、集中度高，符合传统金融机构常规的授信要求，但是针对市场中 80% 的小微客户和普通消费者，享受同等金融服务的概率非常低，这是经济发展过程中需要解决的客观问题。蚂蚁金服在金融服务中为该问题的解决提供了有效途径，通过余额宝、花呗、借呗、芝麻信用和保险等服务为小微企业和普通个人消费者提供金融服务，这不但促进了企业的发展，也体现了企业的社会责任感。

其次为客户提供多元化服务。蚂蚁金服通过向客户提供多元化的服务，将业务从收款逐步延伸到资金的管理、贷款、保险和信用等，并提供适当的增值服务，很大程度上提高了小微企业的收入并减低了小微企业的运行成本。随着蚂蚁金服的金融体系越来越完善，其从小微客户的角度出发，依托于数据和技术，提供多收多赚、多收多贷、多收多保等服务，从而建立了黏性更高的商户生态。

第一，多收多赚。通过财富管理平台，将小微企业经营过程中所获取的资金盈余用来购买货币资金，从而提高资金的使用效益，所涉及的小微企业客户数量巨大，对其资产的管理规模高达千亿元。

第二，多收多贷。支付宝通过在日常运营过程中对中小用户的了解，从而能够很好地对用户的贷款额度进行审查和审批，并且降低用户的融资成本。通过数据和模型的智能操作，审批速度快，放贷时间短，流程清晰。

第三，多收多保。支付宝的大部分小微商户都无法享受社保，所以针对该情况，支付宝推出相应的保险服务，让其小微商户能够在无法享受社保的情况下仍能够得到较好的医疗服务。

第四，增值服务。除了上述服务外，蚂蚁金服与电子发票运营商、CRM 方案提供商、ERP 方案提供商等 ISV 服务商合作，将其客户进行分类，基于不同类别的客户提供个性化的服务，该服务涵盖了支付、商业运营、咨询等多方面的综合服务。

第五，挖掘农村金融服务业务机会。蚂蚁金服认识到农村地区物流落后，理财、保险和信用等金融服务大大欠缺，但是农村具有巨大的客户群，数字普惠金融潜力巨大。在这种情况下，蚂蚁金服通过成立农村金融事业部为农村提供普惠金融，同时打造供应链金融，帮助农村商户解决农产品的销售和运输等问题，大大促进了农村普惠金融的发展。

第三节　数字普惠金融的风险分析

一　数字普惠金融发展的机遇

在 2013 年，党的十八届三中全会通过《中共中央关于全面深化改革若干重大问题的决定》，正式提出"发展普惠金融，鼓励金融创新，丰富金融市场层次和产品"。2015 年 12 月 31 日发布的《推进普惠金融发展规划（2016—2020 年）》是"十三五"期间我国普惠金融发展的纲领性文件，该文件指引我国普惠金融的发展，并鼓励传统金融机构和互联网金融公司运用大数据、云计算和区块链等金融科技来推动普惠金融发展的广度和深度。

2016 年 G20 峰会在杭州召开，峰会签订了《G20 数字普惠金融高级原则》，这是峰会的重要举措之一，并且得到了参会国家的积极响应。这是普惠金融利用互联网和基础技术进步突破原有发展模式，走向数字普惠金融的必然要求。《G20 数字普惠金融高级原则》从数字普惠金融发展中的创新与风险、法律和监管框架、数字金融服务基础设施、金融消费者保护以及数字技术和金融知识普及等方面对数字普惠金融进行详细的阐述，说明了数字普惠金融的重要作用，为数字普惠金融的发展提供了十分有利的国内外环境。

表 8-10　　　　　　　　　数字普惠金融扶持政策

时间	相关政策文件	主要内容
2013 年 11 月	《中共中央关于全面深化改革若干重大问题的决定》	发展普惠金融，鼓励金融创新，丰富金融市场层次和产品
2015 年 12 月	《中国人民银行关于改进个人银行账户服务加强账户管理的通知》	拓宽开户渠道，增设远程开户渠道，有条件的银行可探索将生物特征识别技术和其他安全有效的技术手段作为核验开户申请人身份信息的辅助手段。中信银行、招商银行的部分互金平台已经开始运用人脸识别技术进行辅助开户、风险评估等银行业务
2015 年 12 月	《推进普惠金融发展规划（2016—2020 年)》	积极引导各类普惠金融服务主体借助互联网等现代信息技术手段，降低金融交易成本，延伸服务半径，拓展普惠金融的广度和深度
2016 年 3 月	《关于金融助推脱贫攻坚的实施意见》	鼓励探索利用移动支付、互联网支付等新兴电子支付方式开发贫困地区支付服务市场，填补其基础金融服务空白。支持贫困地区金融机构假设创新型互联网平台，开展网络银行、网络保险、网络基金销售和网络消费金融等业务
2016 年 6 月	《促进中小企业发展规划（2016—2020)》	支持利用大数据以及各类信息资源，建立包括企业纳税信息、进销存信息、诚信经营信息等中小企业信用信息平台

资料来源：盈灿咨询。

近年来，我国不断推动数字普惠金融的发展，在《推进普惠金融发展规划（2016—2020 年)》（以下简称《规划》）中明确提出，鼓励金融机构运用大数据、云计算等新兴信息技术，打造互联网金融服务平台，为客户提供信息、资金、产品等全方位金融服务。鼓励银行业金融机构成立互联网金融专营事业部或独立法人机构。推广保险移动产业，提高特殊群体金融服务可得性，发挥网络借贷平台融资便捷、对象广泛的特点，引导其缓解小微企业、农户和各类低收入人群的融资难问题。发挥股权众筹融资平台对大众创业、万众创新的支持作用。发挥网络金融产品销售平台门槛低、变现快的特点，满足各消费群体多层次的投资理财需求。《规划》鼓励从支付、借贷、理财、保险等方面提升我国数字普惠金融的覆盖范围和金融的可获得性。

二 数字普惠金融发展中存在的风险

(一) 征信体系尚不健全

征信体系是发展数字普惠金融的必要条件和基础,无论是网上理财、保险,还是网上信贷和信用均依托于信用体系,特别是网上信贷业务。但是由于信用体系的不健全,导致该行业发展受限。我国信用体系不健全主要体现在以下几个方面:

首先,现有的征信主要渠道以传统商业银行为主,同时发布在各个政府机构,例如税务局、公安局、法院和保险监督等部门,而且这些征信机构之间的数据并未很好地整合在一起,导致征信体系发展缓慢。

其次,以商业银行为主的信贷体系中关于中小企业的相关材料欠缺,中小企业因为种种原因,一直面临着融资难的问题,商业银行为了规避坏账和不良贷款率,在中小企业授信方面一直未放开。所以商业银行所拥有的中小企业的征信数据不足或者存在偏差,但是数字普惠金融的主要用户和服务对象便是中小企业,这会导致数字普惠金融的发展受限。

最后,民间征信机构规模较小,且目前关于个人的征信体系发展未受到重视,对于数字普惠金融的大范围受众仍很难获得有效的征信数据,例如广大的农村地区。

(二) 数字普惠金融信息安全有待提高

数字普惠金融的发展需要数字普惠金融信息的安全作为保障。在数字经济时代,数据即价值,数据包含大量的信息,信息的安全性从某种意义上说是推动数字普惠金融发展的保障。数字普惠金融的交易过程主要通过线上进行,信息的安全至关重要。

如今的信息泄露问题比较严重,如 12306 铁路购票系统的信息泄露问题;相关的金融欺诈也是屡见不鲜,不乏高校学生、老年人经历过电话诈骗;P2P 公司跑路,巨额资金下落不明,等等。

基于数字化开展的金融服务,数字技术的安全性和可靠性直接影响服务的质量和安全及其客户对该行业的信任。信息安全的保障不足直接导致我国的数字普惠金融的发展遭受重大打击,所以数字普惠金融信息安全有待提高。

(三) 数字普惠金融的监管体系尚待完善

数字普惠金融作为新兴业态,在金融模式上属于突破性创新,其融合了大量传统的独立业态,无论是支付、借贷,还是保险和理财都可以混业经营，同时还新出现了一些新金融服务，例如运费险等，面对如此丰富的金融服务，大量的创新公司喷涌而出，营造出繁荣的金融发展态势。但是由于数字普惠金融的监管体系不健全，很多问题没有及时发现进而带来了大范围的影响。金融监管体系的空白和滞后性对这类问题的出现也无法实现实时监控，且一时难有合适的解决途径，最终导致行业的监管难度越来越大，行业的发展也会停滞不前。

目前我国相关数字普惠金融的监管体系尚不完善，相应的监管政策尚未出台，有关政策在执行过程中也面临重重困难，这些均不利于数字普惠金融的发展，所以数字普惠金融的监管体系亟待完善。

三　数字普惠金融的风险管控分析

数字普惠金融的风险一方面来自在金融投资过程中高风险偏好人群，一方面来自互联网发展过程中相关技术的运用所产生的技术风险。对于数字普惠金融来说，这两方面的风险都很难避免。

首先是高风险偏好人群缺乏相应的金融知识，容易在面临诱惑时对风险缺乏分析从而导致不可挽回的损失。在这种情况下，高风险偏好人群需要强化自身金融知识的学习。数字普惠金融需要借助互联网技术的发展不断创新和升级，这需要市场做好风险管控，在预测未来风险面前在解决互联网技术发展所存在的问题，要利用互联网的发展提供更好的风险管控技术。

但是除此以外，市场仍然存在信息不对称及金融市场自身的系统风险，这些都会使数字普惠金融的缺陷无法得到显著的改善，所以数字普惠金融的风险管控势在必行。

（一）管控的目标

1. 加强数字普惠金融的风险防范

数字普惠金融服务范围广，涉及体量大，对于数字普惠金融风险的防范至关重要，不仅仅关系到社会大众的财富安全，而且关系到社会的稳定。针对数字普惠金融的发展需要寻找商业利益和社会责任的平衡点，通过行业外部监管、行业内部自律以及法律规范等多方联合，合法经营，健康发展。

2. 优化数字普惠金融的发展环境

数字普惠金融的有序、健康发展需要一个有利的发展环境。发展环境和政府、行业及市场密不可分。数字普惠金融的发展情况从某种程度上受政府政策的影响，如果政策对数字普惠金融规范不足则会出现过度发展、浪费经济资源的情况，但是如果政策规范过度，又会抑制数字普惠金融的发展，导致发展缓慢甚至停滞不前，所以优化数字普惠金融的发展需要政府制定社会数字普惠金融的政策和法规。政府的机制体制也对数字普惠金融的发展环境的构建起到重要作用，否则出现问题时将无法解决，多种问题积压在一起会出现大范围的不良影响。所以在数字普惠金融的发展过程中需要优化发展环境，构建"全覆盖、低成本、可持续"的数字普惠金融体系。

3. 完善数字普惠金融风险监管体制

数字普惠金融的发展依托于技术的进步，随着互联网的发展，传统的风险监控机制已经无法适应数字普惠金融的需求，但是风险监管问题至关重要，政府在其中发挥着重要作用，所以需要利用金融科技的大数据、云计算等多种技术构建数字普惠金融风险监控的完善体制，以此来保障数字普惠金融的健康发展。需要从数字普惠金融发展过程中存在的违法违规行为和扰乱市场的行为等方面加以监管。同时在监管过程中要遵循2016年出台的《互联网金融风险专项整治工作实施方案的通知》，通过穿透式监管，针对金融产品的特征和本质制定适合的监管方式。

（二）管控的原则

1. 鼓励创新与防范风险相结合

鼓励创新与防范风险相结合的主要目的是推动数字普惠金融的健康发展。首先是鼓励创新，这里强调风险的管控需要适度，不可以为了控制风险而阻碍数字普惠金融的创新发展。鼓励创新需要通过原则性监管来实现，通过明确监管目标、理清运营模式、确定双方责任的宏观监管方式，对数字普惠金融的风险设定一个上线。其次是防范风险，防范风险则是通过规则性监管，了解各类具体模式的区别、明确主要风险点、明晰不同风险的底线，强调对数字普惠金融的风险进行基础的监控和防范，设定数字普惠金融的下限。例如通过负面清单实施管理。

2. 市场自律与监管相结合

目前普惠金融已进入数字普惠金融阶段，发展仍处于初期，在这期间很多问题已经开始凸显，但是真正需要解决的问题尚未充分显露，所以数字普惠金融需要更重视市场自律，不可以过度强调政府监管，否则会破坏金融市场的规律，不利于市场的有效发展，应该在市场自律的基础上给予适度的监管，以此保持经济运行的稳定性。同时在数字普惠金融发展过程中梳理已发现的问题，并对潜在的风险进行预测和分析，制定行业的发展规则和标准，从而规范整个行业的发展，实现市场自律和监管相结合。

3. 依法监管和监管的一致性相结合

数字普惠金融的发展需要将其纳入金融的相关法律法规，明确其具体的监管细则和要求，数字普惠金融的快速发展使其面临着很多未知风险，在这种情况下出台相关法律法规对其加以规范和监管很有必要，监管的一致性也十分重要，这可以规范数字普惠金融从业者的行为，一定程度上防范从业者的监管套利行为，从而维护数字普惠金融的公平竞争环境和市场的稳定性，保证行业监管的有效性和公信力。在数字普惠金融监管中不提倡双重监管，对于提供类似服务和发挥类似功能的金融服务机构依然要求监管的一致性。

（三）管控的举措

1. 合理设计金融产品价格和贷款额度

数字普惠金融的健康持续发展也需要考虑营利性，因为数字普惠金融的发展主体包含了传统的金融机构和互联网金融机构两部分，这两部分都属于营利性机构，而且传统金融机构在考虑开拓数字普惠金融业务的时候也要对其营利性进行评估，很多互联网金融机构也是要保证营利从而维持运营。但是数字普惠金融主要的服务对象是小微企业和个人消费者，其贷款额度低，征信和授信成本高，为了营利，设计不适应用户需求的普惠产品和服务并不能达到数字普惠金融的目的，所以对风险的管控需要合理设计金融产品的价格和贷款额度，在保证营利性的同时也能使小微企业和个人消费者获取平等的金融服务。

2. 建立联保的担保方式和以信息为基础的还款机制

数字普惠金融的对象在征信材料方面缺乏，而且相较于传统的授信机制而言，其不具有资产抵押和担保的特征，所以对于传统金融机构而言，基于风险和收益的原则，不愿意冒较大风险授信给数字普惠金融的主要客户群。但是数字普惠金融的发展是必然趋势，所以应通过建立联合担保方式来降低授信的风险。同时可以通过多次小额授信来测试贷款者的还款和信用，构建以信息为基础，并且可以起到激励贷款者还款的机制。

3. 推广移动互联网金融

移动互联网覆盖范围广，服务成本低，而且在数据的获取、传输及共享方面具有极大的优势，是金融信息化和数字化的重要方式和途径。中国移动互联网用户数量巨大，而且增长迅速，互联网基础设施正在逐步完善的过程中，推广移动互联网金融，构建多层次用户类型，有利于数字普惠金融监管体系的完善，并且更有利于风险的监控和预测。

4. 普及金融知识和保护金融消费者权益

互联网金融的发展过程中，大量用户涌入金融市场，但是很多用户不具备金融知识，特别是高风险偏好的投资者，基于数字普惠金融的信息不对称性，导致很多欺诈行为出现，在社会上造成了巨大影响。随着数字普惠金融的不断发展，用户数量将迅速增长，不但投资者，借款人也需要对金融知识有所了解，防止出现类似"套路贷"的问题，维护经济政策的正确运行。同时对金融消费者权益的保护也需要纳入监管体系，让数字普惠金融的用户更放心地享受投资理财、信用和保险服务。

第四节　数字普惠金融风险管控的对策建议

一　加强政府的引导作用，构建数字普惠金融的发展环境

（一）完善数字普惠金融与互联网金融发展的制度设计

数字普惠金融的出现和发展离不开互联网金融的发展，所以对于数字普惠金融发展过程中存在的问题需要加以正视。不可与互联网金融所出现的问题混为一谈，要认识到二者之间相同之处和不同之处，走出金融排斥和目标偏移。数字普惠金融的发展困境受制于"制度红利"和"技术红利"，只有从二者中释放出来才能真正走上健康和快速发展之路。完善数字普惠金融和互联网金融发展主要从以下三个方面展开：首先，从法律法规的角度对数字普惠金融进行规范。制定明确的法律法规，理清数字普惠金融双方的权利和义务，以实现数字普惠金融发展过程中的有法可依，有章可循。其次，完善与数字普惠金融相关的规章制度。明确数字普惠金融主管机构的责任，在出现问题时可以将责任落实到人，及时处理。最后，完善数字普惠金融的顶层设计。通过顶层设计鼓励数字普惠金融依托互联网金融的发展而不断做强做大，并通过鼓励措施来扩展数字普惠金融发展的深度和广度。

（二）鼓励互联网金融创新，推动数字普惠金融的多元服务发展

互联网金融创新的着力点在于金融服务的需求者，特别是中小微企业和个人消费者，解决金融服务需求与金融服务抑制二者之间的矛盾。认识到该矛盾，创新设计并提供能够满足中小微企业和个人消费者的金融服务和产品，才能降低金融服务抑制，从而进一步推动互联网金融创新，提供不同于传统金融机构的产品和渠道，推动数字普惠金融的多元服务发展。具体举措包括以下两个方面：

首先，在完善风险监控和风险预测的情况下，鼓励和推动传统金融机构和互联网金融机构开发互联网金融的创新产品和服务，满足中小微企业和个人消费者的需求。通过数字普惠金融发展的市场规律来实现资源的优化配置和风险的防范，实现数字普惠金融质量高、覆盖广的目的。

其次，针对资金的提供者和资金的需求方，通过互联网金融创新，开发新的授信流程和授信制度，使得二者的需求能够得以很好的匹配和实现，从而降低融资成本和风险，提高金融服务的质量和水平。

（三）完善信息披露机制，建立全国统一的征信系统

国家和社会都在推动信用体系的建设，数字普惠金融的信用体系建设也是势在必行，只有完善的信用体系才能很好地进行授信评估等金融服务，大大降低数字普惠金融的风险。针对数字普惠金融的主要客户群——中小微企业和个人消费者，需要完善信息披露机制。通过完善信息披露机制，构建数字普惠金融信息披露标准才能保证规范性和公平性，从而建立全国统一的征信体系。

首先，建立信用评级机制。这是传统金融机构一直采用的授信机制，在数字普惠金融的发展中也可以加以借鉴。通过信用披露标准，对违反规定的平台、企业或者个人给予相应的惩罚，对遵守并高于信息披露标准的平台、企业或者个人给予相应的鼓励。从而对数字普惠金融的参与者的信息披露达到震慑和激励作用。

其次，制定完善的关于征信机构和平台的规章制度。传统的征信体系主要依赖于中国人民银行的征信体系，信息和数据的提供者大部分来源于传统商业银行和小部分来源于征信平台，而且相互之间尚未共享。对于数字普惠金融的用户而言，其用户行为特征和数据的来源将和传统的征信来源有很大不同，所以需要完善征信机构和平台的规章制度，构建互联网征信平台，强化信用体系建设。

最后，提高信用报告的可获得性。数字普惠金融随着金融科技的不断发展，很多业务的处理均是智能化和非人工化，信用报告的获取应该对数字普惠金融机构公开，使得相关的数字普惠金融机构可以在业务处理中基于有效的信用报告做出快速而正确的处理。

二　提高互联网金融机构质量，提高数字普惠金融可得性

（一）发展互联网金融移动客户端，完善互联网基础设施建设

数字普惠金融的可得性依赖于互联网移动终端，相较于电脑终端，手

机终端的普及更是快速而有效，特别是偏远地区和贫困地区，不但实体网点建设困难，建设成本高，而且人口分布不密集，再加上交通的不便，使得物理网点发展缓慢。所以发展互联网金融移动客户端能够迅速地扩大数字普惠金融的服务范围和服务对象。

首先，加强政府的政策倾斜。因为互联网公司和通信公司基于收入和成本的考量，在贫困和偏远地区建设互联网基础设施的意愿不足，使得数字普惠金融的发展进度缓慢。所以政府在这个时候要发挥政策促进的作用，通过一系列的鼓励政策推动互联网公司和通信公司在贫困地区和偏远地区完善互联网基础设施建设。其次，通过政府采购和政府捐款等方式，降低贫困地区和偏远地区的互联网基础设施建设的贷款利率，通过市场引导推动互联网基础设施建设的完善。

（二）提升互联网金融机构科技水平，丰富数字普惠金融的产品供给

金融科技如今已经发展到3.0阶段，大数据、云计算、区块链、人工智能发展迅速且实现了很多应用场景。互联网金融机构应该把握住金融科技的发展趋势，运用金融科技发展数字普惠金融。通过互联网科技的应用，可以提升数字普惠金融的数字化和科技化，同时降低运营过程中的风险识别、获取用户、处理数据的成本，并提升数据使用的效率。

通过提升互联网金融机构的科技水平，同时创新互联网金融产品，使得数字普惠金融的产品更加丰富，并通过不同业务与互联网之间的紧密性的不同，发挥不同业务之间的相互作用，推动数字普惠金融业务的发展更加细致和有深度。

（三）创新驱动金融产品差异化

随着数字普惠金融的发展，当中小微企业和个人消费者的基本需求得到满足以后，个性化需求便会应运而生。对于数字普惠金融而言，随着行业的成熟，也需要根据不同类型的客户进行进一步的细分从而满足更深层次的需求，依托创新驱动金融产品差异化来满足未来的数字化竞争。

三 加大互联网金融监管力度，加强普惠金融风险防控

（一）充分发挥大数据在风险控制中的作用

大数据突破常规的数据处理方式，通过新模式对海量数据进行处理，形成高质量、高增长的信息资产并能够进行风险预测和风险监控。首先，强化央行征信体系，优化互联网金融发展的平台，促进互联网金融技术的成熟，将数字普惠金融的发展纳入金融法律法规体系，从而打通央行征信

体系和互联网金融平台之间的屏障。其次，鼓励发展第三方征信体系，从而扩大我国征信体系的覆盖范围，构建多维的征信体系。

(二) 提高对互联网金融消费者权益保护

首先，加强对互联网金融的消费者进行金融知识的普及，使得消费者在享受金融服务的同时知悉其中的风险，提高消费者风险识别的能力。其次，出台相应的法律法规，促进数字普惠金融消费者权益保护有法可依。再次，加快线上纠纷机制的建立，让消费者在解决问题时可以第一时间获得帮助。最后，鼓励建立第三方咨询机构，为互联网金融的消费者提供低成本而有效的服务。

(三) 加强贷前审核、贷中跟踪和贷后管理

数字普惠金融需要借助互联网的力量才能发展的重要原因就是其用户还款能力差、抵押担保能力不足、收入长尾。这也是数字普惠金融不同于传统金融服务的特点之一，其面对的客户群在接受服务过程中的违约风险比较高，所以加强贷前审核、贷中跟踪和贷后管理至关重要。首先是在贷前审核。放贷前需要对贷款人进行信用审查和信用评级，保证贷款人的贷款用途，然后发放贷款。其次是贷中跟踪。在贷款放出后要定期对放贷人的信用评级进行核定，并监控贷款人还款能力的变化，一旦出现违约风险，立即核实并收回相应的贷款。最后是贷后管理。在放贷结束以后，对放贷人的信用进行重新评估，如果优先还款或者定时还款则给予肯定，并在后续贷款业务中给予奖励；如果存在失信行为，则在下次贷款中提高贷款利息或者不予贷款。

第九章 共享经济与共享金融发展研究

引 言

共享经济是一种新颖独特的经济形态，强调对资源使用效率的提高，具有协作、民主、共享、开放的特征。共享经济催生共享金融，共享金融源于共享经济。从经济延伸到金融，再到发展上的共享，使得共享这一理念对整个经济发展的影响更加深刻。共享金融是充分利用大数据技术所进行的产品的创新与服务的提供，进一步实现资源、要素、利益等多方面共享的新型发展模式，使得各种资源得到更为充分的利用，配置也更加的公平，在基本实现均衡发展与尊重消费者的同时促进经济稳步发展、社会协调发展。金融机构，尤其是传统银行机构，出于风险收益的考虑，往往更愿意向大型国企、支柱产业、项目基建等提供服务，不愿意服务营利能力和偿债能力难以评估的小微企业；抑或是因为成本收益的考虑往往会给小微企业远高于大型企业的融资成本与服务收费，并设置更高的征信门槛，从而造成小微企业普遍面临"融资难""融资贵"和金融服务受限的困境。共享金融可以大大降低企业成本，解决企业融资困境。本章对共享经济与共享金融的发展现状、问题展开研究，提出了进一步推动共享金融的创新和发展的对策建议。

第一节 共享经济与共享金融的产生

一 共享经济发展现状

为促进我国经济的健康、快速、持续发展，党的十八届五中全会提出了创新发展、协调发展、绿色发展、开放发展、共享发展五大发展理念，并将其纳入"十三五"规划之中。"共享发展"作为其中一个重要发展理念，已成为优化经济结构、促进经济发展的国家战略；同时，习近平总书记还对共享发展进行深入、科学的阐释，提出了共享发展的四个内涵，即全民、全面、共建、渐进。共享理念的提出和阐释不仅促进了共享经济的进一步发展，还为其提供了健康发展的条件和环境，同时，还有利于有效利用和盘活闲置经济资源，并对经济资源进行优化组合，激发经济活力，不断满足人们日益增长的、多元化、个性化的物质需求，有力地改善社会经济发展不均衡的现状。

（一）共享经济发展背景

近些年来，共享经济凭借极快的发展速度进入人们的视野，以滴滴打车与共享单车为例，都属于共享经济的主要发展形式。通过有偿的方式，共享经济进一步实现了当前社会所有资源的充分利用，也可以说是最大程度上接近共产主义的实现。持此观点者认为，通过共享经济的逐步发展，人类社会最终会进步到高级阶段，这种新型经济发展方式恰恰是各尽所能，各取所需，是时代的进步。

美国得克萨斯州立大学教授 Marcus Felson 与 Joe L. Spaeth 在 20 世纪 70 年代末首次提出了"共享经济"概念，也就是在其代表论文 *Community Structure and Collaborative Consumption: A Routine Activity Approach* 当中。但是，共享经济的大热却是在近些年才出现，其基础特征为，以计算机技术为核心，由第三方完成整个创设过程的交易平台。这个第三方的角色覆盖范围非常广泛，可以为政府、组织或者商业机构，等等。平台的交易者可以通过平台完成物品的交换与买卖，还可以进一步完成非物质的共享，如知识、经验等，甚至可以进行资金的筹集。

共享经济可以说是互联网时代的产物，共享经济涉及三大主题，即需求方、平台和提供方。而互联网恰恰是共享经济的最佳平台，可以通过网络大数据，迅速匹配需求方和提供方。平台和提供方获得了有偿收入，而需求方获得了自己需要的工具或服务。

随着共享经济的发展，越来越多的共享产品将会出现。共享单车的火暴，延伸出了共享电车、共享汽车等。共享经济可以大到汽车房子，小到铅笔橡皮，你可以共享自家的 WIFI，自家的车位，甚至自家的厕所。总之，只要有闲置，能够循环或共同使用的事物都可以实现共享经济，达到合作共赢。

（二）共享经济发展的驱动因素

分享是人类社会初期最基本的分工形式。早在 20 世纪，就已经出现了共享模式的雏形。但由于地域限制，共享发生在彼此了解的人之间，共享的对象大多是亲朋好友，共享的范围仅限于地理位置相对较近的社区当中。2015年，罗宾·蔡斯在其发表的论文当中提出了共享经济发展的三大基本要素，分别为闲置资源的存在、共享平台的创建与参与的大众性①。由于社会生产大于社会需求进而出现的过剩现象、闲置资源的存在为供给方和需求方之间物质资料的共享提供了客观条件，有助于提升经济配置效率；共享平台则为供给方和需求方之间的搜寻匹配提供了技术支持。此外，在共享经济模式下将有助于产品生产者与消费者的直接对接；鼓励组织和个人合作，促进人与人之间以互信的方式共处，进而实现释放增长潜能、改变需求结构、降低均衡利率的作用（卢现祥，2016）。共享经济的产生受到社会环境和技术条件的双重因素的作用，其中，社会环境因素主要包括经济危机的频发、生态环境的恶化以及消费观念的改变；网络技术的发展和信任机制的建立也进一步促进了共享经济的发展。

1. 社会环境因素

（1）经济危机的频发

2008年国际金融危机的发生，对各国经济运行造成巨大的冲击。一方面，备受打击的传统产业和金融发展模式迫切地寻求经济增长的新动力；另一方面，粗放式、无节制的生产与消费观念也逐渐被人们摒弃。在经济下行的背景下，共享经济应运而生。Botsman 和 Boo Rogers（2010）认为经济危机的频发促进了共享经济模式的诞生。在金融危机和对资本主义结构逐渐怀疑的背景下，许多消费者转向可持续消费的替代形式。金融危机发生后，经济下行，人们的可支配收入减少，分摊成本成为人们的生活方式。消费者希望在有限的资源下进行分享再利用，分摊采购成本；劳动者希望在空闲时间寻找更多收入的来源，这使得以兼职雇佣方式为代表的共享经济模式有了足够的供应者和消费者（倪云华、虞仲轶，2015）。

（2）生态环境的恶化

随着经济发展，环境污染问题也变得越来越突出，人们对于环境的担忧也促进了共享经济模式的发展。Hamari 等（2015）认为生态可持续消费是分享意图的一个关键因素。工业革命之后人类的物质资料极大丰富，但是建立在私有制基础上的消费模式也导致了大量生产资料的闲置和浪费，对生态环境的破坏尤为突出。共享经济"一次购买，多次出售"的商业模式使得物质资源可以重复交易和高效使用，共享平台通过建立一个完善、可重复的商业生态系统，进而大幅减少了人类对资源的占用和破坏

---

① 罗宾·蔡斯：《共享经济：重构未来商业新模式》，浙江人民出版社2015年版。

(卢现祥，2016）。共享资源是可持续的，对环境保护有益（Belk，2010；Bostmanand Rogers，2010），这使得共享经济模式对有环保和生态意识的个体来说很有吸引力（Hamari，Sjoklint and Ukkcmen，2015）。共享经济中的参与者都有减少消费对环境影响的共同愿望（Botsman and Rogers，2010；Gansky，2010），对社会中闲置资产的共享、交换被认为是由可持续性消费推动的社会革命浪潮（Sheth 等，2011）。共享经济通过资源再分配和轻资产的运营模式，提高资源配置效率并且减少资源浪费，带来了环境效益（Botsman and Rogers，2010）。实际上，共享行为与不共享行为相比确实是对环境有更正面的影响，因为物质资料的集中增加了单一产品材料使用的密集度，生产过剩和资源浪费现象得到缓解（Mont，2004）。

（3）消费观念的转变

消费观念的改变也在一定程度上推动了共享经济的发展。20 世纪的价值观中，人们对于有价资产带来的身份象征会很在意，但随着物质的极大饱和，人们愿意分享的东西从有形转向了无形。在这样的文化因素影响下，"所有权"逐渐被弱化，人们更倾向于"轻资产"的消费模式（Botsman and Rogers，2010）。Belk（2013）认为消费者的偏好由关注商品和服务的所有权到使用权可以解释共享经济规模迅速增长的现象，消费观念的变化是需求端的改变。从宏观环境的角度来看，共享经济模式的诞生与消费者态度和消费者行为的转变有关，而对可持续消费和成本节约，社交网络和移动技术的社会和经济压力是消费者行为发展转变的核心因素。

2. 技术推动因素

共享经济只在互联网时代流行。技术的发展，特别是 2008 年后移动互联网技术的发展，对促进共享经济的发展起到了重要作用。在互联网出现之前，人类生产和生活等活动仅限于物理世界，聚集在同一地理区域的人们的需求和兴趣相似，这使得分享变得不切实际。网络技术的发展降低了租赁交易的信息成本，减少了信息不对称，促进了共享经济的发展。共享经济是一种 IT 驱动的现象，网络技术的发展开辟了一个共享的新时代（Belk，2014）。互联网和社交网络技术使人们能够跨越物理边界进行通信和共享（Botsman and Rogers，2010）。"互联网+"共享经济的经济价值使买卖双方之间的交易最终导致零边际成本。未来，社会协同和技术进步将共同创造零利润成本社会，产品的边际成本将无限期降低，这是最好的经济可持续发展模式（Belk，2010）。共享经济是移动互联网的产物，移动支付以及各类信息技术的发展为共享提供了可能。

而互联网技术对共享机制的影响中，尤以内部影响为最。在 2015 年，

Schor 等提出，互联网技术的发展使得共享经济的发展不再受到成本、信任等各种要素的限制。互联网的深入发展极大地更新了现有的消费模式，人们更加愿意通过网络的方式完成消费，进一步推动共享经济的发展。随后，又以技术作为研究的切入点，表明二级市场降低了共享经济中成本的制约，提升了交易透明度，减少了不必要的金融风险。在 2015 年，Matzler 等发现互联网技术提供了一种共享行为的渠道，而网络中社交媒体的发展也为共享经济提供了动力。可以看出，互联网的出现打破了时间、空间和社会阶层的局限。它不仅是共享经济的动力，也是可持续发展的基础。

3. 信任机制的建立

信任危机的出现迫使消费者寻找全新的消费模式。在传统消费模式下，商家很容易对客户隐藏有关商品的负面信息，凭借不断的反复试验建立消费者信心。在共享经济模型中，信息透明度很高。一旦声誉良好的公司出现，它将立即引起消费者的共鸣，形成用户黏性和忠诚度。共享经济模式的出现为信任危机提供了解决方案，更提供了一种有效的方法。

信任是共享经济可持续发展以及确保平台用户满意度的一个决定性因素。信任很大程度上决定了消费者的行为，信任建立的目的是确保消费者对供给方的可靠性以及使用或交易过程中的安全性有信心。在协同消费中，信任是对供给方提供的合作性消费服务和其他参与共享的消费者的共同信任。共享经济模式借助信息技术使得消费者能够获得有关服务质量和价格等方面的历史记录，消除供需两端的信息不对称，进而激励了供给方为需求方提供更加优质的服务[1]。共享经济所建立的买卖双方撮合交易平台，通过降低信息不对称和建立线上声誉机制使得市场更具有竞争力。共享经济模式推动了新型社交关系和商业信任体系的建设，共享经济平台的出现使得社区和社会关系不再局限于线下领域，以声誉为基础的信任机制让陌生人可以实现线上共享。此外，共享平台通过用户"众包"式反馈和评价来降低风险，众多用户评价和共享平台设计的声誉信息功能已经成为共享模式不可或缺的基本保障机制。Slee（2013）研究发现声誉是促进共享经济信任的一种有效识别信号。共享经济借助互联网和声誉反馈机制为"柠檬市场"问题提供了有效的解决方法。目前，以 Uber、Airbnb 为代表的共享平台都建立了各自的信任机制，主流方式都是依靠广泛的共享参与者提供评价和信誉评分，这样的信任机制有效地解决了陌生人之间实

---

[1] 刘奕、夏杰长：《共享经济理论与政策研究动态》，《经济学动态》2016 年第 4 期。

现消费共享的信任障碍，为共享经济的发展提供了良好的信任环境。

（三）共享经济的影响

共享经济在高度机械化、纪律化、标准化的社会大生产之外，使得自由选择、自由供给、个性定制的生产模式成为可能。共享经济正在对这种以买为主的传统商业模式造成颠覆性影响，以买为主正在向以租为主转变，同时产生了消费者剩余。共享经济的发展也推动了一些传统企业经营方式的变革以应对人们消费方式的转变。

1. 共享经济推动传统商业模式创新

共享经济的一个颠覆性影响体现在互联网技术的发展上，技术的进步是共享经济能够实现规模运营的原因。网络技术的发展降低了信息不对称，减少了交易成本，从而导致传统企业边界收缩（Ostbye，2015）。互联网技术降低了微观主体之间的信息不对称，进而大幅降低了交易的搜寻、谈判和监督成本；互联网技术还提升了信号传递和信息甄别的效率，进而提高了需求和供给的匹配效率（Word Economic Forum，2013）。在市场交易成本降低和成本不变的情况下，传统的企业边界逐渐收缩，"劳动者—企业—消费者"的传统商业模式逐渐被"劳动者—共享平台—消费者"的共享模式所取代，共享经济模式对传统商业模式进行了创新（姚余栋、杨涛，2016）。

（1）共享经济对传统业务的影响形成了创新

从共享经济的商业模式来看，其发展经历了共享经济1.0和2.0两个阶段。共享经济的1.0阶段最初出现在2000年左右。它的特点是以PC互联网为主要载体，人们通过计算机进行通信和共享。到2008年年底，共享经济进入共享经济2.0阶段。人们发现个人可以绕过中间人进行充分沟通，公司的理念已经开始从"重资产"转变为"轻资产"。他们不是雇用大量人员购买昂贵的资产，而是专注于运营和服务客户。PC互联网时代和移动互联网时代之间的差异使我们能够区分版本1.0和2.0的共享经济。在PC互联网时代，人们的通信活动受到设备的限制，移动设备的广泛使用极大地改变了我们使用移动互联网的方式，在线和离线之间的界限逐渐模糊。在共享经济2.0的时代，我们几乎可以随时随地与人们进行交流和分享。

（2）共享经济中不同商业模式的比较

共享经济既可以看作是经济发展的典范，也可以看作是新的商业模式。目前，国内外学者对共享经济模式进行了划分。常见的分类标准包括市场结构，产品或服务类型，以及是否转让所有权。Schor（2014）根据

"市场导向"和"市场结构"两个维度对共享经济平台进行分类,并考虑这两个维度来塑造商业模式、交易逻辑和颠覆传统业务的能力。他将共享平台划分为营利平台和非营利平台,并将供应商的角色分为两类:P2P 和 B2P,这两个维度将共享经济平台划分为(P2P,非营利性)、(P2P,营利性)、(B2P,非营利性)、(B2P,营利性)四种类型。博茨曼和罗杰斯(2015)从消费的角度将共享经济分为三种模式:第一,产品服务模式,平台允许成员在没有转让所有权时共享公司或个人拥有的多种产品;第二,再分配市场模型以 P2P 匹配为主导,允许所有权转移;第三种是协作生活模式,它通过交换对象和共享无形资产(如利息、货币、空间和时间)来实现整个社会生活网络的重建。

共享经济的商业模式按照供给端和需求端参与者的不同可以划分为B2C(企业对个体)、P2P(点对点,个体对个体)、B2B(企业对企业)三种。在共享经济 1.0 时代,共享经济平台多为 B2C 模式,比较典型的是车辆分享的 Zipcar 公司(Buczynski,2013)。共享经济 2.0 更多是以 P2P 的形式呈现,这一阶段,基于移动设备的共享经济模式层出不穷,Uber、Airbnb、Lending Club 公司等都是这一阶段的代表。

所谓 B2C 模式,指的是某个企业拥有资源的所有权,以企业为中心,通过平台将这些资源提供给需求者。需求者并不需要拥有这些资源,但通过获得这些资源的使用权能够方便地与其他需求者一起分享资源(Buczynski,2013)[1]。从商业本质上看,B2C 模式是对传统 B2C 电商模式和租赁模式的一种改良,在这种模式下,企业出售的是产品的使用权,而非传统上出售商品的所有权。此外,这种模式构建了一种良好的社群关系,使得消费者在社群中可以极为方便地使用自己需要的资源(倪云华、虞仲轶,2015)。

共享经济集中于产品和服务的交换,许多企业通过为消费者提供增值服务以实现去中介化,比如共享经济平台为借出方提供保险以消除其对共享项目的担忧,进而实现从 B2C 模式到 P2P 模式的转变。P2P 模式是一种去中心化的共享经济模式,企业没有资源的所有权。闲置的商品或服务完全分散在整个社群中,由其中的部分个体所拥有,社群中没有资源所有权的个体,则可以拥有这些资源的使用权,整个社区可以通过共享经济平台实现个体之间资源的共享(Buczynski,2013)。在这样的平台上,私人聚集在一起以"点对点"的形式大规模分享产品和服务,点对点模式使

---

[1] Belk R., Shareing Versus Pseudo-Sharing in Web2.0, *Anthropologist*, 2014, 18 (1): 7-23.

得可持续、方便、成本较低的消费模式得以产生，替代原来的消费方式（Belk，2007）。

在 P2P 共享经济模式中，大部分参与主体是个人，社群中的任何两点都可能连接，P2P 模式的平台动态和网络效应可以促进更大范围内分享行为的发生。P2P 模式通过形成一个更大并且可以无限扩展的网络以实现更大范围内的共享，对 B2C 模式无疑是一场革命性的创新。P2P 共享经济模式通过灵活化的供应、个性化的需求以及供求两端灵活的调节，既实现了闲置资源的利用，又避免了重资产模式可能导致的巨额维护成本和供求不均衡导致的匹配效率低的现象，是一种可持续性更强的共享经济商业模式。Uber 和 Airbnb 等 P2P 共享经济模式的崛起让我们看到了 P2P 模式将是未来共享经济的主流。P2P 模式充分体现了共享经济的理念和移动互联网的优势，是一种革命性的商业颠覆，因此，我们认为 P2P 模式是新时代的创新。

B2B 模式是指企业之间通过共享经济平台实现闲置商品或服务的共享与交换，供需两端均为企业。B2B 分享模式的概念被认为是解决中小企业所面临的种种困难的一种途径，然而目前共享经济的主要模式是 B2C 和 P2P，因此 B2B 模式的引进和实现被认为是有挑战性的。Minjec 等（2013）认为商品、服务和教育都可以在 B2B 平台上实现共享，企业通过共享可以实现成本削减和规模经济，并且借助闲置资源的再利用创造了新的利润结构。Choi 等（2014）指出，B2B 的发展模式不同于 B2C 和 C2C，它积极鼓励人们的参与，并通过参与活动，取得相应的收益，从而形成一种新型的合作模式。黄禄金、蔡余杰（2015）认为，P2P 和 B2B 是两种不同的发展模式，它们的不同点主要体现在两个方面，一是交易持续时间不同。P2P 一般为一次性交易，而 B2B 则是匹配成功条件下的长期交易；二是两者的复杂程度不同。B2B 模式要求更为严格、复杂的交易流程，需要商务方面的支持。当前，B2B 模式已体现出较大的优越性，并受到人们的认可，得到广泛推广。WeWork 便是该模式的一种代表。[①] 从商业性质来看，B2B 是一种基于 P2P 发展而来的一种创新性的共享经济发展模式。

2. 共享经济对传统经济发展的影响

共享经济是一种全新的经济发展模式，必然对传统经济产生严重冲击。这种冲击主要表现在以下三个方面：共享经济重新构建产销关系、共

[①] 杨涛：《共享金融：大变革时代金融理论有了突破点》，《上海证券报》2015 年 9 月 8 日第 9 版。

享经济破坏了传统的劳资关系、共享经济促进了数据经济发展模式的诞生和发展,传统行业、企业受到前所未有的严峻挑战。

(1) 共享经济重新构建产销关系

在传统经济发展模式中,生产和消费具有明显的分界,企业负责产品的生产,消费者通过购买商品实现消费。而共享经济则使生产和消费实现了一体化。Hertler (2015) 认为,在共享经济环境中,生产者和消费者没有分别,因为个体或组织在提供产品的同时,也是产品的消费者,他们通常被称为产消者。他们既提供租赁服务和产品,也向他人租借产品和服务,既是生产者又是消费者,并且两者的转换也非常自然、流畅 (Thomasetal, 2013)。Uber 便既是服务的提供者,也是使用 Uber 出行的消费者。共享经济条件下,人们既是供给者、合作者、创造者,也是生产者、分配者,极大地改变着原有的社会生产关系(刘国华、吴博,2015)。

(2) 共享经济破坏了传统的劳资关系

共享经济不仅对闲置资源进行优化调配,还破坏着传统的劳资关系,特别是以"APP 请求式工作"和"众包"为表现形式的"零工经济"模式,颠覆了传统的劳资关系。"APP 请求式工作"是以网络 APP 作为制定服务质量和劳动管理的平台,一般应用于传统的工作活动中;"众包"则是一种线上工作模式,通过网络平台将各种资源整合起来,形成广泛、长期的联系 (Aloisi, 2015)。共享经济使人们可以通过线上平台实现对资源的查询和使用,这有利于人们更加灵活地寻找工作,并以更具弹性的方式进行工作 (Stefano, 2015)。在共享经济条件下,人们可以通过网络平台选择自己喜欢的工作,同时,还可以选择工作的时间和方式,这完全颠覆了传统的雇佣劳动关系,成为一种全新的就业模式。

(3) 共享经济促进了数据经济发展模式的诞生和发展

网络技术的发展催生了共享经济,使共享成为一种基础性的分配方式 (Belk, 2010),而网络所具有的广泛性、即时性和发展性又赋予了共享新的内涵,并使零散的商品和服务具备了共享的特性 (Bostman and Rogers, 2011)。网络技术的发展促进了个体交易成本的降低,特别是云计算、大数据的运用,数据经济发展模式应运而生 (Miihlmami, 2015)。通过云计算、大数据的使用,可以为供求双方提供及时、有效的数据参考,极大地节约了双方的匹配成本,提升了成功率,并通过网络支付平台实现交易和评价,从而构建起全新的经济发展模式(刘国华、吴博,2015)。Ostbye (2015) 指出,交易平台的公开、透明有助于用户查询、参考相关信息,然后做出对比、判断和选择,既有利于用户选择信誉高的合作对象,又能促进企业的自律，提升自身的信誉和质量。Uber 的成功便是一个典型的案例。Uber 既重视对大数据和互联网技术的运用，促进业务的数字化发展，为需求、塞车、匹配、定位、派单等提供科学的预测和判断；还积极通过网络信息平台发现、甄别、确定高信誉度的客户，将其发展为合作伙伴关系。由此我们可以看出，云计算、大数据的发展受益于共享经济，而两者的协调发展又促进了数据经济发展模式的产生和进步。

3. 传统行业、企业受到前所未有的严峻挑战

对于传统经济发展模式而言，产品使用权需要通过交易才能实现转移，但共享经济却使人们在无须购买的前提下，通过租赁关系实现使用权的转移，也就是说共享经济打破了所有权的唯一属性，人人都可以通过租赁实现对产品的拥有，从而改变了人们的消费观念和行为，这对传统企业造成一定的冲击，使企业必须积极运用共享模式参与市场竞争。Matzler等（2015）指出了传统企业应对共享经济的转型之路，即二手市场、提供售后服务、租赁模式、有效利用闲置资源的能力、开拓新的消费市场、创新共享条件下的商业发展模式。杨帅（2016）认为，企业要在未来的共享经济中获得主动权，必须在以下三个方面做出改革：企业文化、经营管理理念、生产经营模式等。

共享经济也极大地冲击着传统产业。Herder（2015）指出，共享经济最大的优点在于其低成本增长模式。Riflcin（2014）则认为，Uber 之所以能够取得成功，更多地取决于互联网已成为一个能够容纳一切产业、行业的超级网络，可以实现跨产业的有机组合，从而使边际成本不断降低，不断增强市场竞争力，扩大市场占有率。Ostbye（2015）提出，共享经济对传统行业最大的冲击在于其消费模式，共享经济下人们可以通过租赁实现对使用权的占有，而不必购买新产品，这会极大地破坏传统产业的发展（Sheth et al.，2011；Matzler et al.，2015）。

二 共享金融与共享经济的关系

共享金融作为共享经济发展的内在要求，必然以共享经济的发展为基础和导向，得到不断发展和完善。以共享理念和共享经济为基础和指导，我们可以将共享金融定义为：运用共享理论和先进技术，不断创新金融发展模式，促进闲置金融资源的有效整合，发挥金融资源的调节、优化作用，让广大民众能够享受到公平、便捷、高效的金融资源及其服务。可以看出，共享理念和共享经济是共享金融产生的基础和发展的保障，而共享

金融又通过对金融资源的优化配置促进共享经济的发展，促进共享理念的更新，从而发挥服务共享经济、发展共享理念的作用，三者之间表现出相辅相成、紧密统一、层层递进的逻辑关系。

就金融的本质而言，它具有共享的属性，就是将当前没有发挥效应的资金或货币调配到最紧缺的地方，使之发挥最大的效益，从而克服传统金融为少数人分享的弊端，使大多数人能够享受到共享金融带来的益处，因此，未来的金融必然是共享的金融。我们从南希·科恩给出的定义可以得出结论，共享金融就是个体依据自身的供需实际，通过互联网、大数据、云计算和物联网等现代技术及其平台，满足各自在金融资源和服务方面需求的体系。能否以共享经济的模式经营共享金融从而突破传统金融的壁垒，使金融真正体现其共享的属性，是一个值得深思并应付诸实践的问题。

（一）从共享经济到共享金融

在网络技术和信息技术的推动下，特别是国家推行的"互联网+"战略，促进了网络与金融的融合，并且使金融服务能力和水平显著提升，成本大幅降低，体现出强劲的发展势头。Claessens 等（2003）提出网络对金融服务的辅助和支撑作用将会越来越明显，特别是网络经济所展现出来的规模化效应，将使金融市场重新洗牌。Sato 和 Hawkins（2001）认为互联网企业会进一步改善金融信息孤岛的现状，对传统金融业提出挑战，不仅可以大幅降低经营成本，还可以提供更为便捷的"直通式"金融服务。谢平（2012）对"共享金融模式"进行了定义，他认为共享金融模式是一种在互联网技术支撑下的个体共同参与的全新金融模式。中国人民银行则给出了这样的定义：以网络技术和信息技术为基础，将支付结算、咨询服务、资金融通高度融合、集约的一种现代化金融模式。共享金融将以互联网为平台并以其开放、交互、共享、标准的特性为借鉴，不断改善传统金融的不足，不断提高服务质量和水平，为广大民众提供更为广泛、精准、细致的金融服务。

姚余栋、杨涛率先提出了共享金融的概念，他们指出共享金融就是运用现代化的网络技术、大数据和云计算等促进金融资源以更加合理的方式进行调配，实现最优化配置，发挥最大的效益（姚余栋、杨涛，2016）。共享金融以共享意识和互联网技术为核心，促进金融资源及服务的合理配置，是更为民主和普遍的民众性金融模式（李麟，2016）。共享金融是供求双方以现实需求为基础进行的直接的资金交易体系，通常不需要中间环节，交易的双方是对等关系。共享金融可以有效地解决传统金融中的信贷分配、流通风险、期限错配等问题,但是它也存在着价格、法律和技术等方面的风险。从其发展历程来看,涵盖了金融发展的各个阶段,体现着金融发展的趋势理念(杨涛,2015)。共享金融促进了传统金融的转型和转变,它不仅为传统金融的发展提供了良好的技术和条件,还为其提供了发展的理念和方向。共享金融以一种更为长久、深刻、广泛的模式指引着金融业的前进方向(姚余栋、杨涛,2016)。

(二)共享金融与共享经济的契合与背离

以共享精神为核心的共享金融也体现出共享经济所特有的顽强生命力,特别是其紧紧依托网络技术和金融技术不断突破自我、完善自我的特性,展示出共享金融与时相偶、开拓创新的时代风貌。所以共享金融在一定程度上展示出其服务共享经济的特点和本质。

共享金融与共享经济具有高度的统一性。两者的统一性主要表现在以下两个方面。一是两者都存在租赁关系。共享经济是通过各种经济法律手段,对社会资源进行合理配置,从而实现资源的效益最大化。其实它体现的是一种在互联网条件下的租赁关系(Constantiou et al.,2016)。而共享金融也是一种在金融体系下的租赁关系,是借贷双方通过协商签订有偿转移合同,就资金的金额、使用期限、利率等进行约定,这正体现出租赁的特质。二是两者都以互联网技术的发展为基础。特别是互联网技术的不断更新和升级,市场主体可以通过先进的网络技术及其平台实现更加方便、灵活的交易,从而破除信息孤岛,大幅降低交易成本,实现共享经济和共享金融更好、更快的发展。在区块链、云计算、大数据、物联网等技术的推动下,共享经济和共享金融将得到更为广阔的发展空间。

共享金融与共享经济存在理念上的背离。无论是商品的买卖还是金融的开展都需要双方信息的互动和需求的满足,而它们的最大的不同在于:商品的买卖能够一次完成,而金融活动存在期限的问题,在期限执行期间,双方的权利义务会一直有效。与共享经济相比,共享金融存在更大的风险性,特别是在共享金融的规范和法律不健全、不完善的情况下,风险会陡然增加,导致金融共享的持续性和有效性受到重大影响。所以,针对金融共享的特点,需要提供更为严格、科学的制度和法律保障,只有通过更为严厉的法律制度和更为科学的风险评估,才能保障共享金融的持续发展。

P2P模式已成为共享金融的典型代表,它充分利用网络技术和信息技术,促进了共享经济的创新发展,不仅有效降低了交易成本,还实现了服务和产品的更新和持续(叶湘榕,2014)。P2P网贷则在网络技术的支撑下实现了资源、风险、途径的共享,是共享金融的典型表现。然而,P2P

平台存在信息不畅的问题，特别是部分平台利用自身的信息优势进行非法融资、平台自融等违法行为，不仅不利于金融资源的有效配置，而且不符合共享理念的要求，严重损害了利益相关者的合法权益。

作为共享金融的一种表现形式，众筹有利于个体在自愿的基础上积极地参与到大众融资中来，这种模式不仅有利于降低融资成本，还有利于个体从中获得相应的收益。共享金融所包含的内容更加广泛，这种广泛性表现在两个方面：就技术应用而言，众筹主要是依靠网络途径或者电子技术来筹集资金，共享金融所用的技术则更为广泛；就功能而言，众筹侧重于对资源的合理配置，共享金融则包含支付和管理的功能。作为共享金融的组成部分，众筹与共享经济的理念也有背离的地方。特别是在利益驱使下，众筹平台很可能与融资企业勾结，从而产生内部交易或者关联交易行为。除此之外，为了维护企业良好形象，便于筹集更多的资金，企业很有可能向民众宣传虚假信息，对企业进行刻意的美化，甚至违规使用资金或者私自更改资金用途，使相关利益者受到损害（邱勋、陈月波，2014）。因此，无论是众筹自融行为还是企业的刻意美化行为，都严重背离了共享金融和共享经济的理念。

（三）共享金融的产生背景

共享经济是在网络技术、云计算、大数据的铺垫和支撑下产生、发展而来，是经济社会发展的必然。在共享经济环境下，共享金融便成了金融业发展的方向和趋势，从而不断突破原有的金融发展模式，进入一个全新的金融发展状态。

实践证明，共享金融可以有效弥补传统金融中交易成本过高、信息流通不畅、流通风险过大的缺陷。但是，这种全新的金融发展模式是对原有金融体系的变革，必然会影响到一部分人的利益，如果不能妥善解决这个问题，势必会产生新的社会矛盾。此外，共享金融还需要解决信用难以保障的问题。

"共享金融"就是个体依据自身的供需实际，通过互联网、大数据、云计算和物联网等现代技术及其平台，满足各自在金融资源和服务方面需求的体系。在先进的网络技术和信息技术的支撑下，促进资源的合理流通和有效配置，实现经济社会的健康、稳定、快速发展，使每一个社会公民都能分享到金融发展的红利。

共享金融的发展是一个逐渐脱离中介的过程，众筹和 P2P 便是典型的代表。当前，我国共享金融仍然处于初始发展阶段，但发展势头非常迅猛。共享金融其实就是通过对线上、线下金融资源的有效整合，满足供求双方的需求，促进它们的直接交易。通过这种模式，可以有效地弥补传统金融中交易成本过高、信息不畅、流通风险过大和民众参与度不高的缺陷。

首先，经济社会发展出现结构性失衡。我国经济通过几十年的高速发展，积累了丰厚的社会财富，取得了举世瞩目的成就，但是，在发展过程中也积聚了深层次的矛盾。而结构性失衡则是一个全局性、深远性的社会矛盾，直接影响到我国经济社会的健康发展。结构性失衡既体现在地区结构、城乡结构上，也体现在资源配置和金融供需上。结构性失衡使我国经济社会的发展受到制约，需要进行有力的改革。而共享经济则是解决失衡问题的有效途径和根本办法，可以不断缩小各地区、城乡、部门之间的差距；共享金融则是通过金融手段对金融资源进行合理配置，引导社会资源的合理流动，从而服务经济，促进经济社会的协调发展，同时，还可以有效地解决行业内部的发展不平衡问题。

其次，两极分化严重。以前我们提倡少数人先富起来，先富带后富，实现共同富裕。当前我们需要面对的是两极分化日益严重，并且这种趋势日益恶化，直接影响到社会的整体发展，这与我们要实现共同富裕的目标相背离。因此，需要让人们感受到社会的公平，享受到发展的成果，才能最大限度地调动他们的积极性，促进社会公平和经济的健康发展。从当前的金融领域来看，两极分化也严重存在，很多急需金融扶持的困弱群体和单位，却难以得到及时有效的金融帮助，使他们的生存和发展受到极大限制。共享金融可以在一定程度上解决这些普惠金融难题，有利于经济社会的协调发展。

再次，社会保障不力。最近几年，国家加大了公共支出的力度，而且在民生保障方面的投资也有较大幅度的增长。但这些资金大部分投向了经济建设，特别是公共基础建设领域，公共保障方面仍然有较大缺口。这使民众对将来的消费和投资信心不足，加之很多不确定性因素的影响，使民众感到自身的发展缺乏保障。共享金融则是创新管理模式，运用市场手段合理调配金融资源，以更好地保障民众的财富安全，并提供更为丰富多样的金融支持，以促进个体的消费和投资。同时，由于网络技术的发展和对环境保护的重视，规模化、消耗型的生产方式越来越不适应经济发展的需求，而共享经济以灵活、智能、分担共享的经济模式日益受到人们的重视，成为进行资源优化和配置的有效方式。它既有利于合作消费的发展，更能够影响到现有生产组织的变革。所以说，以往的金融模式是以工业化大生产为基础的金融发展模式，随着共享经济的到来，金融模式也必然向着更加集约、智能的方向发展。

最后，金融创新不符合实体发展的需求。特别在 2008 年国际金融危机爆发后，世界各国都认识到金融发展与实体需求的矛盾，意识到金融必须有创新，紧跟经济社会发展的步伐，为实体经济发展提供强有力的支撑，否则只会给国家的发展带来负面影响。共享金融就是以实体经济为服务目标，从而使金融服务与实体经济紧密结合，同时，由实体经济衍生的金融服务，更需要加强内部控制，并拓展发展空间。

因此我们说，共享金融不仅应重视金融发展理念的更新，不断引导和服务经济社会的发展，实现互利共赢；还应强调自身的变革，既满足民众需求，又服务实体经济，使金融成为民众生活和经济发展的"新鲜血液"。

（四）共享金融的作用

共享金融构建了以资源共享、要素共享和利益共享为特征的金融模型，努力实现更高效、更公平的分配资源，促进现代金融的均衡发展，彰显消费者权益，同时服务于经济、社会、创新、协调、绿色、开放、共享的发展。共享金融的本质是整合线下金融资源，优化金融资源供需匹配，实现双方直接交易。共享金融具有独特的优势，是缓解现代金融体系脆弱性的有效途径，也是降低融资成本，实现包容性金融理念最大化的有效手段。

1. 共享金融解决信息不对称

发展共享金融，最主要的就是要促进金融行业各项资源的优化配置，实现公平有序流转。这一目的着重于对现有资源的最大化使用，通过共享金融的创新模式来实现资源的高效配置，以实现社会财富的效益最大化。这一创新模式，在发展中具有参与广泛、规模不大但是走精品路线、参与门槛较低、资金吸纳简单、程序简洁易操作、信息公开透明、资源有效共享等特点。共享金融适用于解决当前规模较小的企业面临的融资难问题，也使农村、家庭妇女以及贫困学生等弱势群体都能够更容易地获得资金，实现相关资源的合理配置和流转，最终实现全社会金融资源的有效利用和配置。

第一，共享金融的出现，极大地方便了借贷需求较小的个体。在传统的金融市场里，大多数的中小企业，尤其是初创企业，往往由于信息不透明、企业风险较大、借贷需求较小，会被银行等传统金融机构拒绝融资服务。共享金融的出现，正好满足了这些企业对资金需求"小"的现状，从而为小型企业的发展提供助力。以这一新型服务平台为桥梁，可以借助信息的透明化快速实现金融的借贷双方的合作达成，与以前的大额贷款相比，在共享金融模式下，交易可以快速达成，效率较高。这样一来，小额的资金需求也得以满足，能够使初创企业或者小微企业的发展不受资金掣肘，提升整个社会的经济发展活力。

第二，共享金融门槛很低。极大地扩大民众的参与程度，这是共享金融与传统金融的重要区别。在现有市场结构中，企业的垄断地位是靠它形成的强大的市场占有率及行业的壁垒，来阻断同行的崛起，最终实现利润的最大化。在新的共享金融之下，由于互联网的普及和大数据技术的应用，使全社会的信息空前透明，为大多数人参与到金融交易里提供了技术条件。再加上巨大的市场需求，传统金融的承载能力有限，必然就会打破原有的垄断格局，使每个个体或企业都可以参与进行，实现资金和需求的相互匹配，而不再是少数金融巨头的专属生意。

第三，共享金融的出现，是普惠金融的最好体现。我们从互联网金融展现出来的"长尾效应"来看，它极大地放大了"鲶鱼效应"，弱化了"马太效应"，在这个过程中，把普惠金融的发展推向了一个全新的阶段。这也是共享金融最吸引人的地方，通过这一平台的高效率运作，实现了社会大众方便快捷、门槛低、成本小的融资需要，对初创企业不成规模和风险较大的项目，也给予了足够的关注和支持。

在共享金融模式下，所有的经济主体，只要是合法合规的，都可以跳出原有行业限制、企业规模、个体属性的限制，在宽松的时间和空间上进行资金对接服务，通过互联网和大数据的高运算能力，使得共享金融可以高效率地解决传播速度、风险定价以及风控的效率，信息的搜集与处理等问题，使参与者都可以免费地获取信息，这是传统金融无法实现的。

因此，共享金融的出现，使信息之间的透明度得到提升，打破了原有的不对称局面。共享金融正是在大数据的处理能力和互联网技术的广泛应用上，拉开了与传统金融行业的差距。信息出现不对称，主要是因为在传统金融市场中，资金的持有人与资金的需求方掌握的具体信息不一致，这就导致谁的信息量大，谁就可以主导这个市场，当然就可以赚到更多利润，而信息量较少的一方，就会千方百计去获取信息，以打破这种不对称局面，扭转在金融活动中的被动局面。在互联网的推动之下，共享金融的资金持有人和需求方能够同等地掌握彼此的具体需求、信用状况、企业盈利情况和市场情况等信息，不仅设计全面，更重要的是透明、公开，这可以让双方高效地完成交易。平台还会通过自有的评级办法，对已经达成合作的双方进行评价区分，从而把真实的需求和风险予以公开，便于后来者参考。这就让参与者在进行具体交易时可以全面掌握信息，降低不对称，也为初创企业的融资难问题带来了新的解决思路。

2. 共享金融降低金融脆弱性

现代金融体系的核心是以银行为代表的大量机构参与者，它们从诞生之初就自带脆弱属性。一方面，银行将资金进行"借短放长"，一旦出现经济衰退或者突发事件，必然会带来银行的流动性枯竭，这种流动性不够的问题是具有扩散性的，严重时会引发国内、区域乃至全球性的金融危机出现；另一方面，大量委托代理的存在，导致金融交易中的道德风险和逆向选择，虽然借助不断完善的技术可以规避一些问题，但是难以杜绝。这种委托代理关系，使投行和基金公司在进行市场交易时会拉高风险资产的市场价格，这会导致泡沫的出现，一旦出现破裂，必然会引发不可控的风险事件。

在共享金融中，供需双方是直接对接和交易的，没有"期限错配"和"委托代理"关系，也就从根源上解决了流动性枯竭和委托代理关系造成的金融市场泡沫化的问题。

3. 共享金融降低交易成本

首先，共享金融的出现，去除了大量中介成本。共享金融完全依托于现代计算机技术，直接利用云平台和大数据处理能力，精准匹配资金供需双方的需求，交易不再需要中介参与，也就没有了传统金融活动中的手续费、管理费甚至灰色费用等成本。

其次，共享金融大大降低了交易活动的搜索成本。共享金融综合平台本身就可以容纳海量的企业数据，借助大数据分析和精准的在线算法，能够高效发掘企业的需求，并促成资金供需双方的快速匹配，节省了传统金融模式下，资金持有人在寻找资金需求方时花费的巨大搜索成本。

最后，共享金融的发展极大地降低了企业的融资风险成本。在传统的融资模式中，中介在进行资金和需求的匹配时是按照固定的风险来处理的，所以在交易中就几乎不关注投资者对风险的态度。在这种模式下，资金的供需双方对风险的要求很难做到完美匹配。但是在共享金融中，大数据把资金供需双方的风险偏好同时展现，这样交给市场进行自由选择与配对，可以实现高风险项目以高成本融资，低风险项目匹配低融资成本，这样就实现了融资交易中的风险成本的降低。

第二节 共享金融发展现状

一 共享金融的发展特征

随着科技的进步、金融的发展以及客户群的改变，我国的共享金融也快速发展起来，极大地提升了金融服务质量，有力地推动了普惠金融的发展，满足了多元化、多样化、个性化的投资需求，发挥出巨大的作用和潜力，但也带来了更多的金融风险，加大了管理难度。在共享金融发展的过程中，隐患和风险不断产生和暴露出来，党中央国务院对此非常重视，积极采取有效措施加强管理和防范。

（一）共享金融发展由快速发展期转入规范发展期

经过国家专项金融风险整治，共享金融风险出现明显的下滑态势，各种重大风险因素得到有效控制，各类重大风险案件明显减少。进一步明确了行业规范和操作要求，有效地净化了行业发展环境。

（二）共享金融所涉及业务范围较广

共享金融在金融业中的比重不高，但是所涉及的业务较广。就 P2P 网贷来说，该行业的贷款余额不足同期金融机构贷款余额的 1%。但是，无论是贷方还是借方都出现迅速增长的态势。

（三）业务模式灵活并呈现两极化发展趋势

共享金融业务模式较为灵活，且呈现出两极分化的发展趋势。具体而言，商业银行在网络支付领域占据优势地位，非银行支付则呈现出单笔金额小、交易笔数多的特点。P2P 网贷经过优化整合，出现了明显的集聚效应，虽然交易平台急剧减少，但成交量仍然迅速攀升。互联网基金和互联网保险都出现快速增长的态势，互联网消费金融呈现出积极参与的发展趋势，并且以短期、小额贷款为主要业务，在股权融资方面发展较为缓慢。

（四）"鲶鱼效应"凸显

共享金融以其先进的技术、理念和经营模式，不断带动并促进传统金融机构的变革，不断提升专业技术，更新经营理念，从而得到了更好的发展，为行业改革提供了良好的条件。据有关数据统计，到 2016 年年底，我国的互联网银行已达 60 余家，在共享金融方面做得较为突出的是中国工商银行，它构建的"融 e 行"网络银行平台已成为有效的共享金融工具，已有 2.5 亿人使用该平台，拥有 6000 余万移动终端用户。

二 共享金融总体发展情况

（一）共享金融总体发展规模

2016年，我国共享经济的提供服务者人数约为6000万人，与2015年相比增长了16.7个百分点；从事共享经济工作的人数达到585万人，与2015年相比增长了24.6个百分点。中国商业产业研究院的统计数据显示，2016年我国共享经济的经济总量达39450亿元人民币，与2015年相比增长了76.4个百分点。据预测，到2020年，共享经济总量将超过10万亿元人民币，将占GDP总量的10%以上①。

供应链金融作为共享经济的重要表现形式，在共享经济发展中起着重要作用。供应链金融沿着一个特定产品的供应链，依据供应链的交易现金流，以及核心企业的信用来安排金融活动。其上下游企业的金融服务、信用可以通过在供应链中处在主导地位的企业进行外溢。供应链金融逐渐成为共享经济中的标杆，且随着监管的落地已逐步走向成熟阶段，快速高效地搜寻并撮合资金的借贷两端，把社会闲散资金连接起来，加快资金的周转速度。

（二）共享金融衍生品市场发展情况

为换取某种商品价格稳定性而进行的衍生品交易由来已久，但是20世纪80年代以来衍生品市场的发展出现了质的飞跃。这绝非偶然。众所周知，第二次世界大战后的西方世界盛行凯恩斯主义，并逐渐建立起以固定汇率制度为特征的国际经济秩序。这个时期全球商品价格相对稳定，各国都实行了一定的工业保护主义和资本管制。这些保护主义措施一定程度上降低了价格波动的风险，并使这些有限的风险局限在本国之内。但是这一政策在20世纪60年代首次遭遇挫折，西方经济进入滞涨。20世纪70年代，西方国家开始不断放弃凯恩斯主义政策，允许利率、汇率等市场价格有更大的浮动空间，最终导致美元与黄金挂钩、协议国货币与美元挂钩的布雷顿森林体系彻底瓦解。

这一新自由主义经济政策不仅使西方资本主义国家渐渐走出了滞涨的困境，也开启了当代经济全球化新浪潮。在这个新的国际经济体制下，国际贸易、跨国投资和融资快速增长，使国际投资者在各领域拥有了更多的选择，但也面临了与以往相比更多、更复杂的风险。风险的存在是多维度

---

① 资料来源于搜狐财经。

的。风险既体现在不同生产要素的价格在未来不同时间、不同地点上的不确定性,也体现在不同投资者对这些不确定性的需求和判断[①]。

在一个利率、汇率、商品价格自由浮动和国际政治政策风险时时存在的世界里,投资者有必要通过金融衍生品交易寻求必要的确定性。由于投资者风险偏好和敞口不断变化,金融衍生品交易也呈现出连续不断的特征,且交易规模快速增长。经过 40 多年的发展,金融衍生品一跃成为当代资本市场的核心组成部分。

必须指出,金融衍生品之所以重要,并不是因为其巨大的交易规模,而是因为金融衍生品本身对资本市场发展的重要意义。而要理解金融衍生品的重要意义,必须了解金融衍生品的特征,及其在资本形态演化中的历史地位和所发挥的作用。

一般认为,金融衍生品是一个自身价格依赖于基础资产价格的合约。但是这个直观的理解却是十分狭隘的。因为它隐含一种假设,即基础资产是真正重要的,而衍生品是次要的甚至是附带。虽然金融衍生品的价格发现和风险转移功能十分重要,且获得了广泛认可,但是衍生品的重要性不应该被仅仅理解为为基础资产提供价格发现和风险管理等服务的技术层面上的工具。它的深层意义值得探讨。

衍生品作为一大类金融资产之所以重要,可以从它的三个基本特性开始分析:连接性(Binding)、融合性(Blending)和分拆性(Unbundling)。连接性是指衍生品(如期货或期权)可以建立基础资产现在和未来之间的价格关系。融合性是指衍生品可以将不同形态的资本(股权资本、债权资本、不同货币种类的资本、不同行业和不同公司的资本)融合成一个独立的资本形态。指数衍生品是一个简单而明显的例子。[②]

分拆性是指衍生品可以将一个资产或资产组合的某些属性(Attributes,一般指价格)与资产本身分离,并使这些属性独立于资产本身进行交易。这种资产价格属性和资产本身的分离和交易通常被简单地理解为价格发现和风险转移。这两个功能虽然重要,但是它却忽略了衍生品分拆性隐含的两个更深层的含义。

其一,衍生品使基础资产的价格属性和基础资产本身的所有权分离。衍生品的定价和买卖,并不改变其所代表的基础资产的所有权。这看似浅

[①] 李黎、张羽、王玮:《全球金融衍生品场内市场:回顾与展望》,《中国证券期货》2008 年第 2 期。

[②] 董继鹏:《我国金融衍生品发展存在的问题及对策》,《吉林金融研究》2017 年第 3 期。

显易懂的特征隐含着资本市场发展的内在逻辑。

其二，衍生品的分拆性使不同资产的特征迥异的价格属性被整合为易于识别的、通用的、可交易的价格基准。比如，大盘股包括多种行业上市公司的股票，任何一只股票都只能形成一个价格特征迥异的个别市场。而大盘股指数期货，则通过衍生品的分拆性，衍生出一个统一、独立、代表性强、流动性高的大市场。

衍生品的分拆性使投资者关注的重点从持有不同资产的特殊属性转向不同资产普遍存在的共同属性，即资产的价格属性。这类以不同资产组合的价格属性为标的的衍生品市场发展的意义，在于它强化了这些资产组合本身，和与其他各类资产和资产组合在跨时间和跨空间中的价格竞争。而这种跨时空的价格竞争又对相应的基础资产产生了重要作用，即强化了各类资产相对价值（Relative Value）的比较和竞争，进而产生了优胜劣汰和资源配置高效的社会效果①。

金融衍生品使基础资产的价格属性和所有权分离的特征，是衍生品得以在现代资本市场中发挥潜在和关键性作用的原因所在，即衍生品使资产价格具有更直接、更便捷和跨时空的可比性（Commensuration）和竞争性。而衍生品的这一潜在关键性作用是在金融衍生品产生之后才凸显出来的。这也是金融衍生品被更广泛运用，交易规模迅速提高的原因。

（三）共享金融与科技的融合发展

1. 人工智能与共享金融

人工智能（Artificial Intelligence）的英文简称为 AI。它是一门综合了社会科学和自然科学的交叉学科，被普遍认为是计算机科学的一个分支。它是研究并开发用于模拟、衍生和扩展人的智能的理论、方法、技术及应用系统的一门新的技术科学。它试图深耕智能的实质，并生产出一种新的智能机器，可以模拟人类遇事做出的相似反应。目前人工智能研究有百度机器人研发、无人汽车驾驶、Google 的图像识别、苹果公司的 Siri 和小米的小爱等成果。人工智能从诞生以来，理论和技术发展都在趋于成熟，不断扩大其应用领域。可以设想，未来人工智能代表的是科技的最前沿，它将会是承载人类智慧的"器皿"。人工智能可以对感知、思维、效应等多方面的信息过程进行全面的模拟。人工智能是人的智能的衍生，能像人那样感知、识别、推理、学习、思考，未来可能会超过人的智能。

---

① 李黎、张羽、王玮：《全球金融衍生品场内市场：回顾与展望》，《中国证券期货》2008年第 2 期。

人工智能是现代极具挑战性的科学，自然它对该领域的人才的要求很高，必须是综合性人才，既要掌握计算机知识，又要了解心理学和哲学。人工智能的应用十分广泛，它从计算机智能向不同的领域延伸和发展，如集成智能、计算机视觉等，人工智能被称作"下一个风口"，说明当下是人工智能的黄金发展期，它的目标是使机器能够自我学习，代替一些通常需要人类智能才能完成的复杂工作。但时代背景有差异、文化背景有差异的每个个体对这种"复杂工作"的理解是有差异的。

2. 互联网与共享金融

互联网金融利用人工智能技术、移动互联技术、云计算、大数据甚至是区块链技术的广泛应用，让信息资源共享成为现实。它具有成本低、亲民性、创新性等特点。以"ofo""滴滴专车""Uber"等为代表的"共享经济"模式呈燎原之势，利用移动互联技术，整合社会过剩的存量资源并使其得到新的利用，同时使新增的社会资源得到更充分的再利用。当创客们以资源的使用权作为共享标的进行转移时，"共享经济"更是催生了"共享金融"。

黑龙江百湖创投运营负责人徐振良认为，从根本来看，共享金融就是金融媒介模糊化的过程，被社会称作"金融脱媒"，P2P、网络保险金融、互联网众筹等都是新型金融的典型模式。"我们之所以推出众心筹、安心投平台，是为了搭建共享金融圈，使项目与资金，企业与个人在专业与诚信基础上达成共赢"。关于共享金融的内涵，姚余栋（中国人民银行金融研究所所长）认为，所谓共享金融，就是通过大数据支持下的技术手段和金融产品及服务创新，构建以资源共享、要素共享、利益共享为特征的金融模式，以实现金融资源更加有效、公平的配置，从而在促使现代金融均衡发展和彰显消费者主权的同时，更好地服务于共享经济模式，壮大与经济社会可持续发展。关于共享金融的未来发展的优化路径，徐振良认为，共享金融的显著特征就是"媒介模糊化"，简单来讲，就是跨过中介机构，实现资金提供方直接对接资金使用方。当下所存在的互联网金融模式，像互联网众筹、P2P信贷、第三方支付、网络保险等，其核心竞争力就是共享金融[1]。

因此共享金融在经营监管方面要坚守三条金融红线：一是禁止建立资金池。二是坚决不担保，也不隐性担保。"共享金融"的风控目的之一，就是信息交互、风险合理共担，实则将风险平均化、削弱化。三是严禁非

---

[1] 资料来自搜狐财经。

法集资。对此，徐振良认为，"共享经济"或"共享金融"的商业模式的发展主要取决于两大要素：其一，合理配置供需双方的平台资源；其二，供需双方之间的信任，两者要素缺一不可，否则共享过程无法顺利达成。移动互联网技术带来规模空前的网络信息平台和无法想象的大数据共享，"共享金融"体系的融资效率得到了极大的提高。在投资、融资和支付方面，"共享金融"现在还处于初级阶段，并且尚以新生金融机构为主，占主导市场的传统机构暂且没有紧随其后。

姚余栋和杨涛共同对"共享金融"的核心进行概括：借助移动互联网技术、云计算、大数据等现代化技术工具提高信息搜索和传输效率，使得金融资源在更广泛的领域内进行更合理更高效的配置优化，并在风投控制和金融监管方面开拓新的模式和途径。徐振良认为，金融服务就是对广大客户的各式投资、融资和支付这三类需要的满足。传统金融机构由于成本过高，所以对这三类业务都设有门槛，或者是无形的门槛，而互联网发展下的"共享金融"的低成本甚至无成本的这种无门槛现象完全击垮了传统金融机构的模式。互联网金融服务平台可以让借款人通过简单手续就借到钱，"余额宝"可以让几元钱的投资获得及时性回报且资金来去自由。而这恰恰是传统机构的短板。为此，徐振良进一步表示，"共享金融"可以运用现代信息技术平台的开放性和共享性，让资金供求双方的直接交易成为现实。一方面，融资空间拓展，尤其是最为饥渴的中小微企业等需求者获得融资机会；另一方面，广大居民的投资渠道拓宽，从剩余资源优化来讲最大限度地实现了以合适的价格让每一个人享受到及时、便利、高质量的各类型金融服务。在传统金融模式下中小企业"融资难"是由于"融资贵"，而"共享金融"可以大幅度提升金融资源配置效率，使得同样的金融资源发挥出比传统金融机构模式更大的效用，大大降低金融资源的流动成本，为其创造可持续性的"输血"模式。比如大数据的共享，解决了金融服务的信息不确定、信用基础缺乏等问题，使得个人征信和小企业征信手续得以完善，风险计量更加精确，在对系统性风险合理定价的前提下，加快了小额贷款的发放速度，也实现了对贷款的区别定价，以最快的速度让真正好的企业能以合理价格获取资金。

3. 数据化与共享金融

在信息化大潮愈演愈烈的当下，数据和信息不啻为一种"新型资本"，尤其对于数据资产量巨大、操作复杂程度高、系统性能要求高的金融领域来说，数据资产发挥着越来越突出的价值，和传统资本具有的特性相似，数据资产的价值在流转、共享、整合利用中逐渐显现并放大。

举例来说：银行数据部门掌握的用户储蓄和消费信息，对内共享可以完善业务部门的信息化系统开发；对外则可为政府部门、征信机构等提供有效参考；甚至可以成为零售或制造业制定战略目标的有效参考依据。

然而数据的共享和流转带来的红利，无法吹散遮盖在数据保管者和拥有者心头的乌云。这种担忧来自敏感信息在共享环节可能发生的泄密风险，更是来自敏感数据"合理使用"并且"安全防护"两者之间的矛盾。于是，数据脱敏技术和专业脱敏产品应需而生，这类专业产品可以按照不同数据使用场合，对敏感数据进行变形处理。在脱敏处理的同时，不改变数据的类型、格式、含义、分布等使用特征，让用户不再因为深陷对安全的顾虑，而不得不割舍数据分享和流转带来的价值。

目前，脱敏技术中的静态脱敏技术常见于银行等金融领域。静态脱敏技术的应用，其价值在于打造一份全新的、"高度仿真"的数据库，在非安全环境下使用。凭借低门槛、易部署等特性，静态脱敏技术率先被用户所接受。在近两年，这种数据处理方式先后被银行、证券、保险、社保等行业所采纳，成为数据共享中的重要工具。

4. 区块链技术与共享金融

区块链技术让共享金融第一次成为可能与现实，真正做到了去中介化的信任，它颠覆了传统商业形态区块链技术，融入了共享金融。

近几年，区块链成为全球金融业关注的热点，全球知名金融机构对区块链技术的研发水平难分伯仲。区块链的概念是在 2008 年由中本聪首次提出，领域内人士都认为比特币是区块链的首个应用。2015 年 12 月，Linux 主导发起超级账本项目，成员包括金融、银行、供应链、制造业和科技行业的佼佼者；R3 区块链计划联盟制定银行业新的标准及协议以及研发分布式账本技术在金融市场中的跨界应用，区块链技术有极大的可能颠覆银行业的未来；2018 年 11 月，微软宣布 Azure 区块链基于微软的无服务器技术构建开发工具。某些国家在研发电子虚拟货币及行政领域的区块链技术应用的同时也在研发如何对区块链技术被非法应用进行有效的打击。目前区块链的技术还很难提升 TPS，可扩展性有限，这是整个区块链行业本身的问题，无法连续进行高频次、大流量的金融应用。比如目前比特币每秒的传输速度就只有几个比特。应用区块链技术的"以太坊"组织和比特币交易所发生的风险事件，暴露了区块链现有技术结构存在的缺陷和漏洞。这说明，新技术的诞生与应用伴随而来的就是新的风险。从金融监管视角来观察，如何找到行业平衡点呢？当前的重要课题是，在积极深入分析区块链技术的同时理性考虑商业环境和行业环境，并建立配套机制促进区块链技术在金融上构建低成本、高效率、高自由度的共享金融平台，实现普惠金融。

区块链技术让共享金融成为现实，需要新的技术机制的同时也需要法律机制的约束，监管部门责无旁贷。在现代信息技术的不断发展和广泛应用的大环境下，政策制定者要充分意识到完善的技术机制和法律机制对于新金融业态监管的重要性和必然性，深入分析市场的发展趋势及风险，建立完善的监管法律体系及技术手段，加强共享金融的行业自律，实现技术机制与法律机制的协调一致，将技术机制服务于监管体系，优化配置，提高监管效率，保障金融稳定，促进行业健康发展，有效管控技术风险。共享金融使公众都能公平、高效、便利地享受金融资源，实现社会闲置金融资源的优化配置。要想稳定健康地推进共享金融的发展，金融机构和监管部门还要做到风险的有效管控，确保金融安全。共享金融的有效监管需要企业和政府的协同治理，共享金融的技术风险包括计算机应用的风险和网络安全的技术风险。因此必须提升共享金融参与主体的技术水平，增强技术"防火墙"的防范能力。在金融领域必须通过安全性、可靠性认证后才能规模化应用高新技术。在不同场景的区块链金融应用中，必须对智能合约、时间戳、密钥等核心编程的安全性、稳定性、可靠性，做专业的分析和权威的验证，并保证任意计算机硬件设施、操作系统或应用软件的稳定运行。

（四）共享金融的未来发展趋势

1. 共享金融发展新内涵

早期的分享经济是将消费所有权内部支配权与使用权进行分离，通过租金补偿机制来获得使用权分享。但经过历次经济危机的洗礼，对资源配置、社会可持续性、各类结构性失衡的担心愈演愈烈，经济与金融发展中日渐突出的"多极分化"矛盾，再加上互联网对社会传统经济结构的迭代式冲击不断深入，使得后工业社会、消费社会的高附加值快速发展，"分享"不再简单地作为一种"调剂部分"存在，更是向"共享"型的机制进行演变。通俗地说，共享经济强调的是以信息化技术手段和平台为桥梁，公众可以更加公平、便捷、自由地共享一切社会资源，彼此以合适的价格或方式付出和受益，共同享受经济红利。

近几年，随着现当代市场经济的金融结构不断优化，金融市场逐步国际化，促使我国市场经济迅速发展，但仍然有许多内在的困扰和诸多亟待完善的地方。金融发展与实体产业之间关系扭曲、传统金融与共享金融的信息不对称、金融部门对实体部门的谈判权优势等问题，都使得某些金融活动与罗伯特·希勒所勾勒的"美好社会"背道而驰，演变成了金融业的"自我游戏"和贪婪资本的乐园。与共享经济的生命力相称，共享金融也给金融的自我完善和创新提供了一条"通往理性繁荣之路"。所谓共享金融，本节从如下六个方面阐述其内涵。

一是金融对共享经济的竭力撑持。着眼传统经济模式，现有金融体系已无法满足其日益复杂的金融需求。无论是创业时的对于中小企业的融资需求、普通大众对消费的简单便捷需求，还是创客们的资本扩张需求、互联网金融信用环境保障需求，都催促着新金融模式的诞生。就此意义来讲，金融创新的源泉都是扎根于发展实体经济的本质，共享金融紧跟共享式发展趋势，形成以资源共享、要素共享、利益共享为特征的新型金融创新。

二是多元化共享式发展金融要素。金融机构、金融对象、方式、制度和调控机制、金融场所等要素，构成了我们熟知的"金融"活动。在共享金融不断发展的大环境下，传统意义上的金融机构、金融对象、金融方式等金融要素的边界愈发模糊化。例如，原有银、证、保各企业经营格局逐渐被打破，彼此共享信息优势；金融对象的扩大化、服务的个性化与信用信息公开化倾向并存，机构不再只注重"供给创造需求"式的创新，而把金融消费者作为共享模式下的创新驱动者；在网络信息发展迅速的时代，大数据收集及信息搜寻成本足够低时，以 P2P 为时代特征的互联网金融打破了银行业信用抵押的垄断，去中介化的金融机构已成为共享服务平台，从此金融走下了神坛。

三是金融资源融合与功能共享。无论金融模式如何转变，金融体系的基本功能是不变的，其具有在时空上为实现经济资源转移提供渠道、融资和股权细化、支付和清算、风险管理、信息提供、解决激励问题这六大功能。共享金融带来的变革，一方面是在产品与服务上。以前"判若鸿沟"的金融功能边界逐渐模糊出现融合现象，消费群体亦愈加轻松放心地享受金融"卖场""旗舰店""网店"的服务。为了适应这种转变，金融中介机构除了优化资源配置、降低咨询服务成本之外，更多的是自身形态的转变，如成立第三方平台服务商，实现金融资源和服务的直接交易。各种基于 P2P 融资形式的互联网金融创新模式，正是其典型表现，填充了传统金融所带来的短板，攻克了其门槛高、灵活性不足的缺点，有助于同业和跨业的资源共享。另一方面，作为金融体系最基本功能的支付清算、信息信用，更是呈现融合更甚的情况。这些金融基础功能体现出服务一体化与技术标准一致性的特点，"金融服务或产品—金融机构—消费者"的传统金融模式已逐步被"金融服务或产品—共享平台/第三方平台—消费者"模式所取代，使消费者可随时随地安全自由地支付清算。

四是多主体协调的互联网金融平台。互联网时代的最大成就之一就是金融平台的诞生与运行，互联网平台是信息传输、接收以及共享的虚拟或现实机构。金融平台的诸多特点之中，其典型代表即正外差效应和多归属，前者代表了主体进入平台的数量与平台实现各方共赢的价值成正比，后者则表明平台的竞争给消费者带来更大的效益与多重选择。只有突破现有的共享金融理念，建立"有容乃大"的开放型、包容性、多元化的金融平台，才能成为新经济时代的主流。

五是合理分担金融风险。现代金融体系的风险产生的原因主要是金融体制改革不完善和金融资产流动性的不确定性变动等。例如，由于小微金融和普惠金融领域的特殊性，金融服务因信息的不完善、信用等级低等问题而变得更加困难，使得金融资源配置的效率得不到提高。而一旦实现信息共享于不同平台与主体之间并合理共担风险，则有助于填补传统的金融"空白区"。再如，金融风险包含系统性风险与非系统性风险，前者不能通过分散投资规避，具有不可分散性，需建立健全的监管机制来削弱，而后者可通过共享金融模式来提升效率，降低流动性风险。由此，随着新技术愈加准确地识别和分析微观金融行为，通过提升共享金融的参与主体的技术及建立健全的制度安排来合理分担和分散风险，而非"游击"式地驱离或被投机利用，则成为共享金融实现金融稳定的重要尝试。

六是产融结合的共享。市场经济发展的实践表明，产业资本与金融资本的结合是企业做大做强的必要手段，其根本目标在于解决金融交易中信息不对称、交易成本过高等问题，并且实现资本多元化、经营多元化，在金融资本与实体经济之间寻求积极的平衡，等等。在互联网信息时代，进一步丰富了产融结合的内涵，除了传统金融市场投资渠道之外的债权、数据信息、渠道、技术、场景、战略等都出现了融合的可能性。在共享型的产融结合模式下，金融与产业之间的利益矛盾最小化打破了金融机构的价格及信用垄断。金融机构不再被经济形势的好坏所局限，而是拓展优势资源的使用限制，创造更大的协同价值来实现长期合作共赢，以及给予企业"资金"之外的产业相关延伸服务，从而相互依存，打造战略共享的新型"金企"关系。

由此我们看到，虽然互联网金融与共享金融虽都是在相同的技术基础和网络时代背景下产生的，但前者更体现了长期、深入的金融模式与功能变革。短期来看，金融运行在互联网信息技术的不断冲击下，共享金融的突破找到了其真正的价值所在；长远来看，金融的最终价值是破除自我实现的需要，重新回到与实体经济共享互助的轨道上。

2. 共享金融未来发展方向

作为新颖独特的经济形态和发展方向，共享金融已有越来越多的拥簇者，其涵盖了金融领域的方方面面，包括金融市场化、实体金融服务、互联网金融、普惠金融等一系列金融发展和经营模式，为实现服务实体经济的本质，共享金融这种新兴经济模式打破了传统金融的壁垒，应运而生。时至今日由于在深耕和实践中还具有诸多不确定性，所以共享金融仍处于理论和实践的不断探索阶段。

首先，从整体理论架构来看，共享金融应具有两大作用主体。从宏观经济来看，共享金融的存在动因包括：市场经济国家快速发展中的收入分配矛盾导致在某些领域金融供给过剩与有效金融需求供给不足并存，出现结构性失衡；经济社会运行效率提高，市场经济伦理问题带来金融跨境优化的机遇与压力日趋加大；收入不平等现象已逐渐凸显，但金融创新在应对进展中乏善可陈，甚至影响与阻碍了中低阶层的财富资源再分配；创客时代的就业结构转型，使得以构建资源共享、要素共享、利益共享为特征的金融服务变得更加势在必行，等等。从微观经济看，共享金融的根本在于：让其归于"草根"和彻底可视化，使公众对金融的全程参与互助受益的全过程有最直接的感受；使金融消费者从被动变为主导，全部参与到金融交易的每个决策之中；融入产业链、生活链中的每个节点，使金融产品和服务触手可及；金融价值资源中可用于共享的不单只有资金，还有其他覆盖面很广的功能和要素，这其中最核心的就是要构建共享机制，当然，金融产品和相关服务如何进行交易和利益分配，对商业的可持续发展和金融行业普惠目标的最终实现，起着决定性作用；共享模式下的金融的内在精神和发展观，对传统金融奉行"丛林法则"的竞争模式改变巨大；互联网时代，信息的高速传播与沟通，为共享金融的发展提供了技术支撑。

其次，共享金融的发展也是困难重重，挑战巨大，主要体现在以下几个方面：相关产品及服务市场价格确定机制的构建，离不开制度支撑和市场引导的相互作用，再加上金融领域的交易比较特别，要规避网络时代"狼性文化"带来的薄利多销造成的价格破坏；当前存在的各种金融类的综合服务平台，大多数存在着封闭、排他以及相互之间数据不对等的情况，这直接影响了共享金融市场的快速扩张；现有信用制度的缺陷，导致对金融行业重新建立信任需要一个较长时期；出现个体与集体的理性相对立的情况时，往往造成金融行业的机会主义者横行，对整个行业破坏力巨大，比如风险投资成为金融市场主流时，就是一把"双刃剑"；在金融市场的 P2P 发展阶段，共享金融是靠彼此之间的信任来立足的，到了 B2B 阶段，就必须要靠优质的服务和良好的用户体验来赢得客户信任；在大数据的洪流中要尽可能屏蔽金融市场的信息在传递过程中的偏差、异化和操纵；要避免当前权属上的所有和使用的分割，但是也不能重回"大锅饭"式的旧有模式。

最后，放眼未来，随着共享经济的发展，共享金融势必要融入时代发展洪流，比如在当前的物流、家政服务、新闻传媒、文化创意、课外辅导、医疗保健等领域，已经出现了共享化的端倪，对于金融行业的服务来说，也提出了全新的挑战。共享经济是从我们的日常消费领域深入发展开来的，进而带来了交换和分配环节的变化，最终影响到了具体的生产活动。与此类似，金融行业的共享化，也是从需求入手，未来必然会对金融服务商的战略格局和供给模式带来深刻影响。

总的来说，金融的共享化是依靠数据信息的流动和交互特性，实现了商品线和金融线的融合与发展，进而提高了它们的资源优化配置的效率。在金融行业的自由主义和国家调控中，探索第三种可能性，从而在最基础的设施建设和游戏规则制定上，实现金融行业全新的自治型创新，共享金融必将创造制度创新的发展机遇，为金融行业实现产品和服务结构的优化调整以及整个行业的发展空间的拓展带来前所未有的动力。

第三节 共享金融发展中存在的问题

一 非法集资及资金使用不当

支付结算机构与 P2P 网贷平台，在客户资金的托管上都存在着监管不足，尤其是 P2P 的快速发展，虽然在一定程度上解决了金融领域资源配置错位的矛盾，特别是爆雷事件频出，需要我们深入研究。以 E 租宝为例，它以高回报吸引市场注意，但是却虚构大量融资租赁项目，借新还旧，在短短一年半的时间里就非法吸纳资金达 500 多亿元。这一案例，使我们不仅看到了监管的缺位，也看到了社会大众严重缺乏金融领域的基本风险常识。公开资料统计显示，2013 年被曝出问题的 P2P 平台只有 76 家，一年之后就上升到了 275 家，2015 年爆雷平台累计已达 896 家。这些触目惊心的数据，不仅提醒我们在进行金融投资时一定要掌握基本的专业知识，还要谨慎小心，全面了解企业的真实情况和实力，杜绝盲目从众。

众筹资金使用时，出现了大量问题，首先是监管不到位，当然资金众筹管理人也没有做到自律。一旦监管缺失，就会导致一系列问题的出现，比如：资金流向成谜、资金用途不一致导致资金利用率较低，甚至由于众筹人自身问题导致众筹项目最终失败等。众筹这一模式本质上是实现了投资的收益与风险共同承担，靠的就是彼此之间的信任，一旦出现资金去向不明的问题，就会影响众筹的进度，甚至可能导致一个优质众筹项目的最终失败。所以，一定要确保众筹资金的流向和使用能公开透明，这不仅是对众筹参与者负责，也能够对外产生良好的示范效应，这样可以促进众筹的快速发展，也可以推动共享金融的跨越式发展。

二　共享金融效率受到制约

在目前的金融市场上，各系统、各机构没有形成统一的平台，体系也各自运行，这需要大量的人力、物力的投入，日常运维成本居高不下。如果各平台之间再相互封闭对立，不仅无法实现经营效益的提升，还会增加市场参与者的搜索成本和参与的难度，参与者要频繁登录不同的平台，以对比获取最优的融资方式，这样不仅麻烦，还难以获得好的效益，各系统之间无法互动，甚至相互排他。在共享金融中，最大的优势就是资金的供需双方可以根据自己的需要自由获取相关信息，如果不能构建这样一个统一的系统级平台，必然会影响共享金融的进一步发展。

三　对传统金融体系产生冲击

作为一种全新的金融模式，共享金融的出现，现有的金融格局造成冲击，最突出的就是以银行为代表的传统金融机构。以P2P和众筹为代表的共享金融，相比传统金融，极大地降低了交易过程中的成本、消除了金融活动的中介，解决了金融活动中的信息不对称问题，对商业银行的现实影响体现在以下几点。

（一）加速金融脱媒进程，影响银行核心业务

共享金融的去中介化，使得资金的供需双方可以直接达成融资合作，原来的融资活动中银行一般是中介，这主要是因为当时的条件下信息严重不对称，资金的供需双方难以精准匹配。通过互联网技术，这些供求信息

和需求信息都可以直接在网络上展示，大家自由匹配，促进了金融行业加速脱媒。这一过程必然会给银行带来压力，银行的资金少了，自然也就没了以往的放贷规模。

（二）切断银行和客户的联系，屏蔽客户

在金融行业朝着共享金融发展时，用户也开始偏好使用互联网金融服务，具体的金融行为也开始从线下转移到线上来，共享金融模式下的各种网络借贷平台借助积累的用户资源，替代了很大一部分银行的支付功能，使得公众对银行的依赖降低，时间久了，就会造成银行与客户的互动减少。这种冲击一旦处理不妥当，就会因为利益纠纷而产生一些社会矛盾。

（三）存在金融安全层面的隐患

"互联网+"技术与金融的结合，支撑起了共享金融的快速发展。这些技术涵盖了云计算、大数据处理和移动互联网等，一旦金融搭上大数据的技术快车，不仅可以改善服务营销的效率，还可以辅助进行金融交易决策和风险控制。移动互联网技术的加入，促进了移动互联网金融的发展，借助手机、平板电脑等移动终端，产生了移动支付、移动理财、移动交易、微信银行、APP模式和移动金融的O2O模式六大移动互联网金融模式。主要是因为移动互联网在信息的透明度、大众的参与度和协作性上更加有优势，再加上中间成本更低和操作更加便捷，使其得以高速发展。同时也存在隐患，主要是来自互联网金融平台自身的系统漏洞和黑客的有组织攻击。黑客在进行攻击时，一般是先搜集客户的个人信息，然后通过伪造银行卡，或者是扩散木马病毒，来实现对用户正常的移动支付和网银支付系统进行侵入和破坏。当前的网络安全防护机制和防护意识都不够健全，所以，面向移动互联网金融的风险事件也就频发，黑客攻击经常出现，带来了巨大的危害。

四　共享金融发展存在的问题

共享金融发展中存在的问题包括：一是金融服务平台往往存在割裂，集中体现为各类金融机构数据共享性欠缺。在由国家级和区域级金融监管部门组建的综合金融信息共享平台启用之前，金融机构的数据仍然具有封闭性和排他性，共享金融规模的扩张和效率的提高将会受到制约。二是共享金融创新动能不足。以互联网金融发展为例，大部分互联网金融的参与各方普遍缺乏创新意识，缺乏创新业务的资金、人才投入，没有形成"领跑"的行业发展态势。三是共享金融人才智库建设滞后。共享金融的

崛起和引领，需要依赖科学、专业、系统的智库力量作为决策的支撑。目前，全国多数共享金融平台企业缺乏智库力量的支持，普遍停留在模式和业务相对简单的信息整合和发布阶段，在对国际前沿共享金融的研发和运用方面不能独占鳌头，一直处于行业跟随和模仿阶段。

第四节 促进共享金融发展的对策建议

一 加强共享金融平台服务监管

P2P 平台是共享金融这一模式的典型代表，其基本形式是两个个体之间以互联网平台为依托进行的小额度的资金借贷。在这一过程中，资金的供需双方直接完成交易。由于当前 P2P 平台缺乏足够监管，出现了很多违法违规事件。据第三方机构网贷之家的数据统计，2016 年 2 月我国仍能正常运营的 P2P 平台有 2519 家，同时也存在 1425 家爆雷平台，问题平台超过一半。要想根治 P2P 平台面临的非法集资问题，必须要构建信用监管体系、提高资金监管意识，这样才能确保共享金融的稳健运营秩序，实现投资者的权益保护。第一，政府要发挥宏观调控作用，保持对 P2P 市场的管理，构建高效精准的信用监管体系。这一体系要涵盖事前的准入标准、事中的运营监管和事后的安全有序退出机制。第二，社会投资者也需要对 P2P 非法集资承担一部分责任。社会投资者需要掌握一定的金融知识，懂得金融风险的防范，不要盲目相信高利息低风险的骗局，谨慎投资。第三，P2P 平台自身应该增强监管能力。任何企业和个人登录 P2P 平台都应该实名注册，建立专门部门来审查，资金由第三方保存管理，或者由保险公司来保障资金的安全。

处理 P2P 平台的基金托管可以帮助金融消费者获得更为稳定的经济利益，而且整个金融市场的秩序化也得到了大大的提升。首先，重要而有效的方式是政府"看得见的手"进行市场干预，建立一套有序的信用监管体系。虽然互联网平台的供需双方之间的长期博弈可以改善上述问题，但直接的政府干预更有效、更快。其次，普及金融知识，增强公众防范风险的观念，促进金融创新。最后，P2P 平台也应该从自己做起，不断完善和提升自身的监管能力。例如，参与者必须在进入 P2P 平台时注册真实身份，并建立专门的机构进行审查。资金由第三方存入或引入，保险公司的介入使得整个过程的保障性得到了很大的提升。

二 建立众筹监管机构，保障资金透明

众筹被视为共享金融的主要形式之一，其运用及流动极大地影响了共享金融的发展程度与质量。为了解决众筹的流动和使用问题，笔者认为应从以下几个方面入手：第一，政府可以设立相应的众筹监管机构，监督众筹用户定期进行报告，按时提交事前预算和事后财务报告，建立专门的财务报告机制，明确支出细则。第二，众筹的关键是寻找潜在的合作伙伴。一个好的团队需要具备一致的价值观和互补能力。此外，众筹合作伙伴应相互监督，加强自律，制定一系列规章制度，防止私募使用众筹资金，确保众筹项目资金的顺利投入。第三，在众筹之前必须规定各方的权利和义务，并明确将这些权利和义务写入协议，以便降低风险。第四，要解决双方信息不对称问题，必须建立适当的风险应对机制，保险机构或第三方监管机构的干预可以用来控制恶性事件的发生。必须在社会上建立良好的诚信机制，保障众筹监管的力度，也保障广大群众的利益。

三 整合金融服务平台

共享金融运作平台必须进行改革和整合。第一，要发挥平台经济功能。正外部性和多归属性是两个典型的金融平台经济功能，正外部性指越多的人进入到平台中，平台给大家带来的利益越大，多归属性指多样化的选择造成的平台竞争可以给大家带来效用最大化。因此，构建开放、包容和多元的金融服务平台才能顺应共享金融的发展。第二，要做到产业链金融共享和产融结合。产业链金融共享不仅专注于核心企业，还要扩展到产业链的上游和下游，打造可持续的产业链金融服务生态圈，让金融服务深入到产业链和企业日常运营中。第三，可以和政府合作，细分客户需求，建立统一的数据共享服务平台。

在交易的过程中，信息资源的完整性尤为重要，而拥有统一的金融服务平台至关重要。P2P在线借贷平台或众筹机构可以与政府合作，建立统一的数据共享服务平台。通过政策引导和商业运作，银行金融机构、保险公司、金融租赁公司、风险投资和一些中小企业参与建立创新平台，提供各种金融服务。通过扩大信贷额度，延长贷款期限，提供多元化的担保方式，也可以细分中小企业客户的需求，创新融资产品，帮助一些中小企业摆脱个人贷款产品的融资困难，很好地满足了小微企业的资金周转需求。

四 加强银行业与共享模式的创新结合

共享金融发展对商业银行所发起的挑战也是银行改革的重要推动力量。但是，过度的影响可能会加剧一些社会矛盾。因此，缓解共享金融发展对商业银行影响所引发的社会矛盾，有必要推动商业银行转型。例如，银行可以通过互联网平台拓展业务市场，增加客户黏性；积极配合共享金融发展模式，如与 P2P 在线贷款和众筹合作，等等。简而言之，共享金融的发展并不是要消除商业银行。由于银行是国家的生命线，商业银行必将成为共享金融的重要组成部分。

五 加强资金监管力度

据《中国支付体系发展报告》，在 2016 年，非法集资的案件数量高达 2300 起，大多数案件所涉及的金额都已经超过亿元。如果想要根本性地解决资金的使用问题，就必须要增强对于资金的管理与运用的力度与透明度。一方面，应该由政府出台政策进行众筹市场的管理，构建完整的监管体系。政府的介入可以极大地降低社会众筹中不必要的成本，加强对市场秩序的管理，减少非法事件的出现。建立的监管体系，要求相关企业在固定时间提交相关报表，构建一个完整的汇报制度，更准确地记录支出与收入等信息。另一方面，需要保证合伙人能够合法履行权利与义务。防止在合作的过程中出现差错，进而导致项目的失败。要根据信息不对等的问题构建完整的风险保障机制。为了减少以至防止恶性事件的发生，可以引入第三方机构来进行监管，降低其中存在的风险。

参考文献

《2017—2018年中国物联网发展年度报告》，中国经济信息社，2018年9月。
《2017年电子信息制造业运行情况》，中华人民共和国工业和信息化部，2018年2月。
《2017年度中国城市跨境电商发展报告》，电子商务研究中心，2018年7月。
《2017年软件和信息技术服务业主要经济指标表》，中华人民共和国工业和信息化部，2018年11月。
《2017年上海市国民经济和社会发展统计公报》，上海市统计局，2018年3月。
《2017年上海网贷白皮书》，第八届上海金融信息服务业年度峰会，2017年12月。
《2017年通信业统计公报》，中华人民共和国工业和信息化部，2018年2月。
《2017上海游戏出版产业数据调查报告》，伽马数据，2018年7月。
《2017中国数字经济发展报告》，中国信息化百人会，2018年3月。
《长三角地区数字经济与人才发展研究报告》，长三角数字经济与人才发展高峰论坛，2018年10月。
电子政务理事会：《中国电子政务年鉴 2017》，社会科学文献出版社2018年版。
《金融独角兽系列之二——京东金融：打通金融场景，剑指科技输出》，海通非银金融团队，2018年8月10日，http：//www.sohu.com/a/246468310_619352。
《中国互联网发展报告 2018》，中国互联网协会，2018年8月。
暴方圆：《商业银行绿色金融实施的管理者效应与政策启示》，《现代商业》2018年第33期。
贝多广：《中国普惠金融发展报告（2016）》，经济管理出版社2017年版。
贝多广、李焰：《数字普惠金融的新时代》，中信出版社2017年版。

毕凯军、张志昂:《用好数字经济新动能 助力上海高质量发展》,《上海企业》2018 年第 10 期。

边卫红、单文:《Fintech 发展与"监管沙箱"——基于主要国家的比较分析》,《金融监管研究》2017 年第 7 期。

曹伟:《论数字经济时代的软件版权保护技术》,《特区经济》2007 年第 8 期。

曹正勇:《数字经济背景下促进我国工业高质量发展的新制造模式研究》,《理论探讨》2018 年第 2 期。

陈波:《碳排放权交易市场的设计原理与实践研究》,中国经济出版社 2014 年版。

陈道志、李宇红:《传统零售企业线上线下一体化电商模式构建》,《现代商业》2014 年第 9 期。

陈国庆、龙云安:《绿色金融发展与产业结构优化升级研究——基于江西省的实证》,《当代金融研究》2018 年第 1 期。

陈华、张敏:《金融发展新业态——金融深化新趋势及其发展前瞻》,《东岳论丛》2016 年第 6 期。

陈伟光、胡当:《绿色信贷对产业升级的作用机理与效应分析》,《江西财经大学学报》2011 年第 4 期。

陈醒:《中国数字经济发展呈现明显的省域差异》,《国际融资》2018 年第 4 期。

陈秀梅:《论我国互联网金融市场信用风险管理体系的构建》,《宏观经济研究》2014 年第 10 期。

陈元志:《面向共享经济的创新友好型监管研究》,《管理世界》2016 年第 8 期。

陈智莲、高辉、张志勇:《绿色金融发展与区域产业结构优化升级——以西部地区为例》,《西南金融》2018 年第 11 期。

程俊杰:《中国转型时期产业政策与产能过剩——基于制造业面板数据的实证研究》,《财经研究》2015 年第 8 期。

程熙镕、李朋波、梁晗:《共享经济与新兴人力资源管理模式——以 Airbnb 为例》,《中国人力资源开发》2016 年第 6 期。

崔强:《对落实绿色信贷政策引导产业转型升级效果的实证分析——以江苏省常州市为例》,《金融纵横》2013 年第 6 期。

单国俊:《我国绿色金融的发展:执行标准、市场状况与政策演进》,《商业经济》2018 年第 10 期。

董成惠：《共享经济：理论与现实》，《广东财经大学学报》2016年第5期。
董方冉：《保险科技加速重构保险生态》，《中国金融家》2018年第8期。
董晓红、富勇：《绿色金融和绿色经济耦合发展空间动态演变分析》，《工业技术经济》2018年第12期。
董妍：《互联网金融风险控制——以P2P网贷平台为视角》，《商业经济研究》2015年第3期。
杜莉、张鑫：《绿色金融、社会责任与国有商业银行的行为选择》，《吉林大学社会科学学报》2012年第5期。
杜晓山：《小额信贷的发展与普惠性金融体系框架》，《中国农村经济》2006年第8期。
段淑芬、彭哨：《分享经济背景下"小猪短租"商业模式的优劣势分析》，《产业与科技论坛》2017年第5期。
房汉廷：《WTO与中国企业金融创新》，广东旅游出版社2000年版。
费鸿：《供给侧结构性改革背景下商业银行发展绿色金融的路径》，《现代金融》2018年第12期。
冯贺霞、韦放：《金融科技（Fin Tech）助力普惠金融发展》，《山西农业大学学报》（社会科学版）2018年第9期。
冯华、陈亚琦：《平台商业模式创新研究——基于互联网环境下的时空契合分析》，《中国工业经济》2016年第99期。
冯利英：《大数据背景下互联网金融风险测度与监管》，经济管理出版社2018年版。
冯硕：《我国绿色金融可持续发展的长效机制研究》，《现代经济信息》2018年第20期。
冯馨、马树才：《中国绿色金融的发展现状、问题及国际经验的启示》，《理论月刊》2017年第10期。
弗兰克：《白银资本：重视经济全球化中的东方》，中央编译局2015年版。
龚朴、何旭彪：《信用风险评估模型与方法最新研究进展》，《管理评论》2005年第5期。
龚影：《浅析互联网金融对我国商业银行的影响》，《金融经济》2016年第6期。
龚映清：《互联网金融对证券行业的影响与对策》，《证券市场导报》2013年第5期。
顾志娟：《金融支持科创企业发展》，《中国证券报》2018年1月28日。
官思发、孟玺、李宗洁、刘扬：《大数据分析研究现状、问题与对策》，《情报杂志》2015 年第 5 期。

郭峰、孔涛、王靖一、张勋、程志云、阮方圆、孙涛、王芳:《中国数字普惠金融指标体系与指数编制》,北京大学数字研究中心:《北京大学数字金融研究中心工作论文系列》,2016 年。

郭建伟:《大数据时代的普惠金融》,《甘肃金融》2017 年第 5 期。

国务院:《促进大数据发展行动纲要》,2015 年。

国务院发展研究中心进一步化解产能过剩的政策研究课题组,赵昌文、许召元等:《当前我国产能过剩的特征、风险及对策研究——基于实地调研及微观数据的分析》,《管理世界》2015 年第 4 期。

韩松:《完善我国绿色金融激励约束机制的思考》,《金融纵横》2018 年第 6 期。

何冰雁:《模糊综合评价法下银行物流金融项目风险评估》,《项目管理技术》2014 年第 10 期。

何德旭:《中国金融创新与发展研究》,经济科学出版社 2001 年版。

何琳:《在线短租企业商业模式分析——以小猪短租为例》,《现代商业》2016 年第 9 期。

何向莲:《上海数字内容产业贸易竞争力分析与思考》,《编辑学刊》2018 年第 4 期。

何雨轩:《我国绿色金融发展现状及政策建议探究》,《山西农经》2018 年第 21 期。

侯亚勇:《互联网金融背景下商业银行经营模式转变研究》,硕士学位论文,对外经济贸易大学,2014 年。

胡乃武、曹大伟:《绿色信贷与商业银行环境风险管理》,《经济问题》2011 年第 3 期。

黄鹏、刘艳:《基于模糊综合评判法的小微企业综合信用评价模型——面向互联网金融服务平台》,《西部金融》2013 年第 10 期。

黄万鹏:《保险科技助力保险业高质量发展》,《中国保险》2018 年第 7 期。

黄益平、黄卓:《中国的数字金融发展:现在与未来》,《经济学(季刊)》2018 年第 4 期。

黄震:《区块链数字经济急需加强风险管理》,《金融经济》2018 年第 7 期。

霍学文:《新金融 新生态》,中信出版社 2015 年版。

贾楠:《中国互联网金融风险度量、监管博弈与监管效率研究》,博士学位论文,吉林大学,2017 年。

蒋先玲、徐鹤龙:《中国商业银行绿色信贷运行机制研究》,《中国人口·

资源与环境》2016 年第 S1 期。

焦瑾璞、陈瑾：《建设中国普惠金融体系——提供全民享受现代金融服务的机会和途径》，中国金融出版社 2017 年版。

仅一、孙芙蓉：《强调金融服务实体经济是金融监管的目的》，《国际融资》2018 年第 4 期。

李朝霞：《资本结构理论与融资工具选择研究》，《中国社会科学院研究生院博士学位论文》，博士学位论文，中国社会科学院，2013 年。

李红艳：《基于 AHP—模糊综合评价法的互联网金融风险评估研究》，硕士学位论文，山东财经大学，2015 年。

李怀根：《广发银行 IT 架构转型的探索与实践》，《中国金融电脑》2018 年第 12 期。

李继尊：《关于互联网金融的思考》，《管理世界》2015 年第 7 期。

李佳：《保险科技的风险及国外监管的经验借鉴》，《时代金融》2018 年第 30 期。

李健：《金融创新与发展》，中国经济出版社 2009 年版。

李金昌：《从政治算术到大数据分析》，《统计研究》2014 年第 11 期。

李玲芳、洪占卿：《关于双向声誉机制的作用机理及有效性研究》，《管理科学学报》2015 年第 2 期。

李路阳：《绿色金融已渐成金融发展的主流趋势》，《国际融资》2018 年第 11 期。

李树雯：《互联网金融风险管理研究》，博士学位论文，东北财经大学，2016 年。

李文红、蒋则沈：《金融科技（Fin Tech）发展与监管：一个监管者的视角》，《金融监管研究》2017 年第 3 期。

李文明、吕福玉：《分享经济起源与实态考证》，《改革》2015 年第 12 期。

李鑫、徐唯燊：《对当前我国互联网金融若干问题的辨析》，《财经科学》2014 年第 9 期。

李雅宁、吴博文、罗欣、钟青青：《我国二十一省区普惠金融发展现状分析》，《北方经贸》2017 年第 2 期。

李亚青：《供给侧改革视角下科技保险"供需双冷"困境及其化解》，《科技进步与对策》2018 年第 8 期。

李扬：《完善金融的资源配置功能——十八届三中全会中的金融改革议题》，《经济研究》2014 年第 1 期。

李扬：《中国金融科技发展报告》，社会科学文献出版社 2017 年版。

李媛:《国内 P2P 融资平台风险分析及监管政策构想》,《武汉金融》2014 年第 9 期。

李姿琨:《保险科技助力寿险渠道升级》,《中国保险报》2018 年 11 月 30 日第 4 版。

理由:《数字经济体:普惠 2.0 时代的新引擎》,《IT 经理世界》2018 年第 10 期。

连平:《绿色金融债券有望成为银行负债来源的亮点》,《证券日报》2018 年 12 月 22 日第 A3 版。

廖岷:《全球金融科技监管的现状与未来走向》,《新金融》2016 年第 10 期。

零壹财经、零壹智库:《金融科技发展报告(2017)》,电子工业出版社 2018 年版。

刘玚、裴媛:《绿色金融在金融中心城市金融竞争力中的作用》,《银行家》2018 年第 12 期。

刘光辉:《云计算驱动商业银行数字化转型关键场景》,《中国金融电脑》2018 年第 12 期。

刘瀚斌:《绿色金融中的环境风险管理》,《中国财经报》2018 年 10 月 23 日第 5 版。

刘锦、顾加强:《我国物联网现状及发展策略》,《企业经济》2013 年 4 期。

刘九如:《春节将呈现怎样的信息经济亮点》,《中国信息化》2015 年第 2 期。

刘娟、叶青青:《数字经济时代的四维思考》,《杭州科技》2018 年第 5 期。

刘蕾、鄢章华:《"互联网+"背景下产业集群"零边际成本"趋势及其发展策略研究》,《科技进步与对策》2016 年第 19 期。

刘勤昌、贾得花、李广炎:《国外绿色金融发展中政银企行为分析及对我国的启示》,《西部金融》2018 年第 6 期。

刘婷:《普惠金融与绿色金融融合发展研究》,《现代营销(下旬刊)》2018 年第 11 期。

刘晛:《中国互联网金融的发展问题研究》,博士学位论文,吉林大学,2016 年。

刘晓云、赵伟峰:《我国制造业协同创新系统的运行机制研究》,《中国软科学》2015 年第 12 期。

刘绪光、杨帅:《我国互联网金融监管可借鉴沙箱创新》,《金融经济:市场版》2017 年第 3 期。

刘奕、夏杰长:《共享经济理论与政策研究动态》,《经济学动态》2016 年第 4 期。

卢现祥：《共享经济：交易成本最小化，制度变革与制度供给》，《社会科学战线》2016 年第 9 期。

鲁春丛：《发展数字经济的思考》，《中国信息安全》2018 年第 3 期。

鲁春丛、孙克：《繁荣数字经济的思考》，《中国信息界》2017 年第 2 期。

鲁政委、方琦：《金融监管与绿色金融发展：实践与研究综述》，《金融监管研究》2018 年第 11 期。

陆强华：《我国支付行业监管新周期》，《银行家》2018 年第 6 期。

吕本富、周军兰：《共享经济的商业模式和创新前景分析》，《人民论坛·学术前沿》2016 年第 7 期。

吕凯波、王晓荣：《颠覆或补充：互联网金融发展对中国金融业的影响》，《经济体制改革》2017 年第 4 期。

吕有军：《商业银行发展绿色金融的问题及对策》，《黑龙江科学》2018 年第 21 期。

罗珉、李亮宇：《互联网时代的商业模式创新：价值创造视角》，《中国工业经济》2015 年第 95 期。

骆振心、冯科：《影子银行与我国货币政策传导》，《武汉金融》2012 年第 4 期。

马建堂：《数字经济：助推实体经济高质量发展》，《新经济导刊》2018 年第 6 期。

马云：《未来 30 年是服务别人能力的竞争》，http://blog.sina.com。

孟添、刘新宇：《上海地区网络借贷信息中介业务合规专家解读与释义》，上海大学出版社 2018 年版。

牛盼强、陈德金、杨柳：《上海数字内容产业发展现状剖析》，《华东经济管理》2012 年第 10 期。

庞燕：《跨境电商环境下国际物流模式研究》，《中国流通经济》2015 年第 10 期。

彭本红、鲁倩：《平台型企业开放式服务创新的风险成因及作用机制》，《科学学研究》2018 年第 1 期。

邱兆祥、罗满景：《科技保险支持体系与科技企业发展》，《理论探索》2016 年第 4 期。

任康钰、张晨希：《培育我国在绿色金融领域国际领导力的机制探讨》，《西部论坛》2019 年第 1 期。

如是金融研究院：《金融科技：一场静悄悄的革命》，《研究报告》2018 年。

上海监管局:《上海辖区创业板上市公司简报(2018年第三季度)》,2018年。

上海市金融学会:《金融服务创新与支持实体经济发展》,中国金融出版社2017年版。

上海市统计局:《2017年上海市国民经济和社会发展公报》,2018年。

上海市中小微企业政策性融资担保基金管理中心:《上海中小微企业政策性融资担保基金第一届理事会第四次会议近日召开》,上海财政网,http://www.czj.sh.gov.cn/zys_8908/xwzx_8909/czyw/201801/t20180117_176884.shtml。

上海银监局、上海保监局:《2017年上海市普惠金融发展报告》,2018年。

上海银监局、上海市科委:《2017上海科技金融发展报告》,2018年。

上海证监局:《上海上市公司监管通讯》,2018年。

上海证监局:《上海辖区中小板上市公司简报(2017年第四季度)》,2018年。

邵俊:《人工智能在金融监管应用的思考》,《金融科技时代》2018年第1期。

沈伟:《金融科技的去中心化和中心化的金融监管——金融创新的规制逻辑及分析维度》,《现代法学》2018年第3期。

史晨阳:《以云计算为依托——赋能商业银行数字化转型》,《中国金融电脑》2018年第12期。

史晋川、汪晓辉、吴晓露:《产品侵权下的法律制度与声誉成本权衡——一个微观模型补充》,《经济研究》2015年第9期。

司晓、孟昭莉、王花蕾、闫德利:《数字经济:内涵、发展与挑战》,《互联网天地》2017年第3期。

宋杰:《上海自贸区发布首批科技金融创新案例 张江高科"科创E保"入选》,《中国经济周刊》2015年第12期。

宋首文、郑天游、柴若琪:《互联网+银行:传统商业银行模式的新突破》,《新金融》2015年第6期。

宋晓玲:《数字普惠金融缩小城乡收入差距的实证检验》,《财经科学》2017年第6期。

宋远方、冯绍雯、宋立丰:《互联网平台大数据收集的困境与新发展路径——基于区块链理念》,《中国流通经济》2018年第5期。

孙晨辉、李富有:《基于AHP和模糊综合评价的民间金融风险判定与评估》,《经济管理》2014年第2期。

孙光林、王颖、李庆海:《绿色信贷对商业银行信贷风险的影响》,《金融论坛》2017年第10期。

孙克:《数字经济时代大幕开启》,《世界电信》2017年第3期。

孙璐璐:《上海银监局:投贷联动对改善企业经营指标和财务指标效果明显》,《证券时报》2018年1月25日。

孙硕、张新杨:《社会责任投资与公司价值相关性理论探索》,《证券市场导报》2011年第11期。

孙天琦:《G20数字普惠金融高级原则:背景、框架和展望》,《清华金融评论》2016年第12期。

唐斌、赵洁、薛成容:《国内金融机构接受赤道原则的问题与实施建议》,《新金融》2009年第2期。

唐杰英:《数字化变革下的中国数字经济——基于数字经济边界及测度的视角》,《对外经贸》2018年第9期。

唐宁:《数字普惠金融的中国实践与未来发展》,《清华金融评论》2016年第12期。

王会娟、廖理:《中国P2P网络借贷平台信用认证机制研究——来自"人人贷"的经验证据》,《中国工业经济》2014年第4期。

王蕾、顾孟迪:《科技创新的保险支持模式——基于上海市的调研分析》,《科技进步与对策》2014年第6期。

王娜:《基于互联网的平台型企业商业模式创新研究述评》,《科技进步与对策》2016年第22期。

王伟、郭丽环、王洪伟、Kevin Zhu、何翎:《基于Web的众筹研究回顾:融资模式、影响因素和行为模式》,《数据分析与知识发现》2018年第7期。

王汐:《赤道原则:国际金融实践推动绿色信贷》,《山西财经大学学报》2012年第S3期。

王晓:《国际组织对数字普惠金融监管的探索综述》,《上海金融》2016年第10期。

王漪:《数字货币的冰与火》,http://www.bjinvest.com.cn/index.php?s=/home/article/detail/id/965.html。

王峥:《我国互联网金融的风险分析及防范措施》,《时代金融》2014年第5期。

温信祥:《互联网金融创新与现代金融变革趋势》,《新金融》2014年第11期。

温信祥:《新金融趋势》,中国金融出版社2018年版。

文秋霞、杨姝影、张晨阳:《突破瓶颈完善绿色金融政策体系》,《环境经济》

2018 年第 22 期。

邬贺铨:《互联网的新机遇 数字经济新动能》,《互联网天地》2017 年第 1 期。

吴力波、钱浩祺、汤维祺:《基于动态边际减排成本模拟的碳排放权交易与碳税选择机制》,《经济研究》2014 年第 9 期。

吴晓求:《互联网金融:成长的逻辑》,《财贸经济》2015 年第 2 期。

伍旭川:《人工智能发展趋势、挑战及对金融安全的影响》,《财经智库》2018 年第 6 期。

伍旭川、刘学:《金融科技的监管方向》,《中国金融》2017 年第 5 期。

夏炎、王会娟、张凤、郭剑锋:《数字经济对中国经济增长和非农就业影响研究——基于投入占用产出模型》,《中国科学院院刊》2018 年第 7 期。

夏园园:《普惠金融视角下小额信贷机制发展研究》,《湖北社会科学》2010 年第 9 期。

肖见光、徐文德:《英国金融监管沙箱》,《金融博览》2017 年第 1 期。

肖京:《人工智能技术赋能金融科技应用创新——"平安脑"助力平安"大金融"战略》,《金融电子化》2017 年第 9 期。

谢来辉:《碳交易还是碳税?理论与政策》,《金融评论》2011 年第 6 期。

谢平、邹传伟:《互联网金融模式研究》,《金融研究》2012 年第 12 期。

谢清河:《我国互联网金融发展问题研究》,《经济研究参考》2013 年第 49 期。

邢桂伟:《人工智能:金融数字化新方向》,《中国金融电脑》2017 年第 5 期。

徐爱荣、姚佳斌:《国内外保险科技发展对比及策略分析》,《上海立信会计金融学院学报》2017 年第 5 期。

徐凤、王伟华、马昕彤:《北京市绿色金融发展现状及问题分析》,《北方经贸》2018 年第 11 期。

徐红伟:《中国网络借贷行业蓝皮书》,清华大学出版社(2013—2017 系列),2013—2017 年版。

徐胜、赵欣欣、姚双:《绿色信贷对产业结构升级的影响效应分析》,《上海财经大学学报》2018 年第 2 期。

徐细雄、林丁健:《基于互联网金融的小微企业融资模式创新研究》,《经济体制改革》2014 年第 6 期。

许闲:《保险科技的框架与趋势》,《中国金融》2017 年第 10 期。

许闲：《全球保险科技监管概览》，《上海保险》2017年第11期。

许小虎、高原：《北京碳市场年度报告》，北京环境交易所、北京绿色金融协会，2018年。

许玥、陈勉、夏江山：《互联网金融创新产品"余额宝"的风险分析及政策建议》，《金融发展评论》2014年第5期。

闫妍、刘莎莎：《绿色金融对区域经济生态化的影响分析》，《经贸实践》2018年第17期。

闫真宇：《关于当前互联网金融风险的若干思考》，《浙江金融》2013年第12期。

杨超、王天雨：《金融审计助推绿色金融发展》，《中国金融》2018年第20期。

杨丹：《我国新金融发展现状、趋势研究》，《天津经济》2013年第8期。

杨少芬、赵晓斐、蔡朝阳：《绿色金融统计制度：国内外实践及构建设计》，《金融发展评论》2018年第9期。

杨帅：《共享经济类型，要素与影响：文献研究的视角》，《产业经济评论》2016年第2期。

杨涛：《共享金融的生命力远高于互联网金融》，《证券日报》2015年9月26日第A03版。

杨昕钰、龙静怡：《"绿色金融"背景下对碳市场主体结构的优化》，《中国乡镇企业会计》2018年第8期。

杨宇焰、谭明鹏：《英国监管沙箱对我国完善金融创新监管的启示及应用研究》，《西南金融》2017年第7期。

姚金楼、王承萍、张宇：《"三农"领域发展数字普惠金融的调研与思考——基于供给侧结构性改革背景》，《金融纵横》2016年第6期。

叶寒青：《共享经济：一种新商业模式的兴起》，《现代商业》2016年第22期。

叶剑波：《分享经济时代人力资源管理的挑战》，《中国人力资源开发》2015年第23期。

叶文辉：《英国监管沙箱及对我国金融监管的启示》，《金融理论探索》2017年第1期。

叶宗奇：《"一带一路"倡议下构建绿色金融体系研究》，《商业经济》2018年第11期。

衣丰：《中国数字货币发展研究——以比特币为例》，硕士学位论文，对外经济贸易大学，2017年。

易观：《中国第三方支付移动支付市场季度监测报告 2018 年第 1 季度》，2018 年。

易永丰、王健：《私有云助力华夏银行数字化转型》，《中国金融电脑》2018 年第 12 期。

盈灿：《2017 年众筹行业报告》，2018 年。

余丹：《绿色技术离不开绿色金融的有效支撑》，《人民论坛》2018 年第 18 期。

俞陶然：《如何为科创板培育优质后备军？专家建议三方面发力》，《观新闻》2018 年 12 月 5 日。

袁建业：《互联网金融与宏观经济：影响，关系，政策》，《生产力研究》2016 年第 11 期。

袁帅：《探索新形势下我国绿色金融的发展前景》，《智库时代》2018 年第 43 期。

云佳祺：《互联网金融风险管理研究》，博士学位论文，中国社会科学院研究生院，2017 年。

张健华：《互联网金融监管研究》，科学出版社 2016 年版。

张靖：《绿色金融对我国经济结构转型的影响及政策建议》，《上海节能》2018 年第 10 期。

张乐：《中国共享经济发展年度报告（2018）共享经济高速增长》，《中国经济信息》2018 年第 5 期。

张力：《共享经济：特征，规制困境与出路》，《财经法学》2016 年第 5 期。

张琳：《零售企业线上线下协同经营机制研究》，《中国流通经济》2015 年第 2 期。

张梦：《绿色金融发展背景下商业银行可持续发展探讨》，《现代营销（下旬刊）》2018 年第 11 期。

张末东：《上海银监局：推动银行业开展科技金融服务 支持上海科创中心建设》，《金融时报》2018 年 1 月 26 日。

张宁芳：《科技金融结合的实践与创新》，《上海市经济管理干部学院学报》2018 年第 3 期。

张瑞怀：《打造"两端五体一库"绿色金融格局》，《中国金融》2018 年第 13 期。

张仕东：《保险理赔的新科技应用与展望》，《纳税》2018 年第 27 期。

张曙：《工业 4.0 和智能制造》，《机械设计与制造工程》2014 年第 8 期。

张松、史经伟、雷鼎：《互联网金融下的操作风险管理探究》，《新汉金融》

2015 年第 3 期。

张伟、芦雨婷：《绿色金融助推工业绿色化转型探讨》，《环境保护》2018 年第 22 期。

张晓：《数字经济发展的逻辑：一个系统性分析框架》，《电子政务》2018 年第 6 期。

张雪、张庆普：《知识创造视角下客户协同产品创新投入产出研究》，《科研管理》2012 年第 2 期。

张雪玲、焦月霞：《中国数字经济发展指数及其应用初探》，《浙江社会科学》2017 年第 4 期。

张叶霞、高丽秀、王迪枫：《2016 年数字普惠金融发展白皮书》，盈灿咨询，2017 年。

赵黎明、殷建立：《碳交易和碳税情景下碳减排二层规划决策模型研究》，《管理科学》2016 年第 1 期。

赵亮：《绿色金融理论研究综述》，《现代商贸工业》2018 年第 19 期。

赵萌：《招商银行率先步入"全面无卡化"时代》，《金融时报》2019 年 1 月 7 日。

赵延明、王洋：《网络借贷行业市场准入的影响因素——基于 P2P 网贷数据》，《辽宁工程技术大学学报》（社会科学版）2017 年第 2 期。

赵杨、吕文栋：《科技保险试点三年来的现状、问题和对策——基于背景、上海、天津、重庆四个直辖市的调查分析》，《科学决策》2011 年第 12 期。

赵昱光：《浅谈金融创新的内涵和必要性》，《山西财经大学学报》2002 年第 12 期。

赵振：《"互联网+"跨界经营：创造性破坏视角》，《中国工业经济》2015 年第 10 期。

郑志来：《"互联网+"视角下普惠金融发展路径和对策研究》，《经济体制改革》2016 年第 4 期。

郑志来：《共享经济的成因，内涵与商业模式研究》，《现代经济探讨》2016 年第 3 期。

中共上海市委、上海市人民政府：《关于加快建设具有全球影响力的科技创新中心的意见》，上海市人民政府，2015 年。

中国科学技术发展战略研究院、中国科技金融促进会、上海市科学学研究所：《中国科技金融生态年度观察 2018》，2018 年。

中国人民银行金融研究所互联网金融研究中心：《新金融时代》，中信出版社 2015 年版。

中国人民银行南昌中心支行招标课题组，夏春雷：《绿色金融发展评价与统计监督管理研究》，《金融与经济》2018 年第 11 期。

周雷、许一青、沈琳：《新常态下我国互联网保险有效监管体系研究》，《财经理论研究》2018 年第 1 期。

周怡君：《基于层次分析法的余额宝风险评价》，《全国商情（理论研究）》2014 年第 8 期。

周永红：《"工银星云"助力智慧银行转型发展》，《中国金融电脑》2018 年第 12 期。

周宇：《互联网金融：一场划时代的金融变革》，《探索与争鸣》2013 年第 9 期。

周月秋：《中国绿色金融产品发展与趋势展望》，《武汉金融》2018 年第 5 期。

朱迎、刘海二、高见：《互联网金融有助于实现农村金融普惠》，《新金融》2015 年第 2 期。

祝锦波、何玉英：《绿色金融发展与环境治理的相关性分析——以江门市为例》，《产业与科技论坛》2018 年第 21 期。

邹新月、罗亚南、高杨：《互联网金融对我国货币政策影响分析》，《湖南科技大学学报》（社会科学版）2014 年第 4 期。

Acemoglu D., Ozdaglar A., Tahbaz-Salehi A., Systemic Risk and Stability in Financial Networks, *NBER Working Paper*, 2013.

Anand S. K. and Chhikara K. S., "A Theoretical and Quantitative Analysis of Financial Inclusion and Economic Growth", *Management and Labour Studies*, 2012, 49 (2): 103–133.

Andy Davis, "Beyond the Bank—innovative Ways to Finance Britain's Small Businesses", *Nesta*, September, 2011.

Anzoategui D., "Remittances and Financial Inclusion: Evidence from EI Salvador", *World Development*, 2014, 54 (8): 338–349.

Asian Development Bank, Asia Pacific Carbon Fund (APCF), https://www.adb.org/site/funds/funds/asia-pacific-carbon-fund-apcf, 2017-08-01.

Asian Development Bank, Carbon Capture and Storage Fund (CCSF), https://www.adb.org/site/funds/funds/carbon-capture-storage-fund, 2017-08-01.

Asian Development Bank, Future Carbon Fund (FCF), https://www.adb.org/site/funds/funds/future-carbon-fund-fcf, 2017-08-01.

Balkenhol B., "Microfinance and Public Policy: Outreach, Performance and Efficiency", *Palgrave Macmillan*, 2007.

Bappaditya M. and Rath S., "Role of MFIs in Financial Inclusion", *Review of Market Integration*, 2011, 17 (3): 243-286.

Bardhi F., Eckhardt G. M., Access-based Consumption: The Case of Car Sharing, *Journal of consumer research*, 2012, 39 (4): 881-898.

Barr, Michael, Sendhia, "Behaviorally Informed Financial Services Regulation", *New America Foundation*, 2018, 32 (10): 152-185.

Bauer M. Chytilova J. and Morduch J., "Behavioral Foundations of Microcredit: Experimental and Survey Evidence", *SMU Law Review*, 2011.

Beck T., Behr P., "Gender and Banking: Are Women Better Loan Officers?", *Review of Finance*, 2012, 31 (4): 1279-1321.

Belleflamme P., Lambert T., Schwienbacher A., Crowdfunding: Tapping the Right Crowd, *Journal of Business Venturing*, 2014, 29 (5): 585-609.

Brundage M., Avin S., Clark J., et al., *The Malicious Use of Artificial Intelligence: Forecasting, Prevention, and Mitigation*, February 2018.

CGAP and World Bank, "The State of Financial Inclusion Through the Crisis", *CGAP & World Bank*, 2010.

Chami, R., Cosimano, T. F., Fullenkamp, C., Managing Ethical Risk: How Investing in Ethics Adds Value, *Journal of Banking & Finance*, 2002, 26 (9): 1697-1718.

Climent, F. & Soriano, P. J., Bus Ethics. Green and Good? The Investment Performance of US Environmental Mutual Funds, *Journal of Business Ethics*, 2011, 103 (2): 275-287.

Climent, F., Soriano, P., Green and Good? The Investment Performance of US Environmental Mutual Coase, R. H. The Problem of Social Cost, *The Journal of Law and Economics*, 1960, 10: 1-23.

Dales, J., *Pollution Property and Prices*, Toronto: University of Toronto Press, 1968.

Dierkes M., Erner C., Langer T., "Business Credit Information Sharing and Default Risk of Private Firms", *Journal of Banking & Finance*, 2013, 15

(6): 133 – 166.

European Investment Bank, EIB and Carbon Funds-Briefing Note, http: // www. eib. org/projects/documents/eib-and-carbon-funds-briefing-note, 2017 – 08 – 01.

European Investment Bank, The EIB and Carbon Finance Frequently Asked Questions (FAQs), http: //www. eib. org/attachments/eib_ and_ carbon_ finance_ faq. pdf, 2017 – 08 – 01.

FCA, consulting paper 13/13, October 2013.

FCA, consulting paper 14/14, March 2014.

FCA, *UK FinTech: Regulating for Innovation*, Research Report, 2017.

Financial Stability Board, *Fintech: Describing the Landscape and a Framework for Analysis*, Research Report, 2016.

Forest Carbon Partnership Facility, About FCPF, https: //www. forestcarbonpartnership, org/about-fcpf-0, 2017 – 08 – 01.

Graham, Allan. and Maher, J. J., Environmental Liabilities, Bond Ratings, and Bond Yields, *Endocrinology*, 2006, 3 (4): 111 – 142.

Greenbaum S. I., Haywood C. F., "Secular Change in the Financial Services Industry", *Journal of Money, Credit and Banking*, 1971, 3 (2): 571 – 589.

Guttentag D., Airbnb: Disruptive Innovation and the Rise of an Informal Tourism Accommodation Sector, *Current issues in Tourism*, 2015, 18 (12): 1192 – 1217.

Hamari J., Sjöklint M., Ukkonen A., The Sharing Economy: Why People Participate in Collaborative Consumption, *Journal of the Association for Information Science and Technology*, 2015, 67 (9): 2047 – 2059.

Hannan T. H., McDowell J. M., Market Concentration and the Diffusion of New Technology in the Banking Industry, *The Review of Economics and Statistics*, 1984, 11 (11): 686 – 691.

IOSCO, *Research Report on Financial Technologies*, Research Report, 2017.

Kahlenborn, Walter, Transparency and the Green Investment Market, *Sustainable Banking the Greening of Finance*, 1999, 27 (14): 173 – 186.

Kuppuswamy V., Bayus B. L., Crowdfunding Creative Ideas: The Dynamics of Project Backers in Kickstarter, *Social Science Research Network*, 2015, (1): 1 – 49.

Liam Collins, Richard Swart, Bryan Zhang, "The rise of future finance", Nesta, December, 2016.

Marcus Taylor, "The Antinomies of Financial Inclusion: Debt, Distress and the Workings of Indian Microfinance", *Journal of Agrarian Change*, 2012, 22 (4): 158 – 196.

MAS, *Fintech Regulatory Sandbox Guidelines*, Consultation Paper, June 2016.

Mehrotra, N., V., "Financial Inclusion-An Overview", *Department of Economic Analysis and Research*, NABARD, 2009.

Möhlmann M., Collaborative Consumption: Determinants of Satisfaction and the Likelihood of Using a Sharing Economy Option Again, *Journal of Consumer Behaviour*, 2015, 14 (3): 193 – 207.

NEC, *A Framework for FinTech*, Research Report, 2017.

Nyangosi R., Arora J. S., Singh S., The Evolution of e-banking: a Study of Indian and Kenyan Technology Awareness, *International Journal of Electronic Finance*, 2009, 3 (2): 149 – 165.

Pigou A. C., Friedman M., Georgescu-Roegen N., Marginal Utility of Money and Elasticities of Demand, *The Quarterly Journal of Economics*, 1936, 50 (3): 532 – 539.

Pizer, William A., Prices vs. Quantities Revisited: The Case of Climate Change, *Resource for the Future Discussion Paper*, 1997, 98 (2).

Renneboog, Luc., Horst, J. T. and Zhang, C., Socially Responsible Investments: Institutional Aspects, Performance, and Investor Behavior, *Journal of Banking and Finance*, 2008, 32 (9): 17 – 42.

Rifkin J., *The Zero Marginal Cost Society: The Internet of Things, the Collaborative Commons, and the Eclipse of Capitalism*, St. Martin's Press, 2014.

Scholtens, B. and Dam, L., Banking on the Equator, Are Banks that Adopted the Equator Principles Different from Non-Adopters?, *World Development*, 2007, 35 (8): 1307 – 1328.

Silber W. L., The Process of Financial Innovation, *The American Economic Review*, 1983, 73 (2): 89 – 95.

Stavins, Robert N., Correlated Uncertainty and Policy Instrument Choice, *Journal of Environmental Economics & Management*, 1996, 30 (2): 1 – 232.

The European Bank for Reconstruction and Development, Multilateral Carbon Credit Fund, www. ebrd. com/downloads/research/factsheets/mccfe. pdf, 2017 – 08 – 01.

Top AI Trends to Watch In 2018, CBINSGHTS, January 9, 2018 https: // www. cbinsights. com/research/report/artificial-intelligence-trends-2018/.

Tufano P. , Financial innovation, *Handbook of the Economics of Finance*, Elsevier, 2003, 1: 307 – 335.

Weitzman, Martin L. , Prices vs. Quantities, *Review of Economic Studies*, 1974, 41 (4): 477 – 491.

World Bank, Carbon Funds and Facilities, http: //www. worldbank, org/ en/topic/climatechange/brief/world-bank-carbon-funds-facilities, 2017 – 08 – 01.

World Bank, PAF Fact Sheet, http: //www. pilotauctionfacility. org/content/ paf-fact-sheet-1-overview, 2017 – 08 – 01.

World Bank, What is the CPF?, https: //cpf. wbcarbonfinance. org/content/ what-cpf, 2017 – 08 – 01.